그림1 • 인류 최초의 위대한 발걸음. 동아프리카 북北탄자니아의 라에톨리에서 발굴된, 지금까지 발견된 것 가운데 가장 오래된 발자국이다. 약 360만 년 전, 처음에 말랑하다가 단단해진 화산재에 오스트랄로피테쿠스 속屬 어른 둘이 똑바로 일어서서 걸어간 발자국을 남겼다.

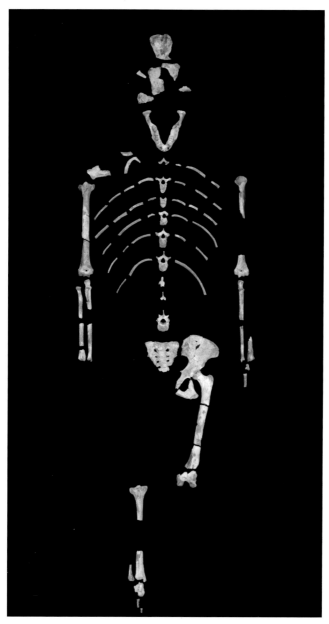

그림2 • '다이아몬드와 함께 하늘에 떠 있는 루시.' 고고학자들이 캠프에서 계속 틀곤 했던 비틀스의 이 노래에서 초기 역사의 가장 유명한 여인의 이름이 탄생했다. 1974년에 에티오피아 하다르 Hadar에서 발견된 320만 년 된 유골. 인체의 뼈 총 207개 중 47개가 발견된 루시는 가장 잘 보존된 인간직전 원숭이의 증거다.

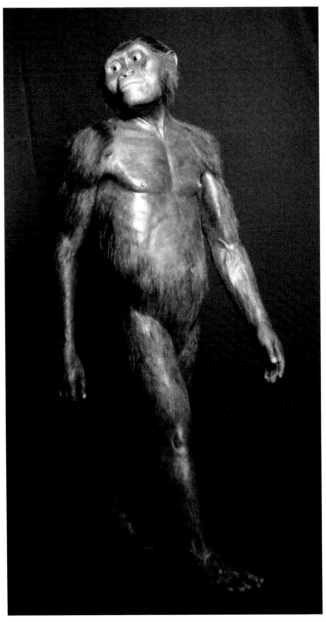

그림3 • 루시는 아마 이런 모습이었을 것이다. 키 105센티미터, 몸무게 약 30킬로그램이었으며, 약 25세에 죽었다. 이 여성은 어떻게 걸었을까? 무릎을 굽히고 걸었을까, 아니면 똑바로 펴고 걸었을까? 또 어떻게 죽었을까? 나무에서 떨어졌나, 아니면 다른 방법으로 죽었나를 두고 학자들 사이에 뜨거운 논쟁이 시작되었다.

그림4 • 익혀 먹기와 양조 기술은 적절한 행동에 대한 의식意識을 만들어낸다. 무엇이 어떤 순서로 행해졌을까? 목적은 무엇이었을까? 오일과 맥주 생산 레시피를 담고 있는 수메르 쐐기문자판(기원전 약 2200~기원전 1900년).

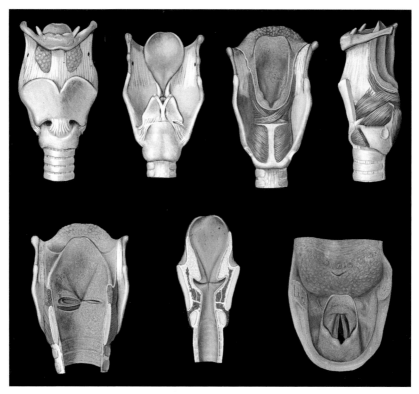

그림5 • 발음의 전제 조건. 후두부가 아래로 내려가고 성대가 부풀어 오른. 위아래로 움직이는 공명 공간을 지닌 인간의 소리길.

그림6 • 자연이 마치 예술처럼. 대략 300만 년 된 마카판스가트(남아프리카)의 조약돌은 미적 지각知覺의 맨 처음에 나타난다. 벽옥으로 된 '지질학적 산물'이지만, 인간의 얼굴을 닮은 모습 때문에 중요한 전달 기능을 했던 것으로 해석된다.

그림7 • 최초의 얼굴. 겨우 3.65센티미터 크기의 '브라셈푸이 비너스'는 남서 프랑스의 '교황 동굴'에서 발견된 것으로, 약 2만 5,000년 되었다.

그림8 • 위에 석판인쇄로 제시된 3만 년 전의 조가비 목걸이는 남서프랑스에서 발견된 것으로, 흔히 무덤 부장품으로 쓰였는데, 선사시대에 장식품 노릇과 제의적 춤을 위한 소리 도구라는 두 가지 기능을 했다.

그림9 • 주체는 대상이 아니다. 그림에서 주체는 무엇일까? 가장 초기 예술에서 인간을 묘사한 그림은 극히 드물다. 분명 환경에 대한 흥미가 더 컸다. 알타미라 동굴의 경우처럼 이 그림에서도 인간은 주로 겨우 선 몇 개로만 표현되었다.

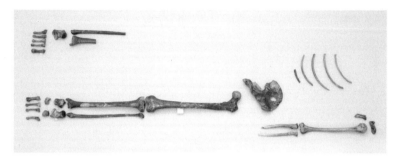

그림10 • 실은 남자로 판명된 '파빌랜드의 붉은 숙녀'의 유골. 웨일스의 파빌랜드 동굴은 우리에게 알려진 유럽에서 가장 오래된 무덤이다.

그림11 • 제의적 매장의 표시로 황토로 덮인, 생−제르맹−라−리비에라의 1만 5,500년 된 여성 유골.

그림12 • 아일랜드 뉴그레인지의 동굴 무덤(기원전 3150년 무렵). 내부의 긴 복도 끝에서 제단석과 불에 태워진 인체 유골이 발견되었다.

그림13 • 우리 조상, 우리 종족, 우리 땅: 웨일스의 펜터 아이판Pentre Ifan(기원전 3500년) 같은 고인돌로, 신석기 시대 공동체들은 가능하면 멀리서도 소유권이 눈에 띄게 만들었다.

그림14 • 괴베클리 테페(배불뚝이 언덕). 아나톨리아 동남부의 숭배 시설은 아마도 정착지는 아니었던 듯하다. 이제 숭배는 지역에 속한 것이 아니며, 종교는 독자적으로 사회적 행동의 계기가 되기 시작했다. 열을 지은 좌석들이 인간과 비슷한 모양의 거대 기둥들을 둘러싸고 있으니, 이는 신전이라고 부를 수가 있다.

그림15 • 로셸Laussel(도르도뉴)의 이브리Abri(돌출비위)에서 출토된 약 2만 5,000년 된 돋을새김 조각은 눈금 새긴 바이슨 뿔을 들고 있는, 원래 붉게 색칠된 여성을 보여준다. 이 뿔은 소리를 내는 데 사용되었을 것으로 추정된다.

그림16 • '비옥한 초승달 지대'의 위쪽 가장자리에 있는 차탈 휘익(아나톨리아)의 신석기 시대 정착지(기원전 7500~기원전 6200년)에는 방 하나짜리 집들이 빽빽이 밀집해 들어차 있는데, 지붕을 통해 들어가게 되어 있다.

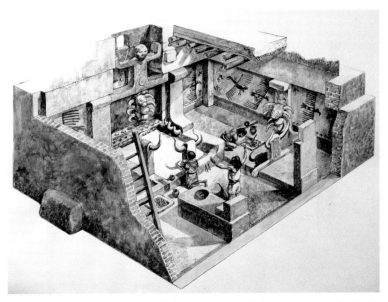

그림17 • "나의 집은 나의 예배당." 최초의 집은 동시에 예배소이기도 했다. 차탈 휘익에서 벽화와 야생동물 기념품(수퇘지, 여우, 콘도르) 등이 발견되었다.

그림18 • 메소포타미아에서는 거의 모든 것이 급수와 관계가 있었다. 석회석 사원의 정면부에서 물을 내뿜는 여신의 돋을새김 조각상은 사랑과 섹스의 여신 이난나, 또는 이슈타르다. 우루크에서 발굴되었다.

그림19 • 체면을 위한 물건들은 사회가 서열구조를 형성했다는 것, 분명한 분업이 발전되었다는 것, 잉여 생산을 했다는 것 등을 보여준다. 청금석, 황금, 구리 등으로 만들어진 사자머리 녹수리 브로치는 우르의 보물(기원진 2500년)로, 메소포타미아의 도시국가 미리Mari(오늘날 시리아의 텔 하리리)에서 발견되었다.

그림20 • 1779년 2월 14일에 원주민에게 맞아 죽은 쿡 선장의 죽음은 종족학자들 사이에 격렬한 논쟁의 대상이었다. 하와이 사람들은 자기들이 쿡에게 부여한 신적인 힘을 소유하려고 했던 것일까? 아니면 단지 기상천외한 식민지 이야기일 뿐이던가?

그림21 • 최초의 문자는 수메르의 쐐기문자였다. 이 문자는 점토판에 물건들의 수량을 기록하는 데 쓰였다. 기원전 2500년에 만들어진 점토판.

그림22 • 문자, 수, 법은 서로 영향을 주고받았다. 남부 메소포타미아 도시 움마Umma에서 나온 쐐기문자의 토지 계산.

그림23 • 법 앞에서. 2.25미터 높이의 함무라비 법전 기둥(기원전 1750년 무렵). 위쪽에 왕 (서 있는 사람)과 태양신 샤마슈의 모습이 보이고, 아래에는 메소포타미아 법정의 판결들이 확정 되어 있다.

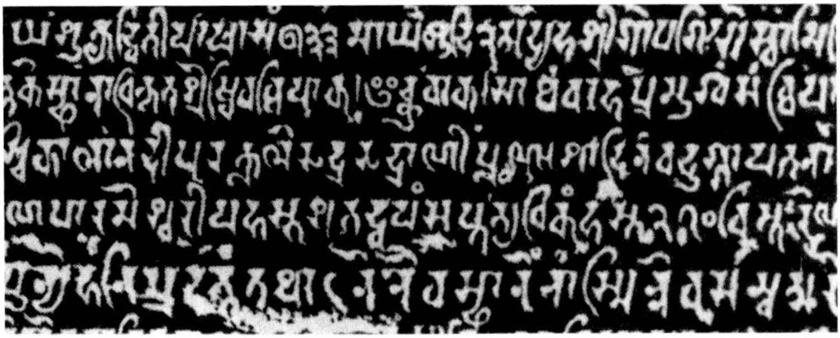

그림24 • 계산할 무엇이 없어야 비로소 진짜로 수학이 시작될 수 있다. 인도의 숫자체계에서 최초의 0이 서기 6세기에 나온 괄리오르(마디아프라데시)의 점토판에 나타나 있다.

그림25 • 여인 훔치기: 트로이 전쟁의 계기가 된 것은 아름다운 헬레나였다. 호메로스의 〈일리아스〉에서 전쟁이 끝으로 치닫기 시작하는 부분에 아킬레우스가 사랑한 노예 브리세이스에 대한 묘사가 있다. 아가멤논은 아킬레우스에게서 그녀를 빼앗아갔지만, 자기 진영 최고 전사의 분노를 다시 트로이 방향으로 돌리기 위해, 그녀와 함께 잠을 잔 적이 없다는 맹세를 해야만 했다. 폼페이의 벽화는 아킬레우스와 브리세이스가 헤어지는 장면을 보여준다.

그림26 • 오디세우스를 일부일처제의 모범이라고 생각하기는 어렵지만, 그가 먼 길을 돌아 아내 페넬로페와 아들 텔레마코스 ─ 여기 그리스 꽃병 그림 복제품에서 베틀 앞에 있는 두 사람 ─ 에게로 돌아온 것은 여인을 강탈하던 〈일리아스〉의 세계와는 다른 새로운 시대가 나타났음을 알려준다.

모든
시작의
역사

모든
시작의
역사

우리와 문명의 모든 첫 순간에 관하여

위르겐 카우베
안인희 옮김

김영사

모든 시작의 역사

1판 1쇄 인쇄 2019. 6. 3.
1판 1쇄 발행 2019. 6. 10.

지은이 위르겐 카우베
옮긴이 안인희

발행인 고세규
편집 박민수 | 디자인 조은아
발행처 김영사
등록 1979년 5월 17일(제406-2003-036호)
주소 경기도 파주시 문발로 197(문발동) 우편번호 10881
전화 마케팅부 031)955-3100, 편집부 031)955-3200 | 팩스 031)955-3111

값은 뒤표지에 있습니다.
ISBN 978-89-349-9620-0 03900

홈페이지 www.gimmyoung.com   카페 cafe.naver.com/gimmyoung
페이스북 facebook.com/gybooks   이메일 bestbook@gimmyoung.com

좋은 독자가 좋은 책을 만듭니다.
김영사는 독자 여러분의 의견에 항상 귀 기울이고 있습니다.

이 도서의 국립중앙도서관 출판시도서목록(CIP)은 서지정보유통지원시스템 홈페이지
(http://seoji.nl.go.kr)와 국가자료공동목록시스템(http://www.nl.go.kr/kolisnet)에서
이용하실 수 있습니다. (CIP제어번호 : CIP2019020962)

이다, 엠마, 앙리를 위하여

전체란 시작과 중간과 끝을 갖는다.
스스로는 그 이전의 다른 어떤 것에 뒤이어 나오지 않았지만,
그것 뒤로는 자연스럽게 다른 어떤 것이 나타나고 생겨나는 것,
그것이 시작이다.

아리스토텔레스

사냥개는 두 갈래 길에서 망설이게 되면 인간에게로 돌아온다.
개가 인간에게 이렇게 말하는 것만 같다.
"생각하라. 이것은 당신의 일이니."

폴 발레리

차례

바퀴

*등불을 든 사람은
그 뒤를 따르는 사람보다 더 비틀거린다.*
장 파울

가장 중요한 발명들은 발명자가 없다. 우리는 맨 처음 직립 보행한 사람, 또는 맨 처음 말을 내뱉은 사람을 모른다. 눈에 안 보이는 존재를 처음으로 숭배한 공동체, 또는 처음으로 춤을 춘 공동체도 모른다. 최초의 도시 이름은 무엇이었나? 누가 맨 처음으로 동전을 받았으며, 널리 통용되는 돈으로 만들었나? 최초의 일부일처 커플은 어디에서 살았나?

　이런 모든 질문들에 답할 수 없다는 것은 단순히 우리가 무지한 탓만은 아니다. 즉 시간상으로 멀리 떨어져 있어서, 누가 언제 어디서 이런 것들을 처음으로 시작했는지 알아보기에 유물이 충분하지 않아서만 일어나는 일은 아니다. 그보다는 오히려 개별 인간이 그런 것들을 발명했다고는 상상할 수가 없기에 답을 못한다.

물론 오랫동안 인류는 발명자가 누군지 상상해**보려고** 했다. 프로메테우스가 불을 가져왔고, 카인 또는 마르두크가 최초의 도시를 건설했다고 하며, 다이달로스와 아리아드네가 처음으로 춤을 추었단다. 이집트의 신 토트는 그리스 사람들에게는 헤르메스인데, 그가 문자를 발명했다고 한다. 그리고 종교는 "우리를 위해 인간을 만들자"고 말한 신에게서 시작했다. 물론 여기서 신이 '우리'라는 말로 무엇을 뜻했는지는 정확하게 알 길이 없다.

이런 이야기들은 옛사람들이 오늘날 우리보다 더 많은 것을 알았다거나, 실은 모든 것을 알았다고 생각하던 과거 시대에서 나왔다. 그렇게 보면 그들에게 시작이란, 깨달음으로 가득 찬 것이자 신비로운 것이었다. 귀족 가문의 지배를 받던 사회에서는 기원이 오래된 것을 몹시 좋아했기에, 오래된 것일수록 더 좋은 것이었다. 영국인 사제 존 볼John Ball이 이 논리를 유쾌하게 뒤집은 말은 유명하다. "아담이 밭 갈고 이브가 베 짤 때, 귀족은 어디 있었나?" 하지만 이런 논쟁마저도 시작의 지위를 확고히 해준다. 시작 지점에 귀족이 없었다면 원래는 평등사상이 지배했을 것이고, 그로부터 평등에 대한 뒷날의 요구가 나타난 것이니 말이다.

창조신학의 관점에 따르면, 태초에 지식은 아주 분명하고 포괄적인 것이었으니, 시작이 나머지 모든 것에 영향을 끼칠 수가 있었다. 예를 들어, 1500년 동안이나 신학자들에게 아담은 단순히 최초의 인간일 뿐만 아니라 가장 똑똑한 인간이기도 했다. 아담은 문자를 발명했을뿐더러 가장 지혜로운 책들을 쓰기도 했는데, 유감스럽게도 당시 존재하던 여러 도서관과 더불어 책들도 대홍수에 가라앉고 말았다는 것이다. 그렇다면 아담 이전에 분명히 그보다 더 많이 알았던 인간들이 있었다는 말이 아니냐고 주장함으로써, 아담의 불충분함을 설명한 신학자들이 결국 기존의 생각을 뛰어넘었다.[1]

뒷날의 철학 전통은 신비로운 이름에서, 아니 그냥 이름에서 유추해 온갖 기원들을 설명했다. 그들의 설명도 사회적 발냉틈의 본질을 그 시작 지점에 둔 것이다. "인간은 인간으로 시작되었고, 그것이 이야기의 시작이자 끝이었다."[2] 물론 19세기에 이르기까지 이런 시작들에는 그 어떤 증언도 없었다. 오랫동안 성서가 그 증언으로 간주되었지만, 성서 텍스트를 과학적으로 탐구하자 증언 능력이 점점 줄어들었다. 최초의 인간들은 예를 들어 아메리카 원주민이 그랬듯이 문자를 갖지 못했으니, 그들에게서 기원에 대한 보고들이 나올 수는 없었다.[3] 그 밖에도 창세기는 당시의 사회 상황에 대해 거의 아무것도 전해주지 않는다.

그래서 근대가 시작된 이후로 사람들은 시작의 모델을 철학적으로 구성하고는, 그 조건의 총합을 '자연 상태status naturalis'라 불렀다. 이 자연 상태는 온갖 문명의 업적이 없는 상태에 있는 인간을 우리에게 보여준다. 조심스럽게 표현해서 자연 상태란 매우 곤궁한 상태였다. 철학적 과제는 이렇듯 만족스럽지 못한 상태로부터 그 상태를 극복한 것들이 드러나게 하는 것이었다. 곧 통치, 분업, 소유, 계약, 도덕 등등이 말이다. 물론 그런 출발점 이야기들은 모순과 짐작으로 가득 찬 것이었다.

아주 잠깐만 이런 이야기들 중 가장 유명한 것, 곧 영국의 근대 정치

이론가인 토머스 홉스의 자연 상태 개념을 살펴보자. 그에 따르면 자연 상태에서는 오로지 개인과 개인이 지닌 폭력의 능력만 있었는데, 이는 '만인의 만인에 대한 투쟁'의 상태였다. 그런 만큼 개인들에게는 불안, 비참, 죽음 말고 다른 것이 주어질 수가 없었기에 국가가 생겨난다. 즉 처음에 모든 사람이 서로 계약을 맺어서, 각자가 자신의 이익을 관철시키려는 요구를 1명의 통치자에게 양도했고, 통치자는 평화를 위해 모든 폭력을 독점했다. 하지만 최초의 계약 체결은 다른 사람이 계약을 지키리라는 믿음을 전제로 하는 것이 아닌가? 그런데 자연 상태에는 바로 그런 믿음이 존재하지 않는다는 게 아닌가? 나중에 이는 다음과 같이 요약되었다. 계약들의 토대가 되는 계약이 없으니, 계약이 사회생활의 맨 처음에 있었을 리가 없다. 만인의 만인에 대한 투쟁이라는 전제 아래서 달리 무엇을 상상하겠는가? 문자 그대로 모든 사람을 적으로 여겨야 하다니, 태곳적 인간에게는 지나친 부담이 아니었을까?

자연 상태 모델들은 그냥 중간 단계의 해결책에 지나지 않았지만, 문명의 시작들에 대한 여러 사색들을 자극했다. 이런 사색의 가장 중요한 업적은 '어떻게 사회적 질서가 생겨났는가'라는 질문에 만족스런 답을 주었다는 점이 아니었다.[4] 그보다는 이런 사색이 전제로 삼은 가치평가를 뒤집었다는 게 중요한 결실이었다. 이런 사색 게임에서 아담은 현명한 사람이 아니라 야만인이 되었다. 그것은 아담과 시작들에 대한 관심을 줄이지는 않았지만, 전혀 다른 관점을 부여했다. 자연에서 혼자 힘으로 서 있었다고 할 수밖에 없는 존재들에게는, 맨 처음에 풍성함이 아니라 빈곤과 수많은 문제들이 있었을 것이다. 18세기에는 유럽이 팽창하면서 야만적 종족들에 대해 점점 더 많이 알게 되었는데, 이들 야만 종족들이 인류 역사의 처음 상태에 대한 열쇠를 제공한다는 생각들이 나타났다. 인류 역사는 기술적·사회적 진보를 통해 그런 기원들에서 점점 더 멀어졌다. 이는 20세기까지도 학문의 형식 안에 살아 있던 생각으로, '원시 민족'들은 '우리와 동시대를 사는 우리의 조상'이라고 불렸다.[5]

그 사이에 19세기가 끼어 있는데, 시작에 대한 질문과 관련해서 '다윈의 세기'라 불러 마땅한 시기다. 찰스 다윈에게서 자극을 받은 진화론은 시작에 관해 단선적이며 서사가 풍부한 사변들에 대한 온갖 의심의 근거를 마련했다. 다윈 이후로 우리는 문명사적으로 중요한 것들이 발명자 1명의 손에서 나오지 않았으며, 또한 한 가지 문제 상황의 해결책으로 생각된 게 아니라는 것을 차츰 깨닫게 되었기 때문이다. 그보다는 우연한 한 걸음들이 끈질기게 계속 이루어지는 가운데, 작은 변화들이 여기저기서 일어나 헤아릴 수 없이 긴 시간 동안 지속되면서 언젠가는 눈에 띄게 달라진 상태에 도달하게 되고, 그것이 나중에야 기원으로 해석된다는 사실을 깨달았던 것이다. 다윈 이후로 우리는 하나의 시작이 수백만 년이 걸릴 수가 있으며, 따라서 대개는 그 어떤 의도나 계획도 바탕에 없었다는 사실을 알게 되었다.

19세기에 다윈과 지질학자들이 암석의 층위를 다루는 지질층위학 연구들 통해 지구의 나이를 측정한 이후로, 우리는 모든 시작의 시간들이 얼마나 거대한지, 화석들이 남아 있지 않은 시작들에 대해 우리가 얼마나 모르는지, 그 때문에 선사시대를 재구성하기가 얼마나 어려운지를 알게 되었다. 몇몇 영역에서는 맨 처음에 무엇이 있었는가에 대한 철학적 담론들이 너무 무성해서 많은 학자들에게 부담이 되었다. 시작 말고도 사실, 구조, 기능, 진보 등등 탐구할 다른 것들이 더 있으니 말이다. 1866년부터 '파리 언어학회'는 언어의 기원에 대한 논문을 공모하지 않기로 결의했다. 18세기 후반과 19세기의 학자들은 역사와 문명의 시작들에 대해 의미 있는 이야기를 하려면, 그야말로 모든 것을 알아야 한다고 느꼈다. 고생물학, 고고학, 태고사, 상고사 등의 학문들이 차츰 나타나서, 아주 멀리 떨어진 시대들에 대해 말하기 위한 경험론적 토대를 세우려고 시도하게 되었다.

　1800년에서 1950년 사이에 가장 초기의 문화들에 대해 점점 더 많은 증언들이 드러났다. 최초의 폼페이 발굴이 1748년에 시작되었고, 1824년부터는 할슈타트Hallstatt 광산의 탐구가 이루어졌고, 1856년에 네안데르탈인이 발견되었다. 그보다 3년 전에는 취리히 호숫가에서 수상가옥들이 발견되고, 1849년에서 1859년 사이에 카를 렙시우스Karl Lepsius가 쓴 책《이집트와 에티오피아의 기념비들Denkmäler aus Ägypten und Äthiopien》이 나왔다. 고대 그리스와 로마를 '태고시대'처럼 여기는 관점들이 모든 영역에서 점점 더 많은 이견에 부딪혔고, 그럴싸해 보이지 않았지만 유럽인의 '야만적' 기원들이 점점 더 설득력을 얻었다. 1836년에 덴마크 고고학자 크리스티안 위르겐센 톰센Christian Jürgensen Thomsen이 '석기시대' '철기시대' '청동기시대'라는 개념들을 사용했다. 가족의 기원에 대해서, 그리고 인간 역사의 시작 지점에 나타난 것이 일부일처제냐 일부다처제냐, 모권사회냐 부권사회냐, 공산주의냐 사유재산제냐에 대해서 끝없는 논쟁이 벌어졌다. 1884년에 프리드리히 엥겔스는 저서《가족, 사유재산, 국가의 기원Der Ursprung der Familie, des Privateigenthums und des Staats》을 내놓았는데, 여기서 그는 자기 시대의 민속학 및 법역사 탐구들을 자세히 다루었다. 오늘날 우리가 최초의 문자가 발견된 곳으로 알고 있는 우루크Uruk 시市에 대한 탐색이 1849~1850년에 처음으로 이루어졌다. 1868년에는 스페인의 한 사냥꾼이 알타미라 동굴을 발견했지만, 이것이 석기시대 최초의 회화작품이라는 것을 알게 되기까지는 거의 25년 세월이 더 필요했다. 최초의 법조항 모음인《우르-남무 법전Codex Ur-Nammu》의 잔해들은 1952년과 1965년에 발견되었다. 리디아 사람들이 최초로 동전을 사용했다는 것은 19세기부터 알려져 있었지만, 그 이전에도 돈이 있었느냐에 대한 논쟁은 1924년 베른하르트 라움Bernhard Laum의《거룩한 돈Heiliges Geld》이 나오기까지 계속되었다. 종교의 기원에 대한 논쟁은 19세기 말에 이루어졌다. 영국의 고고학자 에드워드 버넷 타일러Edward Burnett Tylor가 1871년에 요약한 것처럼 종교의 기원이 애니미즘, 그러니까 인간 말고도 모든 물건이 영혼을 갖고 있다는 생각이었을까? 아니면 스코틀랜드의 민속학자 제임스 프레이저James Frazer가 1890년에 생각한 것처럼 프리애니미즘이 더 먼저였을까? 그러니까 최초의 종교들에서는 비인격적 힘이 모든 것을 지배하고 있었던 것일까?

줄여 말하자면 다윈의 세기이자 역사적 종교학, 언어의 역사, 법역사, 그리고 고고학의 세기인 19세기는 가장 오래된 과거를 점점 더 상세히 밝혀냈다. 그렇다면 오늘날의 사정은 어떤가? 인류 문명의 여명기에 대한 연구에서 철학적 사색 대신에 탄소화학, 유전학, 문헌학, 사회학, 재료공학 등이 등장했다. 19세기의 방법들은 무한히 다듬어졌고, 아주 오래된 발굴품에 대한 기술적인 분석 가능성이 엄청나게 커졌다. 그사이 시작들을 탐구하는 전문가들도 존재하게 되었다.

이 책은 오늘날 우리가 아는 문명적 성과들의 시작에 대해 다룬다. 직립보행, 언어, 춤, 도시, 돈, 종교, 정치적 지배 또는 서사시의 시작에 대해 우리가 아는 것들 말이다. 학술적으로 설득력이 있는 답변을 찾는 과정에서, 시작들에 대한 철학적 질문들이 사라지는 것도 아니고, 시작의 시대가 멀리 있어서 생기는 온갖 구멍들이 메워지는 것도 아님을 보게 될 것이다. 탐구를 통해 이 두 가지, 그러니까 철학적 관심과 무지는 더 잘 토론할 수 있는 새로운 형태를 받아들일 뿐이다. 탐구는 우리에게 생각하기를 가르친다. 탐구는 계속 새로운 가능성들에 부딪치고, 태고사의 현장에서 형사처럼 잔존물의 의미를 탐색해 "그게 이렇게 되었던 것이 아닐까?"라는 질문을 던지기 때문이다. 다음에 이어지는 장들의 목적은 이런 질문의 의미를 일깨우는 것이다.

⤙⤙⤙⥾⥾⥾

이 책은 기술적인 발명품들을 다루지 않기 때문에 수레바퀴는 본문에 등장하지 않는다. 문자, 예술, 법, 언어 등은 바퀴와 같은 의미에서의 기술은 아니다. 바퀴는 소통이나 사회적 관계 속으로 들어가지 않고도 이용할 수 있지만, 이 책에서 다루는 발명들은 그렇지가 않다. 직립보행조차도 사회적인 업적이었음을 알게 될 것이다.

그런데 바퀴는 이 책에서 다루는 시작들의 양상을 설명하는 데 모범적인 예다. 자연에 등장하는 것이 아니기 때문이다. 망치는 우리 주먹을 모범으로 한다는 '신체기관 투사Organprojektion'로 설명된다. 맷돌은 치아를, 지렛대는 팔을 흉내 낸 것이다. 15세기 철학자 니콜라우스 폰 쿠에스Nikolaus von Kues가 인간이 구성한 독창적인 발명품이라고 불렀던 숟가락조차 우묵하게 만든 손을 흉내 낸 것으로 볼 수 있다.[6] 하지만 바퀴는 360도 돌아가면서 2개의 자유도自由度를 갖는, 즉 자체적으로 돌면서 땅에 닿으면 회전 방향을 갖는 구조물인데,[7] 이에 대해서는 인체나 주변 세계가 그 어떤 자극도 주지 못했다. 우리의 팔다리는 굴러가지 못하고, 태양조차도 둥근 모양이지만 굴러가지는 않는다. 그러므로 바퀴는 자연을 흉내 내서 만들어진 것일 리가 없다. 1903년에 라이트 형제가 최초의 비행기 설계에서 결정적인 돌파구를 찾아낸 것은 그들이 전에 자전거 수리를 했기 때문에 비행기 설계를 위해서 새들의 능력을 모범으로 삼는다는 생각에 붙잡히지 않았기에 가능했다. 새들은 프로펠러가 없다.

바퀴는 상대적으로 늦게 나타난 발명이고, 오랫동안 별로 쓰이지 않았다. 도공들의 원반은 이미 청동기시대에 알려져 있었지만 ─ 그 시대 전체가 '세라믹'시대라 불리던 ─ 예컨대 이집트 사람들은 피라미드를 건설할 때 무거운 돌들을 모두 썰매로 운반했다. 다른 사회에서는 무거운 물건을 물길로 운반하고, 육지에서는 주로 호미니다이Hominidae[사람과科] 짐승이 짊어졌다. 1833년에도 영국인 여행자 한 사람이 페르시아 전역에서 바퀴 달린 수레를 보지 못했노라고 기록하고 있다. 최초의 바퀴가 아마도 메소포타미아에서 생겼으리라는 점을 생각할 때 이는 매우 놀라운 일이다.[8] 하지만 도로나 어쨌든 바퀴가 굴러갈 만한 다른 구조물 위에서만 바퀴의 효율성이 생긴다는 점을 생각하면, 자명한 일이기도 하다. 무언가를 발명한다는 것과 이 발명품을 이용하고 게다가 그것이 널리 전파된다는 것은 전혀 다른 일이다. 기원전 4000년 무렵 우크라이나 한 광산에서의 동광석 채굴이 어쩌면 운송수단으로서 바퀴의 발명으로 연결되는 것일지도 모른다. 바퀴 달린 수레의 최초 모델은 축이 전혀 움직이지 않았다. 광산에서는 정해진 길을 달리기 때문에 네 바퀴가 달린 수레를 조종할 필요가 없었다.

이 책에서 그 탐색 과정을 밝히는 시작들이 바퀴와 마찬가지로 모방에서 나오지 않았다는 점은 매우 중요하다. 앞으로 보게 되겠지만, 음악은 새들의 노래를 흉내 냄으로써 인간 세계로 들어온 것이 아니다. 자연에는 말하기와 직립보행에 대한 그 어떤 모범도 없고, 현존하는 일부일처제 또한 마찬가지다. 최초의 도시들은 동물 세계의 집단생활을 관찰한 내용을 따르지 않는다. 문자는 소리 언어를 흉내 내 눈으로 볼 수 있는 다른 시스템으로 옮기려는 시도가 아니다. 인간 사회의 모든 시작들은 고도로 건설적인 업적들의 기록으로서, 그것이 어째서 생겨났는지 첫눈에 쉽사리 알아볼 수가 없다. 그러나 우리는 자주 착각한다. 예를 들어 직립보행, 말하기, 돈, 도시 등의 쓰임새는 우리 눈에 아주 자명해 보인다. 하지만 자세히 탐구해보면, 우리가 멋대로 상상하는 각각의 쓰임새는 대부분 그것이 생겨난 이유가 아니었음을 알게 된다. 원숭이는 더 멀리 내다보려고 똑바로 일어섰던 것이 아니며, 말하기는 메시지를 전달하기 위해 발전한 것이 아니다. 돈은 물물 교환을 하다가 생겨난 것이 아니며, 최초의 도시들은 도시에 살면 이웃에게서 그토록 심한 괴롭힘을 당하지 않을 것이고 ─도시의 공기가 자유를 주니까─삶이 좀 더 독립적이 될 거라는 이유에서 만들어진 것도 아니었다.

이는 사회적으로 형성된 수수께끼를 다룰 때는 형사 노릇을 해야 한다는 것을 의미하는 동시에, 이어지는 장들이 찾아내고자 하는 두 번째 내용이기도 하다. 곧 우리 자신의 습관에 의해 확정된 것이 아닌 문명에 대한 전망을 열어보고자 한다. 우리는 여타 설명이 필요 없는 자명한 존재가 아니고, 우리의 사회는 극히 있을 법하지 않은 과정들의 결과다. 서로 아무 연관성도 없는 사건들이 예상할 수 없는 믹스로 결합된 결과이고, 우리가 잊어버린 문제들이 해결된 결과다. 우리는 창조의 최고봉이 아니라 그냥 주목할 만한 존재다. 더욱이 오로지 하나의 문명만 남아 있기 때문에, 우리는 그에 대해 곰곰 생각해볼 이유가 충분하다. 특히 우리가 정확히 얼마나 주목할 만한 존재인지를 밝혀낼 이유가 있다.

1

땅바닥에 선,
운반 능력이 있는, 믿음직한

직립보행의
시작

네발 달린 짐승 중 우연히 물에 빠졌을 때
헤엄을 치지 못하는 놈이 없다. 오로지 인간만이
수영을 특별히 배우지 않으면 물에 빠져 죽는다.
인간이 네발로 걷는 습관을 버렸기 때문이다.
이마누엘 칸트

한 떼의 영장류가 황량한 고원지대 물웅덩이 주위에서 서성인다. 전날
이들은 그곳에서 고함과 위협적인 몸짓으로 다른 패거리를 쫓아냈다.
이 짐승들은 이른바 네발걷기로 움직이는데, 앞다리는 손가락 뒷면으
로 몸을 받치고, 뒷다리는 밀어내는 역할을 한다. 원숭이 1마리가 맥獏
[코가 뾰족한 돼지 비슷하게 생긴 동물]의 유골을 뒤진다. 녀석은 동작을 멈추
고 뼈들을 자세히 관찰하더니 곰곰 생각에 잠긴 채 그중 하나를 골라
잡고는 시험직으로 ─리하르트 슈트라우스Richard Strauss의 〈차라투스
트라는 이렇게 말했다Also sprach Zarathustra〉에 나오는 승리의 북소리
와 팡파르 속에서 ─이어서 점점 더 확신에 차서 다른 뼈들을 쪼갠다.
그러다 마침내 이빨을 드러낸 공격성에 취해서 죽은 짐승의 두개골을

파괴한다. 이튿날 경쟁 대상인 동종 동물들에 맞서 싸우다가 그중 한 놈을 죽이는 데 이 뼈가 쓰인다. 이제 무장한 원숭이가 나타난 것이다.

두 발로 똑바로 걷는 자는 두 손이 자유롭다. 무엇하러? 죽이기 위해서라는 것이 이런 기원 이야기가 들려주는 주장이다. 똑바로 일어서서 걷기는 '인간직전' 원숭이들이 부족한 자원을 두고 벌이는 전투에서 동종에 더 잘 맞설 수 있도록 해주었다는 것이다.[1] 인간 형성 과정은 1968년 스탠리 큐브릭 감독의 영화《2001 스페이스 오디세이2001: A Space Odyssey》에 나오는 것처럼 이루어졌을까? 단, 유인원을 비롯해 인류의 요람인 아프리카에는 맥이 아예 존재하지 않았다.

무엇보다도 그 과정은 그렇게 **빨리** 이루어지지 **않았다**. 시작은 갑작스런 습격이 아니다. 오래 질질 끌면서, 하룻밤 사이가 아니라 대개는 무한히 오랜 시간 작은 걸음들로 진행되었으니, 인류는 상상할 수도 없이 긴 시간이 필요했다. 그래서 시작들에 대해서는 그 어떤 증언도 없고, 기껏해야 과도기 상태에 대한 증언들만 있다. 네발로 움직이는 유인원이 똑바로 서서 걷는, 인간직전 원숭이가 되기까지는 수백만 년이 걸렸다. 유인원과 인간의 중간에, 똑바로 걷는 최초의 호미니드Hominid[직립보행 영장류]가 600만~700만 년 전에 살았다면 ─ 그에 해당하는 가장 초기의 뼈들, 곧 사헬란트로푸스 차덴시스Sahelanthropus tchadensis, 오로린 투게네시스Orrorin tugenensis, 아르디피테쿠스 카다바Ardipithecus kadabba 등의 뼈들이 인간과 원숭이에 얼마나 가까운지는 거듭 논란의 여지가 있지만 ─ 최초로 입증된 도구 사용까지는 다시 450만 년이 걸렸다. 하지만 설사 훨씬 더 조심스런 태도로 이런 화석들에 접근한다고 해도, 탄자니아 라에톨리Laetoli에 있는 360만 년 된 최초의 직립보행 인간직전 원숭이의 발자국과 운동의 결정적인 양상들이 인간 비슷한 모습을 보이는 화석 사이에는 여전히 수백만 년이 놓인다. 여러 연구자들은 호모 에르가스테르Homo ergaster가 비로소 우리의 신체 구조와 완전히 비슷하다고 보는데, 이는 약 180만 년 전에 살았다.[2]

원숭이가 똑바로 일어서서 걷고 난 뒤로도 '인간직전' 원숭이라 불리기까지, 그렇듯 오래 걸린 까닭은 무엇인가? 네 다리 영장류가 아니라 나무에서의 삶에 적응된, 매우 달라진 앞발을 가진 안경원숭이들이 우리의 가장 가까운 친척들이고 동작이 자유로운 녀석들의 손을 우리는 새로 쟁취한 것이 아니라 그냥 보존한 것이니까, 네발걷기 동물에서 두발걷기 동물로 넘어가는 이행移行이 없었다는 주장은 유감스럽게도―누군들 침팬지보다는 차라리 안경원숭이의 후손이 되고 싶지 않으랴?―근거가 약했다.[3] 네발걷기에서 두발걷기로 넘어가려면, 유전적 변이와 선택에 의해 원숭이의 골격 전체가 변해야 했다. 예컨대 두 발로 걸으려면 두 발 중 한 발은 언제나 공중에서 움직여야 한다. 다리를 그냥 쭉 뻗기만 해서는 안 되고, 앞으로 이동한 몸도 지탱을 해주어야 계속 앞으로 나갈 수 있기 때문이다. 하지만 앞을 향해 뜨는 다리는 그쪽 발이 얼른 땅에서 떨어지지 않을 경우에만 그 움직임을 지탱한다. 그래서 빨리 달리는 인간은 앞으로 넘어지려고 한다. 원숭이 말고 인간의 경우에만 대둔근Gluteus Maximus이라는 이름의 커다란 엉덩이 근육이 넘어지는 것을 막아준다. 인간직전 원숭이의 동체가 짧아져서 또 다른 안정성을 얻었다. 엉덩이의 한 부분인 장골腸骨, Darmbein이 매우 짧아지고 전체적으로 엉덩이가 아래쪽으로 내려앉아서 가능해진 일이었다. 두발걷기 동물은 네발걷기 동물과는 달리 엉덩이의 도움을 많이 받아 움직이는 것이 아니다. 엉덩이 부위의 근육은 전혀 다른 기능을 하는데, 다리를 치켜들 때의 순간적인 불안정함을 완화하고 몸을 지탱해준다. 똑바로 설 때에 가장 민감한 부분인 무릎의 변화가 여기에 덧붙여진다. 그리고 발은 이제 더는 움켜쥐는 기능이 아니라 지레로 이용된다.[4]

골반의 구조는 움직일 때만 결정적인 것이 아니라, 두 발로 걷는 암컷의 출산 과정에도 결정적인 역할을 한다. 아기를 낳는 것은 유인원에게도 고통스럽지만, 신체 크기와 골반 구조를 봤을 때 적어도 침팬지, 고릴라, 오랑우탄 등은 상대적으로 출산을 빨리 끝내는 편이다. 통상적인 타원형 산도産道는 아무런 문제도 만들어내지 않는다. 인간 여자들의 경우에는 사정이 전혀 달라서 압통을 동반하는 매우 큰 고통속에서 출산을 한다. 인간의 신생아는 힘들게 몸을 돌려 태어나는데, 어머니 몸에서 나올 때 어머니에게서 얼굴을 돌리고 있다. 그래서 유인원 암컷들은 혼자서 새끼를 낳는 반면, 두발걷기 동물의 분만은 예로부터 분만 도움이라는 사회적 과정이 되었다.[5]

일부 원숭이들이 똑바로 일어서기까지 헤아릴 수 없이 긴 시간이 걸렸다는 것은, 이런 발전이 불가능에 가까울 정도로 어렵다는 사실을 알려준다. 유인원, 긴꼬리원숭이, 긴팔원숭이들이 지금도 여전히 존재한다는 것과 그들의 동작 기관이 예로부터 자기들의 환경에 얼마나 잘 맞는 것인지도 역시 이런 어려움을 잘 알려준다. 그렇다면 대체 어째서 땅으로 내려와 겪는 몸의 균형 문제, 줄어든 속도, 떨어진 나무타기 능력, 힘든 출산 과정 등을 동반하는 이런 신체 구조로의 지루한 이행이 일어났단 말인가? 시작이란 작별이기도 해서, 포기와 더불어 나타난다. 힘과 속도를 희생해 안정성을 얻었다. 훌륭하게 —에너지 효율적으로— 성큼성큼 걷다보면 나무타기 능력은 줄어든다. 두발걷기 동물의 등판 전체로 햇볕이 내리쬐지 않는 것은 이점이다. 하지만 하늘 더위기 괴도한 열기의 위협을 받는 것과 혈액 조절센터[심장]가 중력에 맞서 일해야 한다는 것은 단점이다. 그리고 마지막으로, 남들을 더 잘 보는 자는 남들의 눈에도 더 잘 띈다. 두발걷기의 어떤 장점들이 이렇듯 분명한 단점을 상쇄하고도 남을까? 더 정확하게 말하자면 대체 어떤 초기의 장점들인가? 단점들이 나타났다면, 진화 과정에서 그 장점들도 곧바로 사라졌을 테니 말이다. 생존전쟁에서 미래란 논쟁의 가치가 없다.[6]

이런 질문들에 대한 답변들로 나아가기 전에 —큐브릭의 신화적 장면에서 나온 '무기 및 도구의 사용'은 여러 답변들 중 하나에 지나지 않는데— 먼저 여기서 직립보행이 어째서 다른 모든 시작들의 시작 지점에 서는지 그 근거를 제시해야 한다. 인간을 그 조상들과 구분해 주는 또 다른 특징들이 있으니 말이다. 이를테면 인간은 나무에 살지 않으며, 무엇이든 먹고, 신체 크기에 비하면 인간의 두뇌 크기는 유인원의 3배 정도에 이른다. 몸의 크기에 비해 작고 U자형이 아닌 포물선 모양으로 된, 어금니가 압도하는 치아를 가졌으며, 매우 잘 움직이는 손을 가졌고 또 언젠가 언어기관을 얻었다. 그것 말고도 인간의 성적 행동, 곧 번식 행동은 유인원과 분명히 다르다.

"인간은 무엇인가?"라는 질문에 대한 철학적 답변의 목록은 인간의 특수성에 대한 이 작은 목록을 훨씬 넘어선다. 철학적 목록들은 '말하

는 동물’ ‘노동하는 동물’ ‘웃는 동물’에서 시작해서 ‘거짓말하는 동물’
‘약속할 수 있는 동물’을 거쳐 ‘지루해하는 존재’에까지 이른다. 도구
를 특징으로 잡은 ‘도구의 인간homo faber’, 방어력과 본능이 없는 ‘무
력한 인간Homo inermis’, 그리고 올더스 헉슬리에게서 심지어는 ‘수다
스런 인간Homo loquax’까지 찾아볼 수 있다. 이는 말하는 인간의 전前
형태로서, 뒤의 장에서 다룰 것이다. 하지만 이런 모든 정의들은 인간
을 전제로 한다. 그러니까 이미 많은 전제를 채우고 나서야, 웃거나 거
짓말을 할 수 있다. 두 발로 서서 걷기는 일찌감치 등장해 이런 반론
이 적용되지 않는 특징이다. 인간은 두 발로 서서 걷기 전에는 아주 작
은 걸음으로 주변 세계에 적응하는 원숭이였던 것이 분명하다. 두발걷
기의 전제 조건들은 몹시 복잡하기는 해도, 인간으로의 발전을 가능
케 하기 위해 세공되어야만 했던 사회적, 문화적, 기술적인 종류의 복
잡성은 아니다. 그래서 두발걷기는 많은 철학자들에게, 온갖 분명한 편
안함에 맞서 자연의 힘을 넘어 일어선 ‘인위적 생존’, 즉 자신을 넘어
더 멀리 내다보기 위한 인위적 생존의 시작을 알리는 핵심으로 여겨졌
다. 1784년 헤르더가 이미 그렇게 말했다. 헤르더는 여기서 나중에 다
윈도 따라올 방향으로 생각했다. “그러므로 미개한 인간도 자신의 신
체기관으로 보아 전혀 방어책이 없지는 않았다. 두 다리로 일어서서
문명을 지니게 되었으니, 인간처럼 자신의 팔에, 손에, 날렵한 신체에,
자신의 모든 힘 속에 팔 여럿짜리 도구를 가진 동물이 달리 어디 있단
말인가? 기술은 가장 강력한 총이니, 인간 자신이 기술이자 완벽히 정
비된 무기가 된다. 그에게는 공격을 위한 발톱과 이빨만 부족하다. 그
는 평화롭고 온순한 존재가 될 것이었으니 말이다.”[7]

헤르더는 '발전'이라는 개념이 이행移行을 위한 자연적인 이유들을 다시 요구할 수밖에 없기 때문에, 두발걷기로의 발전이 있었을 리가 없다고 말했다. 두발걷기란 상고사의 천재적 행동으로서, 모든 문명사적 전환의 유도 불가능성과 이해 불가능성의 예를 제공한다고 생각했다. 하지만 두발걷기는 그렇게 생겨난 것이 아니다. 인간의 흥미진진한 유일무이함이 어째서 네발걷기와의 차이로 나타나야 하는지 그 이유를 물을 수가 있기 때문이다. 물에서 뭍으로 이행하는 과정에서 신체 구조적으로 편안함의 결실을 고수하기를 포기하고서야 비로소 네발걷기는 하나의 '자연적인' 동작 형식이 된다. 헤엄치기도 네발걷기보다 더 편했다. 네발 동물들에게서 앞다리와 뒷다리의 차이, 곧 앞다리는 방향을 정하면서 시각적으로 가까운 주변을 함께 살피고, 뒷다리는 추진력을 제공한다는 차이가 이미 중력에 반하는 것이다. 두발걷기는 다리와 발에 심지어 일부 퇴행을 불러왔다. 앞다리가 손이 되면서 그사이 얻었던 것, 곧 조종 기능을 도로 빼앗긴 것이다. 그러니까 원숭이가 두 다리로 일어서서, 이를테면 돌 던지기로 장거리 공격자가 되면서 단번에 인류가 생겨났다는 것은 ― 큐브릭의 인간 형성 장면을 좀 더 평화롭게 변형시킨 것 ― 그냥 전설일 뿐이다. 이런 전설은 믿을 수 없이 긴 시간을 요하는 과정에 대한 이해를 방해할 뿐이다.[8]

개별적인 인간의 중요한 특징들, 곧 손과 그 밖에도 '두개골 아래쪽에 있는 후구개골의postcranial' 다른 중요한 특징들은 직립보행의 결과라는 사실이 연구를 통해 아주 분명하게 밝혀졌다. 인간직전 원숭이들의 이빨은 인간과 초기인간이 지닌 암컷과 수컷 치아와는 차이가 적다는 점에서, 원숭이들의 이빨과는 다르다. 인간직전 원숭이들의 이빨은 이미 무기가 아니다. 그들의 이빨은 매우 다양한 방식으로 먹이를 먹고, 아주 다양한 서식처에서 먹이를 찾아낸 존재를 알려준다. 이는 기후변화에 따른 초기의 이동성을 암시한다. 물론 그보다 훨씬 더 오래된 영장류들, 곧 오레오피테쿠스와 라마피테쿠스(1400만 년에서 800만 년 전 사이에 살았던 것으로 입증된)에게서 예컨대 침팬지보다 작은 앞니가 발견된다. 이는 치아 구조와 도구 사용을 연결할 개연성을 없앤다. 도구 사용은 송곳니가 작아진 원인이 아니라 그 결과로 나타난 보충이다. 아르디피테쿠스 라미두스Ardipithecus ramidus(440만 년 전)에서 오스트랄로피테쿠스 아프리카누스Australopithecus africanus(250만 년 전)에 이르기까지 여러 인간직전 원숭이들의 이빨 크기, 형태, 법랑질, 턱 구조 등을 토대로 살펴보면, 식습관의 상당한 변화를 알 수 있다. 식습관 변화는 인간의 치아에까지 이어져 나타나는데, 인간의 치아는 단단한 음식과 부드러운 음식을 모두 잘 처리한다.[9]

그런데 이것조차도 직립보행 질문과 결합된다. 먹이를 먹는 방식은 당연히 저 높은 나무에 매달린 열매냐 아니면 땅에서 찾을 수 있는 딸기, 포도, 단단한 씨앗이나 딱정벌레냐, 따고 모으는 것이냐, 사냥하는 것이냐에 달린 일이기 때문이다. 앞발은 점점 더 팔로 변했고, 팔은 도구 사용을 통해 치아의 부담을 덜어주었으며, 그것은 다시 언어기관의 발전과 인지 능력에 유리하게 작용했다. 두뇌조차도 손동작이 섬세해진 혜택을 입고, 손동작은 다시 두뇌가 커진 혜택을 입었다. 이 모든 것은 진화적으로 생겨나는 특징들의 상호 조건에 속한다. 그들은 서로를 강화했지만, 그렇다고 동일한 이유에서 생겨나거나 시간적으로 서로 긴밀하게 이어진 것은 아니었다. 원숭이들도 도구를 사용한다. 두발걷기 동물도 즉시 더 큰 두뇌를 갖는 것도 아니고, 상대적으로 큰 두뇌를 가진 인간직전 원숭이들조차도 직접 도구 기술을 발전시킨 것은 아니었다. 이들 모두 어째서 서로 점점 더 유리해지는 발전이라는 맥락에서 하나의 종種이 등장했느냐는 질문에는 답을 해주지 못한다. 누 구는 원하는 대로 이리저리 궁리해볼 수는 있지만, 직립보행은 여전히 인간 이전의 형태들, 또한 인간과 가장 가까운 원숭이 친척들 사이에 존재하는 가장 정보가 풍부한 차이로 남는다.[10]

꿔))))||

이동 방식의 이행에 필요한 긴 시간과 복잡성을 제외하면, 큐브릭의 장면은 어째서 일부 원숭이들이 일어섰는가에 대한 학술적 가설과 잘 연결된다. 인간의 유능한 두뇌가 발명한 도구와 무기를 사용하기 위해 두 손이 자유롭게 되었다는 찰스 다윈의 추측에 기대서 1953년에 호주 출신 고인류학자 레이먼드 다트Raymond Dart는 직립보행이 가졌던 의미를 진술했다. 직립보행은 초기인간에게 무기 사용을 넘어 먼 곳 바라보기를 허용했기 때문이다. 이는 공격적이고 성공적인 사냥에 유리했다. 그보다 25년 앞서 그는 원숭이가 인간이 되는 과정이 두뇌로부터 시작되었다는 표상을 발표했다. 그러니까 뛰어난 지능, 또는 조금 더 조심스럽게 표현하자면, 더 높은 인지 능력이 인간 되기의 시작에 있었다는 생각을 밝혔다. 1924년에 남아프리카의 석회석 덩이에서 당시 가장 오래된 '인간직전' 원숭이의 유골이 발견되었기 때문이다. 200만~300만 년 된 '타웅 아이Taung Child'는 아직 완전히 부서지지 않은 치아가 특징이었는데, 이 두개골을 처음으로 분석한 다트는 이것이 '인간과 비슷한 부드러운 특징들'을 지닌 '멸종한 원숭이 일족'의 것임을 알아냈다. '진짜 인간'은 아니지만 유인원과 인간의 중간에 자리 잡은 종류의 두개골이었다.

다트는 이 존재에 '아프리카의 남쪽 원숭이'라는 뜻을 지닌 오스트랄로피테쿠스 아프리카누스라는 이름을 붙였다. 이 동물에게서 흥미로운 점은 신경계가 두뇌로 들어가는 입구, 즉 대후두공foramen magnum이 뒷머리가 아닌 두개골 아래쪽으로 나 있다는 것이다. 이는 사실 녀석을 그동안 알려진 원숭이와 구분해주는 특징이다. 오랫동안 학계는 이것이 수직의 척추와 더불어 직립보행에 맞게 조정된 두개골 위치를 가리킨다고 여겼다. 오늘날의 생물학자라면 이보다는 조심스러울 것이다. 대후두공의 위치가 아니라 허리뼈 또는 다리뼈를 토대로 두발걷기를 진단할 것이다. 다만 이쪽 뼈들은 그리 많이 전해지지 않는다. 어쨌든 오스트랄로피테쿠스의 두뇌는 대부분의 원숭이 뇌보다 조금 더 컸을 뿐이다. 상대적으로 작고 날카로운 송곳니는 분명 인간의 송곳니와 비슷했다. 다트는 뒷날, 원숭이가 인간이 되는 가장 중요한 일보는 숲에서 초원으로 나간 일이었고, 너른 초원에서는 먼 곳 바라보기와 무기 사용이 유리했다는 다윈의 주장에 동조했다.[11]

학계는 오스트랄로피테쿠스가 원숭이와는 다른 존재라는 것을 오랫동안 믿지 않았다. 그의 두뇌가 너무 작았는데, 인지 능력, 또는 두뇌 크기가 인간과 원숭이를 구분해주는 것이 아니라면, 대체 둘 사이의 차이가 뭐란 말인가! 그것 말고도 사람들은 무기 사용이 인간의 특징이라는 다윈의 추측을 오랫동안 고수했다. 그래서 근처에서 돌 도구가 발견되지 않을 경우, 화석들이 유인원과 인간의 중간 단계라는 고려조차 하지 않았다. 이것 말고도 1912년에 런던에서 '최초의 잉글랜드인'의 두개골이 발견되었다. 잉글랜드 동남부 마을 필트다운Piltdown에서 발견된 두개골은 20만~50만 년 된 것으로 보였다. 이 두개골은 적어도 영국인들에게는 워숭이 두뇌보다 분명하게 훨씬 큰 브리튼 두뇌가 인간의 발달 초기에 있었다는 사실을 입증해주는 것이었다. 필트다운 두개골은 나중에 중세의 인간 두개골과 줄질한 오랑우탄 턱뼈를 조합한 위조품으로 드러났다. 일찌감치 그것의 진위를 의심한 사람들이 있었음에도, 40년의 시간이 흘러 물리학적으로 뼈의 연대를 측정하는 기술이 훨씬 더 발달하고 나서야 비로소 위조 사실이 밝혀졌다. 그때까지는 발견된 가짜 두개골이 인간의 치아를 가진 두발걷기 동물을 가리키는 것으로 여겨질 수가 있었다. 두뇌가 충분히 크지 않을 경우 대부분의 학자들은 인간직전 원숭이로도 여기지 않았다. 절대적인 두뇌 크기가 아니라, 신체 크기 대비 두뇌 크기의 비율로 판단해야 한다는 사실을 보지 않았다. 수컷 고릴라는 몸무게가 대략 160킬로그램인데, 오스트랄로피테쿠스[인간직전 원숭이]는 몸무게가 약 40킬로그램이면서 두뇌는 수컷 고릴라보다 조금 더 컸다. 상대적으로 관찰해보면 오스트랄로피테쿠스의 여러 변이 형태들은 몸무게가 같은 알려진 모든 동물들 사이에서 실제로 두뇌가 가장 컸다.[12]

하지만 똑바로 서서 두 발로 걷기가 인간 두뇌의 발달을 가능케 했다는 인식이 결정적이다. 1947년에 스테르크폰테인Sterkfontein 동굴에서 척추 일부와 넓적다리가 붙은 오스트랄로피테쿠스 아프리카누스의 골반이 발견되었다. 허리뼈의 형태와 척추의 굴곡 형태로 뼈 주인의 두발걷기가 입증되었다. 이런 두발걷기의 특징을 타웅 아이의 두개골 및 송곳니와 합쳐보고야 비로소 학자들은 원숭이가 두 발로 걸은 다음에 원숭이 두뇌와 두발걷기 동물 두뇌 사이에 차이가 나타나기 시작했음을 인정하지 않을 수 없었다. 머리가 무거운 우리의 생존 방식은 특별한 걷기 방식 덕분에 얻은 것이지, 그 반대가 아니다. 1978년에 탄자니아 라에톨리에서 석화된 화산재에 찍힌 발자국이 발견되었다. 오늘날 이 발자국은 에너지 소비 방식이 우리와 같은 존재(오스트랄로피테쿠스 아파렌시스)의 것으로 인정받고 있다. 이것은 케냐에서 발견된 오스트랄로피테쿠스 아나멘시스에도 해당되는데, 이들은 390만~420만 년 전에 살았다. 지금까지 발견된 최초의 돌 무기는 이들보다 약 100만 년 정도 늦다. 인간의 두뇌는 두발걷기로 넘어가고 나서 약 400만 년 뒤에야 비로소 현재 크기에 도달했다.[13]

이런 발견들의 해석을 보고 고인류학자와 진화학자들의 논쟁 방식을 추적할 수 있다. 유명한 인류학자인 서우드 위시번Sherwood Washburn, 랠프 홀러웨이Ralph Holloway, 클리퍼드 졸리Clifford Jolly, 오언 러브조이Owen Lovejoy 사이에 벌어진 역사적인 논쟁들을 예로 들어보자. 인간 직전 원숭이가 유인원들에 비해 송곳니가 더 작은 것은, 도구 사용 덕에 자연선택의 압박이 줄어든 탓으로 생각된다. 그러니까 무기 또는 도구가 송곳니의 기능을 할 수 있게 되었으니 큰 송곳니가 더는 장점이 아니게 되었다는 말이다. 칼이 쟁기가 된 게 아니고, 송곳니가 칼이 되었다. 서우드 위시번은 레이먼드 다트의 사냥꾼 이론과 같은 맥락에서 이렇게 주장했다. 그런 사유에는 사냥이 바로 그런 도구 사용의 원인이라는 생각은 아예 없었다. 최초의 두발걷기 동물은 사냥꾼이 아니라 사냥감이었고, 열매, 씨앗, 잎사귀 등을 주식으로 했다. 날카로운 송곳니와 그에 해당하는 도구는 가끔씩만 필요했다. 동종同種 사이에서의 싸움 또는 주로 암컷을 얻기 위한 '같은 무리'의 싸움 등 근거리 싸움에만 필요했다. 하지만 나중에 이런 싸움에 송곳니 대신 등장한 무기는 컨채지지 않는다.

위시번은 이에 대해 논박하지 않았다. 그의 주장으로는, 이빨이 작아졌으니 큰 송곳니를 대체할 기술이 그보다 먼저 있었을 것이 **분명한데**, 다만 그것이 아직 발견되지 않았을 뿐이라는 것이다. 또는 그 도구가 영구적인 재료로 만들어진 것이 아니라면 앞으로도 절대 발견되지 않을 수도 있다. 하지만 정말로 나무로 된 무기가 큰 이빨을 대신했을까? 어떤 가설에 대한 입증의 부담을, 앞으로 언젠가 그 증거가 발견될 수도 있다는 식으로 미래로 떠넘기는 것이 미덥지 못하다는 점도 있다. 그리고 이빨을 계속 지닌 채 이런 무기에 '등을 돌리고' 무리를 지어 살아남은 원숭이들이 자연선택에서 얻은 이점은 대체 무엇이었을까? 그사이 베는 도구를 갖게 되었기 때문인가? 랠프 홀러웨이가 이렇게 묻자 위시번은, 이들이 무리 안 서열 싸움에서 서로 상대방에게 더 이상은 심각한 상처를 입히지 않게 되었다고 답했다. 같은 무리에 대한 이런 이타주의는 진화생물학으로는 설명되지 않는다. 더 작은 이빨을 지닌 자들이 더 잘 번식할 수 있었던 이유는 무엇인가? 그것이 무리 전체에 좋았기 때문이 아니겠는가?

이빨 크기가 줄어든 것에 대한 홀러웨이 자신의 설명도 인간직전 원숭이 공동체 조직을 관찰로 끌어들였다. 이제 인간직전 원숭이 사이에서는 성적인 우선권이 원숭이들처럼 무리 안에서의 싸움 능력에 달린 일이 아니게 되었단다. 다르게 말하면 이렇다. 공격성이 줄어들고 공통의 사냥과 채집 행렬에서의 협동이 늘면서, 훌륭한 이빨을 소유한 수컷이 그렇지 않은 수컷보다 딱히 성과가 더 좋지는 않게 되었다. 기술 변화가 아니라 직립보행과 결합된 사회적 변화가 신체의 진화에 영향을 주었다는 것이다.[14]

　이 주장은 다시 다음과 같은 반박에 부딪쳤다. 무엇이든 먹는 잡식성 침팬지들이 협동해서 먹이를 찾는 것을, 직립보행과 더 작은 이빨로의 이행 과정 덕으로 돌릴 수는 없다. 직립보행과 더 작은 이빨은 고기 먹기에서 이점이 적고, 침팬지들의 신체적 불안정성을 더 높이는데, 이는 사냥에 매우 불리한 점이다. 클리퍼드 졸리가 이 자리에 끼어들어, 사냥과 고기에 대한 집착을 버리고 더 평화로운 원인을 찾아보자고 제안했다. 그 자신의 가설에 등장하는 '모델 원숭이'는 침팬지가 아니라, 신체 구조가 인간직전 원숭이에 더 가까운 비비 원숭이였다. 그의 가설은 먹기 방식이 변해서 강한 송곳니가 아닌 강한 어금니가 유리해졌다는 것이다. 씨앗을 씹고 작은 곤충, 파충류, 쥐 종류를 소화해야 했기 때문이다. 인간직전 단계로 넘어가던 시기에 원숭이가 살던 서식지는 초원이었는데, 그들은 이미 똑바로 세워진 척추를 갖고도 그곳에 쪼그리고 앉아서 먹이를 먹었다는 것이다. 하지만 최초의 인간직전 원숭이들의 유골과 두개골은 너른 사바나[초원] 지역이 아니라 — 이는 두발걷기가 몸을 식히기 위한 기술로 생겨났다는 이론도 낡은 것으로 만들었는데 — 숲에서 발견되었다. 마이오세 중기와 후기의 기후 조건은, 서늘하고 건조하고 계절의 변화가 더욱 강한 것이 특징이었다. 1,000만 년 전에 이런 조건들이 숲을 줄여서 많은 원숭이들을 초원으로 내몰았을 뿐만 아니라, 또한 서로 다른 서식 구역들이 촘촘하게 나란히 존재하는 모자이크 형태의 지역들을 만들어냈다.

널리 논의되는 오언 러브조이의 모델은 특히 계절에 따른 이런 변동과 이질적인 서식 구역들에 근거한다. 이런 모델이 갖는 매력은 무엇보다도 진화에서 두 가지 거대한 자연선택 동기들, 즉 먹이와 성적 번식을 결합했다는 것이다. 러브조이에 따르면 숲에 살던 일부일처 수컷 원숭이들은 계절에 따라, 어미가 새끼들과 함께 남아 있는 곳에서 멀리 떨어진 지역에서 새끼 양육을 위한 먹이를 ─ 채집한 것이든, 사냥한 것이든, 아니면 죽은 짐승의 시체든 ─ 장만하지 않을 수 없었다. 먹이를 찾으면서 그들은 날씨 상황에 따라, 먼 거리, '빈 곳', 희박한 먹이 밀도 등을 각오해야만 했다. 여기서 직립보행이 유리해졌다. 몸무게 50킬로그램의 두발걷기 동물은 ─ 인간직전 원숭이는 대강 그 정도 몸무게에 키는 120센티미터 ─ 45킬로그램짜리 수컷 침팬지가 10킬로미터 구간을 '뒤지는' 데 필요한 것과 동일한 에너지를 들이면, 16킬로미터의 길을 걸을 수가 있었다. 실제로 원숭이들은 오늘날에도 하루 2킬로미터 정도를 전진하는데, 채집꾼 인간 공동체는 13킬로미터 정도를 나아간다. 먼 거리를 나갈수록 직립보행에 따른 에너지 비축이 12~16퍼센트 정도 커진다.[15]

암컷이 보호를 받지 못하는 환경에서 새끼를 데리고 먹이를 찾으며 먼 거리를 이동하기가 위험하기 때문에, 성별에 따른 노동 분화가 나타났다. 섹스와 먹이의 교환, 또는 일부일처 방식이 나타난 것이다. 덕분에 암컷은 더 많은 출산을 견딜 수 있었다. 새끼를 데리고 이동하지 않아도 되고 맹수들로부터 새끼를 더 효과적으로 보호할 수 있었기에, 암컷들은 더 많이 출산할 수 있었다. 그렇게 보면 직립보행이 소가 족제도의 형성에 기여했다고 주장하는 셈이다. 또는 더 정확히 말하자면, 광범위한 영역에서 먹이를 찾을 경우, 직립보행의 이점과 수컷들 사이의 갈등을 줄이는 일부일처제가 서로를 보강해주었다는 뜻이다. 인간직전 원숭이들에게 송곳니가 없다는 것은 이런 이미지와 잘 들어맞아 보인다. 일부일처 상황에서는 서로 물어뜯을 필요가 적고, 먹이를 찾을 영역이 늘어나는 만큼, 영역 방어는 어차피 불가능했기 때문이다.

침팬지들의 실험에서 보면, 좋아하는 먹이는 두 발로 운반하고 덜 달가운 식물은 네 다리로 운반하는데, 이것 또한 경쟁이 두려울 때면 두 발 운반이 더 유리하다는 것을 알려준다. 러브조이의 논제는, 원숭이 세계에 일부일처 방식이 없으므로, 원숭이 세계와의 유추를 포기해야만 하는데, 게다가 오스트랄로피테쿠스가 일부일처 생활을 했다는 강력한 암시도 없다는 것이 난점이다. 수컷 인간직전 원숭이의 몸무게가 암컷에 비해 훨씬 많이 나간다는 사실은 많은 연구자에게 오히려 그 반대를 알려준다. 이런 '성적인 이종二種 현상', 즉 수컷과 암컷 사이의 뚜렷한 신체 차이에 대한 설명 하나는 다음과 같은 것일지도 모른다. 운동기관이 인간과 비슷하거나 더 큰 호미니드 수컷들은 탁 트인 초원지대에서 먹이를 찾을 때 암컷들을 숲 가장자리에 남겨놓는데, 암컷들은 그곳에서 계속 나무타기 능력을 유지하지 않았다면 아무런 방어책도 없었을 것이다. 수컷들은 직립보행과 더 강한 신체 구조로 채집 영역의 생태적 여건과 위험에 더 빨리 적응했을 것이다. 암컷들은 해부학자 랜들 서스먼Randall Susman이 요약한 대로 더 적은 몸무게로

더 오랫동안 '부분적인 나무 거주자'로 남아 있었을 것이다.[16]

>>>)))}}

　이런 논쟁의 성과로서, 직립보행의 생성에서 직선적 역사를 이야기할 수가 없음을 확인할 수 있다. 즉 모두가 사변의 특성을 갖는다. 이야기 도중에 알게 되었듯이, 오스트랄로피테쿠스는 주로 식물을 먹었지만 오직 식물만 먹지는 않았다. 사냥의 이점들이 직립보행을 자극한 것은 아니었다. 그보다는 원숭이가 땅이나 나뭇가지에서 열매에 접근하려고 몸을 일으켰다는 주장들이 더욱 설득력이 있다. 침팬지가 잠깐 두 발로 걷는 경우, 85퍼센트가 먹이를 위한 것이다. 그에 반해 물건을 들거나 던지거나 관찰하거나 도구를 이용하거나 거드름을 피우기 위한 경우는 극히 드물다. 그들이 두발걷기로 넘어갈 때 다른 동물들이 더 빨랐다면, 두발걷기는 말기 원숭이 또는 초기인간에게 맞지 않게 된다. 트인 영역에서의 멀리 걷기에만 기반을 둔 이론들은 여기서 한계에 봉착한다. 1994년에 에티오피아에서 발견된 아르디피테쿠스 라미두스는 440만 년 전에 가끔씩만 두 발로 걷던 동물인데, 한 가지 먹이원천에 훨씬 적게 얽매여 있었고 초원에 살지 않았다. 오스트랄로피테쿠스 아파렌시스의 가장 유명한 유골인 '루시'에 나타난 표지들은, 이 동물이 아직도 여전히 나무에 기어오르고 적어도 밤에는 맹수를 피하려고 나무 위에서 지냈음을 알려준다. 가장 오래된 인간직전 원숭이들은 분명 숲이 우거진 지역에 살았지만, 또 다른 환경에서도 살아남을 능력들을 발전시켰다. 점점 더 심해진 계절의 차이와 덕분에 동아프리카에 나타난 모자이크 형태의 서식 구역은, 예를 들어, 운동 방식에서 한 가지 이상의 가능성을 가진 동물이 지닌 행동의 유연성에 보상을 해주었다. 그러니까 진화는 한 가지 특수한 생활 방식으로 몰아가지 않았던 것으로 보인다. 신체 구조가 특정한 환경, 곧 틈새 방식 생활만을 암시하는 것이 아니라, 다양한 것을 먹으며 땅과 나무의 위험성을 적절히 조정할 수 있는, 이주 능력을 가진 종의 발전을 유도했고, 180만~250만 년 전에 이 종은 '꼭 필요한 두발걷기'로 넘어갔던 것이다.[17]

흔히 진화론에서는 특히 힘든 환경 조건들이 변화를 야기했다고 추측한다. 현재 널리 통용되는 해석에 따르면, 생존전쟁이 힘들고 먹이가 부족해지면, 일부 특징들이 다른 특징들보다 더 잘 번식하게 만드는 결정적인 압력이 나타난다. 직립보행에 대한 대부분의 설명들은 이런 도식을 따른다. 아프리카에 사는 영국인 동물학자 조너선 킹던Jonathan Kingdon은 이 문제를 다르게 바라본다. 쉽지 않은 발전을 위해서는, 그 최종적 이점은 나중에야 보이기 때문에, 일단 유리한 생태 상황이 꼭 필요하다는 것이다. 원숭이는 사바나에서 살아남으려면 이미 두 발로 섰을 것이라고 한다. 네발로 걷는 나무 거주자와 두발걷기 동물 사이에 중간 이동 형식이 있었을 것이란다.[18]

1,050만 년 전에 시작된 건기는 모잠비크에서 시리아에 이르는 거대 아프리카 지구대를 따라 2개의 거대한 지역을 만들어냈다. 거의 모든 인간직전 원숭이 화석들의 발굴지는 이 지구대의 동편에 있다. 그래서 '이스트사이드 스토리'다. 그에 따르면 거대 지구대의 지질학적인 긴장이 마이오세 말기에 ─ 약 600만 년 전 ─ 양쪽 생태계 사이에

자연스런 장애물(산, 고원들)을 만들어냈다. 그래서 한편에서는 유인원으로의 발전이, 다른 편에서는 인간으로의 발전이 이루어졌다. 여기서 침팬지와 고릴라 세계는 열대우림 지역이고, 호미니드 세계는 주로 건조한 사바나[초원], 강들의 유역, 작은 숲들로 이루어진 너른 초원이었다. 이 가설은 1995년에 아프리카 차드에서, 그러니까 앞서 말한 분리선의 훨씬 서편에서 오스트랄로피테쿠스 바렐그하자리A. bahrelghazali의 턱뼈와 어금니가 발견되었다는 사실을 통해서도 아직 완전히 흔들리지는 않았다.

주변 지역의 초원화가 진행되면서 강가 숲에 사는 원숭이들이 고립되었기에, 유전적으로 분리된 그들의 진화는 이 서식 구역의 우기와 건기, 기온의 높낮이, 생태계 변화에 의해 결정되었다. 예를 들면 긴 건조 기간 동안 나무들이 작아지고 계절에 따른 특정한 과일들이 나타나지 않고, 잎들이 썩어감에 따라 땅의 식물과 꽃들이 더 풍성해졌다는 것, 그리고 덕분에 원숭이들이 더 체계적으로 땅바닥을 뒤지게 되었다는 것 등도 이런 생태계 변화의 특징들이다. 이 원숭이들은 처음에는 ─여기서 킹던은 클리퍼드 졸리가 선택한 방향을 좇는데 ─ 땅에 일어나 앉아서 작은 먹이들을 ─ 씨앗, 곤충, 파충류, 딸기류 ─ 찾아 먹었다. 일어서기에 앞서 웅크리고 앉기가 먼저 나타난 것이고, 일어나서 걷는 인간직전 원숭이 이전에 조너선 킹던의 용어로 '땅원숭이'가 나타난 것이다. 아르디피테쿠스 라미두스Ardipithecus ramidus를 문자 그대로 번역하면 '뿌리 옆의 땅원숭이'가 된다. 똑바로 서서 걷기가 아니라 웅크리고 앉아 먹이를 먹는 방식이 인간직전 원숭이들의 상체, 곧 척추와 골반의 변화를 가져온 것이다. 한 손 짚고 웅크리고 앉기가 한 손을 해방시키고, 똑바로 서서 두 발로 걷기가 두 손을 해방시켰다. 주변 땅에 먹이가 넉넉하고 쉽사리 안전한 장소로 도망칠 수 있는 곳, 즉 숲 근처에서 웅크리고 앉기가 두발걷기로 발전했던 것이다. 얕은 물에서 웅크리고 먹이를 모으는 것도 이렇게 점진적인 두발걷기로의 변화를 위해 가능한 조건으로 관찰된다. 이 두 가지 방식이 원숭이들로 하여금 나무 꼭대기의 삶에서와는 다른 동물들과 경쟁하도록 만들었기 때문에, 땅바닥 근처에 살면서 무리 생활이 새로 조직되어 상호 의사소통이 더욱 발전했을 수도 있다. 다른 말로 하자면 킹던은 먹이 싸움이 아니라 먹이 싸움의 부담이 줄어든 것이 위험성이 높아 있을 법하지 않은 두발걷기로의 변화를 위한 조건이라고 보는 것이다.[19]

이 또한 하나의 모델에 지나지 않는다. 즉 정보들의 결합 방식으로서 하나의 추측일 뿐이다. 똑바로 일어선 두발걷기는 헤아릴 수 없이 많은 가능성들을 열어준다. 그렇다면 거꾸로 이런 가능성들이야말로 직립보행을 이루도록 만든 결정적인 이점이 아닐까 되짚어 생각할 수도 있다. 그리고 직립보행은 발전의 경로에서 매우 특수하기에, 이런 이동 형식의 어떤 쓸모에 어떤 인과적 무게를 주어야 하는가를 설명해줄 비교 대상이 없다. '손을 절대적 도구로 만들기'(헤겔)는 두발걷기에서 직접 나온 것은 아니고, 두발걷기로부터 혜택을 입었을 뿐이다. 손은 몸짓의 표현으로, 물건을 들 때나 싸울 때, 불 피우기, 출산 돕기 등 다양한 활동에서 절대적인 도구이기 때문에, 그 어떤 특정한 쓰임새, 특정한 선택적 이점에 국한되지 않는다. 그러므로 우리는 직립보행 원숭이가 전문성을 잃었다고 말할 수 있다. 네발로 걷는 동물에 대해서는 그들이 어디로 가고 거기서 무엇을 할 것인지 더 쉽게 알 수가 있다. 두 발로 걷는 동물의 경우에는 온갖 생물학, 지리학, 고생물학 지식의 발전에도 불구하고, 두발걷기가 시작된 이후 600만 년이 흘렀는데도 여전히 어느 정도 이야기의 요소가 있다.

2

치아의 시간과
축제의 시간

익혀 먹기의
시작

소년, 그릴을 만나다 Boy meets grill.
로버트 윌리엄 플레이 Robert William Flay [미국의 유명 요리사]

인간은 제가 먹는 바로 그것이다.[1] 철학자 루트비히 포이어바흐의 이 문장은, '그가 이 문장을 썼을 때 무얼 먹었을까?'라는 질문을 해보라는 요구처럼 들린다. 하지만 아무리 단호한 채식주의자라도 자신이 먹는 그것으로 환원되고 싶지는 않을 것 같다. 고기가 들어 있지 않은 음식의 의미를 두고 채식주의자들과 토론을 해보면, 그들은 채소를 내놓는 것이 아니라 여러 주장들을 내놓는다. 그러므로 인간은 제가 먹는 그것이 아닌 다른 어떤 것이다. 예를 들면 인간이 먹는 것에 대한 여러 입장들이다. 인간은 대체 무엇을 먹는가? 종種으로 따지면 거의 모든 것을 먹는다. 겨울철이면 거의 오로지 고기, 생선, 바다표범의 피를 대개 날로 먹고, 동물과 인간 사이에 마법적이고 의학적인 연관성의 근거들을 가졌던 지난 시절의 이누이트족과 고기는커녕 뿌리식물, 버섯, 꿀, 밤새 놓아둔 그 무엇도 먹지 않는 자이나교도의 중간에는 수많은 가능성들이 있다. 자이나교도는 먹기를 어차피 폭력적인 일이라 생각했고, 모든 식물에게 영혼이 있으며, 씨가 많은 식물들, 예컨대 토마토, 오이, 멜론 등은 심지어 많은 영혼들을 가졌다고 믿었다. 아무튼 인간은 무언가를 확정해놓고 먹는 존재는 아니었다. 그래서 인간은 오래전부터 자기가 먹는 것의 근거들을 만들어내곤 했다.[2]

그렇다면 인간은 그 모든 것을 어떻게 먹나? 가능한 온갖 방법으로 먹는다. 날로, 삶아서, 빻아서, 꼬치로 구워서, 덖어서, 튀겨서, 오븐에 구워서, 살짝 구워서, 데쳐서, 절여서, 설탕이나 양념 등을 쳐서 먹는다. 오래전부터 인간은 단순히 음식을 먹을 뿐만 아니라 먹기 전에 음식으로 무언가를 한다. 이것은 그 자체만이 아니라 시간적으로나 사회적으로도 전혀 다른 먹기 방식이다. 큰 원숭이들이 하루의 절반을 씹는 일로 보낸다면, 인간의 경우 식사 시간의 5분의 1만 씹기에 쓰고 대부분은 함께 먹기에 사용한다.[3] 다 합치면 평생 대략 10만 번 정도의 식사를 하고, 먹는 것으로 12년 이상을 보낸다. 패스트푸드 식당의 도입으로 이 숫자가 바뀌었는지는 불확실하다. 심리학자들은 '당신은 당신이 먹는 방식대로의 존재'라는 제목으로, 패스트푸드와 초조함 사이의 연관성을 확정지었노라고 주장한다.[4]

그러므로 인간보다는 동물이 더욱 제가 먹는 바로 그것이다. 동물의 신체 골격은 에너지를 얻는 특수한 먹이의 본질적인 특징들을 따른다. 개미핥기, 꿀벌, 개구리가 어째서 지금의 모양인지를 알려고 한다면, 개미, 꽃가루, 파리로 탐구를 시작해야 한다. 그에 비해 오늘날 인간의 신체 골격은 그다지 많은 것을 알려주지 않는다. 인간의 먹이라 할 만한 것이 없기 때문이다. 그래서 헤아릴 수 없이 많은 섭생이 인간 스스로 생각하는 것처럼 인간을 죽이지 않는다. 동물계에는 섭생이라 할 만한 것이 없다. 동물계에서 영양 섭취는 동물과 환경의 직접적인 연관성을 보여준다. 동물이 먹이를 그대로 먹지 않고 변화시킨다면 사정이 달라진다. 인간의 경우 엄격한 의미에서의 날로 먹기는 과일, 채소, 견과류에 국한된다. 다른 모든 음식물은 통상 변형된다. 그래서 인간에게는 포이어바흐가 아니라 제임스 보스웰James Boswell의 말이 맞다. "어떤 짐승도 익혀 먹기를 하지 않는다." 인간은 음식을 익혀 먹는 동물이다.[5]

익혀 먹기는 인간이 생물학적 조상들과는 달리 수많은 다양한 음식을 섭취하는 근거가 된다. 인간은 소화할 수 없는 많은 것들을 소화 가능하게 만든다. 인간의 초기 조상의 하나인 오스트랄로피테쿠스 아프리카누스가 씹는 것만으로 인간과 동일한 압력을 먹이에 가하려면 4~5배나 더 많은 힘을 들여야 했다. 다른 말로 하자면 녀석은 같은 먹이에서 인간이 얻는 것과 동일한 에너지를 얻으려면 훨씬 더 많이 먹어야 했다. 소화가 훨씬 더 어렵거나 소화 불가능한 먹이를 먹었기 때문이다.[6] 익혀 먹기는 소화할 수 없음의 경계를 훨씬 더 멀리 밀어낸다. 부드러운 먹이는 씹는 기관의 긴장을 훨씬 덜 필요로 할 뿐 아니라, 소화를 위해 훨씬 적은 에너지가 필요하기 때문이다. 심지어 특정한 먹이에 공기만 통과시켜도 더욱 부드러워져서, 그것을 먹는 동물이 훨씬 적은 칼로리만을 소모하게 한다는 사실이 동물실험 결과 나타났다.[7] 그것은 위대한 인류학자 클로드 레비스트로스가 익혀 먹기에 대해 말한 내용을 제한한다. 먹이에 열을 가하는 것은 동물계와의 상징적인 경계만을 만들어내는 것이 아니다. 의사소통만 날것과 익힌 것을 구분하는 것이 아니라, 몸도 그것을 구분한다.

>>>><<<

하지만 대체 무엇을 먹는 거지? 스코틀랜드 여행 작가인 보스웰이 일기장에 '익혀 먹는 동물'이라는 말을 적은 1773년에, 그와 동향인인 제임스 버넷James Burnett은 언어의 기원에 대한 저술에서 '과일 위주' 식사에서 '육식'으로 넘어간 것이 분명 인간의 성격을 많이 바꾸었다고 적었다. 공격보다는 주로 도망치는 편이던 해롭지 않은 동물이 사냥꾼으로 바뀌면서, 성격의 일부이던 사나운 야수성이 주도권을 잡았단다. 그리고 여기서부터 전쟁과 동족 잡아먹기로 가는 길은 그리 멀지가 않았다고 한다.[8]

오늘날에 이르기까지 '날것/익힌 것'과 '수집/사냥'이라는 두 가지 구분은 초기인간과 그의 먹이에 대한 서술에서 핵심이다. 무엇보다도 정보가 가장 풍부한 호미니드 유해가 턱뼈와 치아라는 점 때문이기도 하다. 치아의 측정, 현미경을 통한 마모 및 뼈의 구조 탐구가 근육의 강도, 씹는 행동, 먹이의 종류 등을 유추할 수 있게 해주었다.[9] 그렇게 해서 진화적으로 보아 씹는 표면의 크기가 한편으로는 동물의 크기, 다른 한편으로는 그 먹이에 따른 것임이 드러났다. 그러니까 오스트랄로피테쿠스 아파렌시스의 평균적인 암컷 표본이 침팬지의 평균적인 암컷보다 몸은 약간 작지만 분명하게 더 큰 어금니를 가지고 있다면, 이것은 더 단단한 날것 음식을 — 예컨대 씨앗과 잎사귀 등 — 먹었다는 결론을 암시한다.

익혀 먹기의 시작에 대한 질문은 따라서 호미니드에서 인간으로 넘어간 것에 대한 질문과 밀접하게 연결된다. 240만 년 전의 호모 하빌리스Homo habilis에서 약 190만 년 전의 호모 에렉투스Homo erectus로, 이어서 20만 년 전의 호모 사피엔스Homo sapiens로 이어지는 연결에서 가장 큰 해부학적 차이들이 맨 먼저 관찰된다. 호모 에렉투스는 선배보다 이빨이 훨씬 작았고, 몸이 더는 나무 타기에 맞지 않았고, 두뇌 크기가 분명히 더 커졌으며, 수컷과 암컷 표본들은 그 이전보다 신체적으로 훨씬 더 비슷해졌다. 호모 에렉투스는 아프리카 바깥에서 발견되는 최초의 초기인류다. 170만 년 전에는 아시아[근동]에서, 160만 년 전에는 인도네시아에서, 140만 년 전에는 스페인에서 살았다.[10]

여기서 무엇보다 치아와 두뇌가 관심을 끈다. 인간의 몸에서 가장 많은 에너지를 소비하는 두뇌가 커진 것은 전체 생활 방식의 전면적 변화와 연관되기 때문이다. 오스트랄로피테쿠스는 450세제곱센티미터 부피의 두뇌에 총 사용 에너지의 10퍼센트를 썼다면, 호모 에렉투스는 900세제곱센티미터 부피에 약 17퍼센트의 에너지를 썼다.[11] 인간의 조종 중추에 그토록 눈에 띄는 발전이 있었다면, 호미니드의 에너지 결산에서 근본적인 것이 바뀌었음이 분명했다.

19세기 말에 이미 영장류의 두뇌 용량과 소화기관 길이의 관계가 알려졌다. 생각과 조종 기관인 두뇌가 커질수록, 소화 경로는 짧아졌다. 육식동물이 채식동물보다 소화 경로가 더 짧은데, 지방과 동물성 단백질이 더 쉽게 소화되기 때문이다. 따라서 인간으로 넘어가는 과정

에서 먹이의 변화를 통해서도, 두뇌에 유리하도록 소화기관의 에너지 사용이 줄어든 것으로 보인다.[12]

이런 먹이 변화는 상당 부분이 사냥을 통해 일어난 일이었다. 사냥은 채집보다 더 높은 인지 능력을 요구하므로, 발전 단계들의 상호 연속작용을 생각하게 된다. 더 많은 고기를 먹으면서 지성을 위한 연료 및 건축재가 공급되었다. 동시에 식물과는 달리 도망을 치는 동물을 잡아 고기를 얻기 위해서는 더 큰 지성이 뒷받침되어야 했다. 먹잇감이 사냥꾼보다 더 빨리 달릴 경우에는 특히, 사냥은 에너지 획득의 문제이고, 아울러 지성 테스트이기도 하다. 이런 순환의 시작에는 아마도 아무 수고도 없이 사체를 — 그러니까 도망칠 수 없는 동물 — 먹는 것이 도움이 되었을 것이다. 육식동물이 물어뜯은 흔적이 있고 나중에 초기인간이 베어낸 흔적이 덧붙여진 뼈를 발견하면서 이런 추측이 뒷받침되었다.[13]

아마 음식을 익힌 것도 도움이 되었을 것이다. 음식을 씹는 데 이전처럼 그렇듯 많은 힘을 들일 필요가 없거나, 아니면 고기가 처음부터 부드러웠기에, 진화 과정에서 어금니가 작아진 것이다. 오스트랄로피테쿠스의 이빨은 가끔씩 단단한 알갱이나 씨앗을 씹는 데 맞추어져 있었지만, 그 구조로 보면 날고기를 씹기에 적당한 것은 아니었다. 치아의 동위원소 분석을 통해 우리는 오스트랄로피테쿠스가 실제로 고기를 먹었다는 것을 알고 있으므로, 이는 오히려 씹기 전에 어떤 처리를 했거나 아니면 이미 부패 상태의 사체를 먹었음을 뜻한다.[14]

그에 비해 뚜렷하게 줄어든 호모 에렉투스의 치아는 음식과 영양의 상황이 한 번 더 변했음을 암시한다. 턱의 힘을 보충해줄 기술을 획득하자마자 강력한 치아를 구축하는 대신 다른 일에 에너지가 쓰였다면, 이는 자연선택의 이점을 뜻하는 것이니 그리 큰 변화는 아니었다. 플라이오세 말기 이후로 500세대 이상에 걸쳐서 세대마다 치아의 크기가 0.21제곱밀리미터씩 줄어들었음을 알 수 있다. 이는 생존전쟁에 시 경쟁적 이점이 아니었음을 뜻한다.[15] 씹는 기관이 점차 작아진 것은, 강력한 치아의 성과에 알맞은 보충수단이 있다면, 더 작은 치아를—나아가 어떤 유인원보다도 훨씬 더 작아진 입을—지닌 개체가 이제 더는 자연선택의 압력을 받지 않았다는 뜻이다. 즉 너무 좁은 우월함의 관점에서 벗어난 것이다.

인류학자 찰스 로링 브레이스Charles Loring Brace와 그의 연구팀은 먹이 가공 기술이 생긴 이후로 치아 크기가 2,000년마다 1퍼센트씩 줄었다고 계산했다. 그에 맞게 날것에서 익힌 것으로의 변화는 빙하기와 간빙기의 기후 파동에 정확히 맞추어 아프리카에서 나온 이주 행렬이 서아시아를 거쳐 유럽으로 점점 더 많이 유입된 결과라고 오랫동안 생각되었다. 25만 년 전의 빙하기에 칼로리 필요량은 상당했는데, 그 시대 유럽의 식물계는 그 필요량을 다 맞추기에 부족했다. 북쪽으로 올라갈수록 고기를 더 많이 먹는다는 것이 대략적인 규칙이다. 빙하기 사냥꾼은 사냥한 들소, 말, 붉은사슴 등을—훨씬 뒷날 유럽 중부와 서남부 동굴벽화에서 만나게 되는—주말에 다 먹기는 어려웠고, 고기를 보존하거나 얼어붙은 남은 고기를 먹으려면, 반드시 불을 사용해야 했다. 이것을 '필수적 익히기'라고 부르는데, 다른 온갖 이점에 대한 고려 없이, 그냥 땅땅 얼어붙은 식품을 이용하기 위해 필요한 일이었다.[16] 유럽에서 지난 10만 년 동안에 불 피운 장소들이 촘촘히 나타나는 것도 이빨이 작아진 것과 더불어 이런 가설을 뒷받침해준다. 일부 학자들은 네안데르탈인이 오직 고기만 먹다가 멸종했다고 주장하는데, 네안데르탈인도 식물을 섭취했으며, 더욱이 익혀 먹었다는 것이 입증되었다.[17] 빻기와 절구질, 그리고 문화 기술인 도기는 나중에야 나타나는데, 이들은 식품을 거의 유동 상태로 만들 수 있게 해주었다. 치아 크기의 감소는 2,000년마다 2퍼센트로 더욱 빨라졌다. 이빨 없는 턱뼈의 발굴은 신석기 시대인 기원전 9000년 무렵에는 극히 드물지만, 그 이후로는 죽은 사람이 실질적으로 죽기 여러 해 전부터 치아 없이 살았음을 입증할 수 있는 증거들이 나타난다. 음식 섭취 습관의 진화에 대한 모든 연구를 종합해 단 한 문장으로 요약한다면 그 문장에 '수프'라는 낱말이 반드시 있어야 한다.

빙하기 상황을 통한 설명은 네안데르탈인, 호모 하이델베르겐시스Homo heidelbergensis, 호모 사피엔스에만 해당한다. 하지만 거의 200만 년 전, 호모 하빌리스에서 호모 에렉투스로 넘어가는 과정에 나타난 강력한 신체 변화의 원인은 무엇이었나? 이런 이행에 대한 전통적인 설명은 식량이 견과류와 딸기류에서 사냥한 고기로 바뀌었다는 것이다. 인간을 가장 가까운 친척과 구분해주는 것은 고기의 역할이다. 직립보행이 도구와 무기를 사용하도록 두 손을 자유롭게 만들었고, 그것이 더 많은 에너지 공급을 가능케 해서 두뇌가 커지는 데 유리했다는 이런 순환을 맨 처음 생각한 사람은 다윈이었다. 그 다음으로 1949년에 오스트랄로피테쿠스 아프리카누스를 확인하고 분석한 최초의 학자인 레이먼드 다트는 인간 형성 과정을 사냥과 결부시켜야 한다고 제안했다. 두 번의 세계전쟁의 인상을 간직한 다트는 동족 먹기를 포함해 다른 동물을 죽이고 먹는 것과 동물을 제물로 바치는 것이 인간과 유인원의 본질적인 차이라고 생각했다. 초기인간의 유골이 발굴된 곳 근처에서 발견된 구멍 뚫린 동물 뼈를 근거로, 그는 태고인간이 사냥꾼이라고 결론지었는데, 이는 물론 너무 성급한 결론이었다. 이 구멍은 표범과 하이에나, 맹금류 등의 이빨에 맞는 것이었고, 오스트랄로피테쿠스는 사냥꾼이라기보다는 사냥감이었다.[18]

그렇다고는 해도 그것은, 과학이 초기인간의 생존에서 사냥을 사회조직의 중심에 세우는 일을 막을 수는 없었다. 1966년에 '사냥꾼 인간Man the Hunter'이라는 주제로 유명한 콘퍼런스가 열렸는데, 이때 '인간Man'은 주로 남자를 일컬었다. 사냥에서 요구되는 협동과 소통이 남자에게 자연선택의 압력을 가했기 때문에, 남자의 두뇌가 여자의 그것보다 더 커졌다는 것이다. 특히 성별에 따른 노동 분화가 사냥의 효과라고 해석되었다. 남자들은 사냥하면서 서로 협동했다. 당시의 사냥이란 몰이사냥으로서 큰 동물을 협곡과 낭떠러지로 몰아가는 일이었다. 남자들이 먼저 연장, 무기, 살해 도구를 만들어내기 시작한다. 이런 남자들에게 배타적인 섹스를 제공한 여자들은 그들의 자식을 키우면서 대신 남자들의 보호를 받는다. 그를 통해 자식들은 문화 기술을 배우는 데 필요한 성장의 시간을 얻는데, 이는 원숭이보다 더 긴 시간이다. 그러니까 후손이 번성하고, 즉 더 많은 먹이가 공급되고, 그것이 다시 기술의 개선을 강제하고, 그것은 다시 인지 능력을 끌어올리는, 위로 올라가는 나선형의 발전을 거듭해서 마침내 인간이 된다. 그에 따르면 인간의 출현을 위한 결정적인 변화 지점은 사냥으로의 이행이었다.[19]

이것은 고생물학에서 흔히 그렇듯이, '아마 그랬을 것이다'라는 많은 이야기 가운데 하나다. 태고시대의 분명한 성별 역할을 알아내는 고생물학의 방식에 대해서는 뒤에서 다루기로 한다. 이 이야기를 계속 하자면, 사냥으로의 이행은 사회적 관계들을 더욱 강화시켰다. 사냥은 팀을 이루어서 하는 일이고, 팀의 구성원들이 공격자에 맞선 방어에 서도 서로 돕기 때문만이 아니다. 큰 동물을 사냥하면 사냥꾼과 그 가 족은 죽인 사냥감을 완전히 소비하지 못하므로, 타인에게 나누어준다. 기회가 되면 자기도 다른 사냥꾼의 남는 고기를 얻기 위해서다. 사냥 의 성공은 매우 우연에 달린 일이고, 그렇기 때문에 뛰어난 사냥꾼에 게도 이런 상호관계의 안전망이 매력적으로 여겨졌을 것이다.[20]

하지만 고기 식사가 개인의 몸을 강하게 만들고, 고기를 장만하는 일이 사회적 영혼을 강하게 만들었다는 주장은 몇 가지 의문을 던진 다. 우선 이는 대단히 남자에게 의존하는 문명의 스케치다. 여기서 여 자들은 자식을 낳고 간식거리를 마련하는 정도의 역할밖에 할 일이 없다. 그에 반해 식물 및 음식 익히기가 초기인간의 섭생에서 중요한 역할을 했다고 치면, 여자에게도 더 중요한 의미가 주어진다.[21] 그 밖 에도 고기를 먹으면 뼈가 남고, 뼈는 100만 년이 지나도 학자들이 연 구를 할 수 있는 데 반해, 식물 먹이는 그런 흔적을 훨씬 덜 남긴다는 우연한 상황은, 사냥꾼 태고남자를 옹호하는 학자들에게 과도하게 유 리한 것이 아닐까?

그렇다면 고기 먹이가 우리 몸에 이롭고, 에너지 결산에서 사냥이 채집보다 더 좋다는 증거가 있는가? 일단 동물을 죽이면 단백질 결핍 은 없지만, 그것을 죽이기까지는 그토록 불확실한 성공을 위해 상당한 에너지를 쏟아부어야 하지 않는가. 그것 말고도 인간의 경우 몸에 이로운 단백질 공급에 상한선이 있다. 단백질이 일상에서 섭취하는 열량의 3분의 1을 넘기면 — 통상 6~15퍼센트 — 겨우 몇 주 만에 죽을 수도 있다. 초기인간이 사냥을 했다면 이런 위험은 더욱 컸을 것이다. 야생동물의 고기에는 지방분과 수분이 적기 때문이다.[22]

사냥의 사회적 성과에 대해서도 의문점은 남는다. 고기 먹이로 넘어간 것이 더 많은 갈등을 불러일으키지 않았을까? 농불이 클수록 고기에 대한 요구는 높아지는데, 고기가 분배되었다는 사실이 곧 '소유자'에게 분배의 주도권이 있었음을 증명하는 것은 아니다. 인류학자들이 '참아주는 도둑질'이라 부르는 것도 있다. 빈털터리들은 사냥감에서 제 몫을 얻기 위해 사냥꾼이 방어에 투자하려는 것보다 더 많은 에너지로 싸우기 때문에, 다른 말로 하자면 사냥에서 추가 소비의 쓸모가 처음에는 매우 높지만 그 다음에는 급격히 낮아지므로 고기의 재분배가 이루어진다.[23]

그 밖에도 성공한 사냥꾼이 죽은 짐승의 임자로 인정되는지도 의문이다. 오늘날 탄자니아에 있는 수렵채집 사회의 사냥 행위와 사냥감 분배를 다룬 연구는, 이 문제를 다음과 같이 요약한다. '어째서 사냥꾼들이 고기를 나누느냐'가 아니라, '사냥감이 자기 것도 아니라면, 사냥꾼들은 어째서 애초에 사냥하러 가느냐'를 물어야 한다. 성공의 공로를 차지하는 것과 고기의 분배는 전혀 다른 일이다. 성공한 사냥꾼에게는 더 많은 고기가 주어지는 것이 아니라 더 많은 주목과 인기가 주어진다. 그는 특별히 배를 채우는 것이 아니라 특별히 유명해지는데, 이는 진화생물학자들에게는 거의 반사적으로 그가 — 생물학자 말고 사냥꾼이 — 특별히 인기 있는 짝짓기 상대일 것이라는 추측을 불러들

인다.[24]

하지만 유명하다는 것으로 배를 채울 수는 없고 섹스도 배를 부르게 해주지는 않는다. 먹이 찾기의 에너지 결산을 해보자면, 먹을 수 있는 덩이줄기와 뿌리들이 잔뜩 존재하는 곳에서는 이들 줄기와 뿌리들이 사냥감을 능가한다는 것이다. 탄자니아 사바나에는 1제곱킬로미터당 식용 가능한 뿌리가 40톤이나 된다. 전분을 포함하는 식물을 익혀 먹으면 뇌의 발전을 더욱 빠르게 하는 효소가 작용을 개시한다. 그래서 익혀 먹기와 아밀라아제 산물의 공동 진화라는 말이 나온다. 사냥감을 지치게 하기 위해 오래 달려야 하는 사냥꾼에게는 식물 먹이를 익혀서 나온 포도당이 무엇보다도 절실하게 필요하다.[25]

소화가 힘든 날것 식물에 열을 가한 것이 인간의 발전에서 거대한 일보를 뜻했다는 주장이 이제야 이해가 된다. 뿌리와 줄기의 익혀 먹기를 통해 사냥으로의 이행도 쉬워졌다. 완전히 사냥꾼으로 넘어간 호모 에렉투스는 선배인 호모 하빌리스보다 훨씬 더 많은 에너지가 필요했다. 다르게 표현하자면 이렇다. 호모 에렉투스의 체격, 두뇌 용량, 치아의 특성과 더욱 좁아진 몸통 등은, 날고기 포획과 아예 날것 섭취를 넘어서는 어떤 설명을 요구한다. 마지막 수렵채집 공동체에서의 섭취 방식 연구에 따르면, 사냥꾼들이 주로 고기만 먹으면 설사 구운 고기라 해도 몸무게가 줄고, 고기에 더해 익힌 뿌리와 덩이줄기를 먹을 때는 몸무게가 늘었다.[26] 그러므로 영장류 학자인 리처드 랭엄Richard Wrangham에 따르면, 오늘날 주로 다이어트의 방법으로 생식生食이 제안되는 것은 우연이 아니다. 나아가 익혀 먹기는 날로는 먹을 수 없는 음식물을 먹을 수 있게 해준다. 많은 식품의 독을 없애고, 해로운 병균을 죽이며, 그 밖에도 식품의 화학구조를 바꾸어 소화하기 어려운 것을 쉽게 바꾸어준다. 예컨대 감자를 날로 먹으면, 먹기 힘들 뿐만이 아니라 별 의미도 없다. 감자의 전분은 이런 상태로는 인간의 소화 효소에 의해 에너지로 바뀌지 않기 때문이다.[27]

시문을 익혀 먹는 것은 기후에 따른 식량 부족의 시기에는 특별한 이점이었다. 이런 시기에 자연선택은 더욱 날카로워지고, 건기로 인해 사냥감도 줄어들지만 땅에서 자라는 식물은 그다지 큰 영향을 받지 않는다. 식물은 '비축식량'이 된다. 즉 특별히 좋지는 않아도 생명에 중요한 식량인 것이다. 그 밖에도 덩이줄기와 뿌리를 두고는 과일과 고기만큼 다른 동물과의 경쟁도 심하지 않다. 이런 방식으로 생각하면, 사냥뿐 아니라 익혀 먹기도 초기인간의 사회조직을 변화시켰다. 신체적으로 더 허약한 여자들에게 조리 책임이 돌아갔는데, 덕분에 그들은 일상의 자기보존이라는 결정적인 자리에서 영향력을 얻고, 식량에 직접 접근할 길을 얻었으며, 남자들에 맞서 신체적으로도 원기를 회복했을 것이다. 호모 에렉투스의 시대에는 실제로 이런 방식으로 생활이 진행되었다.

이렇게 보면 인간 되기 과정은 전분 공급 식물과―어느 정도 감자의 선배라 할 수 있는―그것의 가열에서 많은 혜택을 얻었다는 것인데, 이는 오로지 불의 통제가 가능했다는 한에서만 그렇다. 하지만 정말로 가능했는가? 이런 또 다른 '아마 그랬을 것이다' 이야기를 뒷받침하는 데 빠져 있는 것이, 뼈의 발굴지에서 화덕 또는 불을 피운 흔적이다. 또는 약 190만 년 전 호모 에렉투스로의 이행기에 무엇이든 인간이 불을 피운 흔적의 증거가 아예 없다. 지금부터 대략 100만 년 전의 호모 에렉투스는 어쩌면 불을 피울 수 있었을 것이다.[28] 유럽에서 현재 입증된 가장 오래된 불 피운 자리들은 이주자들이 아프리카에서 나올 때 불을 가져오지 않았음을 암시한다. 유럽에서 30만~40만 년 이전의 불 피운 자리가 지금껏 전혀 나오지 않았다. 쇠닝엔Schöningen 근처, 가장 오래된 사냥 무기인 구석기시대의 창이 발굴된 곳 부근에서 일종의 불 피운 자리와 고기 굽는 꼬챙이 노릇을 했을 것으로 해석될 수 있는 목재 조각이 나왔다. 이스라엘에서 79만 년 된 화덕이 발견되었고, 그보다 더 오래된 불 피운 자리가 남아프리카에서 발견되었다. 하지만 문명 도약의 시작들에 대한 주장 하나를 거기 매달리게 하는 것은 무모한 짓일 게다. 결정적인 문화 기술에 대한 추측을 두고, 발굴의 숫자가 너무 적을 뿐 아니라 개별적인 경우마다 이게 정말 화덕이었는지도 논쟁의 여지가 많다. 스페인의 그란 돌리나Gran Dolina 같은 거주지는 적어도 80만 년을 포괄하는 암석층이 20만 년 전까지 이어지는데, 이곳에서 통제된 불의 사용을 암시하는 것은 전혀 나오지 않았다. 이는 익혀 먹기의 시작에 대한 두 가지 가설에 들어맞는다. 초기인간이 유럽으로 불을 가져왔다는 확고한 증거가 없으며, 그들이 초기의 빙하기에 이주한 다음 어디서나 불을 사용했다는 증거도 없다는 것이다.[29]

⫸⫸⫸⫶

일부 학자들은 기후 환경의 영향 아래서 게걸스럽게 날것을 먹던 존재에서 벗어나 먹이를 익혀 먹는 인간이 나중에야 나타났다는 결론을 내린다. 다른 학자들은 익혀 먹기는 가장 훌륭한 생존술일 뿐만 아니라, 매우 일찍 매우 뚜렷하게 나타난 호모 에렉투스의 골격 변화를 설명해주며, 사냥꾼 호모 에렉투스의 에너지 요구량을 충족시켜주었다고 생각한다. 이런 주장에 대해서는 익혀 먹기가 그토록 일찍 나타났다면 고기 소화에도 도움이 되었을 테니, 덩이뿌리 가설이 아예 필요 없었을 것이라고 반박할 수 있다. 그에 대해서는 사냥이 사주 실패했을 것이라는 재반박이 가능하다. 일부는 야생의 덩이뿌리 식물이 땅속 깊은 곳에 있었고, 땅 바로 아래서 번성하는 재배된 친척 식물이 지닌 영양분의 절반밖에 갖지 못했다고 지적한다. 다른 사람들은 인간은 날고기와 과일만으로는 충분한 영양을 얻을 수 없다고 말한다. 또 다른 이들은 불에 탄 뼈 발굴물이 거의 없다고 고집한다. 이에 대한 반론은 뼈가 없는 고기를 구울 수 있으며, 100만 년 이상 된 불 피운 자리들은 바람과 비에 씻겨나갔을 것이란다. 그들은 이렇게 강조한다. 생물학적으로 다른 섭생에 귀결시킬 수밖에 없는 존재, 곧 호모 에렉투스의 골격에 대한 고고학 발굴이 없다면, 그것은 **아직** 고고학 발굴이 충분히 진행되지 않았기 때문이란다. 일부 학자들은 말하기 능력 없이 불을 통제하기가 어렵다고 한다. 다른 학자들은 집단 사냥을 할 수 있는 존재라면 화덕을 지키지 못할 이유가 무어냐고 되묻는다.[30] 그들은 인간에게서 빽빽한 털가죽이 떨어져 나간 것이 사냥에 유리했다는 것을 출발점으로 삼는다. 사바나에서 열심히 달릴 때 몸이 과열되는 일이 없었을 것이란다. 하지만 그와 함께 밤사이 체온을 보존해주던 인자가 사라졌으나, 불의 사용이 그것을 보충해주었다는 것이다. 회의론자들은 전혀 입증이 되지 않는 불 대신 털가죽을 사용했을 수도 있다

고 대꾸할 수 있다.[31]

이편 또는 저편이 옳다고 입증해줄 어떤 사실도 존재하지 않는다. 학자들은 그에 대해 제각각 반응한다. 일부는 우리가 아는 얼마 안 되는 지식에 매달리고, 다른 이들은 확고한 지식이 끝나는 것처럼 보이는 자리에서 가교를 생각한다. 그들은 이런 가교를 가설이라 부르는데, 그에 대해 회의론자는 꾸며낸 이야기, 또는 심지어 동화라고까지 깎아내린다. 초기인간의 영양 문제를 다룬 최근의 논문에는 아이러니하게 이런 말도 나온다. "인류학자들은 좀처럼 합의를 보지 못하지만, 그들 중 일부는 그 사실에 대해서도 반론을 편다."[32]

예를 들어 끓는 물을 이용해 뼈를 조리하는 일은 매우 후대에 나난 업적임이 분명하다. 그러려면 뜨거운 돌이나 냄비가 필요하기 때문이다. 하지만 토기는 세계 대부분의 지역에서 홀로세Holocene [완신세]의 발명품으로서, 즉 대략 1만 2,000년 전부터 나타난다. 물론 목재나 그밖에 직접 불에 올려놓을 수 없는 다른 재질로 된 그릇 안에 물을 담고 그 안에 달구어진 돌을 집어넣는다는 가능성이 여전히 남는다. 강한 열을 받아 변성된 돌들은 기원전 3만 5000년부터 상당히 많이 나타난다. 그러므로 네안데르탈인이나 그 동시대 사람들에게는 끓는 물이 없었다. 호모 에렉투스는 불에 견디는 그릇을 갖지 못했으니, 그들이 익혀 먹었다는 주장을 펼치는 사람들도 그들이 뿌리식물을 어떤 식으로 익혔는지는 설명하지 못한다.

인간의 식생활에 불이 개입하는 시점을 두고 펼쳐진 논쟁에 참가한 사람은 모두 거의 자명하다는 듯이, 꼬치로 굽기, 덖기, 화덕에 굽기가 맨 처음에 나타났을 거라고 가정한다. 실제로 유럽에서 일본을 거쳐 호주에 이르기까지 3만 년 전의 지배적인 기술은 돌들의 층 사이에 대개 식물 먹이를 두어서 간접적으로 불에 노출시키는 것이었다. 미국 고고학자 존 스페스John Speth는 보이 스카우트라면 누구나 종이컵, 플라스틱컵, 나무 용기나 심지어 잎사귀 등 불에 타는 용기 속에 물을 담고 가열하는 법을 배운다고 말한다. 즉 용기 안쪽이 습기로 덮인 부분까지만 불꽃이 닿도록 주의를 기울인다. 가죽이나 나무껍질 용기도 마찬가지다. 불꽃에 견디는 냄비 또는 데워진 돌이 없이도 음식을 익힐 수가 있는 것이다. 네안데르탈인이 자작나무 껍질을 벗겨냈고, 또한 곡식을 축축한 열기에 노출시켰던 것이 입증된다. 물론 그것만으로 그들이 조리했음을 증명할 수는 없다. 하지만 초기인간이 꼬치로 굽거나 화덕에 구웠을 뿐만 아니라 — 최초의 빵은 기원전 3550년으로 기록되어 있는데 — 삶아서 먹었다는 것은 배제된단 말인가?[33]

>>>>>

상고시대 익혀 먹기의 사회적 상황에 대한 질문에서, 대부분의 인류학자들에게 모든 것은 먹이 획득과 먹이 준비라는, 성별에 따른 노동 분화의 문제가 된다. 전통적인 이미지로는, 남자가 사냥하고 여자는 수집한다. 남자가 사냥하고 여자가 요리한다는 것은 그저 이런 이미지의 확대 정도로 이해된다. 사냥꾼 남자, 채집꾼 여자 구분이 경험적으로 완전히 틀린다는 것만이 아니다. 현대의 수렵채집 공동체로 눈길을 돌리는 방법 역시 매우 조심스럽게 적용되어야 한다. 이런 공동체의 구성원들은 골격이나 인지 능력이 상고시대와는 질적으로 다르기 때문이다. 그런 공동체 179개 중 겨우 13개에서만 남자와 여자가 사냥하고, 여자만 사냥하는 곳은 한 군데도 없으며, 나머지 경우 여자들의 일은 주로 채집이었다. 여자들이 사냥하는 경우는 남자보다 훨씬 드물다. 남자와 여자가 서로 다른 신체적 전제 조건들을 갖고 있어서, 오래 걸리는 사냥 교육 도중 여자의 출산 가능 기간이 나타나고 그에 따라 여자가 후손을 키우기 때문이다. 사냥꾼은 죽음의 위협에 자주 직면하는데, 자식들에게 어미 상실은 아비의 상실보다 더욱 심각하다. 하지만 이런 모형조차도 여자들이 작은 동물을 사냥하는 방식으로 고기를 먹이로 공급하고, 가족에 아들이 없으면 여자가 사냥하는 경우를 배제하지는 않는다. 또는 사냥이 성공적이지 못하거나 여성 노동력이 없으면, 또는 예외적으로 필요하면 남자들이 채집할 수도 있다. 그리고 여자들이 예외적으로만이 아니라 정기적으로 사냥하는 경우들도 배제하지 못한다.[34]

어떤 안내서가 수렵채집 공동체에 대한 이런 연구 결과를 고집한다면, 거기에는 이데올로기적인 입장들에 대한 비판도 함축되어 있다. 인류학자가 인간의 진화 과정을 다루면서 사냥을 통해 남자에게 주도적인 역할, 아니 거의 혼자만의 역할을 인정해주는 것, 곧 성별 노동 분화를 지나치게 강조하는 것은 무의미한 일이다. 초기인류의 영양 섭취 기술에 대한 고생물학의 설명에서 오로지 1950년대 북미北美 여성을 다시 집과 가정생활 및 아궁이와 결합시키려는 '성性 정책' 시도만을 보는 것만큼이나 무의미하다.[35] 양성평등에 대한 현대의 요구가 아무리 당연하다 해도, 20만 년 전에 존재한 사회들에 대한 진실에서는 그런 요구가 어떤 역할을 할 수 없다. 진화에서 '사냥꾼 남자' 모델이 맞느냐 틀리느냐는, 글을 쓴 저자나 학문적 비판자들이 여성과 남성이 어느 방향이기를 소망하느냐에 달린 일이 아니다. 즉 그들이 성에 대해―그게 무엇이든―보수적인 관점을 갖고 있느냐 또는 진보적인 관점을 갖고 있느냐에 달린 일이 아니다. 그런 설명 모델이 가능한 한 많이 이용할 수 있는 인식과 이의를 적절하게 다루고 있느냐 하는 것만이 중요하다.

익혀 먹기가 시작되었을 때 익히는 행동을 누가 했느냐는 현재 알 수가 없다. 식사에서 뼈보다 오래 남은 것이 없다는 것도 그 이유 가운데 하나다. 여자들이 사냥보다는 채집을 한다는 성적인 노동 분화의 관점에서, 익혀 먹기를 위한 어떤 것이 도출되어야 한다는 말은 그다지 설득력이 없다. 남자들이 사냥을 나간 사이 집에서 식사를 준비한다는 모습에는, 여자들이 조리를 하면 채집 활동에서 빠질 수도 있는 데 반해, 남자들은 사냥에서 빠질 수가 없다는 상상이 개입한다. 여기서 지역 공동체의 모든 남자가 참여해서 사냥이 이루어졌다는 가설도 똑같이 제멋대로 유추한 결과에 불과하다.

익혀 먹는 일이 얼마나 사회적인 행동이냐는 성에 대한 질문과는 무관하다. 음식 익히기가 음식 섭취를 즐거운 과정으로 변화시켰다는 것만은 분명하다. 학자들이 그에 대해 특별히 관심을 두지 않는 이유는 음식 섭취에서 주로 개인의 생존 능력이 강화되는 양상을 관찰하기 때문이라고 할 수 있다. 사회학자 게오르크 지멜의 관찰에 따르면, 먹기란 세상에서 가장 이기적인 행동에 속한다. "내가 생각하는 것을 나는 다른 사람들에게 알릴 수 있다. 내가 보는 것을 다른 사람들이 보게 할 수 있다. 내가 말하는 것을 100명이 듣는 것도 가능하다. 하지만 개체가 먹는 것은 어떤 경우라도 다른 개체가 먹을 수 없다."[36] 그래서 많은 진화학자에게 익혀 먹기가 개체의 번식 능력에 미친 공헌이 주요 관심거리다.

하지만 먹이 익히기는 공동의 식사를 요구한다. 채집한 것을 곧바로 입으로 집어넣고, 사냥감을 죽인 그 자리에서 고기를 향해 덤벼드는 행동의 극복을 전제로 하는 것이다. 익혀 먹기란 음식을 그 자리에서 곧바로 먹지 않는 것을 뜻한다. 곧 배고픔을 연장한다는 뜻이다. 음식이 조리되자마자 음식과 그 목적 사이에는 사회적 조직을 요구하는 하나의 과정이 끼어든다. 채집꾼이건 사냥꾼이건 먹이가 마련되면 곧바로 먹지 못하고 먹이를 중앙의 자리, 곧 본부로 가져와서 식사로 바꾼 다음에야 먹는다. 공동의 식사라는 것은 지멜의 말을 인용하자면 '먹는 행위라는 자연주의를 처음으로 극복한 일'이다.[37] 그들은 점차 이 본부를 1년 내내 점거했기 때문에, 기원전 1만 2500~1만 년 사이의 수렵채집 공동체에서 정착으로 넘어가는 시발점이 되었다. 먹이를 익히는 장소는, 1개 또는 여러 개 화덕을 중심으로 약 30제곱미터 크기로 지어진 건물로 옮겨 갔다. 고고학적 발굴에 따르면 동일한 재료에 대한 다양한 조리법이 여기서 시험되었다. 지금까지는 이 시기의 식량 창고가 발견되지 않았다. 이는 지역 공동체들이 아직은 그날그날 먹고 살았음을 알려준다.[38]

보관할 만한 식량이 남아야 식량을 보관하고 보존하는 실험적인 행동이 시도된다. 화덕에서 달군 점토 공을 이용해 바구니나 가죽에 담아 끓이거나 석쇠로 굽거나 덖거나 화덕에서 구웠다. 기원전 9000년 무렵에는 고기를 말리고 소금을 뿌리는 등 기본적인 처리 방법을 사용한 것으로 알려진다. 그러면서 냄비, 절구, 절굿공이, 망치 등을 이용한 조리법이 늘어난다. 이런 도구들은 드물지 않게 무덤에 장식되거나 부장품 사이에서 발견된다. 이는 그것이 개인 소유였음을 짐작게 한다. 즉 '그의 것' 또는 '그녀의 것'이다. 오늘날 우리는 사망자에게 거품기나 회칼 따위를 함께 묻어주지 않는다. 그런 일이 우리 마음에 떠오르지 않는다면, 종교적으로 부장품 묻기가 낯설어졌다는 설명은 그저 설명의 일부일 뿐이다. 남은 설명을 덧붙이자면, 누군가의 소유가 본질적으로 부장품, 즉 의상이나 장신구 등으로만 한정되던 때에, 그런 물건들은 훨씬 더 세밀하게 한 인간의 자화상을 보여준다. 오늘날 아프리카의 농부와 유목민은 평균 110가지 물건을 소유하는 데 반해, 그들을 탐구하는 민속학 전공의 학생들은 자기 것이 3,000개는 된다. 어쨌든 옛날 부장품에서 특이한 점은 부장품이 죽은 사람의 성별이나 연령 등과는 아무 상관관계도 보이지 않는다는 것이다. 숟가락이 함께 무덤에 묻혔다면 그것은 남자의 것일 수도 여자의 것일 수도 있으며 젊은이의 것일 수도 늙은이의 것일 수도 있다. 따라서 음식 준비는 실제로 오로지 여성만이 아니라 공동의 활동이었던 듯 보인다.[39]

〉〉〉H∤

먹는 것은 이쯤 하자. 가공 음료의 시작에 대해 한마디도 하지 않는다면, 인간이 어떻게 익혀 먹는 동물이 되었나에 대한 스케치가 불충분해질 것이다. 음료에서 자연의 가공은 훨씬 더 나중에야 나타난다. 예를 들어 과일 껍질이 갈라져 효모가 들어갈 수 있으면 열기 속에서 과일이 발효된다는 사실은, 특히 과일을 먹고 살던 초기인간에게는 오래전부터 알려진 일이었다. 원숭이들도 그 사실을 안다. 알코올음료를 생산한 가장 오랜 흔적은 신석기시대 중국에서 발견되었다. 허난성 자후賈湖의 7,600~9,000년 된 무덤자리 근처에서 포도 또는 산사나무 열매, 꿀술과 막걸리의 혼합물이 입증되었다. 이 '신석기시대 그로그Grog'(패트릭 맥거번의 표현)는 아마도 제사에서 어떤 역할을 맡았던 망자의 부장품으로 나온 통에 붙어 있었다. 이곳에서는 뼈로 만든 피리 2개와 역시 악기로 쓰였을 법한 장식된 거북이 등껍질도 나왔다. 음료와 합쳐보면 이런 발굴품은 종교적 축제와 샤먼의 행사를 가리킨다.[40]

술과 관계가 적은 발견들이 때로는 메소포타미아와 고대 이집트에서 포도주와 맥주 생산의 시작에 대해 증언해준다. 포도주의 흔적은 메소포타미아 도시 국가 우루크(기원전 3500~기원전 2900년)의 시대에 고딘 테페Godin Tepe에서, 그리고 그보다 2,000년쯤 더 전에 북부 이란에서 사용된 통들에서 나타난다. 그러니까 토기가 발명된 직후에 벌써 포도의 발효가 나타난 셈이다. 그에 반해 포도나무를 길들이는 일은—분명 그 단맛 때문에—그 뒤로 2,000년 정도가 더 걸렸다. 고딘 테페에서는 보리맥주의 존재도 입증되었다. 어쩌면 이곳에서 보리맥주 생산이 보리빵 굽기보다 더 먼저 나왔을지도 모른다. 보리는 이미 기원전 8000년대에 작물이 되었고, 1950년대에 고고학자 로버트 브레이드우드Robert Braidwood는 인류의 정착이 보리 경작을 통해 비로소 가능했을 것이라고 추측했다. 식물학자 조너선 사우어Jonathan D. Sauer는 이 주장을 받아들였지만, 보리를 빵의 원료가 아닌 맥주의 원료라고 보았다.

발효된 곡물의 취하게 만드는 특성과 갈증이, 영양소로 보면 성과가 적은 구운 과자와 배고픔보다 더욱 강한 충동을 만들어낸다는 것이다. "인간은 옛날에 맥주만 먹고 살았을까?"—브레이드우드와 사우어의 추측을 두고 논의를 벌인 콘퍼런스의 타이틀—라는 질문에 대한 대답은, 물론 모든 방향에서 부정적이었다. 맥주가 보리 경작의 결정적인 최종 생산품이었다면, 양조 지식이 훨씬 더 널리 전파되어 있었어야 할 것이기 때문이다. 보리빵보다 가루 죽이 앞서 있었고, 쉽게 얻을 수 있는 도취 수단인 포도주와 꿀술이 분명 보리맥주보다 앞서 있었다. 보리맥주는 많은 시간을 들여서야 생산되었다. 보리는 발효에 앞서 먼저 전분이 분리되어야 하기 때문이다. 그리고 마지막으로 심포지엄 참가자 한 사람이 요약한 것처럼, 서양 문명이 부분적으로 알코올에 도취된, 영양부족 상태인 사람들에 의해 건설된 것이라고 믿어야 한단 말인가?[41]

하지만 어째서 하필 인류의 정착 시기에 포도와 곡식의 발효가 나타났을까? 그 시기에 축제들이 특별한 기능을 했다는 설명이 설득력이 있다. 우선 기후변화가 특권적인 축제에서 소비될 식량의 과잉을 가능케 했다. 축하하려는 사람은 무언가를 넉넉히 가져야 하지만, 거꾸로 무언가를 넉넉하게 가진 사람은 축하할 계기가 있어야 한다. 또한 예를 들어 예배소를 건축하는 것과 같은 집단적 업적은 거대한 연회의 형태로 보상받았다. 축제는 성취된 것을 더욱 강조하지만, 그것을 성취할 동기도 만들어낸다. 그리고 마지막으로 수렵채집 공동체에서 집단의 크기가 커지면서 마을 생활로 바뀌었으니, 이제 더는 곤궁 때문에 서로 뭉친 것이 아닌 사람들의 사회적 결속을 축제가 강하게 해주었기 때문이다. 축제는 사람들을 결합시킨다. 이미 최초의 신화들이 축하연 이야기로 가득하다. 물론 오로지 신들 사이에서, 또는 상류층 구성원들 사이에서 벌어지는 축하연 이야기이긴 하지만 말이다. 축제는 계급을 드러낸다. 더 많은 식량 여분을 얻었기에 더욱 큰 축제를 거행할 수 있는 사람은, 명성뿐만 아니라 그 결과로 더 많은 재원도 얻는다.[42]

이런 특권은 축제가 손님들에게 알코올음료를 대량으로 공급할 수 있는 분명한 조직 능력과 지시 권한을 암시한다는 사실에 주로 근거한다. 이런 축제 음료는 생산 이후 며칠(밀맥주, 보리맥주, 엠머맥주의 경우), 한 달(용설란 와인), 또는 1년(쌀술과 포도주) 안에 사용해야 한다. 곡물맥주의 생산에 필요한 날짜가 6~14일이므로 맥주를 축제에 제공하려면, 전체 분량이 사용 장소에서 멀지 않은 곳에서 한꺼번에 생산되어야 한다. 고대 이집트의 축제 양조장 한 곳이 하루에 390리터까지 맥주를 공급할 수 있었을 것으로 추산된다. 여기서 이런 도취 음료가 만들어지기까지는 집중된 연쇄 명령이 이루어졌던 것이 아주 분명하다. 포도주가 비로소 생산과 소비를 나누고, 그를 통해 무역에도 쓰일 수 있었다. 그에 반해 축제에서의 맥주 소비는 거의 초기 국가라 부를 만한 조직에 의한 것이었고, 따라서 기원전 4000년 무렵 중동에서 종교적·정치적·경제적·기술적으로 시작된 도시 왕국의 발생이라는 방향에 딱 들어맞는다.[43]

여기서 지금까지 지나온 길을 한번 돌아보면, 시기적으로 불확실한 시작 지점에 불이 있고, 그 끝에 축제가 있다. 이런 맥락에서 헤시오도스Hesiodos가 전해주는 그리스의 프로메테우스 전설이 흥미롭다. 프로메테우스는 인간이 신들에게 제물 바치는 것을 가로막고는 소의 뼈에 기름을 덮고 작은 살코기 더미에 가죽을 덮어서 제물로 바치게 했다. 그리고 그는 이런 제물을 받은 제우스Zeus에게 선택하라고 요구했다. 그 뒤로 제물에서 먹을 수 없는 부분만 신들의 것이 되고 먹을 수 있는 부분은 거대한 축제에서 사람들이 먹었는데, 이 기회에 사람들은 큰 소리로 신들을 찬양했다. 제우스는 프로메테우스의 이런 간계에 벌을 주느라 인간에게 불의 사용을 금지했다. 불이 금지되자 인간은 신들에게서 간계로 얻어낸 고기를 먹으며 기쁨을 느끼지 못하게 되었다. 하지만 프로메테우스가 불을 훔쳐다가 인간에게 되돌려주었고, 그 대신 인류는 죽어야 할 최초의 여자인 판도라와 더불어, 늙음, 질병, 죽음 등 재앙으로 가득 찬 그녀의 상자를 형벌로 받아들여야 했다. 제우스는 불 도둑을 세계의 끝으로 추방했고, 그곳에서 그는 영원한 고통을 견뎌야 한다.

결국 인간은 분열된 만족감만을 느끼게 되었다. 그들은 이제 더는 신들과 같은 식탁에서 먹지 못하고, 신들이 인간에게 어느 정도의 호의를 품고 있는지 모르므로 신들에게 제물을 바쳐야 한다. 그리고 축제를 하려면 노동을 해야 한다. 제물을 바친다는 것은 인간과 신들의 차이를 생각한다는 뜻이다. 빵을 먹는다는 것은 빵을 먹을 수 있게 만든 노동을 생각하고, 그것을 방해할 수도 있는 날씨 또는 데메테르 여신을 생각한다는 뜻이다. 고기를 먹는 것은 우선 그것을 구워야 한다는 뜻인데, 즉 문명과 야만의 차이를 얻기 위해 노력해야 한다는 뜻이다. 문명은 '모든 기술의 스승'(아이스킬로스)인 불에 달린 일이니, 꺼뜨리지 않도록 계속 연료를 주어야 하고, 파괴적으로 작용하지 않도록 불을 조절해야 한다.[44]

3

단골 테이블에서 점점 낮은 소리로
포효하는 수사슴들

말하기의
시작

말하는 것보다 2배를 더 많이 듣도록
자연은 인간에게 두 귀와 혀 하나를 주었다.
에픽테토스 Epiktētos

아리스토텔레스는 인간을 '말하는 동물'이라고 정의했다. 오늘날에는
그리스어 'zoon logon echon[이성적 동물로 번역되던 그리스어]'을 이렇게 번
역하는 추세다. 라틴어의 'animal rationale'에서 나온 오래된 번역, 즉
인간이 '이성적인 동물'이라는 규정에 대해 그동안 매우 많은 의혹이
나타났다. 인류의 태동기나, 이후에 등장한 사회에서도 인간의 이성이
맨 먼저 나타나지는 않는다. 게다가 다른 동물들도 지성을 보인다.

　실제로 아리스토텔레스는 《정치학 Politika》의 이 구절에서 인간을 다
른 생명체와 구분하고 있는데, 여기서 그는 말하는 목소리에 초점을
둔다. "목소리는 고통과 즐거움의 표시로서 다른 감각 존재[동물]에게
도 주어져 있다. 그들의 본성은 고통과 즐거움을 느끼고, 그 둘을 서로

구분하는 데까지만 도달한다. 그에 비해 낱말 또는 언어는 쓸모 있는 것과 해로운 것, 올바른 것과 옳지 못한 것을 알려주기 위한 것이다."[1] 말하자면 우리는 동물과 똑같이 몸을 갖지만, 언어 능력은 오직 우리에게만 있다는 것이다. 이로써 철학자는 성과가 풍부하면서도 문제가 많은 구분을 했다. 동물도 갖고 있는 목소리와 오직 인간만이 가진 언어를 구분한 것이고, 인간의 목소리만 유일하게 말을 한다는 사실을 무시한다. 동물은 외치고 우리는 말한다.

인간이 어휘와 문법이라는 의미에서의 언어를 가진다는 사실만이 인간을 말하는 존재로 만드는 것은 아니다. 언어 장애인은 말을 못하지만 언어를 지니고 있다. 언어의 기원에 대한 많은 이론은 소리가 기호체계의 의미 운반체라고 어느 정도 자명하게 전제한다. 최초로 전달된 언어적 내용이 놀라움의 외침으로 자연음을 모방한 것이든 아니면 명령으로 이루어진 것이든 어쨌든, 우선 소리 능력과 말하기 능력을 갖춘 존재가 있어야 한다. 꿀벌이나 물고기는 신호의 도움으로 서로 의사소통을 — 그것도 '즐거움과 고통'을 넘어 — 할 수 있기 때문이다. 그들은 서로 경고하고, 서로에게 구애하고, 지시할 수 있다. 하지만 그들은 말하지 않는다. 앵무새와 바다표범은 말을 할 수 있지만, 그렇다고 우리는 그들의 흉내 내기를 언어 진술이라고 보지는 않는다. 마지막으로 특히 동물계에서 인간과 가장 가까운 친척인 유인원은 몸짓으로 매우 복잡한 의사전달을 할 수 있지만 전혀 말을 하지 못한다. 줄이자면 의사소통, 언어, 말하기는 동일한 것이 아니다. 그래서 말하는 동물의 시작에 대한 질문은 두 단계로 진행하는 편이 더 나을 것 같다. 우리는 어떻게 소리를 통제하여 발음을 할 수 있나? 그리고 그것이 어떻게 언어가 되었나?

　말하기의 신체적 전제 조건은 다양하다. 우선 공기펌프가 필요하다. 즉 기관지와 폐가 필요하다. 우리 몸은 어차피 정기적으로 숨을 내쉬기 때문에, 말하기 위해 특별한 에너지 소비는 거의 없다. 이는 언어 발전에 유리했겠지만, 동시에 그렇다면 어째서 우리만 동물계에서 유일하게 수다스러움을 지니게 되었느냐는 질문이 곧장 제기된다. 말하기가 특별히 많은 통제를 요구한다는 것이 한 가지 이유다. 지속적인 공기의 흐름과 덕분에 진동하는 성대만으로 충분한 것이 아니다. 그것 말고도 매우 복잡한 발음을 요구한다. 폐와 후두는 특정한 높이의 기본음만을 만들어낸다. 예를 들어 '무트Mut' '마-트Maat' '미트mit' '메-트mäht' '메트Met' 등의 낱말에서 거듭 나타나는 동일한 소리 말이다. 이 낱말들의 차이는 소리길vocal track, 聲道 일부가 수행하는, 동일한 기본 주파수의 변형으로 만들어진다.[2]

　코, 턱, 입천장, 혀, 입술 등이 공명 공간을 이루고, 각각의 영역에서 공기의 진동을 변화시킨다. 기본음의 주파수 일부는 소리길에서의 공명('공명주파수')을 통해 걸러지고, 다른 일부는 그대로 통과된다. '아A' 소리는 혀를 평평하게 하고 후두가 성대들 사이의 거리를 좁히며 구강을 넓혀서 만들어진다. '이I'음은 정확하게 반대로 이루어진다. 19세기 중간에 이미 요한네스 뮐러Johannes Müller가 여러 실험에서, 분리된 후두에 공기를 불어 보내면 인간의 목소리와 모든 면에서 비슷한 소리가 나온다는 것을 입증했다. 그러니까 후두에서 입술에 이르는 것과 비슷한 길이의 관을 후두에 연결하면 말이다. 대략 100년 뒤에 스웨덴의 언어학자 군나르 판트Gunnar Fant는 소리길 상부에 있는 주파수 필터가 소리길 하부의 소리 원천과는 독립적으로 작동한다는 것을 보여주었다.[3]

성대聲帶가 전혀 진동하지 않고도 모든 낱말을 말할 수 있는 말하기 행동에서 이것을 가장 분명하게 알아볼 수 있다. 즉 속삭이기다. 속삭이면 음의 높이가 거의 없어서 베이스나 소프라노나 거의 똑같이 속삭인다. 동물들은 이런 방식을 모른다. 일부 원숭이들도 남이 듣는 것을 경계할 때면 의사소통에서 소리 크기를 낮출 수 있기는 하다. 하지만 그럴 때 실제로 진동이 없는 소리를 내는 것인지, 아니면 그냥 나직하게 찌르륵대는 것인지는 입증되지 않았다. 어쨌든 인간은 음향이 없는 발음을 할 수 있다. 그래서 지금으로서는 '속삭이는 동물'이기도 하다.[4]

인간이 낼 수 있는 소리의 거대한 스펙트럼에서 가장 중요한 전제는 발성기관의 특수성이다. 지속적으로 깊이 자리 잡고 있는 후두, 상대적으로 큰 목구멍, 매우 움직임이 좋은, 그리고 발음 능력이 뛰어난 혀 등이다. 특정한 종류들, 이를테면 수컷 붉은사슴과 다마Dama사슴에게서 인간과 견줄 만한, 아니 오히려 훨씬 더 아래로 내려간 후두를 볼 수 있다. 덕분에 목구멍과 구강의 비율이 분명히 목구멍에 유리하도록 변했다. 그렇게 해서 얻어지는 낮은 소리가 음향적으로 과장된 자기 이미지를 다른 사슴들에게 만들어내기 때문으로 추측된다. 일반적으로 소리길의 길이와 그에 따른 주파수의 다양성은 척추동물의 몸 크기를 알리는 신뢰할 만한 신호로 여겨진다. 포효하는 사슴은 목구멍 크기를 2배로 만들어서 특히 어둠 속에서, 그리고 전체를 조망할 수 없는 지역에서, 경쟁자와 암컷에게 원래 자신의 모습보다 더욱 강력한 인상을 만들어낸다. 이런 으스대기는 인간들 사이에서도 꽤 잘 알려진 일이다. 인간 남자의 변성기도 이 과정으로 설명된다. 이는 사춘기에 후두가 한 번 더 아래로 내려앉으면서 일어나는 일이다. 깊은 목소리는 문화 차이를 가리지 않고 거의 동일하게 확정(의문 말고), 권위와 위협(굴종과 친절함 말고), 자신감(신경쇠약 말고), 크기 등과 연결된다. 물론 모든 사슴이 그렇게 포효하고 과장한다면 과연 낮은 목소리에는 어떤 이점이 있다는 말인가 하는 질문은 아직도 탐구해야 할 부분이다.[5]

인간 후두가 아래로 내려간 것이 어쩌면, 소리길 안의 공간을 늘려서 목소리에 더 많은 발음의 가능성을 준다는 뜻을 가진 것이 아닐지도 모른다. 혀뿌리가 더 깊이 자리 잡으면서 뒤쪽 목구멍을 구강에서 독립적으로 만들어 '확성기' 노릇을 하게 된 것도 더 많은 발음의 가능성을 뜻하는 것이 아닐지도 모른다. 말을 못하는 동물들도 이런 특성들을 보이기 때문이다. 해부학자들이 100년 동안이나 인간과 죽은 동물을 비교해서, 인간의 경우 이 두 '기관'이 더 아래로 내려가 있다는 사실을 발견했기 때문에, 동물에게서 이런 특성을 보지 못했다. 즉 죽은 동물을 절개해 거기서 본 것만으로 결론을 유추했다. 그에 반해 살아 있는 동물을 대상으로 한 최근의 연구들은 앞서 말한 수사슴 등 일부 종에서만 소리 원천이 더 아래로 내려가 있는 것이 아니라는 사실을 밝혀냈다. 개가 짖을 때나 염소가 울 때, 그리고 원숭이와 돼지들도 소리를 내는 동안, 후두와 혀뿌리가 목구멍에서 더 아래로 내려가면서 콧구멍을 막아서 더 큰 음량을 낸다는 사실이 관찰되었다. 적어도

1초보다 훨씬 짧은 순간 그들의 구강은 말하는 인간의 구강과 원칙적으로 구분되지 않는다. 말하기의 생물학 분야에서 가장 유명한 테쿰세 피치Tecumseh Fitch는 현재의 연구 상태를 다음과 같이 요약한다. 말할 수 있는 인간과 다른 포유류들 사이의 결정적인 차이는 해부학적 구조가 아니라 발성기관을 조종하는 두뇌에 있다. 다른 말로 하자면, 말하기의 발전에서 원래 복잡한 메시지의 전달을 위한 것이 아니라 그냥 큰 소리 내기 자랑을 위해 쓰이던 신체 특징들이 쓰임새가 바뀐 것으로 보인다.[6]

>>))))))

  그렇다면 구강과 목구멍이 이렇게 잘 움직이는 것이—발음을 하려면 초당 대략 225개의 근육이 활동하는데[7]—어떻게 말하기의 발전으로 연결되는가? 인간의 신체 구조와 비슷한 화석들은 말하기 능력에 대한 그 어떤 확실한 결론도 허용하지 않는다. 설사 두개골보다 더 많은 것을 갖고 있다 해도, 그것만으로 충분치 않을 것이다. 인간에 견줄 만한 신체 구조로도 말을 못하는 동물들이 있으니 말이다. 그러므로 말하기의 시작에 대한 질문은 추측에 기대게 된다.

  가장 흥미로운 가설은 입으로 그 밖에 무엇을 더 할 수 있는가 하는 것으로 시작된다. 낮은 목소리로 으르렁대거나 짖기 등으로 허풍을 치는 한편, 입과 목구멍의 다른 기능은 예로부터 음식물을 받아들이는 일이다. 말하는 동물은 예나 지금이나 같은 길을 통해 먹고 마신다는 부대조건 아래서 말하기 능력을 발전시켰다. 먹기와 발음하기가 서로 득이 되는 그곳이 아니라면 말하기의 시작을 대체 어디서 찾아야 한단 말인가? 후두가 높이 자리 잡은 동물들의 경우에 후두는 보통 비강鼻腔 천장에 의해 분리되는데, 덕분에 그들은 거의 동시에 —약 0.5초 사이를 두고[8]— 숨 쉬고 마시기를 할 수 있다. 그에 반해 인간은 그랬다가 사레에 걸린다. 이것이 얼마나 위험한가는 신생아의 소리길이 거의 3개월까지는 먹이가 기도로 들어가는 것을 막아 보호하는 대부분의 포유류의 소리길과 비슷하다는 사실에서 알 수 있다. 그러니까 자연사自然史는 인간의 말하기 기관의 발전 과정에 일종의 신생아 보호장치를 끼워넣었다.

신생아는 말하지 못한다. 말하기 전에 먼저 소리 지르고 몸짓을 한다. 아기들의 구강과 목구멍이 오늘날의 성인보다는 초기인간을 더욱 닮았다는 점을 거꾸로 적용해, 과학자들은 두개골 분석과 소리 시뮬레이션을 토대로, 10만 년도 더 전의 네안데르탈인이 유인원보다 높은 언어 능력을 가졌음에도 오늘날 인간의 모음과 자음 발음을 모조리 갖지는 못했다는 추론에 도달했다. 오늘날 성인의 소리길을 네안데르탈인의 머리와 목에 집어넣으면 후두가 가슴에 자리 잡게 될 것이다. 그러니까 네안데르탈인은 우리처럼 말했을 리가 없다. 어떤 모델에 따르면 초기인간은 '에E' 소리를 낼 수 있었지만 '아A' '이I' '오O'음을 낼 수가 없었다. '드d' '브b' '프f' 소리를 낼 수 있었지만 '그g' '크k' 소리는 못 냈다. 물론 근육 없이 오로지 뼈만 화석으로 남기 때문에, 두개골의 구조를 보고 후두의 위치를 추론하거나, 아니면 혀 근육을 위한 신경 입구의 크기를 보고 언어 능력을 유추할 뿐이다.[9]

그에 반해 확실한 사실은 다음과 같다. 소리길은 나중에야 발달했다. 그런데도 인간의 소리길이라는 신체 구조로 가는 위험한 발전이 진화상의 이점을 갖기 위해서는 초기인간이 비록 매우 제한된 것이라도 이미 언어 능력을 갖추고, 서로 입으로 의사소통을 했었다고 보아야 한다. 인간의 말하기 능력에서 무엇보다 눈에 띄는 점은 음향으로 배우는 재능이다. 만 한 살이면 아이는 최초의 낱말들을 말한다. 열여덟 살이면 거의 6만 개의 어휘에 도달한다. 그러니까 이 시기에 아이는 잠을 자지 않는 동안 90분에 한 낱말씩을 배운 셈이다. 이것은 들은 것을 흉내 내는 능력이 없다면 가능하지 않다. 이런 능력은 새들과 일부 해양 포유류에서 볼 수 있지만, 육지에 사는 포유류에게서는 볼 수 없는 것이다. 인간은 흉내 내기를 즐거워하고 또 흉내 내기 재능이 있는 원숭이로서, 남들의 말뿐만 아니라 자신의 말에도 귀를 기울이고, 자기가 들은 것을 흉내 낸다.[10]

동료들에게 경고나 깨달음의 외침을 보내고, 친절한 또는 적대적 의도에서 정보를 전달하는 소리들은 외치는 자에 대한 정보도 드러낸다. 목소리는 하나의 서명, 모노그램이며 그 목소리가 발음이 좋을수록 더욱 그렇다. 울음 새들 중에서는 암컷이 다양한 노래 능력을 가진 수컷을 선호하는 종이 있는데, 이 사실은 이런 복잡한 소리 내기에서 무엇이 그리 매력적인가 하는 질문을 갖게 한다. 한편으로 조류학자들은 변이의 다양성 자체가 주목을 끈다고 추측한다. 다른 학자들은 목소리의 다양성이 노래하는 새가 단 1마리만이 아니라, 가장 단순한 경우에 '보 제스트Beau Geste(하나가 아닌 여러 개체가 있는 것처럼 보이게 한다는)' 이론에 따라 이 구역의 수호자가 1마리 이상이라는 인상을 만들어내는 능력이 있음을 보여주는 것이라 여긴다. 더 복잡하게 보면 목소리의 복합성은 한 가지 이상의 상황을 겨냥하는 능력을 알려준다.

인간과 다른 포유류 사이의 또 다른 차이는, 말 못하는 동물들은 상대적으로 판에 박힌 음향 목록을 가진다는 점이다. 개별적인 소리들, 또는 소리의 연속들이 되풀이되기는 해도 이리저리 결합되지는 않는다.[11] 그에 반해 외칠 뿐만 아니라 말하고 노래하는 인간은 입을 여러 번이나 열었다 닫았다 해야 한다. 열었다 닫았다 번갈아 하는 것이 모음과 자음에 해당한다. 말하기는 성대의 진동에 따른, 그리고 혀와 입술에 의해 계속 변하는 아래턱의 연속적인 움직임이다. 기계적으로 관찰하면 말하기는 '열고 닫고'라는 주제의 진동이다. 이렇게 서술된 말하기 구조는 특정한 어휘, 특정한 문법과는 독립적인 것으로, 이런 말하기의 시작은 언어 이전의 행동들 속에 들어 있다. 언어 이전 행동들을 통해 얼굴 근육과 혀는 이미 리듬을 연습했다. 그렇게 이해하고 보면, 말하기는 모든 포유류에 이미 오래전부터 친숙한 입의 동작에 기초한다. 즉 씹기, 빨기, 핥기 등이다. 음절과 악센트 감각과 계속 움직이며 혀를 깨물지 않는 능력은 음식 섭취 및 애정 행동을 위한 기계적 능력을 변화시켜 획득했을 것이다.[12]

미국의 심리학자 피터 맥닐리지Peter MacNeilage는 이런 매혹적인 이론을 마지막까지 추적했다. 그에 따르면 말하기의 기본 단위는 음절이다. 아기들이 말하기 시작하면, 예를 들어 이런 말이 나온다. '바바바' '니니디' '마마'. 하나의 음향 틀이 구체적인 소리들로 채워진다. 낱말이나 문장보다 훨씬 이전에 아기는 이런 틀에 의해 주어진 언어의 리듬 구조를 익힌다. 기본적인 자음-모음 쌍의 결합은 ― '바디' '디바' '바마마' 등 ― 처음에는 거의 나타나지 않는다. 나중에도 음절 구조가 말하기 행동에서 가장 중요한 방향성이다. 잘못 말했을 때도 이 틀에 붙잡혀 있다는 사실에서 그것을 알 수 있다. 말하기 오류 연구는 잘못 말한 사람이 여전히 음절 틀을 따르고 있다는 사실을 밝혀냈다. "여러분은 이제 h-Mess-Molle, 아니 실례, h-Moss-Melle, 정말 죄송합니다. 물론 요한 제바스티안 바흐의 h-Moll-Messe[B단조 미사]를 들으시겠습니다." 낱말은 틀려도 모음과 자음의 순서는 여전히 견고하게 남아 있다. 잘못 말하는 경우에도 음절 구조에 대한 우리의 감각이 입술 운동을 지휘하고 있다. "Peel like flaying"과 "feel like playing"을 보자. 여기서 말하는 사람은 'f'를 잘못 말했지만 그렇다고 완전히 빼버리는 것은 아니고, 'eel'을 말하지만 여전히 자음이 맨 앞에 나오는 음절 구조를 이용하면서 'f'는 마지막 낱말의 시작 자음이 되는 것이다.[13]

무슨 말이 '혀끝에서 맴돈다'고 말할 때 당장 머리에 떠오르지 않는다는 것과는 별개로 찾고 있는 낱말이 몇 개의 음절로 되어 있으며 어떤 악센트를 갖는지도 안다면, 이 또한 견고한 음절 구조를 알려준다. 맥닐리지의 짐작으로는, 음절 틀에 대한 이런 기계적 통제의 선배는 하나 또는 고작 두 음절인 동물 외침보다는 오히려 한편으로는 씹기나 삼키기, 다른 편으로는 의사소통을 위해 혀로 내는 딱 소리, 입술 쩝쩝대기, 이빨 드러내기 등의 동작이다.

이것은 말하기가 원래는 인간들 사이에서 보충으로 등장한, 일종의 '소리 그루밍vocal grooming'이라는 가설에 잘 들어맞는다. 서로 털 골라주기[그루밍]는 서로 이 잡아주기나 그 밖에 다른 친절한 헌신 형식으로서 유인원 사이에서 널리 행해지는 일이다. 원숭이들은 깨어 있는 시간의 20퍼센트까지 이런 약간 '도취된', 즉 엔도르핀을 분비하는 행동으로 보낸다. 이것이 동물의 에너지 효율성에 아무 도움도 되지 않는다는 점을 생각해보면 매우 큰 비중이다. '털 골라주기'는 사회적 관계의 강화에 도움이 되는데, 비교적 큰 집단을 이룬 원숭이들을 ─ 최고 50~55마리 ─ 하나의 견고한 단위로 만들어준다. 유인원의 경우 그 정두루 집단이 커지면, 공개적인 서식처 정복으로 나타난다. 진화심리학자인 로빈 던바Robin Dunbar에 따르면, 이는 사냥당하는 것을 막는 데 유리하지만, 동시에 내부의 경쟁을 더욱 강화시킨다. 따라서 동료들 사이에서 신뢰할 만한 친절함인 '털 골라주기'를 위한 비용은 집단이 커질수록 더욱 높아진다.[14]

　말하기는 짧은 시간에 사회적 결속을 만든다. 동시에 여러 명을 상대하면서 단순한 메시지에만 국한하지 않아도 되기 때문이다. 던바의 추측은 다음과 같다. 모든 구성원을 향한 외침에서 몇몇만을 상대로 하는 말하기로 넘어간 것은 큰 집단에서도 사회적인 유대를 만들어서, 자기들만의 세계를 잃어버리지 않은 채 큰 집단의 이점을 누리기 위해서였다. 말하기는 그런 세계를 나누어서 전체에서 거의 독립적으로 그것을 뒷받침해준다. 정확하게 말하자면 헌신의 형식이다. 대화사회학에 따르면, 서로 모르는 사람들이 처음에 날씨나 열차 연착, 또는 뉴스에서 얻은 정보 이야기를 하는 것은 이런 말로 상대의 후원을 받을 것이 확실하기 때문이라고 한다. 인류학자 브로니슬라프 말리노프스키Bronislaw Malinowski는 이를 두고 '의례적 언어 사용phatic communication'이라는 개념을 썼다. 이는 확인 기능으로만 쓰이는 것으로, 정보를 거의 전달하지 않은 채 "간단한 말의 교환을 통해 공동체 의식을 만들어"낸다. 안녕하세요? 사정이 어때요? 이런 접촉은 접촉

자체를 위한 것으로, 같은 의견을 가진 사람, 믿을 만한 사람, 무언가 도와줄 사람을 더듬어 찾는 데 쓸모가 있다. 단순히 친절한 태도의 발언들은 함께 있는 사람들 사이에서 처음부터 헐뜯기가 나타나지는 않게 해주므로 결합할 수 없는 것을 결합시킨다. 대신 의례적 언어 사용이 차츰 정보로 넘어갈 때에는, 그 자리에 없는 사람들이 적당한 주제가 된다. 인간은 험담을 필요로 하는 존재로, 가벼운 대화를 좋아한다. 그런 가벼운 대화의 언어 이전 원래 형태는 음식의 섭취와는 무관하게, 혀로 딱딱 내는 소리, 입술 쩝쩝거리는 소리 등이다. 이런 소리들은 함께한다는 신뢰를 만들어내고 구강의 발음 가능성을 높였으니, 언어의 선구였다. 척추동물 중에서 앵무새를 제외하면 인간만이 소리를 낼 때 혀를 복잡하게 움직일 수 있다는 테쿰세 피치의 지적은 순환적인 턱 운동 및 입술 근육에 아마도 지나치게 초점을 맞춘 맥닐리지의 주장을 확장한다.[15]

원숭이들이 말은 못해도 언어와 비슷한 소리를 알아듣고 소통도 한다는 사실은 선사시대 식사 시간에, 리듬이 있는 구강운동과 혀 부딪치는 소리에서 말하기가 시작되었다는 이런 추론과도 잘 들어맞는다. 원숭이들은 서로 의사소통을 위해서, 그리고 인간의 주목을 끌기 위해서도, 의도적으로 특정한 소리들을 낸다. 야생 침팬지들은 서열이나 크기로 보아 공격자임 직한 이가 근처에 있음을 확인하면, 경고 및 위협의 외침을 낸다. 그러니까 몸짓 소통과 소리 소통의 차이를 무력하게 만드는, 소리 몸짓이 있는 셈이다. 말하는 인간의 조상들이 소리 장비를 정교하게 사용하기 이전에 몸짓을 통제할 수 있었다는 것은 어머니와 아기의 상호작용에서 소리와 몸짓을 따로 구분할 수 없다는 것만큼이나 분명한 일이다. 소리나 몸짓이 모두 똑같이 안정시키는 요소, 곧 어머니가 가까이 있음을 뜻하기 때문이다. 어떤 미소든 높은 소리와 함께 나오면, 이는 다시 몸짓과 소리의 분명한 구분이 없어진다는 것을 알려주는 또 다른 표시가 된다. 음악의 시작에 대한 장에서 이 문제로 돌아가기로 하자. 여기서는 원숭이들 사이에 소통의 몸짓이 풍부하다는 점이 갖는 함의를 확인해두자. 말하는 사람이 서로를 볼 수가 있다면, 말하기 자체가 얼마나 몸짓의 특성을 갖는지를 말이다. 이는 말하기란 곧바로 최초의 낱말 및 기호들이 나타나기 시작하는 것이라고 상상하는, 말하기의 시작 이론들을 매우 일방적인 것으로 만든다. 이 모든 것에서 '가까이 있음'이라는 개념이 결정적이다. 멀리 있는 물건들을 가까이 있는 것처럼 이름 부르는 것이기 때문이다. 외침은 다시 먼 거리를 극복하고 먼 곳으로 소리를 보내는 신호다. 우리는 보이지 않는 사람을 소리쳐 부른다. 가까이 있을 뿐만 아니라 눈으로 또는 손으로 닿을 거리에 있는 사람에게는 말을 한다. 이것은 말하기가 소통을 보완해주는 몸짓 및 흉내 내기와 공유하는 부분이다. 불이 꺼지거나 별빛이 사라지면 어둠 속에서 예를 들어 옛날이야기를 하거나 아니면 단순히 웅얼거릴 수 있다는 것이, 말하기를 몸짓이나 흉내 내기와 구분해준다.[16]

말하기가 언제 시작되었느냐는 질문은 아직 그대로 남아 있다. 거의 모든 고생물학자와 진화생물학자들에 따르면, 기원전 4만 년 무렵에 당시 이미 15만 년 전부터 존재한 해부학적 현생인류는 문화적인 '도약'을 겪었다. 이 낱말에 인용부호를 붙여야만 하는데, 이 도약이라는 게 1만 년이나 걸렸기 때문이다. 이 시대의 출현은 문명사적인 중간기를 뜻한다. 장신구, 복잡한 무기, 어쩌면 불 피운 자리의 보존, 그림, 악기, 의미심장한 매장 등이 이때 나타난다. 오늘날 우리도 대부분 익숙한 것들이다. 당시 호모 사피엔스 주변에서 상징적 전달, 우회로 많은 사유, 흉내 내기 행동, 기술적 정교함의 세계가 생겨났다. 이런 업적을 가능하게 만든 그 무엇이 그의 신체 구조에 더 첨가되었던가? 그 전부터 이미 초기인간은 서로 의사소통을 했을 것이 분명하지만, 소리를 통해 뒷받침되던 몸짓 소통에서 언어의 표현으로 넘어간 것이 그 차이를 설명해줄 것 같다. 소리가 의미 전달의 핵심이 되고, 얼굴 표정이 그 의미를 뒷받침해준다면, 소통을 위한 에너지는 더 줄어들고, 소통의 정확성은 더욱 커진다. 언어 표현은 소리 강도 및 음성 멜로디의 변이를 통해 정확성을 더 키운다. 손이 자유로워졌으니, 일하면서 소통하기도 가능해졌다. 이것은 도구 생산에 도움이 되었다. 몸짓으로 이루어진 조상언어라는 주장을 처음으로 펼친 인류학자 고든 휴스Gordon Hewes에 따르면, 시각 채널은 끊임없이 언어 이외의 정보를 퍼오는 데 반해, 말하기 채널과 듣기 채널은 훨씬 독립적인 채널이다. 그러니까 언어 능력에 결정적인 것으로 생각되는 저 유명한 폭스피투FOXP2 유전자 돌연변이가 호모 사피엔스가 유럽으로 이주하기 전인 이 시기에 일어났다면, 이 돌연변이는 몸짓 어휘를 통해 이미 준비된 존재, 곧 언어의 측면에서 말 그대로 손에서 입으로[그날그날] 먹고 살던 존재를 만난 것이다.[17]

4

이 게임은
셋이서만 가능하다

언어의
시작

인간의 언어에서 "우리는 내일 너를 만난다"와
"우리는 내일 너를 먹는다"라는 말은,
수고 면에서는 차이가 없지만
의미 면에서는 엄청난 차이가 난다.

크리스 나이트Chris Knight

태초엔 아마도 모든 것이 텅 비어 있고 황량했겠지만, 맨 처음에 말씀
이 있었던 것은 아니다. 우리는 아주 긴 시간, 즉 수백만 년 이상, 말이
나 문장 말고 온통 신호와 소음으로 가득 찬 세상을 상상해야 한다. 언
어가 생기기 이전에 외침, 몸짓, 흉내 등이 있었다. 그리고 여러 기호
들이 있었다. 연기는 불의 기호였다. 얼굴이 붉어지는 것은 부끄러움
이나 분노를, 발기는 욕망을, 열은 질병을, 미소는 기쁨을 나타냈다. 기
호들을 이해하는 것이 복잡한 진술로 표현하기보다 앞섰다. 흔적 읽기
가 문자 읽기보다 앞선 것처럼 말이다. 손끝으로 가리키기가 말하기
보다 앞서고 소리의 지원을 받는 요구와 경계하라는 외침이 '주어-술
어-목적어'보다 앞선다.

하지만 자연의 소리들은 어디까지 해석 가능한 것이며, 몸짓과 얼굴 표정의 어휘들은 어디까지가 비非언어인가? 우리는 아직도 '눈짓의 언어' '말하는 몸짓' '숲의 목소리'라고 말한다. 외침, 단순한 몸짓으로 된 신호체계 또는 해석되는 기호들과 언어의 차이는 무엇인가?

이 질문에 답하기 위해서는 기호가 무엇과 연관되는지를 설명해야 한다. 그것이 무언가를 흉내 낸다면, 그림, 예를 들어 몸짓 그림이라고 할 수 있다. 눈높이로 쳐든 손의 엄지와 검지의 끝을 서로 만나게 하면 "이만큼이면 돼…… 이렇게 조금"이라는 뜻이다. 또는 두 손을 서로 합치고 고개를 숙이고 눈을 감으면 기도하는 사람의 집중을 나타낸다. 이런 자세로는 행동을 할 수 없다는 것을 보여주는 것이다. 또는 시끄러운 식당에서 "계산서 주세요!"라고 외치는 대신 손님은 웨이터와 눈을 마주치고 손으로 재빨리 쓰기 동작을 해 보인다. 이런 '그림iconic. 圖像' 기호는 그것이 지시하는 바를 흉내 낸다. 또는 자기가 바라는 것을 줄여서 행동으로 보여준다.

그에 반해 무언가가 그와 함께 나타나는 다른 어떤 것을 가리킨다면, 이는 가리켜 보이는 기호, 즉 '지시indexical. 指標' 기호라고 한다. 기호, 또는 신호를 보내는 것으로 유명한 동물인 긴꼬리원숭이의 경고음은 높이와 길이에 따라 표범, 독수리, 뱀 등을 나타낸다. 현관문의 벨소리는 방문객을 나타내고, 온도계는 온도를 가리키고, 누군가가 '슈타인[Stein]'을 '스타인'이라고 발음하면 이는 북독일 출신임을 알려준다. '나' 또는 '이것' 같은 낱말들은 언제나 말하는 사람, 또는 손가락으로 가리키는 어떤 것을 알려주는 신호다. 기호와 물건 사이의 비슷함이 아니라, 기호와 물건이 함께 등장하는 특정한 규칙성이 중요하다.

그런 규칙성이 기호에서 내용을 추론할 수 있게 해준다.[1]

소리로 중개되든, 아니면 예를 들어 청각장애인의 언어처럼 그렇지 않든 상관없이, 세 번째 유형의 기호 사용을 여기 덧붙여야만 언어라고 말할 수가 있다. 언어는 그림이나 지시를 넘어선, 제가 가리키는 물건에서 분리된 기호들로 이루어진다. 누군가가 헬레나라고 말하지만 그녀는 거기 없다. 단순히 이름만 불러서는 어떤 헬레나 이야긴지 알 수가 없다. 다만 그 기호가 인간 여자를 가리키며, 그리스 이름이 그녀에게 주어졌다는 것 정도가 어느 정도 분명해 보일 뿐이다. 하지만 '헬레나'는 요트 이름이 될 수도 있고, 향수나 시詩의 제목이 될 수도 있다. 그 뜻이 분명해지려면 더욱 자세히 규정되어야 한다. '팔라스 아테나Palas Athena' 또는 '예티Yeti' 같은 이름도 그것이 가리키는 실체를 본 사람이 거의 없는데, 하물며 '모래' '초超자아' '아니not' 또는 '이자利子' 따위의 낱말들은 아예 지각할 수도 없는 것을 뜻하는 낱말들이니 흉내 내거나 가리켜 보일 수가 없다. 이들은 철학자 찰스 샌더스 퍼스의 용어를 빌리자면 상징symbol으로서 다른 낱말, 문장, 텍스트와 연관된다. 그것도 대개는 완전히 확정되지 않아서, 그때마다 알맞은 뜻을 정하려면, 상당히 많은 다른 낱말들과 연관시켜야 한다. '이자'라는 낱말은 설사 재빨리 이해한다 하더라도 그것을 설명하려면 상당한 시간이 필요하다.[2]

상징들이 꼭 소리 상징이어야 하는 것은 아니다. 손가락에 낀 반지나 심지어 끼지 않은 반지조차도 보이지 않는 것을, 즉 행동 방식과 수많은 말들의 앙상블인 결혼 여부와 상태를 암시한다. 이런 상징들의 의미는 상황에서 나오는 것이 아니다. 대개는 또 다른 진술들을 통해 더 정밀해져야 하고, 기호의 형식과도 오로지 비교를 통해서만 느슨하게 결합된다. 검은 구름은 세상 어디서나 비를 나타내지만, 그것을 가리키는 낱말은 '클라우드cloud' '뉘아주nuage' '오블라코oblako' '원雲' 등으로 제각기 다르다. 우리는 길이가 매우 짧은 대상을 긴 이름으로 — '미생물[Mikroorganismus]' — 부르고, 긴 대상을 짧은 이름으로 — '고래[Wal]' — 부른다. 이런 상징들의 의미는 이들과 연결된 다른 상징들, 곧 그 언어를 아는 사람만이 이해할 수 있다.[3]

아주 옛날에 나온 인공품을 다룰 경우 이 점은 특히 분명해진다. 거기 새겨진 언어를 우리가 모르기 때문에, 오늘날까지도 해독되지 않는 기호들을 지닌 점토판들이 있다. 이 기호들이 해독되지 않고 남아 있는 한 고고학자들은 이런 점토판을 오로지 어떤 특정한 문화 기술의 증거로, 또는 당시 도달한 점토 굽기 능력이나 문자 사용 능력에 대한 암시 등으로만 이용할 수 있다. 또는 그림으로 해석되기도 한다. 이집트 상형문자와 연관된 언어가 해독되기 전까지 상형문자는 그림문자로 여겨졌다.

그러니까 언어는 기호 사용 및 기호 이해를 직접 지각에서 분리시키고, 명료한 규칙성에서도 분리시킨다. 상징들을 구체적 대상과 구분할 수 있는 존재만이 언어를 올바르게 이해한다. 동물들은 이를 하지 못한다. 먹이를 찾아내지 못하면 그에 대해 누군가에게 보고할지 말지를 결정하지 못한다. 그리고 동굴에서 적들에 대해, 또는 사냥에 대해, 또는 옛날에 대해 이야기하지 못한다. 그들은 그때그때의 의사소통을 하지만, 되돌아보면서, 또는 가상의, 과거의, 미래의 상황을 놓고 의사소통을 하지는 못한다. 미국 언어학자 데릭 비커튼Derek Bickerton의 말을 빌리자면 다음과 같다. '동물의 언어'를 이해한다는 둘리틀 박사Dr. Dolittle[1920년에 출간된 아동 소설 《둘리틀 박사의 모험》의 주인공으로, 동물들과 대화가 가능한 인물이다]는 유감스럽게도 존재할 수 없다. 동물의 언어라는 게 없기 때문이다.[4]

동물들이 할 수 있는 것은 공격자를 경고하는 신호들을 보내는 것이다. 이는 짝짓기, 먹이 알리기, 무리의 보존에 도움을 수는 신호들로서, 대체로 거기 있다는 신호를 통해 이루어진다. 동물이 내는 소리와 그들이 하는 몸짓들은 오로지 각각의 상황 속에서 그리고 직접적인 결과에서만 의미를 갖는다. 게다가 이런 소리와 몸짓들은 수신자에게로 넘어가지 않고, 자신의 흥분을 표현하는 동물의 감정 상태와 밀접하게 연결되어 있다. 기표記標(외침)와 기의記意(신체적 상태) 사이의 거리가 매우 가깝다. 표범이 가까이 있음을 경고음으로 알리는 긴꼬리원숭이는 낮에 이 위험에서 살아남은 것을 기억하기 위해 같은 신호를 사용하지 않으며, 또한 무리가 표범들이 있을 것으로 예상되는 지역에 접근할 때에도 미리 경고음을 내지 않는다. 대신 위험이 이미 지나갔거나, 아니면 수신자들이 이미 반응을 하고 난 다음에야 경고음이 나오는 경우가 아주 많다. 이런 측면에서 보자면 어떤 특정한 외침이 지금 다가오는 표범을 가리키는 것이라고 오해할 수가 있다. 그러니까 마치 외침이 언어에서의 한 낱말, 또는 명사라도 된다는 듯이 여겨진다. 하지만 하나의 신호에 대한 여러 번역들, 즉 "표범이 온다." "조심해, 네발 달린 위험이야." "표범 무서워!" "얼른 나무로 도망쳐!" 등을 전혀 구분할 수가 없다.[5]

아무리 단순한 언어라도 언어는 그런 구분들을 할 수가 있다. 언어는 감정 상태와 결부되지 않으며 특정한 상황에 맞추어서만 사용되지 않는다. 언어의 기원이 고통, 즐거움, 놀라움 등에서 나온 외침이라고 보는 ─ 언어학자 테오도어 벤파이Theodor Benfey가 이미 1869년에 내놓은 ─ 오래된 언어 기원 이론들은 모두가, 언어가 아니라 발언된 것을 다루었다. 그에 비하면 진술들, 곧 언어들은 이따금 너무나 다양하고도 독특해서 한 가지 도구의 다양한 사용법을 어떻게 그때마다 익힐 수 있을까 놀라울 정도다. 말하는 것과는 정반대를 의미하는 아이러니 진술("브루투스는 존경할 만한 사람이다"[셰익스피어 작품에 나오는 반어법])이나 말장난("그 많은 슈타우들이 나를 미치게 해"[슈타우는 원래 물이 고이는 것을 가리키는데, 교통 체증이라는 말로 널리 쓰인다. 여기서는 교통 체증을 마치 사람 이름인 것처럼 's'를 붙여 복수 형태를 만들었다]) 그리고 그림 파괴("그건 맥주통 낯짝에 왕관 씌운 꼴[파렴치의 절정]이다") 어법 등을 생각해보라. 또는 언어의 의미를 구분하는 우리의 능력을 생각해보라. 버터과자, 버터통, 버터밀크, 버터빵, 버터나들이[독일 세관 경계 너머로 가는 나들이. 그로써 관세가 면제되어 물건을 싸게 구입할 기회가 생긴다], 버터꽃[민들레 등 노란 꽃]은 버터라는 낱말을 완전히 동일한 방식으로 이용하지만 매번 다른 의미를 만들어낸다.[6]

이런 사실에 감추어진 난제를 맨 먼저 본 사람은 장자크 루소였다. 언어가 아닌 것에서 어떻게 언어가 나오는 것일까? 하는 문제였다. 1755년《인간 불평등 기원론Discours sur l'origine et les fondements de l'inégalité parmi les hommes》에서 루소는 당시 대부분의 언어 기원 이론들이 실은 자기들이 설명해야 할 내용을 전제로 삼고 있다고 지적했다. 예를 들어 어머니와 아기의 의사소통에서 언어가 나왔다고 보는 사람은 이미 존재하는 언어가 다른 사람에게 옮겨 가는 과정을 설명하는 것일 뿐 언어의 기원을 설명하는 것은 아니다. 인간이 생각하기를 배우는 데 ― 지각知覺한 인상들에 거리를 두기 위해서는 ― 반드시 언어가 필요하다면 "언어를 창안하기 위해서는 더욱더 많은 생각을 할 수 있었어야 했을 것"이다. 자연 상태 이론가들에 따르면, 뿔뿔이 흩어져 있던 개인들이 언어를 통해 사회적 존재가 되었다. 하지만 그렇다면 그들은 어떻게 공동체 바깥에서 언어를 찾아낼 수가 있었을까? 언어가 합의라면 ― '표범'이란 낱말이 특정한 동물을 가리키고, '구름'은 프랑스어의 '뉘아주'와 동일한 것으로 하자는 합의 ― 대체 어떤 방법으로 이런 합의가 이루어진 것인가? "언어를 사용하지 않고는 절대로 언어를 도입할 수 없을 것"처럼 보인다.[7]

나중에 언어의 기원을 설명할 수가 없기 때문에 태초에 말씀이 있었다고 한 것인가? 그러니까 신은 여기서 단순히 "닭이 먼저냐, 달걀이 먼저냐"의 문제를 풀도록 해준 것인가? 루소와 18세기의 언어철학자 한 세대 전체가 알았던 언어의 시작에 대한 이론들이 처한 모순된 상황은 모든 의사소통과 심지어 생각하기마저도 언어로만 파악된다는 전제 때문이라는 것이 아주 분명하다. 의사소통과 언어를 구분해야만 비로소 이런 순환 논리를 깨뜨릴 수 있다. 언어 이전의 생각, 언어 이전의 사회성, 기호를 통한 언어 이전의 의사 전달 등이 있다. 언어는 생명체들의 의사소통 역사에서 늦게 나타난 예외이지 보편적 모델이 아니다. 의사소통을 이해하려는 사람은 언어보다 앞선 것에서 시작해야 한다.[8]

한 가지 추측을 해보자면 이렇다. 언어보다 앞서 '시조始祖언어protolanguage'라는 게 있었고, 이는 개별 낱말들과 그 사용을 위한 극소수의 규칙들로 구성된 것이었다. 아이들은 성장 과정의 처음 몇 년 동안 풍부한 문법 구조 없이도 이용되는, 소리 의미 결합들로 이루어진 어휘를 익힌다. 아마도 시조언어에서 실제 언어로 넘어가는 도약도 이렇게 이루어졌을 것이다. 낱말들의 결합을 통해서 말이다. 동물계에서 나타나지 않는 것은 술어를 통한 표현의 질質이다. 예를 들면 '가까이'와 '표범'이 합쳐져서 '표범이 가까이 있다'가 되는 것 말이다. 낱말들은 줄 세우기[어순]를 통해 서로 합쳐져 정보를 제공하는데, 이런 것은 동물 신호에서는 전혀 필요가 없다. 동물 신호는 그 자체로 이미 행동을 유발하는 모든 정보를 담고 있지만 그 이상은 아무것도 아니다. 다르게 표현하자면 신호들은 신뢰할 수 있고 절대로 허망하지 않다. 그에 비해 낱말들은 기만할 수가 있고, 개별적으로는 거의 아무 의미도 없다. 신호가 주로 동작을 하게 하는 것, 반응을 불러일으키는 것이라면, 언어는 주로 정보를 주는 것, 설사 가상의 세계라 할지라도 세계를 해명하는 것이다.[9]

≫∭

처음에 언어가 해명한 세계란 대체 어떤 세계였을까? 직접 지각할 수 있는 영역 너머의 세계가 중요했던 것이 분명하다. 눈에 보이는 세계를 위해서는 잘 다듬어진 신호체계만으로 충분했을 것이기 때문이다. 예를 들어 오늘날에도 널리 쓰이는 '오!' '아이쿠!' '아우!' 등과 같은 단순한 외침에서 이미, 음절 형태로 규격화된 의미 전달을 만들어내는 능력이 형성되었을 것이다. 발화자에게서 터져 나온 외침은, 전달 의도에 동반되는 외침, 즉 동족에게 놀라움이나 조심하라는 경고를 전달하는 외침에서 그리 멀지 않다. 데릭 비커튼의 추정에 따르면 대략 다음과 같다. 약 200만 년 전에 두 발로 서서 걷는 초기인간인 호모 에렉투스는 맹수들이 초식동물, 즉 코끼리의 조상인 매머드, 코뿔소, 하마를 잡아먹고 남겨둔 동물 사체를 먹고 살았다. 상당히 거대한 영역을 나누어 돌아다니던 채집 공동체는 이런 탐색 과정에서 사제가 있는 장소, 특히 사체의 종류와 크기를 서로에게 알릴 필요성이 절실했을 것이다. 이 정보 공유는 예를 들면 몸짓과 함께 저 동물들이 서로 주고받는 소리를 흉내 내서 이루어졌을 것이다. 만약 이 가설이 맞는다면, 예를 들어 '매머드'에 대한 흉내 신호는 매머드가 지금 여기에는 없지만, 매우 크고 이미 죽어 있으니 집단행동을 하면 취할 수 있다는 의미를 지닌 하나의 상징이 되었다. 발화 상황과 발화 계기, 즉 사체 발견 사이에는 이해理解 상황과 그 실현 상황 사이에 있는 것과 동일한 시간이 존재한다. 실현 상황이란 사체를 찾아내서 함께 즐기는 것을 말한다.[10]

이야기 하나. 상징적인 호칭의 발생에 대해 그토록 구체적인 맥락이 실제로 입증되기란 거의 어려운 일이고, 또한 여기 없는 존재에 대해 이야기해야 할 필요성이 있는 전혀 다른 상황들도 생각할 수 있다. 예를 들어 인지과학자 테런스 디컨Terrence Deacon의 모델은 일부일처 커플 사이에 존재하는 역할 분담이 상징적인 의사소통의 시작을 알아낼 열쇠라고 본다. 호모Homo속屬, 즉 인간의 경우에는 사냥에 유리한 집단생활이 독점적인 부부관계와 결합된다는 특징이 있기 때문이다. 이 주장에 따르면 수컷이 자신과 가족을 위한 먹이 대부분을 마련하고 대신 암컷이 후손을 키운다면, 이는 독점적인 상호관계의 약속을 필요로 한다. 즉 부양자에게는 제 자식의 먹이를 공급하는 것임을 분명히 해주고, 암컷에게는 자기가 정말로 수컷의 부양을 받으리라는 것을 분명히 해주는 약속 말이다. 덧붙여서 무리의 합의도 필요하다. 즉 그런 약속은 다른 모두에게도 효력을 갖고, 약속을 깨뜨리면 사회적 제재가 따른다는 합의 말이다. 상징적인 의사소통 수단을 통한 새로운 성性과 번식의 질서는 사냥의 이점을 현실화하기 위한 전제다. 이렇게 보면 언어는 공동체와 개체들이 상호 호혜주의의 의무를 지고, 그러기 위해 몸짓, 기호, 그리고 훨씬 뒷날에야 소리까지 동원해 암수 사이의 상징적인 관계 맺기를 확정하는 의식儀式에서 시작된 것이다.[11]

영국의 인류학자 로빈 던바가 내놓는 또 다른 가설, 즉 세 번째 가설은 이미 앞서 만난 적이 있다. 여기서도 또한 언어는 '여기 없는 어떤 것'과 연관되기 때문에 속임수가 될 수 있다는 문제에서 출발한다. 그렇기 때문에 언어 생성을 설명하기 위해서는, 언어 진술에 대한 신뢰가 대체 어떻게 만들어질 수 있었나를 분명히 알려주는 진화의 이점들이 요구된다. 던바에 따르면, 맹수에 더욱 잘 맞서려고 함께 경고하고 함께 싸움하던 공동체에서 언어가 생겨났다. 상대적으로 큰 집단 안에서 생긴 접촉 의무에서 비롯되었다는 것이다. 여기서 처음에 말하기가 상호 그루밍처럼 소속감을 강화해주는 것이었다면, 즉 누가 누구의 등을 긁고 목을 어루만지는가가 미리 정해져 있고, 또한 상대방에게서도 똑같이 받는 것이 그루밍인데, 말하기가 이런 기능을 했다면, 언어의 가능성은 소문 주고받기에 들어 있다. 소문 또는 가십이란 여기 없는 자에 대한 이야기를 주고받는 것으로, 그로써 공유하는 규범들이 강화되고, 동시에 집단 내 동료들에 대한 정보, 예컨대 그들의 신뢰성이 널리 유통된다. 그렇게 보면 협동적 의사소통의 원래 형식은 대상이나 세계 상황에 대한 정보가 아니라 다른 인간들에 대한 수다인 것이다.

그렇지만 언어를 사용하면 생겨나는 이점들이 언어의 기원을 설명해주기에 충분한 것인가 하는 질문은 제외하더라도, 하필이면 가십이 언어에 신뢰성을 주었다고? 신체 접촉에서 드러나는 애착은 대체로 거짓이 없다. 어쨌든 그 의미 내용이 부정될 수 없지만, 말로 하는 애착은—"나 자신은 어땠나?"—늘 그렇지가 않고, 가십은 특히 덜 그렇다. 자기가 들은 것을 믿으면 안 된다는 의심을 특히 가십이 일깨워주는 경우가 많다. 그에 반해서 '사회적 최면'이란 실제로 존재하는데, 대화 참가자들 사이에서의 대화가 이를 확인해준다. 대화에 끌려들어가고, 의도와 무관한 내용에 귀를 기울인다. 유인원에 이르기까지의 동물들이 경쟁적 태도로 인해 상대방을 이해하거나 상대방의 관점을 받아들이는 데 방해받는다는 게 맞는다면, 거리낌 없이 말하기는 동물들 사이에도 널리 퍼진 함께 놀이하기 비슷하게 경쟁이 부수적인 자리로 밀려나는 상황을 만들어낸다. 우리가 자주 업적으로 여기는 협동적 의사소통의 의미는—협동 사냥, 작업, 도구 생산, 방어 등—거의 아무런 보상도 걸려 있지 않은 맥락(놀이)에서, 또는 자연스럽게 경쟁이 아무 역할도 하지 못하는 맥락(양육)에서 일깨워질 수가 있다.[12]

언어 진술을 신뢰하는 이유들에 대한 질문을 보면서 생물학자 테쿰세 피치는 생물학 영역에서 오래전부터 진행되어온 이타적인 행동 논의를 연상했다. 1964년 생물학사에서 가장 유명한 논문 한 편에서 — 겨우 두 페이지 정도 길이 — 영국 생물학자 윌리엄 해밀턴William Hamilton은 이 문제와 관련해, '친족 선택'이라는 이론을 개략적으로 내놓았다. 어째서 생명체는 다른 생명체를 위한 행동을 하는가? 또는 더 정확하게 표현하자면, 진화는 어째서 타자의 이익을 위해 자신의 에너지를 동원하는 행동에 대해 보상해주는가? 답변은 다음과 같다. 그런 행동을 통해 이익을 얻는 개체가 가까운 친족일수록 그런 행동의 비용 비례가 커진다. 즉 형제나 누이를 돕는 자는 그로써 생명체 풀Pool에서 자신의 유전자도 보존한다는 말이다. 예를 들어 자매의 번식을 위해 자신을 희생하는 암컷 곤충들의 행동에는 이런 논리가 통한다.[13]

정보 전달에서는 그리 많은 희생이 필요하지 않다. 언어는 에너지가 거의 들지 않고, 고작해야 시간이 들 뿐이다. 다른 종에 비해 상대적으로 적은 숫자와 느린 양육 등으로 그 생물학적 의미가 더욱 커지는 자식들을 생각해본다면, 자식 등 가까운 친족은 언어를 통해 얻을 것이 많다. 시조언어가 나타나기 시작했을 것으로 보이는 호모 에렉투스의 세계에서, 자연의 상황에 대한 지식을 선택적으로 친족에게 넘겨주는 것은 생존에 몹시 중요했을 것이다. 어째서 중요한 어떤 것을 다른 사람에게 말해주거나, 아니면 몸짓, 흉내, 소리를 동원해 알려주느냐는 질문에 대해서는 '제 자식이니까'라는 답변만이 가능하다. 이것은 인간의 언어 습득이 어째서 그토록 일찍감치 이루어지는지에 대해서도 설명해주는 것 같다. 어쨌든 언어가 주로 성인들 사이의 의사소통에 이롭다는 이론들이 제시하는 시기보다 훨씬 더 일찍 언어 습득이 이루어진다. 이것은 또한 여자가 남자보다 더욱 우수한 어휘 능력을 지니며, 소녀들이 언어 습득에서 우세하다는 사실과도 잘 어울린다. 피치에 따르면 이런 식으로 가까운 친족 사이에 유리한 능력으로서 처음에 언어가 — 아무리 축소된 형태라 해도 — 생겨났다면, 친족이 아닌 존재들 사이에서 '말을 이용한 그루밍'이라는 효과도 금방 드러났을 것이다. 여기서 선물이 선물하는 사람에게 가져오는 이점도 등장한다. 인정, 답례 선물을 받을 기회, 지위 획득 등이다. 중대한 정보를 제공하는 자는 동맹의 일원으로 여겨졌을 것이다.[14]

》》》》〉〉〉

하지만 그런 식으로 발전했을 거라 추정되는 시조언어란 대체 어떤 종류의 언어였을까? 개별적인 낱말들을 이해하기 위해서는 '수행'의 질을 평가할 구상이라는 게 있어야 한다. '가젤[영양]'이라고 말하는 사람은 '가젤이 다가온다' '자기가 1마리를 죽였다' '함께 무리가 있는 방향으로 가자' 등을 말한 것인가? 일련의 과학자들은 그런 외침이 발언한 주체보다 지목된 대상이 중요함을 분명히 해줄 몸짓을 언제나 동반했을 것으로 본다. 아무 신체 동작도 없이 나온 말하기는 실제로 거의 없다. 두발걷기는 상체를 해방하고 바라보는 시각의 진화를 동반함으로써 말하기의 전제들을 만들어냈다. 그러므로 몸짓 의사소통이 차츰 언어로 발전했을 것이다.

몸짓을 동원해서 우리는 다른 사람들이 자기가 원하는 대로 행동하게 할 수가 있다. 원숭이들이 이미 이런 의미에서 대개는 주목을 끌기 위해 몸짓으로 의사소통을 하고 있다. 이런 방식으로 그들은 자신의 몸짓을 본 상대에게서 자기가 기대하는 행동이 유발될 것이라고 기대한다. 다시 말해 원숭이들은 상대방에게 의도가 있다는 것을, 그리고 의도로 연결되는 지각 능력이 있다는 것을 믿는다. 다만 미국 행동과학자 마이클 토마셀로Michael Tomasello와 그의 팀이 많은 실험에서 입증하고 있듯이, 원숭이들은 각각의 개체가 가진 이해관계를 뛰어넘어 그런 의도들을 남들과 나눌 줄 모른다. 그들은 협동은 못하고 그냥 기대만 한다. 그래서 누군가 자기에게 무언가를 가리키면, 그것이 무엇인지 알려 하지 않은 채 그가 자기에게 무엇을 해줄 것인가만 알려고 한다. 의도라는 것을 개체의 의도로만 알 뿐 사회적인 것으로는 알지 못한다. 그들은 어떤 몸짓에 대해 사람들이 도움을 준다는 것을 배우고 나서도, 자기들 쪽에서 그것을 가리키지 못하고 그냥 그것을 향해 손을 뻗는다. 그에 반해 자기들은 극히 드물게만 도움을 제공하는데, 설사 그 경우에도 거의 언제나 자기를 도와준 상대에게만 그렇게 한다.[15]

그런 것이 있느냐 하는 것은 눈에 보이는 행동들의 맥락에서는 쉽사리 확정할 수 있다. 하지만 도움이 '여기 없는 어떤 것'에 대한 정보를 나누는 것이 되면, 전달 의도가 상황에서 벗어나지 않는 경우에만 인식된다. 먹이가 전혀 눈에 보이지 않고 어딘가 밖에 있다면, '가젤!'이라는 몸짓 정보는 전달 의도가 인식되는 경우에만, 즉 관계자들이 어떤 수행 행동이(경고, 보여주기, 예고, 요구 등) 이루어졌는지를 알 경우에만 이해가 가능하다. 공통의 지식이라는 전체 배경을 전제로 해야만 이해가 가능하다는 점에서, 언어와 몸짓은 비슷하다. 특히 소통 의도에 대한 통찰이 비슷하다.

원숭이들은 이런 통찰이 없으며, 자유로운 야생 생활에서는 동료가 보지 못하는 무언가를 상대에게 알려줄 수도 없다. 누군가가 그들에게 감추어진 무언가를 가리켜 보여도, 그것이 이롭거나 쓸모가 있는 것이라 해도 그들은 이해하지 못한다. 원숭이들은 의도를 이해하지만 소통 의도는 이해하지 못한다. 그에 반해 인간은 자신과 상대를 벗어나 제3의 관점을 받아들일 수가 있다. 즉 '우리'의 관점, 자신의 직접적인 이해관계에 거리를 두는 관점 말이다. 자신의 상황에서 벗어난, 그리고 현재의 상황에서 벗어난 이런 통찰이 비로소, 개별 상황을 넘어 기능하는 어떤 협약을 몸짓으로든 소리로든 만들어낼 수 있게 한다. 사냥이 필요한 순간에 몸짓이나 소리로 '가젤'을 나타내는 신호가 나온 것을 누군가가 보았다. 하지만 이 신호는 단순히 이 동물을 나타내는 것이 아니고 '사냥하러 가자'는 뜻을 담은 몸짓으로 쓰인 것이다.[16]

다른 이의 처지에서 생각하는 능력에 관해서는, 위 세대와 아래 세대 사이에 벌어지는 도움의 소통을 생각하면 다시금 분명해진다. 정보를 담은 언어가 여기서 진화의 이점을 제공했다. 인과적인 맥락을 파악하는 일이나 — "이런 일이 일어나려면 무엇이 필요하지?" — 목적을 깨닫는 일에서 — "무엇 하러 이것을 하지?" — 언어는 시행착오와 긴 관찰 시간의 통계적 평가에만 온전히 기대지 않게 해준다. 누군가가 어떤 행동을 단순히 행할 뿐만 아니라 관찰자를 위해 시범적으로 행할 경우에, 여기에 소통이 '시범'이나 '모범 행동'으로서 동반되면, 이것은 배움을 더 쉽게 만들어준다. 원숭이들은 배우기는 해도 가르치지는 못한다. 보편적인 능력을 가르치는 일에는 언어가 필요하다. 그것도 '그러면' '…… 하니까' '오로지' '안not' '…… 없이' 따위의 낱말들을 가진 내용이 풍부한 언어가 필요하다.[17]

아이들이 자기가 배운 것을 혼잣말로 재구성하면 문제 풀이 능력이 분명하게 좋아진다는 것을 입증한 여러 연구가 이를 잘 보여준다. 아이들은 언어의 도움으로 다른 사람이 관찰하는 것처럼 자신의 행동을 설명하고 논평한다. 자기 안에 교사를 두고 있는 셈이다. 언어 진술에 대한 믿음은 두 가지 방식으로 강화된다. 확인을 통해서, 그리고 혼잣말에서 입증되고 실천되는 것처럼 논증을 통해서다. 신체를 통한 의사소통은 저절로 확인된다. 그냥 보여주면, 바라보는 것만으로 확인된다. 그에 반해 상징을 통한 의사소통은 따라 할 수 있음을 통해 확인된다. 문법과 논리는 믿음과 등가等價다. 무기나 불의 사용과 생산, 요리법의 이용, 되풀이되는 주변의 사건들을(동물, 날씨 등) 경험하기 등처럼 구체적인 상황을 넘어서는 맥락에 관한 의사소통이 이루어지려면 언어가 필수다. 언어가 깨달음의 지평을 넓혀주기 때문만이 아니라, 언어의 신뢰성에 대한 의심을 스스로 줄일 수 있기 때문이다. 이렇게 표현할 수도 있다. '그럴 수 있을까?' '쟤가 거짓말을 하나?' '쟤가 나한테서 무언가를 바라고 나를 속이려고 하나?' 등처럼 언어를 통해 세상에 들어온 불확실성을 줄이는 수단을 언어가 제공한다고 말이다. 언어와 함께 발전한 결합 이해력과 논증은 지식을 해명하기 위한 인지 수단들이 아니라고 프랑스 인류학자 겸 언어학자인 댄 스퍼버Dan Sperber가 요약해준다. 그보다는 오히려 이들은 의사소통이 쓸모 있는 것인가를 결정하고, 역으로 소통을 설득력 있게 만들어주기 위한 소통 수단이라는 것이다.**18**

앞의 장에서 이미 다룬 발전들, 그리고 소리 구조와 리듬을 이해하는 능력을 포함해 음악의 시작을 위한 결정적인 발전들도 시조언어에 등장했다. 초기인간은 그 어떤 내용도 없는 음성 연습을 했던 것 같다. 그것은 집단의 자기 확인, 숲에서의 휘파람, 행동을 통한 후원 등과 같은 사회적 의미를 가졌고, 게다가 규칙적인 구조를 가졌던 것 같다. 그들은 언어기관의 발음 훈련을 했던 것이다. 옛날 언어들이 현대 언어들보다 더욱 노래처럼 들리고, 긴 낱말이 더 많다는 사실을 두고 덴마크 영문학자인 오토 예스페르센Otto Jespersen은 이렇게 추측했다. "모든 말하기가 노래였던, 또는 그보다는 말하기와 노래가 서로 구분되지 않던" 시기가 있었다는 것이다. 종교도 다신교에서 일신교로 넘어간 것처럼, 언어도 노래 같은 다음절에서 차츰 단음절 낱말로 발전했다. 단음절 낱말이 사실 및 추상적 내용에 더욱 잘 어울리기 때문이다. 피치의 지적에 따르면, 단음절 낱말들은 그림 몸짓과는 달리, 많은 내용을 나타내야 할 경우, 기호와 의미를 연결하기 위해 서로 꼭 비슷하지 않아도 된다는 사실에 대한 깨달음을 처음부터 일깨웠다. 몸짓 그림들은 많이 존재하지만, '그림' 소리는 너무 적고, 의성어도 너무 적다. 많은 것이 공간적 형태를 갖지만 음향 프로필을 지닌 것은 거의 없다는, 쉽사리 이해할 수 있는 이유에서 그렇다. 예스페르센에 따르면, 지각知覺으로 알 수 있는 언어는 낱말이 없는 탓에 끊임없이 은유와 간결한 표현들을 써야 한다는 것이다. 예를 들어 '다소[더 많이 아니면 더 적게] 동일한 것' 같은 표현인데, 여기 등장한 각각의 요소를 꼼꼼히 따져보면 '더 많이 동일한 것'이란 대체 무슨 뜻인지 알려주지도 않고, 또 알 필요도 없다. 그 대신 각각의 언어에는 음성적으로는 가능하지만 의미가 없는, 엄청나게 많은 잉여 낱말들이 있다. 독일어에서는 브론탈brontal, 크리체블루Kritscheblu, 갈룸핑galumphing, 라이더Raider, 트빅스Twix 등등이 모두 발음은 가능하지만 무의미한 낱말들이다. 모음의 다양성을 직접 소리 내 보는 것도 언어의 생성에 대해 많은 것을 알려 준다. 수많은 낱말이 제가 가리키는 것과 아무런 내용 연관성이 없이 그냥 임의로 만들어진 것이다.[19]

요약하자면 언어는 단 하나의 시작에서 나온 것이 아니라 수많은 시작에서 나왔다. 자식을 너무 일찍 낳고 오래 교육하는 어떤 생명체의 협동적 천성에서 나왔다. 또한 이름 붙이기의 논리와 공동 의도에 주목하게 하는 몸짓 레퍼토리에서 나왔다. 소리로 된 애정의 신뢰 형성 효과에서 나온 것이며, 노래의 소리 여분에서도 나왔다. 그렇게 보면 언어가 나오기까지 그토록 오래 걸린 것이 이상하지도 않다. 해부학적 현생인류인 호모 사피엔스는 4만 년 전에 많은 우회로를 거치며 이동해서 호주와 아메리카로도 넘어갔고, 유럽에도 정착했다. 그리고 유럽에서 호모 에렉투스와 네안데르탈인 등 친척들에 맞서 유일한 인류로 살아남았다. 마지막 네안데르탈인들은 아마도 2만 8,000년 전에 스페인 남부에서 살았던 것 같다. 그리고 다른 종과 섞이지 않은 하나의 종이라는 까다로운 준거가 여기서는 실현되지 않는다는 점도 주목해야 한다. 호모 사피엔스와 네안데르탈인 사이에서 얼마나 온갖 일이 벌어졌을까 하는 것은, 무엇이든 제3의 뼛조각이 나오기만 하면 새로운 종의 초기인간으로 분류될 수 있느냐는 의문만큼이나 아직 확정되지 않은 채 열려 있는 의문이다. 어쨌든 네안데르탈인에 대해서는 저 유명한 FOXP₂ 유전자의 변종을 지녔다는 사실이 입증되었다. 이 돌연변이는 언어 능력에 해를 끼치는 것이고, 그로써 그들이 언어 능력을 지녔음을 암시하는 것으로 해석된다. 다시 말하자면 호모 사피엔스와 네안데르탈인이 30만 년 전 두 종으로 나뉘기 이전에 이미 언어가 있었다는 뜻이다. 그렇다면 맨 처음 말을 한 종은 아마도 호모 하이델베르겐시스였을 것이다.

네안데르탈인들은 작은 무리를 이루어 20만 년을 견뎠다. 그것은 대규모 기후변동의 시기였다. 그들은 무기를 이용하기는 했으나 아마도 아궁이나 화덕 같은 불 피울 장소를 갖지는 못했고, 상징을 사용하는 확장된 문화를 이루지는 못했을 것이다. 고고학적 발굴에 대한 온갖 조심성을 갖고 말하자면, 그들이 색소 사용을—신체 단장 같은—넘어 그림 작품을 만들었을 것으로 보이지는 않는다. 작은 무리를 이룬 생활과 문화적인 소박함이라는 두 가지를 합쳐보면, 네안데르탈인이 언어의 문턱에 이르러 있었지만, 자기들 사회 형태에 어울리는 정도의 몸짓 또는 소리 어휘의 단계를 넘어서지는 못했을 것이라고 말할 수 있다. 영국의 인류학자 스티븐 미슨Steven Mithen은 특히 네안데르탈인이 노래하고 웅얼거리기는 했으나 말은 못했을 것으로 생각한다.[20]

최초의 현생인류는 약 13만~19만 년 전에 살았던 아프리카 사람들이다. 그들은 긴 세월을 두고 최초의 여러 기술과 신체 단장이나 도구 단장과 같은 상징적 의사소통의 수단들을 만들어냈다. 그것이 생물학적, 또는 문화적 혁명은 아니었다고 인류학자인 샐리 맥브리어티Sally McBrearty와 앨리슨 브룩스Alison Brooks는 아프리카의 호모 사피엔스에 대한 논문에서 요약했다. 그저 이미 존재하던, 나뉘어 있던 지식을 점차 확대해 현대 인간의 행동 방식으로 넘어가는 것을 가능케 해준 문제 해결의 단계들로 넘어갔다. 25만 년 전에 존재한 호모 헬마이Homo helmei[남아프리카 남부에서 발견된, 플로리스바트 두개골을 지녔던 인종]가 이미 그런 인지認知 장비를 갖추고 있었다고 한다. 그런 엄청난 시간 간격을 눈앞에 그려보고, 나아가 호모 사피엔스가 중동을 거쳐 유럽으로 넘어가는 이동 과정을 그려보아야만 비로소, 서로 다른 기호체계를 지닌, 소리나 몸짓 협약들을 가진 수렵채집 공동체들의 만남과 문화 접촉에서 언어가 발전했음을 알 수 있을 것이다. 그토록 긴 시간 그토록 다른 환경에서 살아남은 한 생명체가 자기 생존과 환경의 구체적인 상황들에서 제 생각을 분리시키기를 가능케 해주는 하나의 기술[언어]을 발전시켰던 것만은 분명하다.[21]

5

장식의 아름다움, 성性의 아름다움,
사나운 짐승들의 아름다움

미술의
시작

아무도 직접 물건한테 거기 있느냐고
물어볼 수는 없다.
아브라함 고트헬프 케스트너

"바다가 던져준 이 물건들 중 하나를 내가 찾아냈다"고 폴 발레리의
대화편에 등장하는 소크라테스가 말한다. 이 그리스 철학자가 바닷가
에서 찾아낸 물건은 매끈하고 단단하고 부드럽고 가벼우며, 주먹 정도
크기인데 뼛조각일 수도 있고 상아로 만든 것일 수도 있다. "누가 너
를 만들었을까, 하고 나는 생각했다. 너는 내게 아무것도 연상시키지
않는데, 그렇다고 네가 형태가 없는 것도 아니니 말이다." 이것이 어떤
예술가가 작업한 결과이지, 아니면 파도가 무한히 오래 작업한 결과인
지는 밝혀지지 않은 채로 남는다. 소크라테스는 바다로 던져진 울퉁불
퉁한 돌멩이가 수없이 오랜 세월을 두고 깎여 아폴론 신을 연상시키
는 이런 모습이 된 것도 가능한 일이라고 여긴다. "내 생각에 아폴론

신의 모습에 대해 어느 정도 표상을 가진 어부라면, 아마도 물에 깎여 만들어진 이 대리석 조각에서 아폴론을 알아볼 것이다."[1] 말하자면 미술은, 자연이 무한히 오래 걸려 만들어낼 만한 것을 헤아릴 수 있는 시간에 만들어낼 수가 있다. 그러니까 미술은 사람들이 그것이 어떤 과정을 통해 나왔는지 알아보지 못하는 물건들을 궁극적인 목표로 한다는 뜻이다.

폴 발레리가 1921년에 이 작품을 쓰고 4년이 지난 뒤, 어떤 아마추어 고고학자가 남아프리카의 마카판스가트Makapansgat 동굴 오스트랄로피테쿠스 종의 잔해가 있는 층위에서 붉은 갈색의 둥그스름한 벽옥을 찾아냈다. 그것은 길이 8센티미터, 폭 7센티미터, 높이 약 4센티미터에 250그램 정도의 무게가 나가는 돌인데, 그사이 우리가 알아낸 바에 따르면 거의 300만 년이나 된 것이다. 평평하게 닦인 면에 3군데가 움푹 패어, 눈 2개와 입 하나를 보여준다.[2] 조악돌에 새겨진 얼굴 하나가 우리를 바라본다. 사람들은 이것을 최초의 미술품이라고 불렀다[화보의 그림6 참조].

지질학적 탐색에 따르면 이런 표식들은 그냥 침식 과정 덕에 생긴 것이고, 이는 선신세Pliocene[신생대 제3기의 마지막 시기. 약 250만 년 전~500만 년 전 시기] 후기보다 훨씬 더 오래된 것이다. 즉 자연의 작품이지 미술품은 아니다. 그럼에도 불구하고 마카판스가트 돌은 인류 역사 최초로 미적인 정보를 제공하는 사물이다. 이 돌에서 도구 기능을 찾아볼 수는 없다. 오스트랄로피테쿠스 아프리카누스가 돌들을 다듬었다고 알려주는 그 어떤 신뢰할 만한 증거도 없다. 돌을 발견한 장소는 비슷한 석영들이 나는 장소에서 몇 킬로미터 떨어진 곳이고, 동굴 자체는 물에 떠밀려 온 그 어떤 침전물도 제공하지 않으며, 새가 이리로 가져왔다고 보기에는 돌이 너무 무겁다. 그러니까 이 돌은 어떤 오스트랄로피테쿠스가 동굴로 가져왔을 것으로 보인다. 그 이유는 분명하다. 다른 자갈들 사이에서 이 돌을 두드러지게 만드는 것이 바로 이 얼굴이다. 그것을 발견한 인간직전 원숭이는 이것을 놀라운 물건이라 여기고 가져온 것이다. 그 또는 그녀는 자갈을 미적으로 바라보았다. 철학사 칸트의 표현을 빌리자면 '이해관계 없이 쾌감'으로 바라본 것이다. 어쩌면 두려움과 호기심의 중간 감정으로, 누군가의 응시를 받는다는 것에 매혹되어서, 또는 자연이 만든 것인지 인간의 작품인지 알기 어려운 '양면적인 대상objet ambigu'(폴 발레리)으로서 말이다.

인간직전 원숭이는 예술에 도달하기 전에, 직접적인 쓸모는 없지만 무언가 의미 있어 보이는 물건들에 대한 지각 방식 또는 감수성을 지녔던 것이 분명하다. 그런 물건을 자신의 동굴로 가져와서 관찰하는 감수성 말이다. 이 특이한 조약돌을 통해 생겨난 열광에서 그런 물건을 직접 만들어보려는 시도에 이르기까지는 거리가 얼마나 될까? 모로코에서 발견된, 탄탄–원시인Tan-Tan-Protofigurine이라 불리는 돌 하나는 3만~5만 년 정도 되었고 두 팔이 붙은 인간 신체와 아주 비슷한 모습인데, 이 또한 자연적으로 생겨난 것이다. 하지만 이 돌은 채색된 홈들로 덮여 있어서, 이런 비슷함이 더욱 두드러진다. 이스라엘 나사렛 도시 근처 카프제Qafzeh 동굴, 약 9만~10만 년 전의 층위에서 붉은 황토 덩어리가 발견되었는데, 이것은 아마도 매장이나 다른 의식을—출산, 생리, 성년식 또는 다른 신분 전환의 계기—위한 신체 염색에 쓰인 것으로 추정된다.[3] 붉은 황토는 남아프리카에서 10만 년이 안 된 모든 석기시대 유적지에서 발견된다.[4] 초기 기호 생산의 또 다른 변이 형태는 아프리카 남단의 블롬보스Blombos 동굴에서 발견된 것으로, 7만~8만 년 정도 된 것으로 추정된다. 약 40그램 무게의 황토 덩이에는 중선으로 나뉜 채 빗금으로 격자무늬 선들이 그려져 있다. 이런 눈금들의 기능은 알려지지 않았고, 여기 기록된 추상 능력은 호모 사피엔스를 그 조상들과 구분할 수 있게 해주는 인지 능력을 암시한다. 그리고 이곳에서, 또한 모로코에서도 발견된 붉게 채색된 바다고둥 껍데기는 구멍이 뚫려서 진주처럼 꿸 수가 있고, 매머드 턱뼈로 만든 판들에도 기하학적인 눈금들이 있다. 골란 고원의 쿠네이트라Quneitra에서 나온 약 5만 4,000년 된 장식된 부싯돌 판도 역시 초기의 도판 유물이다. 활줄로 비빌 수 있는 7센티미터 크기의 작은 부싯돌은 그것을 만든 네안데르탈인 또는 호모 사피엔스의 능숙함을 전제로 한다.[5] 수많은 가능성들 중에서 마지막 예를 제시하자면, 남아프리카의 인도양에 가까운 시부두Sibudu 동굴에서 점을 찍은 뼈들이 출토되었는데, 이는 3만~5만 년 정도 되었다. 이곳에서 피부를 물들이는 데 쓰인, 황토와 유청을 섞은 물질도 나왔다.[6]

인간은 어째서 살기 힘든 자연에서의 생존에 별 도움도 안 될 것 같은 물건을 만들어낸 것일까? 위에서 언급한 모든 물건들은 도구가 아니었다. 예컨대 그것들을 숫자나 날짜를 헤아리기 위한, 또는 이미 사용하던 것들을 개선한 물건들로 보기는 어렵다. 그렇다면 어째서 누군가가 뼈나 석판에 무늬를 새기고, 동굴 벽에 색칠을 하고, 또는 돌이나 옷의 일부에 색칠을 한 것일까? 무엇 때문에 돌이나 한 조각 상아를 아주 오래 다듬어서 벌거벗은 뚱뚱한 여자처럼, 아니면 동물과 인간의 혼합체처럼 보이게 될 때까지 작업을 한 것일까?

)))))))

　우선은 그럴 만한 어떤 특별한 이유도 없었다고 가정하고, 이들을 디자이너라 부르기로 하자. 그냥 디자이너들이 이렇게 장식한 물건을 전보다 더욱 아름답거나 적어도 더욱 의미심장하다고 여겼기 때문에 그런 작업을 했다고 말이다. 그렇다 해도 그들의 행동이 아무런 결과도 만들어내지 못한 것은 아니다. 이렇게 만들어진 물건들은 그 기술적 특성이 특별한 것이 아니어도, 뒷날 평범한 것, 특별한 것, 뛰어난 것 등으로 구분되었으니 말이다.

　미술품으로 해석되는 최초의 가공품들은 다양한 특성을 갖는다. 장식된 손도끼, 동굴 벽의 손가락 홈들, 조개구슬과 돌구슬, 상아로 만든 동물 조각상, 짐승과 사람 사이의 존재로 보이는 생명체의 조각상들, 벌거벗은 여인네들, 그리고 마지막으로 동굴벽화들. 동굴벽화는 주로 야생동물을 그렸는데, 일부는 생식기를 강조한다. 근본적으로 따져서 이런 가공품은 두 가지 종류다. 장식품으로 여길 수 있는 것과 한계 상황에 처한 생명체를 주제로 삼은 것, 즉 동물과의 만남 및 성적 특성과의 만남이다. 대략 3만 5,000년 이전, 또는 극소수는 어쩌면 그보다도 더 이전에[7] 완성된 동굴벽화들 중에서 특히 유명한 것들, 그중에서도 가장 유명한 예들은 프랑스와 스페인에서 발견되었다. 이 동굴벽화들에서도 이 두 종류가 타당하다. 이런 벽화들은 최초의 관찰자들에게도 역시 주술적인 특질과 미적인 특질이라는 이중의 인상을 동시에 일깨웠다. 즉 거룩한 공간에 속하고, 또 그런 공간을 장식한 것이라는 인상이다. 오늘날에도 보석과 부적, 신체 그림과 문신, 화장 등의 형태를 하고 있는, 장식과 주술 작용을 결합시킨 물건들이 있다. 미술의 시작에 대한 질문은 한편으로는 무언가를 장식하는 이유에 대한 질문이고, 다른 한편으로는 인간이 개체로나 종으로서 자신의 기원, 즉 성性과 동물 세계에 일찌감치 매료된 이유에 대한 질문이기도 하다. 미술의 시작에 대해 묻는 사람은 그 대답이 이따금 서로 접촉하기는 해도 동일하지는 않은 두 시작 지점으로 이어질 것을 각오해야 한다.

두 가지 모티프가 하나의 미적 대상을 규정한다면, 이 두 가지는 대체 어떤 종류의 것들인가? 미술은 기술적·물질적 특성을 뛰어넘는 무언가를 뜻하는 물건들을 통한 의사소통이다. 인간은 그림을 집에 들이면서 색깔도 집 안으로 가져오고, 조각상을 들여다가 서류들을 누를 수도 있다[서진, 문진]. 하지만 그 특성들은 그로써 — 벽지나 진짜 서진과는 달리 — 전부가 아니다. 미술은 의미를 전달하는 물건들로 이루어져 있다. 그래서 미술의 역사는 재료를 다룬 역사이기도 하다. 그러므로 미적인 행동의 시작에 대한 탐색을, 물건들에 가한 노동에 대한 질문으로 시작해보자.

약 20만 년 전에 초기인간들은 물건들을 이용하거나 다듬기만 했던 것이 아니다. 당시 그들은 좀 큰 돌들을 이용해서 돌 쐐기를 만들거나 아니면 목재 창의 끝을 뾰족하게 다듬었다(예컨대 니더작센의 쇠닝엔에서 나온 30만~40만 년 된 물건들). 그들은 또한 여러 부분들로 이루어진 물건들을 한데 합치기도 했다. 다른 말로 하자면 물건이 답해야 하는 문제와 그 해결 사이의 거리가 더욱 늘어났다. 두 단계 — 적당한 나뭇가지를 찾아내 그 끝을 뾰쪽하게 다듬기 — 가 아니라 이제는 적어도 넷 아니면 다섯 단계가 필요했다. 미리 선택한 돌을 뾰쪽하게 만들기, 미리 선택해둔 나뭇가지를 다듬기, 두 부분을 서로 끼워 맞추고 나뭇가지 끝에 돌을 단단히 고정하기 등이다. 이런 일은 예를 들어 침팬지가 세네갈갈라고 원숭이Galago sengalensis를 사냥할 때, 뾰쪽한 나뭇가지 부분을 이용해서 사냥감을 찌를 때 보여주는 '에피소드 기억력'(멀린 도널드) 이상을 요구한다. 유인원들은 대상의 질을 깨닫고 문제 해결에서 몇 가지 우회로를 받아들일 수가 있다. 하지만 그들은 이런 인식을 시작 지점에서만 잠깐 도구 생산으로 바꾼다. 침팬지들은 원숭이를 쿡쿡 찌르거나 심지어 죽일 수 있도록, 미리 나뭇가지를 꺾어 잔가지와 잎들을 뜯어버리고 껍질을 벗겨 뾰쪽하게 다듬는다. 하지만 여기서는 물건 자체가 전체 과정을 주도하며, 작업은 나무의 특성에 맞추어 이루어진다.[8]

부분들을 결합해 도구가 만들어진다면, 이는 이미 복잡한 기술의 방향으로 전진한 것이며, 작업 과정에서 더 많은 인내가 필요하다. 예를 들어 나무 창대와 거기 끼워 맞추어진 수정 창끝을 지닌 창을 만들려면, 상당한 수준의 손기술과 재료에 대한 지식을 갖춰야 한다. 이를테면 밀랍의 접착 능력, 아카시아 나무의 고무 성분과 붉은 또는 누런 황토의 혼합 효과, 열을 가해 접착제를 단단하게 만들기 등에 대한 지식이다. 주변의 물질들에 대한 이토록 정제된 화학 지식은 비교 능력과 연쇄작용을 실험하는 능력에 기반을 둔다. 침팬지들이 나뭇가지에서 잎을 떼어내고 무기로 사용할 때처럼 물건을 알아보고 개선하는 정도에서 더 나아가 기능적으로 분석해야 한다. 창끝은 무언가 다른 날카로운 것으로 대체될 수도 있으며, 결합한 것들이 떨어질 수도 있으니 접착제가 필요하고, 발사체의 무게중심이 멋대로 변경되어서는 안 된다는 것 등이다. 이런 모든 사색을 위해서는 그냥 '특성'의 개념만이 아니라 '질긴' '축축한' '단단한' '무거운' '섞을 수 있는' 등의 부분적 양상들을 이용할 수 있어야 한다. 그리고 이런 개념들은 행동을 되풀이하며 변화시켜보고, 비교하는 등의 실행을 통해 작업을 계속하다가 필요할 경우 그대로 고정시켜야 한다. 이는 '지표적indexical' 사고를 전제로 한다. 즉 현재의 지각知覺을 다른 것에 대한 지표로 파악하고, 그런 지표들로부터 예컨대 어떤 물건의 장래 쓸모에 대한 결론을 이끌어내는 능력 말이다.[9]

>>)))|||

이로써 우리는 최초의 조각품들로 넘어가는 문지방에 서게 된다. 물론 훨씬 뒤에야 이 문지방을 정말로 넘어갔지만 말이다. 기원전 8만 년 이후의 것으로 입증된 최초의 장식된 물건들은 원래 분리되어 있던 여러 능력들을 합친 것이다. 그 능력들은 도구 사용에서 알게 되는 형태 잡기, 의도에 따른 의사소통, 동물의 흔적이나 날씨를 읽는 기호 '읽기 능력' 등이다. 사람들은 여기 어울리는 인지 목록들을 '스위스 군용 칼'-모델이라 불렀다. 그에 따르면 인간의 정신은 처음에 문제를 해결하는 원숭이의 지성에서 복수複數의 지성으로 발전했다. 사회적 지성, 기술적 지성, 생물학적 지성, 언어적 지성 등으로 발전해나간 것이다. 하지만 오랫동안 이런 지성들은 서로 결합되지 못했다. 동물에 대한 지식과 돌에 대한 지식은 서로 아무런 연관성도 없었다. 흔적들을 읽기는 해도 '기록'하지는 않았다. 물건들을 이용한 그 어떤 소통도 없었던 것이다.

언어가 발전하면 모든 것이 달라진다. 이제는 비교, 은유, 상징, 유추 등이 나타난다. 복잡한 도구들에서 환경을 변화시키는 작용 ― "창은 짐승을 맞혀야 한다" ― 을 떼어내, 지각 유도誘導 및 사고 유도 ― "이 래야 사람들이 우리를 남들과 구분할 수 있지" ― 로 대체해야만 최초의 미적인 물건들의 장식 기능과 소통 기능이 동시에 드러난다. 신체 그림, 조개구슬과 도구의 장식 등은 직접 눈에 보이지 않는 어떤 것을 보여준다는 공통점을 갖는다. 장식의 생산자가 이것을 만들기 전에 생각한 것은 실용적인 맥락이 아니라 사회적·사변적인 맥락이었다. 창을 만든 기술자들은 이런 생각을 했다. 특정한 연쇄작용들을 만들려면 무엇이 필요한가? 장식 생산자는 사회적인 맥락에서 그런 작용들을 계산했다. 특정한 그림이나 목걸이를 보면 특별한 사회적 상황을 알 수 있을까? 예를 들어 다가오는 의식儀式이나, 눈앞에 닥친 사냥을 알 수 있을까? 그림은 이런 것을 알려준다. "주목, 이제 다른 것이 온다." 목걸이들은 다시 사회적 신분을 알려준다(미혼, 기혼, 여자 우두머리, 추장 등). 어떤 집단에 소속됨, 출신 배경, 당시의 집단들이 이미 지녔을 것으로 추정되는 '정체성' 등을 알려준다. 당시에 이미 이런 표시를 통한 후원이 필요한 집단의 크기에 도달해 있었다. 장식은 소유물을 알려줄 수도 있다. 문양이 새겨진 표면 아래에서 그것을 만든 사람이나 감추어진 깊이, 주술적 태도 등을 보여줄 수 있다. 어쨌든 이 모든 경우에 자의식이라는 게 있었다는 것이 전제가 된다. 한 개인의 몸은 그 개인에

대해 많은 것을 알려준다. 장신구는 '나'를 드러낸다.[10]

이런 특성들은 아마도 사회학자 게오르크 지멜이 지적한 장식의 의미 품질Sinnqualität des Schmucks이라고 부를 만한 것이다. 장식은 물건들을 두드러지게 만든다. 하지만 무엇보다 그것을 달고 있는 사람을 두드러지게 한다. 물론 생산 단계에서 이미 관찰자를 고려했을 경우에만 그럴 수가 있다. 장식의 생산은 다른 사람의 처지로 들어가는 연습을 하게 해준다. 초기인간은 이런 치장들로 다른 사람의 눈길을 끌고 주목을 만들어내는 법을 배웠다. 장식은 사회적 도구인 것이다. 그것을 완성한 사람들이 이것이 어떤 효과를 가질까를 자신에게 물어보지 않을 수 없었기 때문이다. 따라서 '효과'는 인과율과 인상이라는 이중의 의미를 지닌다. 장식은 그것이 쓰이는 장소에서 드물게만 존재하는, 또는 아예 존재하지 않는 재료로 만들어졌을 경우에 특히 주목을 끈다. 예컨대 프랑스 내륙 지역에서 조개가 그렇다. 장식은 한편으로는 "여기를 봐라!"라는 주목 끌기로 지멜의 요약처럼 '비밀의 적대자'다. 다른 한편으로는 장식 자체가 제 유래나 형태의 비밀을 간직하고 있다면 효과가 가장 좋다.[11]

이런 의미에서 가장 오래된 그림들은 "이 비밀을 보라!"는 역설을 전달한다. 비밀 드러내기를 꾸짖으면서도 스스로 비밀을 드러내 보이는 것이다. 그림은 그 어떤 것이 아니라, 먼저 특별한 사회적 상황들을 알려준다. 축제, 제례의식, 위기의 상황에, 그러니까 결혼식, 장례식, 사냥, 전쟁 등의 시기에 그림 장식이 나타났다. 이것은 또한 거의 오로지 큰 흥분의 상황에만 집중한, 가장 초기의 모방 서술들, 곧 거대한 야생동물, 성적 특성, 짐승-사람 혼합 존재 등을 그린 그림들에 나타나는 모티프의 특징이기도 하다. 장식적인 꾸미기 미술이 상황의 특수성을 **표현**한다면, 몸짓 흉내 미술에서는 상황의 특수성이 **주제**가 된다. 기원전 대략 4만~1만 년 사이 마지막 빙하기가 진행되는 동안, 유라시아 지역에서 남서부 유럽까지의 영역에서 단순히 도구, 사람, 거주지들을 꾸미는 그림들이 아니라, 무언가를 이야기해주는 듯이 보이는 작품들이 현저히 많이 나타났다. 일부는 동굴벽화늘, 또 일부는 저 유명한 홀렌슈타인-슈타델Hohlenstein-Stadel의 사자인간과 '비너스'라 불리는 다양한 여성 인물 조각품들이 그렇다. 여기서 가장 오래된 비너스 중 하나는 골란 고원에서 발견된 아주 작은 '베레카트 람Berekhat Ram 비너스'인데 이는 대략 23만 년 정도 된 것으로 인공물이 아니라 역시 지질학적 산물, 곧 저 남아프리카의 벽옥처럼 자연의 작품으로 여겨진다.

초기의 여인 조각상들에 '비너스'라는 이름을 처음 붙인 것은 프랑스의 비브레 후작Marquis de Vibraye이다. 그는 1864년에 도르도뉴Dordogne 지방의 로즈리바스Laugerie-Bass에서 8센티미터 크기의 날씬한 여인 조각상을 발견했는데, 여기에는 성기가 뚜렷하게 표시되어 있었다. 그래서 그는 그리스-로마 시대의 수줍음 많은 비너스 묘사와 대비해서 '부끄러움 없는 비너스Venus impudique'라고 이름 지었다. 그사이 '비너스'라는 이름에서 고대와의 비교는 흐려졌지만, 여인 조각상 종류를 가리키는 호칭으로의 역할은 그대로 남았다. 이런 호칭이 기꺼이 환영받는 연상聯想, 특히 마지막 수수께끼의 연상작용을 하기 때문이다. 대략 2만 5,000년 정도 된 '브라상푸이의 비너스Venus of Brassempouy'는 지금껏 발견된 것 가운데 처음으로 인간 얼굴을 묘사했다. 약 1만 2,000년 된, 돌에 새겨진 에티올Étiolles 초상화는 여성 인간과 말馬의 혼합체를 보여준다. 남부 프랑스 세 수도사Trois-Frères 동굴[프랑스 아리에주Ariège]의 유명한 '마법사' 그림은 많은 고고학자들의 해석에 따르면, 사슴뿔을 쓴 샤먼을 묘사한 것이라고 한다. 다른 학자들은 아무리 찾아봐도 뿔 같은 건 없다고 한다.

감성을 갖추지 못한 관찰자에게는 무심하게만 여겨지는 이런 수수께끼 그림들로 대체 무엇이 드러나는가? 그것은 어쩌면 선사시대 과거에 대해서보다 현대에 대해 더 많이 말해줄지도 모른다. 하지만 여기서 이들 현대의 선구자들은 흔적들만을 남긴 것이 아니라, 이런 인공품들이 발견된 이후 나타난 정열이[열광이] 무엇에 근거한 것인지도 알려주고 있다. 그런 그림들은 우리에게 말을 건다. 무엇인지는 몰라도 그들이 무언가를 뜻하고 있음이 분명하다고 우리가 믿기 때문이다. 3만 5,000~4만 년 정도 된, 매머드 상아로 만들어진 홀렌슈타인-슈타델의 사자인간은 미소 지으며 가볍게 춤추는 존재를 묘사한 높이 약 30센티미터인 조각상이다. 사자 머리를 하고 사자 앞다리는 팔처럼 옆에 붙었는데, 하체와 다리와 발은 인간의 배꼽, 오금, 장딴지, 발꿈치를 보여준다. 가이센클뢰스테를레Geißenklösterle의 '숭배자Adorant' 역시 춤추는 사자인간이고, 프랑스 남서부 가비유Gabillou의 바이슨 남자, 세 수도사 동굴의 '뿔 달린 신'과 함께 있는 인물상, 라스코Lascaux의 발기된 남근을 지닌 새鳥인간, 쇼베Chauvet 동굴에서 발견된 인간의 하체에 암사자 머리와 바이슨 남자 머리 등 두 머리가 합체된 인물상 등이 이런 혼합 생명체들을 보여준다. 이 모든 예들은 각각 동굴의 접근하기 어려운 구역에서 발견된 것들로, 이는 일종의 숭배를 위한 특별 구역이라고 부를 만하다. 사자인간들과 바이슨 인간들이 널리 퍼져 있지 않았기에, 그런 인물들이 동물과 인간이라는 두 개념을 합치려고 시도한 조각적 상상력에서 나온 것인지, 아니면 가면 쓴 사람, 곧 망아忘我 상태에서 자연정령들을 불러내는 샤먼의 모습을 있는 그대로 그린 것인지는 아직도 의문으로 남아 있다. 이런 결합 작업은 종교 행사와 그런 무대에서 나타났을 것이다. 하지만 어째서 샤먼들의 인상이 이렇듯 작은 조각상 작업으로 연결되었는지는 그것만으로 설명되지 않는다.[12]

　로즈리바스 동굴에서 나온 '부끄러움 없는 비너스'는 다른 비너스들과 비슷한 질문을 던진다. 선사시대의 인간 묘사에서 이런 비너스는 가장 빈번히 나타나는 모티프다. 시베리아 이르쿠츠크에서 프랑스 남서부까지 대략 25곳에서, 기원전 2만 2,000~기원전 2만 8,000년 사이의 것만 그런 조각상이 거의 200개나 발견되었고, 그중 상당수가 모방 미술의 시작으로 여겨진다. '부끄러움 없는 비너스'는 가슴이 없고, 성기가 새김질로 분명하게 묘사되어 있기 때문에 자주 어린 소녀를 묘사한 것으로 여겨지는데, 그 날씬함은 오히려 전형적이지 않게 보인다. 마들렌 문화기(기원전 1만 8,000~기원전 1만 2,000년)의 동일한 시대 동일한 장소에서 나온, 순록 옆의 임신한 여자 부조상도 마찬가지다. 남서 프랑스의 브라상푸이 출토물도 1만 년 이상 된 것인데, 그중 가장 유명한 것은 3.6센티미터 크기의 두건을 쓴 여인의 머리로, 이는 '두건을 쓴 여인Dame àla capuche'이라는 이름으로 알려져 있다. 그녀는 눈썹과 눈구멍이 있을 뿐만 아니라, 마치 그림자로 처리된 눈을 갖고 있기라도 한 것처럼 관찰자를 빤히 바라본다. 여기서 남성 또는 여성 예술가는 분명히 일종의 작업장을 가졌다. 개별 형상들은 당시 이미 깨진 작품들임을 알아볼 수가 있는데, 어떻게든 작품을 구해보려고 깨진 다음에도 작업을 계속한 것들이기 때문이다. 남근 형태로 여인의 몸을 조각한 '밀란데스Milandes 비너스'와 '튀르삭Tursac 비너스'도 역시 특별하다. 어쩌면 소재의 특성들로 인해 그런 이중성이 나타난 것인지도 모른다.[13]

　말하자면 순수하게 비전형적인 경우들이다. 이들은 전형적인 것이란 무엇인지 질문하게 만든다. 고고학자들의 답변은 이렇다. 돌출한 엉덩이, 정교하게 서술된 성기, 커다란 배와 가슴에 가려 잘 보이지도 않을 정도로 지나치게 가는 팔다리를 가진, 머리와 얼굴이 없는 여성상이 전형적이다.

　3만 6,000~4만 년 된 것으로 가장 오래된 조각상 가운데 하나는 2008년에야 발견되었다. 슈바벤 알프스의 셸클링엔Schelklingen에서 나온 6센티미터 크기의 '빈 암벽 동굴 비너스Venus vom Hohle Fels'가 그것이다. 이런 인물상들은 온갖 다양한 해석들을 불러왔다. 풍요의 상징, 어머니 신, 좋은 영양을 기원하는, 또는 재앙을 물리치기를 희망하는 공동체의 부적, 마녀, 사람들을 위한 일종의 허수아비, 객관적으로 된 미의 이상, 또는 남자를 위해 남자의 손으로 만든 석기시대의(또는 석기시대 포르노 방식) 벽에 걸어두는 여인상, 또는 다산하는 여자가 최고 여자라는 집착의 표현 등등. 하지만 이들은 또한 의학적 실례라는 해석도 나왔다. 쿠싱 증후군(혈액 속에 코르티솔 과다 분비로 인해 심신이 극단적인 상태에 이른 신체 중심부 비만)의 표현으로서, 그를 통해 샤먼의 능력을 지닌 여인들의 상, 심지어 여인들 자신이 만든 자화상이라는 해석도 있었다.

이는 이런 극단적인 신체 비율을 설명해주는 것으로, 이들이 어떤 상대에 의해서도 관찰된 적이 없이 일그러진 관점의 자기관찰에서 나왔다는 설명이다. 이 경우 여성 예술가는 자신을 척도로 삼았는데, 자신의 머리를 볼 수가 없어서 머리가 없다는 설명이다. 오늘날 또 다른 고고학자들이 다시, 이런 작은 조각상들이 여성성의 본질을 드러낸다고 주장하면, 우리는 훨씬 더 다양한 여성들을 묘사한 초기 인류의 그림들 편을 들고 싶어진다.[14]

이런 해석들을 읽은 사람은 우선 이런 해석들이, 거의 2만 5,000년에 걸쳐 6,000킬로미터 이상 떨어진 여러 발굴지에서 따로따로 발견된, 겨우 200개 정도의 대상에 관련된 것임을 염두에 두어야 한다. 슈바벤 알프스에서 시작된, 작은 비너스 입상의 전통을 두고 벌어진 논란은 이런 상황에서 감행된 것이다. 역사의 시간이 차츰 더 빠른 속도로 흘러갔다고 해도, 그리고 미적인 변화의 정도가 점점 더 커졌다고 하더라도, 이는 마치 우리가 마네의 〈올랭피아〉와 헬무트 뉴턴의 사진들만을 임의 추출 견본으로 삼은 채, 다른 어떤 맥락도 정보도 없이, 인간은 여신들에 대한 3차원 서술에 점점 등을 돌리고 투명한 의상이 점점 더 중요해졌다는 결론을 내리는 것과 비슷한 일이다. 조각상의 총량에서 여성 인물의 비율이 얼마나 되는지 불확실하다는 점도 여기 덧붙여진다. 일부 작은 입상들의 발굴지에서는 약 절반 정도가 여성 인물상이라는 수상쩍은 경우들도 있기 때문이다. 석기시대의 생산품이 얼마나 많은지는 아무도 모른다. 또는 목재에 새겨진 것도 있었을 테고, 심지어 그쪽이 더 많았을 거라는 생각도 해야 하지 않겠는가?[15]

선사시대의 남녀 조각가들의 관심은 분명하다. 여성의 성적 특징들에 대한 관심인데, 그것도 매우 오랜 시간에 걸쳐 이어졌다. 임신한, 또는 번식 능력이 있는 여성들로만 한정하는 것은 배제하는 편이 좋을 것이다. 발견된 조각상들은 모든 연령대의 여성을 보여준다.[16] 이런 인물상 일부는 무늬를 갖고 있는데, 이것이 몸에 그려진 그림을 정밀하게 보여주는 것인지, 아니면 의상의 무늬를 보여주는 것인지는 그야말로 불확실하다. 일부 조각상은 동물을 동반하고 있다. 그리말디Grimaldi 동굴에서 나온 5센티미터 크기의 조각상이 그러한데, 이것은 여자의 몸과 동물의 몸을 합친 것이라서 자주 '미녀와 야수'라고 불린다. 가장 큰 여성 조각상은 로셀Laussel(도르도뉴) 동굴 벽에 돋을새김으로 새겨진 43센티미터 크기의 '뿔을 지닌 여인'이다. 가장 작은 것은 3센티미터 크기로 역시 그리말디 동굴에서 출토된 '두 머리의 여인'이다. 최초의 미술작품들에서 중요한 특징 한 가지는 거의 언제나 일종의 펜던트 방식으로 어딘가에 매달 수 있는 작은 물건들이라는 것이다. 예를 들어 빈 동굴 비너스에는 머리 대신 고리가 달려 있는데, 아마도 목이나 몸에 걸었을 것으로 추측된다. 장신구란 주목을 끌 뿐만 아니라 때때로 마법의 역할도 하는 것이므로—네잎클로버나 귀금속의 힘에 대한 전설 등을 통해서, 그리고 곰 이빨부터 사자 가죽에 이르기까지 트로피를 모으는 관습을 통해서 우리도 이것을 알고 있는데—이들은 어쩌면 부적이었을지도 모른다. 이런 부적이 상대를 끌어당기기 위한 것인지, 아니면 방어를 위한 것인지, 아니면 그것을 달고 있는 여인의 신분을 보여주는 것인지는 앞으로도 아마 절대로 알 수 없을 것이다.

모티프 해석을 얼마나 조심스럽게 해야 하는지는 프랑스의 중요한 고생물학자 앙드레 르루아구랑André Leroi-Gourhan이 내놓은, 최초의 그림들 중 두 번째로 중요한 대상 그룹인 동굴벽화에 대한 이론이 잘 보여준다. 동굴벽화라는 개념 아래 오랫동안 동물과 인간의 묘사와 상식품들에 대한 유럽의 구석기 시대 예들만 제시했지만, 적어도 장식에 관한 한 그런 그림들은 기원전 약 4만 5,000년 무렵 5개 대륙 모두에서 나타난다. 하지만 예로부터 학자들은 특히 남서부 유럽의 동굴에서 —가장 유명한 것들이 알타미라, 쇼베, 라스코— 장식보다는 야생동물을 묘사한 그림에 더욱 이끌렸다. 매머드, 들소, 말, 소, 순록, 산양, 사슴, 곰, 사자, 코뿔소 등의 그림들이었다. 드물게 새, 물고기, 종을 알기 어려운 괴물도 섞여 있었다. 처음에는 이런 동굴에서 사냥의 성공을 기원하는 주술 의식이 열렸을 것이라고 추측되었다. 즉 벽에 그려진 것은 태고시대 대성당의 종교화 같은 것인데, 사냥당할 동물들이 여기로 불려 나온 것이라고 말이다. 그림에서 동물들의 통통한 상태는 화가의 배고픔을 설명해준다고 여겼다. 벽화에서 동물에 나타난 모든 표시는 상처, 동물의 몸 바깥에 있는 표시들은 모조리 무기로 해석되었다. 그림 그리기에 적합한 동굴 벽에 그림이 그려지지 않은 것은 성스러운 구역과 세속적인 구역의 구분을 암시하는 듯이 보였고, 기원전 1만 년 무렵 동굴벽화가 끝나는 것도 마찬가지로 설명되었다. 기후변화가 사냥감을 줄였다는 것이다.

하지만 어째서 거의 어디서도 사냥 장면이 묘사되지 않았고, 그 어디에도 사냥꾼이 없는 것일까? 각 동굴에서 발견된 뼈들과 그림 모티프 사이에는 일부는 밀접한 연관성이 나타나지만, 연관성이 거의 없는 경우도 있다. 누벨아키텐Nouvelle-Aquitaine의 페르농페르Pair-non-Pair 동굴에서 가장 빈번히 그려진 동물은 산양인데, 전체 지역 어디서도 선사시대 산양 뼈는 발견되지 않았다. 반대로 언제나 주요한 식량 원천이던 순록은 어째서 그토록 드물게 그려졌는가, 그리고 전혀 사냥 대상이 아닌 동물들은 어째서 그림에 나타나는가? 곰이나 사자 같은 사냥감 아닌 동물들은 사냥의 경쟁자이기에 추방을 위해 그림에 등장했다면, 어째서 세 수도사 동굴(아리에주)의 곰은 거듭 작은 원들, 즉 돌팔매의 상처들로 뒤덮여 있나? 쇼베 동굴의 수리부엉이, 세 수도사 동굴의 메뚜기, 아리에주 앙렌Enlène 동굴의 개구리 등은 또 어째서 등장하나? 어째서 표시가 된 동물은 그림에 등장하는 전체 동물의 5퍼센트에도 미치지 못하는데, 쥐라Jura 주의 라 콜롬비에르La Colombière 동굴의 몇몇 인간과 털코뿔소에는 그런 표시가 되어 있는 것인가? 털코뿔소는 그 어떤 동굴 주술사라도 작은 돌들로 쓰러뜨릴 수 있으리라고 믿을 수 없는 동물인데 말이다. 그리고 동굴벽화에 ― 여성 그림과는 전혀 다르게 ― 다양하게 여성 성기를 새겨넣은 것은 대체 사냥 마법과 무슨 관계가 있단 말인가?[17]

앙드레 르루아구랑은 50년 전에 유럽의 동굴 66개를 대상으로, 관점을 바꾸어서 모티프의 빈도 및 질서에 주안점을 두고 탐구했다. 그 결과는 말, 들소, 소가 가장 빈번히 그리고 확고히 결합되어 묘사된 동물이고, 동굴 벽에서 동물과 기호들의 배치 또한 특정한 모범을 따른다는 것이었다. 여성적인 모티프 집단이 있다. 곧 소, 들소, 그 밖에는 타원형, 삼각형, 직사각형 등인데, 이들은 음문陰門을 추상화한 것이며 또한 상처를 나타낸단다. 남성적 모티프들도 있다. 말, 산양, 사슴, 순록, 그리고 점들의 나열, 선, 갈고리, 창 등이다. 둘 사이의 견고한 결합도 있다고 한다. 이를테면 동굴의 핵심 공간에는 언제나 여성을 나타내는 동물과 남성적 동물이 함께 보인단다.[18]

그에 따르면 동굴벽화들은 두 가지 구분을 주제로 삼았다. 즉 남성/여성, 그리고 성性/죽음/위험이 그것이다. 거기까지는 거부할 수가 없다. 조각상들 중에도 여성 조각상 말고는 말의 묘사가 상당히 중요한데, 말이 남성적인 모티프라면, 그것이 이런 구분을 보충해주어 더욱 거부할 길이 없다. 하지만 이런 모티프 관점이 수천 년 동안이나 엄격한 모범이라는, 즉 동굴벽화가 따르는 일종의 의무적인 어휘체계 및 의미체계로 등장한다는 주장에 대체 얼마나 개연성이 있다고 봐야 할까? 돈Don 강변의 동굴화가는 도르도뉴에서 말이 남성적이고 들소는 여성적인 것으로 여겨진다는 걸 대체 어떻게 알았을까? 심지어 영향력이 있는 프랑스 여성 고고학자 아네트 라밍앙프레르Annette Laming-Emperaire는 역시 20세기에 정반대 주장을 했으니 말이다. 쌍으로 등장하는 모티프들이 동시에 동굴 벽에 등장한다는 것은 무엇으로 확인되는가? 르루아구랑의 설명과 범주들을—동굴에서 '핵심 공간' '입구 영역' '뒤쪽 영역' 따위—확인하려고 노력한 학자들은 그 어떤 설득력이 있는 발견에도 이르지 못하고, 여러 자질구레한 설명들을 만났을 뿐이다. 이를테면 이렇다. 한 동굴에 묘사된 동물의 거의 3분의 2가 말과 들소라면, 통계적인 이유에서라도 동굴의 4분의 3까지를 차지하는 핵심 공간에 말과 들소가 함께 그려졌을 게 거의 확실하다는 것 등이다.[19]

정확하지 않은 것과 잘못된 결론만을 계속 인용하는 것은 이 분야의 가장 위대한 학자 두 사람에게 배은망덕한 일일 뿐만이 아니라, 오류이기도 하다. 반론 가능성은 그렇다 치자. 하지만 그보다는 동굴벽화나 여성 인물상, 또는 혼합 생명체에 그 기능을 매우 구체적으로 할당하는 것은 대부분의 경우 고고학적 발굴에 의해 뒷받침되지 않는다는 점이 중요하다. 그냥 숫자에만 근거한 것까지 합쳐 거의 모든 가설에는 수많은 예외들이 나타난다. 하지만 르루아구랑과 또 동일한 시기에 활동한 라밍앙프레르는 미술의 시작에 대한 인식에서 결정적인 발전을 가져왔다. 즉 선사시대의 조각가나 화가는 사냥하는, 먹는, 두려움에 사로잡힌 인간, 또는 어두운 동굴에서 샤먼과 흥미로운 버섯의 도움으로 망아의 상태에 빠진 인간이 아니라, 사유하는 존재로서 진지하게 여겨져야 한다는 것이다. 이들은 많은 비용을 들여서 ─이런 인공품[그림이나 조각품] 하나하나를 생산하는 데 여러 날, 여러 주가 걸렸을 게 확실하니 ─자명하지 않은 어떤 일을 했다. 조각이나 동굴벽화에서 모티프의 선택이 식량이나 성적인 번식의 문제와 무관하게 이루어졌다면, 동물과 성의 존재는 분명히 사색을 위한 또 다른 자극들을 포함한다.[20]

>))))))

그렇다면 초기 회화에 대한 관심은 '어째서 그런 그림들이 그려졌는가' 하는 문제에서 '그들이 무엇을 보여주고 있으며, 어떻게 보여주는가' 하는 문제로 옮겨 가게 된다. 이런 그림들은 동물을 거의 언제나 옆모습으로 보여준다. 하지만 정면에서 묘사된 발굽과 뿔―그들 중 일부는 더듬이처럼 보이는데―을 지니고 있다. 동물은 언제나 환경과는 별개로 등장한다. 어떤 식물이나 시내, 산이나 바닥의 선도 거의 나타나지 않는다. 게다가 그림에서 동물들은 서로 고립되어 있다. 이따금 동물의 무리가 그려지기도 하지만, 쇼베 동굴의 말 그림 패널과 사자 그림 패널들은 제각기 그들의 행진을 보여주는데, 이들은 조기 미술에서 가장 압도하는 그림들에 속한다. 하지만 장면 묘사나 자연에 어울리는 크기 비율의 묘사는 동굴벽화에서 일반적으로 매우 드물다. 산양이 곰보다 더 큰 모습으로 나타날 수도 있다. 많은 동물들이 도식적으로 되풀이되기에, 연구자들은 세부적인 경우 그것이 말인지, 곰인지, 또는 순록인지 의견의 일치를 보지 못한다.

마치 동굴화가들이 들소, 말, 코뿔소의 실제 모습이 아닌 개념을 놓고 고민한 것만 같다. 동물들은 어떤 행동을 하는 것이 아니라, 전형적인 동작을 하는 모습으로 묘사된다. 서 있는 동물, 몸을 굽히는 동물, 뛰어오르는 동물, 다리를 벌린 동물 등으로 말이다. 여기서 사냥꾼이 보이지는 않아도 사냥된 동물은 있지만 사냥하는 동물은 단 한 번도 없다. 동작이 나타나는 곳에서도 동작 몸짓의 모범이 나올 뿐, 상호작용은 나오지 않는다. 쇼베 동굴에서 싸우는 코뿔소들이 유일한 예외다. 르루아구랑이 요약한 것처럼, 사실주의가 '요구되기는 해도 복제로까지는 이어지지 않고' 있는데, 모든 그림에는 가벼운 불일치가 삽입되어 있기 때문이다. 전체 그림을 생동감 있게 하고 움직이게 하는, 의도적인 불완전함이다. '부풀어 오른 자루처럼'(르루아구랑) 보이는 몸통이 덜 힘차 보이는 다리와의 불균형을 드러내고, 덕분에 흔들리는

다리 위의 무거운 몸, 주목을 끄는 불안감의 인상이 생겨난다.[21]

동굴벽화들은 인간의 것으로는 주로 손자국을 보여준다. 많은 경우 완전하지 않은 자국이다. 루피냑Rouffignac 동굴의 장식들은 아이들의 손자국으로 확인되었다. 동굴을 장식할 때 분명 아이들은 어른들의 어깨 위에 올라앉아 있었다. 특이하게도 150명 이상의 인간 모습을 그린 비엔Vienne의 라 마르셰La Marche(3월) 동굴의 유적, 그리고 다른 많은 그림들이 보여주는 것이 인간인지 동물인지 의심스럽다는 점 등도, 대부분의 경우 동굴벽화에서 초상화나 서명이 중요하지 않다는 기본적인 인상을 바꾸지 않는다. 막대 위에 새 1마리가 앉아서 이 드문 풍경에서 밖을 내다보고 있고, 들소 옆에 발기된 채로 누워 있는, 라스코 동굴의 저 유명한 선線 인간은 그림을 그린 사람들이 자기들의 노력을 바친 대상이 동물이지 사람이 아니라는 것을 특히 분명하게 보여준다.[22]

다음과 같이 요약할 수 있을 것 같다. 동굴벽화에서 인간은 전혀 다른 방식으로 등장하고 있다고 말이다. 그러니까 그림에 나타나는 것이 아니라, 그리는 능력을 가진 존재로 등장한다. 프랑스 철학자 조르주 바타유는 60년 전에 라스코 동굴벽화를 원본 그대로 볼 수가 있었는데, 그 경험을 이렇게 썼다. "라스코 동굴에 들어서면, 유리 진열장 안에 가장 오래된 인간들의 화석 잔해와 그들이 쓰던 돌 도구를 전시해놓은 박물관에서는 절대로 얻을 수 없는 느낌이 우리를 압도한다. 모든 시대의 걸작들이 우리 내면에 불러일으키는 느낌, 바로 타오르는 현재성의 느낌이다. 그것이 무엇으로 보이든 간에 인간의 손이 만들어낸 물건의 아름다움이, 친절한 동포애 안에서 영혼을 결합시키는 보편적 선善인 다감함에 호소하고 있다. 우리는 아름다움을 사랑하는 것이 아니던가? 미술은 인간이 흔히 감지하는 것보다 더 많이 정서에 다가가는 것이고, 정신에 다가가는 것이 아니라는 사실이 라스코에서 강렬하게 진술된다. 그럴수록 더욱 대척자Antipode의 미술이 처음으로 우리에게 미술로 나타나게 된다."

이런 격앙된 서술을 하는 것이 바타유만은 아니지만, 그는 이 그림이 호모 사피엔스라 불리는 존재를 이해하기 위한 특별한 기록이라는 감정을 가장 분명하게 표현했다. 물론 바타유는 이런 그림을 토대로 호모 사피엔스를 다른 이름으로 불러야 한다고, 예컨대 호모 아르티펙스Homo artifex(예술가 인간), 또는 호모 루덴스Homo ludens(놀이하는 인간)라 불러야 마땅하다는 사실도 표명했다. 이 작품들은 기술과 자연 가공의 세계에 등을 돌린 채, 동물에서 나오는 단백질이나 위험과는 아무 상관도 없는 동물과의 유대감을 증언하기 때문이다. 여기서는 동물에 대한 정보를 주려고 하지 않는다. 이는 조각상이 여성이나 성性에 대해 무언가를 알려주려는 것이 아닌 것과 마찬가지다. 그보다는 동물과 성은 오히려 사색하기에 좋은 무언가로 등장한다. 바타유는 그 명료한 사변으로 '동물 세계를 선호'하는 것은 즐거운 경우에 성이 그렇듯이, 동물의 삶이 별로 노동에 종속되지 않았다는 사실에 근거한다고 말한다. 인간은 이런 동물 세계에 헌신하고 있을 때, 자기보존과 유용함의 행동에만 온전히 사로잡혀 있지 않다. 노동, 기술, 지식에서 벗어난 미술은 도로 그것들을 지향하지 않으며, 미술은 도구가 아니고, 이런 의미에서 보자면 아무 쓸모도 없다. 인간은 장식과 그림에서 미술의 시작이라 부르기에 알맞은 놀이를 시작했던 것이다.[23]

6

죽은 자와
짐승들

종교의
시작

*지겨운 동일자同一者,
그건 관 속에서 썩어가지.
정체성은 끝났다,
죽음은 공허한 농담이 아니니.*

루트비히 포이어바흐

1819년 5월에 성공회 목사인 윌리엄 버클랜드William Buckland는 옥스퍼드 대학교에서 역사상 최초의 지리학 강사로 취임강연을 했다. '지리학과 종교의 결합에 대하여Vindiciae Geologicae'라는 제목이었는데, 여기서 라틴어 'vindicia[결합]'는 권리 주장이다. 버클랜드는 시리학이 화석 에너지와 원료의 해명을 넘어 쓸모 있는 학문이라는 지리학의 주장에 대한 근거를 강연에서 확인하려고 했던 것이다. 우선 지구 자체, 즉 그 숭고함(산, 지진, 화산 등)과 과거(화석)를 탐색하는 학문이 얼마나 의미심장한 것인지를 청중의 눈앞에 제시한 다음, 이 신학자는 지구학, 광물학의 종교적 특성으로 향했다. 전능하신 건축가가 지구의 '이성을 갖춘 주민'에게 광물, 금속, 물 등을 공급해주는데, 이 학문은 이 건축가의 뛰어난 자연 배치를 어디서나 만난다는 것이다. 그러니까 지구의 물리적 구조에서 자연신학이 추론되고, 신이 베풀어준 물자에서 산업 사회가 추론된다고 이해해도 좋을 것 같다.[1]

'자연신학'이란, 인간 지성을 동원해 창조를 관찰하면 성경에 제시된 것과 동일한 결론에 도달한다는 확신을 뜻했다. 즉 지구 역사의 과학적 연대기와 성서의 연대기가 일치한다는 뜻이었다.

하지만 이 영역에는 코끼리 1마리, 아니 더욱 정확하게는 스코틀랜드 출신 코끼리 2마리가 있었다. 철학자 데이비드 흄은 1779년 출간한《자연종교에 관한 대화Dialogues Concerning Natural Religion》에서 자연에 대한 합리적 사색으로 기독교의 하느님을 추론할 수 있다는 가설에 이의를 제기했다. 그에 따르면 우주가 질서 정연하다는 통찰은 구체적인 신앙의 확인 및 성서 이야기들과는 거의 무관한 신의 표상에 도달한단다. 얼마 뒤에 성서를 믿는 자연 탐구자들에게 더욱 가혹한 일격이 나왔다. 1785년에 스코틀랜드 의사인 제임스 허턴James Hutton이 지질학의 소견을 토대로 고대 후기에 계산된 성서의 창조 연대, 즉 기원전 5508년이라는 창조 연대를 반박했던 것이다. 그는《지구의 이론Theory of the Earth》에서 자연의 과정을 통해 오늘날의 대륙 덩어리들이 해체되려면 무한한 시간이 필요하며, 따라서 그것이 만들어지는 데도 무한한 시간이 필요하다는 생각을 펼쳤다. "지질학의 과정은 아직도 동일하니" 즉 몹시 느리다. 허턴은 아주 유명해진 말로 제1권을 끝맺었다. "현재의 연구 결과는 시작의 흔적을 찾지 못했으며, 종말에 대한 전망도 물론 없다."[2]

버클랜드는 자연종교에 대한 비판이나《지구의 이론》을 언급하지 않았다. 대신 강연에서 허턴의 비판으로 직격탄을 맞은 성서의 대홍수 주장으로 거듭 되돌아갔다. 대홍수가 파국에서도 질서가 나온다는 최고의 예가 되기 때문만이 아니었다. 시기적으로 이렇게 오래되지 않은 대홍수를 받아들이는 것이야말로, 골짜기들, 지형 변화, 동물 화석의 연령, 지표면의 구성 등을 설명하려는 버클랜드의 시도의 근간이었기 때문이다. 그런데도 물론 그는 다음과 같이 고백한다. 지중 연구를 통해 창세기의 이야기를 '아직 불완전한 지질학의 이론'과 일치시키기란 어려운 일이라고 말이다. 당시 이미 학자들은 성서에 서술된 대홍수의 기간이 산맥의 여러 화석층들을 만들어내기에 충분하지 않다는 사실을 알고 있었다.[3]

하지만 버클랜드에게 그것은 사소한 문제였으니, 지질학적 관점에서 창조 이야기가 지구의 나이를 정하고 인류의 존재를 알려주는 표준이라는 점에 대해 그 어떤 의심도 있을 수가 없었기 때문이었다. 심지어 일찍이 대홍수 이야기를 한 번도 들은 적이 없다 해도 지질학자라면 현재의 자연현상을 설명하기 위해서는 그런 대홍수를 전제로 했어야 했을 거란다. 이 주장을 여러 번이나 강조하면서도, 버클랜드는 성서 이야기에 대한 구체적인 의혹을 적어도 암시하는 것만은 포기하지 않았다. 그는 이렇게 묻는다. 산의 가장 위쪽에 있는 지층들은 아주 천천히 생겨나는 것으로 보이는데, 대홍수가 겨우 1년밖에 지속되지 않았단 말인가? 발굴된 동물 뼈들은 모세의 증언과는 들어맞지 않는다. 어쩌면 창조와 대홍수 사이에는 성서가 아무 이야기도 들려주지 않는 더 긴 시간이 있었던 게 아닐까? 아니면 창세기에서 '첫째 날, 둘째 날' 하는 날들은 혹시 전혀 다른 시간대를 가리키는 것이 아닐까?

버클랜드는 이런 어려움들이 연구나 신앙심 어느 쪽도 흔들 수는 없다는 말로 강연을 맺었다. 인쇄된 강연 원고의 주석에 지질학의 관점에서 대홍수에 대해 무슨 말을 할 수 있는지 한 번 더 요약되어 있기는 하다. 그것은 지질학 분야에서 이루어진 가장 절박한 강연들 중 하나였던 듯하다.

하필 이 윌리엄 버클랜드 목사가 4년 뒤에, 종교에 대한 사유에 지질학 연구를 이용할 수 있게 해주는 발견을 했다는 사실은 학문의 역사에서 아이러니 가운데 하나다. 1823년 1월에 그는 남부 웨일스의 스완지 시에서 서쪽으로 15킬로미터 떨어진 가워Gower 반도의 '염소 동굴'을 탐색했다. 그의 보고에 따르면 거기서 그는 '대홍수로 생겨난 양토壤土'를 발견했다. 대홍수의 황갈색 점토가 석회석 및 방해석과 뒤섞인 것을 찾아냈는데, 그 속에서 조가비들과 여러 동물의 이빨과 뼈들을 발견했다. 코끼리, 코뿔소, 곰, 늑대, 여우, 말, 황소, 붉은사슴, 그리고 물쥐, 양, 하이에나, 새 들의 이빨과 뼈였다. 게다가 절반 정도 남은 인간의 유골도 발견했다. 이렇게 발굴된 뼈들에 대해 버클랜드의 목록은 '명백하게 대홍수 이후의' 것이라고 분류했다. 부장품을 토대로 버클랜드는 머리 없는 유골이 매장 자세로 놓인 여성의 것이라고 결론지었다. 그녀의 뼈는 검붉은색으로 물들었는데, 이는 시신을 감싸고 있던 의상이 썩으면서 배어든 것이라고 추정했다. 시신 주변의 흙도 역시 같은 색이었다. 시신 옆의 작은 조가비들과 뼈로 만든 고리들, 3~10센티미터 길이의 얇은 상아 막대 등도 역시 붉은색이었다.[4]

버클랜드는 이 유골이 로마가 브리튼을 점령했던 시대의 것이라고 생각했다. 머지않아 이 유골은 '파빌랜드의 붉은 숙녀Red Lady of

Paviland'라 불리게 되었다. 그는 점잖게 헛기침을 하면서, 이 유골이 '직업이 무엇이었든' 옛날 군대 막사 근처를 자주 찾아가던 '특정한 성격의' 여성의 것이었다고 보았다. 실은 이 여성은 창녀가 아니었고, 더욱이 로마의 베스파시아누스 황제와 동시대인도 아니었다. 옥스퍼드의 목사는 자기도 모르는 채로, 당시 자신의 확신으로는 아예 존재할 수가 없는 것을 발견했던 것이다. 그것은 약 스무 살 정도의 나이에 묵어 그 동굴에 매장된, 대략 2만 6,000년 된 인간의 유골이었다. 이는 세계적으로도 가장 오래된 호모 사피엔스의 한 표본이다.

하지만 그것만이 아니었다. 윌리엄 버클랜드는 가장 오래된 종교의 증거 하나를 찾아냈던 것이다. 그것을 설명하자면 잠깐 상세한 이야기를 해야 한다. 인종학, 종교학, 종교사 등의 학문이 생겨난 이후로, 종교가 어디서 생겨났는가에 대해 많은 사색이 이루어졌기 때문이다. 종교에 어떤 기능을 부여하느냐에 따라 제각기 다른 시작들을 생각하는 것이 가능했다. 예를 들면 신들은 의인화된 자연현상이라고 여겨졌다. 번개가 치니 그 뒤에는 번개 신이 있거나 번개 자체가 신으로 여겨졌다. 적어도 번개가 내리친 장소는 그 뒤로 거룩한 곳이 된다. 신들은 원래 순간의 신들이었던 것으로 생각된다. 거기에는 옛사람들이 자기들에게 낯선 것을 모조리 종교적으로 받아들였을 것이고, 모든 것이 천천히 신화가 되었으리라는 추정이 들어 있다. 이것과 관계가 있는 종교 이론은 무한성에 대한 감각에서 신들이 나왔다고 보았다. 즉 다른 자연현상들처럼 일종의 문법적 강제에 의해 의인화된 태양, 달, 별이 가득한 하늘에 기도하는 마음에서 생겨났다는 것이다. 즉 막강한 것, 닿을 수 없는 것이 이름을 얻고 그로써 거의 활동적인 존재가 되었

다는 말이다.[5]

그와 대립하는 이론에 따르면, 꿈의 모습에서 신들을 추론할 수 있다. 죽은 조상들이 꿈에 나타난다는 것이다. 황홀경, 몽환 상태, 감각의 혼란 등도, 옛사람이 식물, 동물, 물건으로 전이시킨, 정령들의 세계라는 표상으로 안내했을 것이다. 초기 애니미즘 이론이 이런 주장을 펼친다. 영혼의 체험이 종교적으로 세계 속에 투영된 것이 아니고, 모든 것을 통과하는 힘의 표상이 맨 처음에 있었다는 것이다. 정령, 유령, 얼굴, 또는 의인화한 자연 원소들이 나오는 꿈들이 종교의 전제가 아니고, 터부의 근원이자 열광을 부추기는 익명의 힘들에 대한 경외심이 종교의 전제라는 말이다. 다른 이론들도 이것과 완전히 다르지 않은데, 이들은 모든 종교의 시작을 마법과 연관시킨다. 즉 종교란, 강제력을 지닌 힘들에 의해 지배되는 우주의 표상으로 시작되었고, 이런 종교에서는 통제하기 힘든 그 내용들(몸, 날씨, 사냥의 성공, 다산 등)이 종교적 행동의 대상이 된다. 그리고 마지막으로 호주의 토템 동물 숭배에 대한 이야기들은 공동체가 자신과 자신의 도덕적 확립을 거룩한 것으로 만들려는 욕구에서 종교가 시작되었음을 알려준다.[6]

이 모든 이론들이 흥미롭다. 하지만 이들 대부분은 사회인류학자 에드워드 에번스프리처드Edward Evans-Pritchard의 비웃음을 샀다. 학자들이 문자 없는 사회의 일원의 입장에서 이들이 어떻게 처음으로 초자연적인 것을 생각하게 되었나를 알아내려고 애쓰는 것을 보면서, 그는 '내가 말馬이라면'이라는 사변을 펼쳤다. 종교의 시작에 대해 질문하는 사람이 직면하는 당혹감은 명백하다. 종교는 눈에 보이지 않는 것에 관계하는데, 눈에 보이지 않는 것은 화석으로 남지 않는다. 마찬가지로 그에 대한 생각, 그에 대한 말이나 감정 등도 남지 않는다. 태고시대에서 살아남은 것은 단단한 물건들뿐이다. 종교를 신앙의 체계로 간주한다면, 종교사회학이나 종교고고학은 아예 전망이 없다. 그보다는 세계나 신들, 전체의 의미 등에 대해 분명하게 말로 표현된 그 어떤 관점 없이도 사람들이 특정한 행동을 하는 과정이 종교적인 것이라는 사실을 받아들인다면, 태고사 연구에서 종교의 시작을 규정할 가능성들이 열린다. 여기서 버클랜드의 발굴이 중요한 출발점이 된다. 종교의 시작에 대한 질문을 고고학적으로 관찰한다면, 최초의 종교적 관심을 알려주는 것은 현존하는 정령이 아니라 거기 없는 인간들이기 때문이다. 죽은 자들과 죽음 자체가 이런 관심을 끌어모은다. 오늘날 전해지는 가장 오래된 종교적 행동의 증인들은 바로 무덤들이다.[7]

꺅꺅꺅

고등동물은 이미 죽음을 민감하게 받아들인다. 예를 들어 코끼리와 침팬지는 친척이건 아니건 상관없이 죽은 동료에게 상당히 주목한다고 알려져 있다. 전염병이라는 관점에서 보자면 그다지 적절한 행동은 아니지만, 이들은 동료의 사체를 끌고 가거나 어루만지고 자세히 탐색한다. 동시에 특별한 외침 소리를 내거나, 특별히 조용해지거나, 또는 공격적인 행동을 보인다. 과학자들은 서부 아프리카의 나무에서 사는 작은 야행성 영장류인 포토원숭이 3마리를 관찰했다. 이들은 함께 살았는데 1마리가 죽자, 남은 2마리가 자기들에게 주어진 식사의 3분의 1을 죽은 녀석의 몫으로 남겨놓는 것을 보았다. 심지어는 식사량을 절반으로 줄여도 마찬가지였다. 침팬지들이 죽어가는 동료를 위해 분명히 탄식하고 또한 동료가 죽은 장소를 피하는 것도 관찰되었다.[8]

하지만 네안데르탈인을 포함해 인간만이 매장을 했다. 물론 죽은 사람을 특정한 장소로 옮겼다고 해서, 그게 꼭 죽음을 저세상으로 가는 이행으로 여겼다는 뜻은 아니다. 맹수에게서 보호하기, 부패 과정에 대한 혐오감, 위생적인 이유 등도 생각할 수 있다. 게다가 유골이 발견된 장소가 모두 무덤이었던 것도 아니다. 또한 부장품에 대해서도 그것이 반드시 저세상으로 넘어가는 장비로만 생각되어서는 안 되고, 그냥 소유의 표현이었을 수도 있다.

하지만 더욱 근본적인 질문이 제기된다. 어디선가 발견된 유골을 옛날에 매장된 유골과 어떻게 구분하는가? 그러니까 어떤 유골이 발견되면, 그 발견된 곳이 우연한 죽음의 장소가 아니라 무덤이었다는 사실을 어떻게 아는가? 첫째로, 구석기 중기 이후로 눈에 띄게 많은 유골들이 나타난다. 바닥이 평평하게 다져져 있고 벽은 매끈한 구덩이나, 동굴의 특별한 구석에서 비슷한 자세를 한 동물 유골은 전에도 지금도 발견된 적이 없다. 또한 무덤의 경우에는 유골의 상당수가 완벽하고, 유골이 여럿이어도 그 뼈들이 뭉개지지 않은 채로 있다. 사고로 돌 더미에 묻히거나 맹수의 먹이가 되었을 경우는 그렇지가 않다. 둘째, 눈금이 새겨진 돌로 덮인 무덤들이 그사이 점점 더 많이 나타나고 있다. 마지막으로 많은 장소들이 매장의 양상을 보인다는 점이다. 특정한 연령대의 사망자만 포함한다든가, 여성의 개인 무덤은 드물다든가,[9] 망자가 앉은 자세로 있거나, 황토 조각이나 동물 뼈 등의 부장품과 함께 묻힌 경우가 그 예다.

호주 윌란드라 호수 지역에서 발견된 원주민의 가장 오래된 유골은 흔히 '뭉고 맨Mungo Man'이라 불리는데, 실은 여자였을 수도 있다. 어쨌든 이 유골은 발견 장소에서 약 200킬로미터나 떨어진 곳에서 나는 황토에 싸여 있으니, 이 모든 것은 이미 4만 년 전에 의식을 갖춘 매장이 있었음을 증언한다.[10]

여기서는 물론 엄격한 의미에서의 무덤들을 말하는 것이 아니나. 우리에게 태곳적 사망자 예우에 대해 가장 폭넓은 조망을 제공해주는 영국의 고고학자 폴 페티트Paul Pettitt는 인간 또는 인간 비슷한 생명체가 망자를 다룬 여러 방식들을 다음과 같이 구분한다. (1) 사자死者 또는 그의 신체 일부가 다른 장소로 운반됨. 망자의 머리, 유해, 또는 속을 채운 표본들. (2) 질병 발생률과 식인食人 관습. (3) 그대로 놓아두기. (4) 정리해 놓아두기: 시신이 독수리 먹이가 되지 않도록 보호하려고, 또는 그냥 버리려고 한 장소로 운반. (5) 의미심장하게 배치하기: 시신은 단순히 맹수들의 습격에서 보호받을 뿐만 아니라, 죽음의 비밀을 간직한 특정한 장소에 보존됨. (6) 망자에게 돌 덮개를 만들어주기. (7) 매장: 땅에 구덩이를 파고 시신 하나 또는 여럿을 놓고 모든 것을 흙으로 덮음. (8) 공동묘지: 오로지 사망자의 매장에만 쓰이는 장소들. (9) 망자에 대한 기억을 표현하기: 장례식, 기념비, 노래, 이야기들.[11]

버클랜드 목사가 발견한 웨일스 동굴은 협소한 의미에서의 무덤은 아니었다. 하지만 유골과 부장품을 붉은색 황토로 물들인 것은 여기서도 분명 매장이 이루어졌음을 보여준다. 망자들은 분리될 뿐만 아니라 표시되었다. 죽음이란 단순히 사라지는 것이 아니라 말 그대로 특별한 과정이다. 장식 또는 심지어 미술품과 함께 나타나는, 하나 또는 여러 시신들의 배치 방식은 그 시대의 다른 매장 장소에서도 입증된다. 예를 들면 레 제지Les Eyzies(프랑스 도르도뉴), 퀴사크Cussac 동굴(역시 도르도뉴), 레 가렌Les Garennes(프랑스 샤랑트), 크렘스바흐트베르크Krems-Wachtberg(저지 오스트리아) 등지다. 그렇다고 이것이 유럽 전역에 걸친 관습으로, 상호 영향을 주고받으며 이루어졌다고 말할 수는 없다. 행동 방식의 차이를 설명할 수 있는 긴 시간 차에도 불구하고 그러기엔 공간적인 거리가 너무 멀다.

그럴수록 매장 방식의 유사성이 더욱 놀랍다. 조가비들을 엮은 사슬, 역시 사슬에 꿸 수 있는 상아구슬, 물들인 동물의 이빨이나 동물 유골 전체 등이 부장품으로 쓰였다. 포르투갈에서 발견된 2만 5,000년 된, 네 살배기 '라가르 벨류Lagar Velho의 아이'의 발치에 놓인 새끼 토끼나 다람쥐 꼬리 같은 것도 있다. 유골의 머리맡에 놓인 이빨이나 조가비처럼, 이들도 생전의 머리나 몸의 장신구, 또는 쓰고 다니던 가면일지도 모른다. 사냥감에서 얻은 장신구는 개인이 특정 종족에 속함을 나타내는 것일 수도 있다. 시신과 매장 장소를 물들인 것을 두고는, 이 문제에 대해 오랫동안 논쟁을 벌인 학자들 일부는 상징적 의미로 ─ 붉은색이 피를 나타낸다는 ─ 여기고, 다른 학자들은 물감 재료가 가진 방부제 특성에 주목했다. 때로 시신은 ─ 아레네 칸디데Arene Candide(이탈리아 리구리아)의 '왕자'처럼 ─ 황토 속에 반듯하게 눕히기도 했다.[12]

부장품은 매장이 있었음을 알려주는 믿음직한 지표다. 하지만 함께 묻힌 창槍이 꼭 망자가 사냥꾼이었다는 결론을 내주는 것일까? 그가 창을 만들었을 수도 있고, 창이 그의 아버지의 것이었을 수도 있으며,

또한 해당 공동체에서 높은 지위에 있는 사망자의 무덤에 함께 넣어 주는 가장 가치 있는 물건이었을 수도 있다. 장신구로 쓰이던 동물의 이빨 등 존엄성을 지닌 물건은 망자의 부富를 나타내는 것이었을까? 아니면 그가 속한 종족의 표지였던 것일까? 혹은 이런 물건들을 무덤으로 가져오면서 일종의 상징적인 디플레이션을 나타냈던 것일까? 말하자면 그 물건이 귀중품 거래에서 빠지게 되었으니 말이다. 부넘으로 들어온 조가비, 구슬 등은 결국 삶에서는 아무 역할도 할 수가 없다. 망자가 사회적 역할의 측면에서 후계자를 두었다면, 후계자는 새로운 장식품, 상징, 도구들을 만들어야 했다. 대부분의 부장품이 지질학적 모범에 따르는 것인 만큼, 즉 남유럽에서는 돌 도구와 붉은사슴의 송곳니, 동유럽에서는 상아와 여우 이빨 등이었던 만큼, 이런 물건들은 망자의 사회적 지위보다는 오히려 그의 문화적 출신을 나타내는 것으로 보인다.[13]

3명의 젊은 어른을 매우 상징적으로 배치한 두 경우, 곧 바르마 그란데Barma Grande(북부 이탈리아)와 돌니 베스토니체Dolni Vestonice(체코)의 동굴 매장에서는 상징적 특성이 매우 뚜렷하다. 체코의 동굴에서는 한 사람이 팔을 쭉 뻗고 누워 있는데, 의도가 없다면 그런 자세가 나올 수 없다. 그 팔은 중간에 있는, 아마도 여성이었을 것으로 보이는 유골의 엉치뼈 위로 뻗어 있다. 중간 유골은 많은 손상과 뼈의 변형들을 보여준다. 그의 팔은 그녀의 두 다리 사이에 놓였는데, 세 번째 유골은 얼굴을 바닥으로 향한 채 다른 2명에게는 등을 돌린 모습이다. 너무 서둘러 의미를 해석하는 것에 회의적이며, 늘 우연을 감안해야 한다고 생각하는 경험 많은 학자들조차도 — "이것은 정상적인 매장이 아니다"(폴 페티트) —500킬로미터의 거리와 약 1,000년의 시간 차를 둔 이 두 곳의 매장 방식에 나타나는 유사성에 놀란다. 어떤 관찰자도 이들이 제각기 한 쌍의 커플과 제3의 인물이 등장하는 어떤 이야기를 따른 것이라는 인상을 피할 수가 없다.

열한 살에서 열세 살 정도의 소년과 아홉 살에서 열 살 정도의 소녀가 서로 머리를 맞댄 채 나란히 매장되어 있는 이른바 '숭기르Sungir 아이들'도 비슷하게 인상적이다. 이들은 대략 2만 4,000년 전, 오늘날의 모스크바에서 북동쪽으로 200킬로미터 떨어진 곳에, 주로 아이들을 위해 만들어진 상아구슬 수천 개와 여우 뼈 구슬 수백 개, 매머드 이빨로 만든 창槍들의 한가운데 매장되어 있다. 이런 구슬 1개를 만드는 데 적어도 한 시간 정도가 필요하다고 계산해보면, 그런 구슬 5,000개는 그야말로 생각해볼 만한 숫자다. 라 마들렌La Madeleine(프랑스 도르도뉴)에 있는 약 1만 년 된 세 살배기 무덤에서 나온, 약 200킬로미터 떨어진 대서양 해안에서 모았을 것이 분명한 조가비 구슬 1,500개도 마찬가지다.

그러므로 우리는 이런 매장이 확실하게 사회적인 의미를 가졌다고 생각할 수 있다. 다만 어떤 의미인지를 모르는 것뿐이다. 그렇다 해도 돌니 베스토니체의 3인방 무덤에서 가운데 인물의 장애도, 이것이 드물지 않게 발견되는 특이한 유골들, 즉 태아, 젖먹이, 아이들, 청소년, 장애인, 난쟁이, 부상자 등에 속한다는 관찰에 도달하게 된다. 반면에 지금까지 발견된 초기 호모 사피엔스의 무덤들에서는 손상을 입지 않은 나이 든 어른의 유골이 매우 드물다. 다른 한편 예를 들어 이탈리아 칼라브리아의 로미토Romito 동굴에 매장된 초기인간 난쟁이는 열일곱 살 정도 되었는데, 기원전 1만 1000년 무렵의 가혹한 삶의 조건 아래서, 사냥에 동참할 수 없는 구성원에게도 공동체의 배려가 닿았음을 보여준다.[14]

매장 자체가 초기의 경험으로 아직은 자명한 것이 아니던 시절 — 그러니까 기원전 4만 5000~기원전 1만 년 사이인 구석기 말기, 유라시아 지역에서 1,000년당 무덤 5개 이하가 전해지던 시절에[15] — 매상은 흔히 일상적이지 않은 사망과 연결되었고, 죽음과 관련된 일종의 기억할 만한 '이야기들'이라는 의미를 만들어냈다는 결론에 수긍이 간다. 폴 페티트는 이렇게 쓴다. "매장은 어쩌면 '나쁜 죽음'을 반영하는 것일지도 모른다." 다음의 말도 덧붙여야 할 것이다. 삶이 비록 외롭지는 않았지만 "비참하고 역겹고 동물 같고 짧던"(토머스 홉스) 시대의 나쁜 죽음이라고 말이다. 어쩌면 해부학적으로 일반인과 다른 개체들이 숭배를 받았을지도 모른다. 인신 제물의 잔재라고 본다면, 어쩌면 이 두 가지, 즉 나쁜 죽음과 숭배가 결합된 것인지도 모른다. 드물지 않게 너무 많은 부장품을 예비해두었던 것, 그러니까 어쩌면 죽기 오래전부터 이미 부장품을 마련했다는 것이 이런 생각을 뒷받침해줄 수도 있다.[16]

행동의 동기를 찾을 때 꼭 필요한 온갖 조심성에도 불구하고, 이런 매장에서 종교적 자극을 읽어낼 수 있다. 죽음의 방식 또는 죽기 이전의 삶에 있었던, 옛사람들의 힘든 삶의 조건 속에서도 특별한 것으로 여겨진 어떤 것이 매장이라는 형식을 통해 강조되어야 했을 것이다. 우리는 이 사자死者, 또는 이 죽음들에 나타난 특별한 것이 정확하게 무엇인지 말할 수 없다. 또한 살아남은 사람들이 지닌 동기들을 통해 모든 매장들이 서로 비슷했다고 받아들일 이유도 없다. 하지만 분명 그런 어떤 이야기들이 있었을 것이라고 확정하지 않을 수 없다. 제례 의식은 주로 자명하지 않은 것, 정상으로 여겨지지 않는 사건을 가공하려고 한다. 대부분이 곤궁 속에 살며 살아남기 위해 애썼다고 우리가 상상하는 그런 세계에서, 죽음에서 특별한 존재를 기리는 것은 삶의 우연성에 대한 최초의 의식意識을 기록으로 보여준다. "무엇 또는 누군가가 우리와는 달랐어야 했다. 그런 존재가 지금도 우리 중에 있을 수도 있는데, 우리는 살아 있고 그들은 죽었다. 그들은 원래 우리와 달랐거나 아니면 적어도 지금은 우리와 다르다"는 의식 말이다. 확인된 매장들은 단순히 일회성이 아닌 무언가 확정적인 어떤 의식을 증언한다.

죽음의 상징적 의식意識이 차츰 생겨나던 옛날의 상황에서 현대의 감상을 멀리해야 한다. 시신에 여러 의미를 부여하려는 관심은 당시 지배적인 매장 관습이 시신의 해체 관습이었으며, 상징적으로 매혹적인 신체 부위가 죽은 몸에서 분리되었다는 사실로 연결되었다. 많은 무덤들에서는 머리만 발견된다. 나중에 머리에 장식을 덧붙이는 일은 처음 정착지를 형성하던 시기까지 지속되던 관행이다. 때로는 트로피를 노리는 생각이 지나치게 나가서, 매장하기도 전에 망자의 뼈를 발라내는 일도 있었다. 이는 많은 지역에서 기원전 8000년 무렵까지 계속되던 일이다. 망자의 유해를 놓고는 개별적인 경우 매장에 앞서 식인 풍습이 이루어졌다는 점을 배제할 수 없다.[17]

묘지는 아주 실용적인 의미에서 '기억의 들판'으로서 문자 그대로 기념비였다. 옛날 인간 공동체가 정착하기 이전에, 이런 공동체들은 자기들의 생활 공간을 오늘날과는 반대 의미에서 점거라고 여겼다. 땅이 사람에게 속하는 것이 아니라, 사람이 땅에 속했다. 최초의 매장들은 그들이 살던 장소에서, 또는 그 근처에서 이루어졌다. 망자들을 산 사람에게서 격리하는 것은 삶에 영향을 주는 상징적인 행동이다. 다르게 표현하면 이렇다. 옛날 인간들에게 거주지란 처음에는 그들이 그곳에 오면 생각나는 것이었다가, 장례 의식이 비로소 이런 '상황에 따른' 생활 방식을 변화시켰다는 말이다. 아주 먼 훗날 나타나는 조상숭배에서도, 이와 같은 공간의 확정이 꼭 필요한 전제 조건이다. 그렇게 보면 매장 의식이 널리 퍼지는 것은 최초의 원시 미술품과 상징적 행동들이 나타나는 문화적 발전의 한 국면에 속한다. 인류는 1만 년 이상의 시간에 걸쳐 차츰 이런 물건들과 물건 만들기를 이용해 소통하는 법을 배웠다. 부장품은 이런 상황의 표현이다. 죽은 시신만 의미심장하게 취급되는 것이 아니라, 힘들게 생산된 물품들도 그에게 속한 것으로 여겨지게 되었고, 그런 만큼 망자에게서 그것을 빼앗을 동기도 생겼다. 망자들은 그런 물건을 지닌 사람으로 여겨질 수 없는데도 불구하고, 주목받으려는 욕구를 가졌다.[18]

><<<<<<

초기인간 무리는 먹이 동기, 그러니까 살아남으려는 동기에서, 사냥감이나 식물, 물, 또는 특별한 휴식 장소가 있을 것으로 기대되는 어떤 장소로 되돌아가곤 했지만, 위에 설명한 순수하게 문화적인 동기도 거기에 더해졌다. 우리는 이곳에 속한다는 느낌 말이다. 종교는 그런 제의적인 또는 굳이 말하자면 물질적인 확인에 의존하는데, 보이지 않는 것을 다루는 일에서는 이 주장이나 저 주장이 비슷하게 옳고, 처음에는 아직 무슨 말을 해도 되는지, 무엇을 믿어야 하는지를 정해주는 신학이란 게 없었기 때문이다. 훨씬 뒷날에야 매장에 대한 문화적 동기들이 확장되어, 인간은 '어머니' 대지에서 나왔고, 그러니 다시 대지로 돌아가야 한다는 등의 신화로 변했다. 그러고도 훨씬 더 뒷날의 이주移住 연구자들은 다음과 같은 사실을 보고한다. 은퇴하고 나서 스페인에 정착한 독일인들은 흔히 차량 정기검사와 자신의 장례라는 두 가지 계기에만 고향으로 돌아온다는 것이다. 낯선 땅에 묻힌다는 것은 심지어 고향과의 모든 관계를 끊어버린 사람들조차도 받아들이기 힘들다.[19]

장소에 대한 강한 애착에는 여러 이유가 있을 수 있다. 인류학자 엘리자베스 콜슨Elizabeth Colson은 아프리카 종족들의 종교 관습을 관찰하면서, 단순한 공동체들이 자연의 정령들이 있을 것이라 여기는 '힘을 지닌 장소들places of power'과 조상들을 추모하는 '땅의 사원들shrines of the land'을 구분하는 것이 중요하다고 지적했다. 이것이 종교의 두 전형이라고 말할 수 있을 것 같다. 사람들은 정령들이 사는 냇물, 나무, 폭포, 동굴 곁에 자기들이 살 집을 짓지 않는데, 이런 장소에서 정령들과 마주치기 때문이다. 그에 반해 기념물, 신전, 기념비 등은 사람들이 세운 것이다. 조상의 정령들은 공동체에 덧붙여지는 것이며, 공동체보다 더 먼저 있었던 것도 아니고 또한 항구적인 것도 아니다. 콜슨의 말을 빌리자면, 이들은 자연의 힘을 대변하고 거룩하게 만드는 것이 아니라, 사회적 삶의 지속성을 대변한다.[20]

기원전 1만 5000~기원전 1만 2000년 무렵, 장례의 전통이 바뀐다. 망자를 동굴, 바위틈, 또는 다른 장소로 운반할 수 있다는 가능성을 생각해보면, 땅에 매장하기란 망자를 다루는 새로운 방식으로 한 걸음 더 나아간 것이었다. 삽이 없던 세계에서 무덤을 파는 일은 어쨌든 상당한 비용을 요구했다. 처음에는 이런 보존 방식[매장]도 극소수의 개인들에게만 주어졌다. 그러므로 그 방식이 위생적인 동기에서 나온 것이라고 해석할 수 없다. 그러다가 공동묘지들이 생겨났다. 매장이 특출한 개인들, 제례 의식을 요구하는, 기억할 만한 개별적으로 특이한 경우들에서 벗어난 것이다. 이어서 특정한 공간들의 기능적인 보존이 나타나는데, 정착 사회에 도달하기 직전에 일어난 일이었다. 수렵채집 무리의 토대란 처음부터 문화적 의미를 지닌 것이었고, 동시에 처음부터 산 자들의 생활 장소와 죽은 자들의 장소가 공간적으로 구분되었다. 농업으로 넘어가면서 고정 장소들이 늘어난 것이 사회적 의미와 합쳐졌다.

무덤들이 이런 기능을 얻는 정도에 따라, 개별 경우들에 대한 기억이 소멸되고 집단적 추모가 나타난다. 우선 추모는 집단 내부를 향한다. 망자들은 조상이 된다. 그리고 외부로도 향한다. 망자들과 그들을 보존한 장소는 공동체 결속의 상징이 된다. 공동체는 조상들이 살던 자신들의 과거와 구분될 뿐만 아니라, 다른 공동체와도 구분되는 것이다. 이는 기원전 4000년대에 북서부 유럽의 초기 정착민들이 무덤들과 묘지 주변에 만든 신전들에서 가장 잘 나타난다. 그 위치, 크기, 요새화 등으로 보아 이것이 핵심적인 예배 장소였으며, 여기서 종족들이 일정 기간 축제의 틀 안에서 조상들을 추모했다는 결론을 내리게 된다. 오늘날 우리가 교회 옆에 묘지가 있다고 말하는 것처럼, 종교의 초기에도 교회[예배소]는 묘지 옆에 있었다는 말이 맞다. 대개의 성聖유물 보관소는 멀리서도 눈에 띈다. 그런 장소들은 특정한 성좌의 배열에 따라 지어진 천문학적인, 즉 태양의 움직임과 연관된 특질을 갖는데, 이런 사실이 제물을 바치던 장소에 속하지 않는 다른 기능들과도 대립하지는 않는다. 무엇보다도 이들은 곡물을 제공해주는 땅에 대한 지역 공동체의 요구들을 상징적으로 드러낸다. 망자들은 땅에 속하며, 예배 장소는 망자들에게 속하고, 망자들은 우리의 조상이니, 땅과 땅이 제공하는 것은 우리 것이라는 요구다. 그런 기념비적 묘지 중에서 가장 큰 것들은 ─ 아일랜드의 뉴그레인지Newgrange(기원전 3150년), 스코틀랜드 오크니 제도 메인랜드에 있는 매스 하우Maes Howe(기원전 3000년 무렵) 등 ─ 상당한 노동을 투자해야 했는데, 땅에 표시를 하려는 욕구가 그런 일을 가능케 만든 한 가지 이유였을 것이다. 농산물 덕분에 인구가 늘면서 동시에 정치적 경제관에 따른 생각도 생겨나고, 그래서 집단적 구속력을 가진 결정을 통해 생산자원 관리라는 생각도 나타났을 것이다.[21]

이따금 묘혈墓穴 위에 아주 멀리서도 보이는 거석巨石 기념비들이 세워진다. 웨스트 케넷West Kennet의 롱 배로Long Barrow 언덕(기원전 5500년), 웨일스의 펜터 아이판Pentre Ifan 언덕, 그리고 이런 형태들 중에서 가장 유명한 스톤헨지Stonehenge(기원전 2600년)가 있다. 스톤헨지는 1.5톤이나 나가는 돌들을 250~400킬로미터 떨어진 남부 웨일스에서 그리로 운반해 와서 세운 것이다. 이것은 기술적, 실천적으로만 놀라운 업적이 아니라, 종교적으로도 주목할 만한 과정이었다. 저 거석들의 산지産

地가 당시에 종교적으로 중요하게 여겨지던 곳이고, 그래서 그것을 가져오려는 엄청난 노력을 쏟았으리라는 것을 뒷받침해주는 증거들이 많다. 거룩한 특성은 예나 지금이나 공간 및 장소와 연관되지만, 동시에 거룩한 물건을 움직일 수 있고, 운반할 수 있는 대상으로 여겼던 것이다. 이 점은 또한 사람에게도 적용된다. 사람들이 데려온 가축이 멀리서 왔으니, 그들이 순례자라는 것도 입증된다. 시간이 흐르면서 묘지에는 다른 제의적 기능들이 덧붙여졌다. 조상들의 죽음만이 아니라, 예를 들면 돌이 거룩하고 전시할 가치가 있다는 것과도 연관된 기능들이었다. 많은 거석 기념비 장소들은 그것이 더는 매장 목적으로 쓰이지 않게 된 다음에도 여전히 이용되었음을 알려준다.[22]

〉〉〉〉ㅐㅐㅐㅐㅣ

묘지보다 예배 장소 건설이 먼저였다. 약 1만 2,000년 전 인공적으로 건설된 괴베클리 테페 언덕Göbekli Tepe(터키 아나톨리아 남부)은 7미터 높이까지 이르는, 800~1만 1,000킬로그램 무게에 지름 10~30미터짜리 돌기둥들이 원 모양으로 배치되어 있고 이들을 다시 둥근 동심원 벽이 둘러싸고 있다. 지금까지 발견된 바로는 묘지 기능이 없는 초기의 예배 장소로서, 큰 규모의 인간 무리들이 주변에 살지는 않았다. 이 정도 무게의 돌들은 신석기시대 집들에는 쓰이지 않았고, 불을 피운 장소나 화덕 같은 것도 여기서는 발견되지 않는다. 발굴이 계속되면서 앞으로 언젠가 이곳에 묘지도 있었다는 게 밝혀진다 해도, 신전을 건설한 사람들은 거주지 근처에 망자를 매장하던 농부 또는 시골이나 도시 거주자가 아니었다. 여기에는 사람이 길들인 그 어떤 동물이나 식물의 흔적도 없다. 오히려 이 언덕은 저 유목민들이 숭배 목적으로 소망하던 양질의 석회석이 있었기 때문에 선택되었다. 근본적으로 우리는 괴베클리 테페에서 아마도 인류사 최초로 오로지 종교적 목적으로만 쓰인 장소를 보는 것 같다. 그러니 이런 목적이 여기서 어떻게 나타나게 되었는가를 읽어내려고 시도해보자.[23]

이곳의 특징을 이루는 거대한 T자 기둥들은 대부분 돋을새김의 동물 형태를 지니는데, 특히 여우, 새, 뱀, 전갈 등이 보인다. 이런 돋을새김 일부는 혁대, 숄, 팔다리 등이 새겨진 인간 형태 조각품의 의상처럼 쓰인다. 일부 이런 동물 조각품은 숨이 멎을 정도로 현실적인 모습으로 기둥들을 따라 달린다. 이것을 만든 사람들은 온갖 도상 기술을 장악했던 것이 분명하다. 수많은 동물들을 자연의 모습 그대로 보여주지만, 거대한 인간 입상들은 돌로 만든 일종의 픽토그램처럼 추상적인 기호로 만들어졌기에, 예를 들면 성적性的인 표지가 빠져 있다. 또는 더욱 정확하게 말하자면 그들의 성적 표지들은 그래픽으로 가려졌다. 벤치들이 있으니 모임 장소였을 게 분명하다. 엄청난 양의 뼈들이 발굴되었으니 엄청난 고기를 소비한 축제가 있었을 것이다. 이는 이 거대한 돌 건축물을 세우느라 스스로는 사냥하지 못하던 사람들에게 일종의 보상이 지불되었다는 의미다. 이런 구조물을 지으려면 최소 500명이 필요했을 것으로 추정된다. 괴베클리 테페 주변 200킬로미터 크기의 원 안에 수많은 비슷한 예배소들이 발견되는데, 이런 신전의 건설은 심지어 정착으로 넘어가는 과정을 촉진했다. 신전이 집들보다 먼저 생겨났고, 아마도 유목민 샤먼들의 지휘 아래 생겨났을 것이다.[24]

어쨌든 이런 신전이 전제로 하는 것은 조직이다. 그리고 이 신전에 빠져 있는 것은 신들이다. 이곳과 또 다른 기념비적 예배소에서 인간 모습의 거대 입상들을 빼고는, 초인적인 현상들을 암시하는 것은 없다. 또한 이곳에 거의 나타나지 않는 것이 혼합 형태다. 염소 악마나 새 인간 등은 어디에도 없다. 하지만 온갖 종류의 야생동물은 조각이나 돋을새김에 나타나고, 실제로 뼈들도 발견되었다. 이 신선에서 동물이 제물로 바쳐졌음을 알려주는 대목이다. 그보다 훨씬 먼저 나타난 서유럽의 매우 많은 동굴벽화들에서 읽어낼 수 있듯이, 제례 의식은 망자들에 대한 집착만이 아니라 동물들에 대한 집착을 보여준다. 심지어 괴베클리 테페에서는 사냥되지 않은 짐승들에 대한 집착이 나타난다. 그러니까 종교의 기원이 제의 방식 주문을 읊어서 사냥의 성공을 얻어내려는 주술이라고 볼 수는 없다. 제의적인 동물 모티프들은 농업으로의 이행 이후에도 동물의 '사회화'를 유지해준다. 이는 사냥이라는 동기를 넘어 인간/동물 구분에 대한 관심을 설명해준다. 괴베클리 테페나 그 비슷한 신전 지역에서는 식물과 동물 길들이기에 앞서 '땅 길들이기'가 나타났던 것이다.[25] 특별한 산의 돌들이 거룩한 것으로 여겨졌을 때처럼, 땅은 도구적으로 변형된 것만이 아니라 —그러니까 집, 모임 장소, 뒷날의 경작지 형태로— 땅 자체 안에 상징들이 자리를 잡았다. 그것도 인간과 동물의 구분을 주제로 삼은 상징들이었다. 이런 상징들에 하나의 명제를 부여할 수 있다면 아마도 다음과 같은 말이 될 것이다. 인간은 동물 세계에서 거인으로 우뚝 솟은 존재다.[26]

유물에 기록된 종교의 시작에는 바로 이 두 가지 핵심 모티프가 있다. 곧 죽음과 동물이다. 약 6만 년 된 라 레구르두La Régourdou(프랑스 아키텐, 몽티냑) 동굴에는 납작한 돌 위에 왼쪽으로 돌아누운 성인 네안데르탈인의 유골이 놓여 있다. 불곰의 정강이뼈 2개는 아마도 부장품이었던 듯하다. 시신은 석회석과 돌 무더기로 덮였고, 돌 무더기 위에는 불곰 뼈들이 섞인 불탄 모래층이 덮여 있다. 역시 매장된 새끼 불곰의 온전한 유골이 근처에서 발견되었다. 어쩌면 문자 그대로의 의미로 인류사에서 가장 오래된 무덤의 이런 배치를 위해서는, 고도로 통합된 행동만 필요했던 게 아니다. 인간-동물 관계에 대한 의식意識도 여기서 드러난다. 이는 나중에야 비로소 다시 동굴벽화에 나타나는 의식이기도 하다. 종교의 처음은 옛날 인간이 자기를 둘러싼 주변에 얼마나 잘 어울렸는가, 그리고 생명체 하나가 어떻게 다른 생명체들 사이에 있는가, 또 그를 다른 생명체와 구분해주는 것은 무엇인가 하는 질문을 다룬다는 인상을 준다.

주어진 것과의 작별에는 거리 의식이 수반되었던 것으로 보이고, 제의祭儀는 바로 이런 의식에 반응한 것이었다. 특별한 공동체가 특별한 행동을 위해 특별한 장소와 특별한 시간들을 마련했다. 이는 사냥과 채집이라는 일상에서 벗어난 행동이었다. 이런 행동들은 그것이 이루어지는 무대가 막대한 비용을 요한다는 이유에서만 집단적이었던 게 아니다. 집단으로 의식意識 조종이 이루어졌다. 이런 활동은 매장의 형식으로 시작되어 차차 거기서 분리되었다. 제의의 계기가 죽음이 아닌 [일상으로부터의] 다른 중단들에서 나온 것으로, 예를 들면 이러이러한 시간에 저러저러한 장소에서 만나기로 한 공동체 자체의 약속에 토대를 둘 경우가 그랬다. 그곳에서 당시 인간은 자신을 동물과 구분하고, 아주 분명하게 그 차이에 대해 생각했다. 훨씬 나중에야 정착 및 정치적 위계질서라는 맥락에서 신神이라는 표상이 비로소 깨어난다.

>>)))<<

버클랜드 목사와 '파빌랜드의 붉은 숙녀'로 돌아가보자. 그녀는 누구였나? 오늘날 알려진 바에 따르면[27] 그녀는 여자가 아니라 남자이고, 2만 9,000년 전에 브리타니아에 정착하기 시작했던 최초의 해부학적 현생인류 후손의 한 명으로, 그 자신은 아마 2만 6,000년쯤 전에 그곳에 매장되었다. 그의 부장품들은 샤먼 활동을 암시한다. 매머드 해골, 상징 색의 색소, 주술의 맥락에서 사용되던 상아막대기, 조가비 장식은 장신구 또는 울림통, 아니면 둘 다였을 것이다. 접근이 쉽지 않은 위험한 장소 자체가 이미, 그 장소를 이용한 사람들에게 신비롭게 여겨졌을 것이다. 동굴 또는 고립되고 은폐된 다른 장소들에서 종교의 시작을 찾아볼 수 있다는 것도 상당히 중요한 일이다. 철학자 한스 블루멘베르크Hans Blumenberg는 이렇게 말한다. "태고 세계의 동굴은 잠잘 때도 약하게 깨어 있는 주의력 집중의 장소이다." 이는 은둔의 공간으로, 이런 공간의 보호 아래서 곰의 방문을 두려워하지 않는 동안, 생존 및 자기보존을 위한 끊임없는 주의력이나 강인함 놀이는 중요하지 않게 된다. 다시 블루멘베르크에 따르면, "동굴의 보호 속에서 상상력이 생겨났다." 그리고 상상력과 더불어 하나 이상의 세계가 있다는 표상, 그러니까 안의 세계와 바깥 세계, 높은 세계와 낮은 세계, 현실 세계와 가능성의 세계가 있다는 표상이 생겨났다.[28]

7
애야, 울지 마라.
넌 절대 혼자 가지 않을 테니:

음악과 춤의
시작

솨솨 소리 나는 시냇가에서 물방아가 덜커덩거린다.
에른스트 안쉬츠Ernst Anschütz

스페인의 비는 주로 들판에 내리지.
헨리 허긴스Henry Higgins

1950년대 초에 미국의 작곡가 존 케이지John Cage는 하버드 대학교의 방음이 된 방을 찾았다. 그런 방들은 밖에서부터만 격리된 것이 아니다. 내벽도 소리를 빨아들이는 자재들로 만들어져 안에서도 아무 소리도 울리지 않는다. 그러니까 그곳에는 사람들이 움직임으로 만들어내는 소리 따위가 전혀 없다. 대부분 석면 쐐기로 뒤덮인 벽들의 음파 저항은 공기의 그것에 근접한다. 소리 에너지가 거의 완전히 온기로 바뀐다.

그런데도 케이지는 이렇듯 소리가 없는 방에서 두 가지 소리를 들었다. 하나는 높고 하나는 낮은 소리였다. "내가 그것을 당직 기사에게 말하자 그는 이렇게 설명했다. 높은 것은 나의 신경체계에서 나오는 소리고, 낮은 것은 나의 혈액순환이 내는 소리라는 것이다." 케이지는 얼마 뒤에 "그 어떤 악기 또는 여러 악기들로" 연주해도 상관없는, 침묵으로 이루어진 곡 〈4분 33초〉를 작곡했다. 그리고 이렇게 덧붙였다. "내가 죽을 때까지 소리는 계속될 것이다. 내가 죽은 다음에도 소리는 계속될 것이다. 음악의 미래에 대해선 전혀 걱정할 필요가 없다."[1]

음악은 단순히 소리가 아니다. 위대한 작곡가로서 자기 예술의 근거에 대한 사색을 펼쳤던 케이지는 그 차이를 감추려 하지 않았다. 음악은 침묵 뒤에 또는 침묵에 앞서 울리는 것으로, 의도적인 소리 배분으로 구성된다. 그렇게 보면 음악은 예술 안에서도 특이한 경우다. 문학의 소재들을 우리는 일상에서 늘 접촉한다. 미술에 대해서도 같은 말이 적용된다. 미술의 기반(돌, 아마포, 색깔)은 미술의 맥락 밖에서도 쓰인다. 하지만 일상에서 노래를 부르는 사람은 이미 음악을 만든다. 그러나 구겔후프 빵을 굽는 사람은 조각가로 여겨지지 않고, 맥주를 주문하는 사람이 시인으로 여겨지지도 않는다.[2]

역으로 말하면 인간이 새의 노래에서 알아채는, 우연하지 않은 순서를 지닌 소리 모형을 새는 알아채지 못한다. 즉 새는 '조바꿈을 통해' 멜로디를 다른 조로 되풀이하지 못한다.[3] 자연은 [알아채지는 못해도] '더 높은' 혹은 '더 낮은' 음으로 인식되는, 다른 것들과 구분되는 음들, 곧 소리 모형을 만든다. 또 비슷하다고 느껴지는 반복하는 리듬도 만들어낸다. 자세히 들어보면 그 어떤 침묵도 없고, 방음이 되는 방도 없다. 케이지에 따르면 아무도 음악을 만들지 않는 경우에도 여전히 음악의 구성요소가 귀에 들린다. 그렇다면 누군가가 음악을 만들고 있다는 말이 맞을 것이다. 정말로 그 음악은 인간의 보편적 능력, 곧 멜로디를 익히고 소리를 잡아내고 연속음을 알아채고 그에 따라 움직이는, 그 보편적 능력의 온갖 요소를 지닌다. 이런 경험은 음악의 시작에 대한 물음에서 중요하다. 그 물음을 음악 만들기의 시작, 또는 음악 듣기의 시작에 대한 물음으로 바꿀 수가 있기 때문이다. 음악 만들기에 대해 말하자면, 최초의 노래에 대한 증언은 당연히 없다. 심지어 최초의 음악적 산물이 노래였는지, 아니면 리듬을 맞춘 목소리였는지, 숨이였는지, 요들송의 경우처럼 악절로 나뉜 외침이었는지도 우리는 알지 못한다. 우리가 아는 것은 다음과 같다. 약 150만 년 전에 인간들 사이에서 노래를 위한 생리적 전제들이 발전되기 시작했다. 호모 하이델베르겐시스는 30만~40만 년 전에 그런 조건들을 갖추었다. 이 시기의 인간은 아직 어휘와 문법을 갖춘 언어를 지니지 못했다. 우리는 여기서 소리 모형들과 음악 사이 경계에 닿는다. 하지만 어디서 이끌어내든 상관없이, 언제 누가 처음으로 그 경계를 넘어섰는지에 대해서는 아무런 암시도 없다.

현재 존재하는 것은 최초의 악기들이다. 그중 하나는 약 4만 년 된 뼈피리다. 백조의 요골로 만들어진 12.6센티미터 길이의 이 뼈피리는 1990년 슈바벤의 동굴에서 발견되었다. 블라우보이렌Blaubeuren 근처 가이센클뢰스테를레Geißenklösterle 동굴이다. 이런 종류 피리들은—예컨대 프랑스 피레네 산맥의 이스투리츠Isturitz의 피리—유럽의 구석기시대, 더욱 정확하게 말하자면 중부 유럽 도나우강을 따라 이주해온 호모 사피엔스가 네안데르탈인들과 나란히 살던 오리냐크Aurignac 문화기에 나온 것이다. 이 시기에 해부학적 현생인류의 초기 상징적 생산품들이 나왔다. 조형적인 그림, 3차원 장신구, 신화적 묘사들과 악기들이었다. 뼈피리 말고도 초기의 음악 도구, 또는 소음 도구들이 있었다. 라 로슈 드 비롤La Roche de Birol에서 출토된, 상대적으로 최근의 흔들이나무Schwirrholz를 그 예로 들 수 있는데, 이는 18센티미터 길이에 4센티미터 폭의 순록뿔 제품으로, 막달레니안 문화기(1만 1,000~1만 7,000년 전)에 나왔다. 흔들이나무를 끈에 매달아 공중에서 빙빙 돌리면 여러 가지 소리가 나는데, 특히 동굴에서는 울림이 매우 좋았을 것이다. 약 2만 5,000년 된 돌 조각품 '로셀의 비너스Venus of Laussel'는 눈금이 새겨진 바이슨 뿔을 어깨 높이에 들고 있는데, 이는 마치 저절로 울리는 사냥나팔 같다.[4]

음악의 시작들은 이렇듯 보존된 물건들에서 시시한 방식으로 드러날 수 있다. 목재나 그 밖의 다른 식물 재료로 만들어진, 예컨대 북 따위의 악기는 전해지지 못했을 것이다. 무덤에서 발견된 조가비나 거북이 등딱지 등은 대체로 오직 사변적인 답변만을 준다. 음악의 기본적 재료는 앞으로도 언제나 있을 것이고, 과거에도 있었다는 존 케이지의 명제는, 실질적으로 모든 것이 악기가 될 수 있었을 텐데 사람들이 각각의 물건에서 그 사실을 꼭 알아보는 것은 아니라는 의미를 포함한다. 옛사람들이 나뭇가지로 나무통을 북처럼 두들기는 매력을 몰랐으리라 상상하기는 어렵다. 또한 피리라고 불린 물건들 즉, 200개 정도 되는 선사시대의 구멍 뚫린 뼈들이 설사 소리를 낼 수 있는 것이라도 모두가 정말로 피리였다고 보기는 어렵다. 많은 구멍 뚫린 선사시대 발굴품에 대해서는—예컨대 슈바벤알프스 지역의 피리보다 1만 년 정도 앞선 슬로베니아의 곰뼈피리Divje Babe I 같은—고기를 먹다가 생겨난 것이 아닐까 하는 의심이 여전히 남는다. 늑대와 곰들의 물어뜯기 행동에 대한 그 비슷한 생체기계론적 논의는 섬세함의 측면에서 셜록 홈즈의 귀납적 결론과 겨룸직한 일이다.[5]

분명히 인간이 작업한 것으로 볼 수 있는 뼈피리들은 물론 훨씬 뛰어난 정교함을 보인다. 두 손으로 잡고 연주하려면 이들은 보통의 파이프보다 훨씬 넓어야 한다. 단순히 숨을 불어넣을 뿐만 아니라 입으로 감싸야 하는 끝부분을 지닌 피리는 상당한 정도로 얼굴 근육 노동을 요구한다. 그 밖에도 피리는 아마도 그것을 연주하는 방법에 대해 많은 것을 알려줄 만한, 장식적이지 않은 어떤 특징들을 지닌다. 간단히 말하자면, 이들은 발견된 것들 중에서 가장 오래된 것들이지만, 그보다 더 오래된 보존되지 못한 것들이 있었을 것이 분명하다.[6]

대부분의 뼈피리들은 잘 알려져 있듯이 대개 속이 빈 새들의 뼈로 만들어졌다. 옛사람들이 뼈를 깨끗하게 만들려다가 특별한 소리를 내는 그 특성을 찾아냈을 것으로 추측된다. 새들이 자연에 존재하는 가장 뛰어난 선율을 제공하기에 인간의 소리 교육에서 모범으로 간주된다는 점에서, 이는 아이러니한 일이다. "모든 음악은 원래 노래다"라고 영국의 사회학자 허버트 스펜서는 말했다. 그리고 이런 추측을 따라서, 모든 연구는 최초의 음악을 일종의 신호노래였을 것이라고 보았다. 말하다가 위로 솟구쳐 오른 소리, 일종의 흥분한 말하기, 또는 언어에 앞선, 혹은 언어와 공통의 기원을 가진 노래라고 보았던 것이다.[7]

직립보행, 말하기, 또는 일부일처제 등을 진화생물학자들이 그리 어렵지 않게 종의 생명 유지를 위한 이점이라고 규정할 수 있는 반면, 노래는 사정이 다르다. 노래하는 존재가 번식에서 더 나은 기회를 가질 이유가 무엇일까? 음악 능력에는 어떤 적응력이 들어 있단 말인가? 철학자이며 음악학자인 카를 슈툼프Carl Stumpf는 교회 음악 수호성인의 이름을 부르며 이렇게 말한다. "성 체칠리아는 하늘을 올려다본다. 하지만 그녀는 우리의 생존 싸움에 어떤 도움을 주는가?"**8**

생물학의 첫째 답변은 다음과 같다. 새들의 노래는 신부新婦를 얻으려는 신호체계로서, 이는 경쟁자들에게도 영향을 준다. 노래는 일종의 의사소통이다. 듣는 이의 행동 변화를 촉발하기 때문이다. 노래가 노래하는 이의 특성과 미래 행동을 알려주기 때문이다. 노래하는 이는 적어도 다음의 사실을 알려준다. 자기가 있다, 자기가 어느 정도 떨어진 곳에 있다, 심지어는 정확하게 어딘지 알려주기도 한다. 또한 자기가 이렇게 알리기를 좋아하며, 자신이 어떤 종인지, 그리고 보통은 성별도 함께 일러준다.

이는 엄청난 양의 정보다. 노래하는 새가 이런 정보 전파를 위해 상대적으로 적은 에너지만을 쓴다는 추가적인 이점도 있다. 게다가 입증된 바에 따르면 복잡한 노래도 단순한 노래보다 에너지 비용이 더 들지도 않는다. 하지만 어째서 노래가 수신자에게 정보가 되며, '차이를 만들어내는 차이'(그레고리 베이트슨)가 되는가? 생물학자들은 대개 암컷들이 듣기 때문이라고 말한다. 노래 말고도 적을 경고하는, 또는 먹이가 있음을 알리는 외침들이 있다. 많은 경고음은 정확하게 같은 종의 새들은 듣고, 맹금류는 듣지 못하는 음역대에 있다. 하지만 음악의 기원에 속하는 새들의 외침과 노래의 기능성은 생명을 촉진하는 결과를

빚는 미적 특질에서 찾아볼 수 있다.[9]

따라서 새들에게 노래는 깃털 색깔과 비슷한 기능을 한다. 단지 모든 음향 기호체계가 그렇듯이, 빛이 적고 신호 발신자와 수신자 사이에 시각적 접촉이 어려운, 상대적으로 멀리 떨어진 상황에서도 쓸모가 있다. 맨 먼저 찰스 다윈이 이런 식으로 주장했고, 특히 녹음기 및 소리 분석기가 생겨난 이후로 이에 대한 수많은 승거늘이 수집되었다. 굴뚝새와 멧새들의 노래는 둥지 짓기와 알 낳기 전에 특히 늘어난다. 박새를 암컷과 격리시키면 그들은 전보다 6배나 더 노래한다. 굴뚝새들은 짝짓기가 이루어지면 노래를 중단한다. 한 조류학자가 해안참새의 공기낭에 구멍을 뚫어 노래를 할 수 없게 만들자, 이런 참새들은 자신의 영역에 더 많은 침입자가 들어오는 꼴을 감당해야 했다. 일부 생물학자들은 새들이 많은 레퍼토리를 갖는 것이 경쟁자들에게, 이 지역에 이미 많은 새들이 살고 있다는 인상을 일깨울 것이라 추측한다. 어쨌든 한 가지 새소리의 울음소리를 녹음한 것을 틀어놓기만 해도 경쟁자들을 물러나게 하거나, 다른 수컷들에게 공격적인 과시욕을 불러일으키기에 충분하다.[10]

자기가 여기 있음을 노래로 알릴 수 있다는 것은 분명하다. 암컷은 선별적으로 노래꾼들과 교류해서 어떤 이점을 얻게 되나? 새들의 경우 흔히 그렇지만, 알락딱새, 목도리딱새, 굴뚝새, 참새, 찌르레기 등의 새들을 대상으로 여러 면에서 확인과 관찰이 이루어졌다. 길고 복잡한 노래일수록 짧고 단순한 것보다 더 인기가 있다. 수컷보다 암컷은 자기에게 쓸모가 있는 노래를 더 잘 알아챈다.[11]

노래 새들의 예는 옛날 인간들의 신호 발신에 대해 가능한, 또는 모

방 능력이 있는 모범을 제공할뿐더러, 언뜻 과잉으로 보이는 것의 쓸
모에 대한 체계적 논의도 포함한다. 노래의 의미 내용은 매우 단순할
것이다. 수컷은 말하자면 제 이름, 짝짓기 준비가 되어 있음, 사는 곳
등보다 더 많은 것을 말할 것 같지는 않다. 그러니까 나는 '붉은등앵
무'인데, '준비가 되어' 있고 내 '영역'은 여기고 '나는 할 수 있다'는 정
도를 말할 뿐이다. 주목할 만한 일이지만 많은 종의 새가 여러 연속음
으로 이런 정보들을 알린다. 모두는 아니다. 철저히 단조로운 음을 내
는 노래 새들도 있는데, 그래도 여전히 살아남을 수 있었다. 하지만 현
재 정상을 차지한 붉은등앵무Toxostoma rufum의 경우 1,800개 정도의
서로 다른 노래 단위들이 관찰되었다. 심각한 공간 경쟁의 상황이 아
닌 데다가 일부일처제인 새에게서 이렇듯 엄청난 레퍼토리가 갖는 진
화의 이점이 무엇일까라는 꽤 힘든 질문이 나온다.[12]

그렇다면 동물계에서도 수사적 다양성을 통한 성적인 영향력 말고
도, 쓸모 있음을 넘어서는 미적인 잉여가 있다는 말인가? 다른 말로
하자면 다양성 자체가 메시지인가?[13]

≫≫))⊪⊬

수컷보다 암컷의 번식 비용이 훨씬 더 높기 때문에 암컷은 훨씬 더
까다롭게 고른다. 정보, 곧 노래는 자기가 모험적이라는 내용을 포함
한다고 요약할 수 있다. 노래하는 새는 동시에 먹이를 찾을 수 없고,
심지어 맹수를 끌어들일 수도 있다. 오래 복잡하게 노래하는 새는 그
로써 자신의 영역이 먹이가 풍부하며 따라서 생존 능력이 있음을 알

리는 셈이다. 이것은 불리한 조건(핸디캡)-선택 이론에 따른 것이다. 이 이론에 따르면, 아무나 보내는 신호는 안 되며, 곧 쉽사리 속일 수 있는 것이 아닐 경우에만 정보 능력이 있다. 다른 말로 하자면 다음과 같다. 비용이 높을 경우에만 광고를 믿을 수 있다. 오직 성공적인 공급자만이 그런 비용을 감당할 수 있기 때문이다. 이런 점이 광고의 반대 결론을 성공으로 연결시켜 준다. 높은 비용을 들여 노래를 하는데, 아직도 살아 있다면 이미 한 가지 시험에 통과한 것이다. 신호가 인상적일수록 더욱 엄격한 시험에 통과했다. 아름다움도 마찬가지로, 직접적으로 힘이라는 결론을 허용하지는 않아도 간접적으로는 그렇다. 그것이 비용이 많이 드는 것이라면, 오로지 힘 있는 자만이 그런 것에 투자하는 위험을 감당할 수 있다.[14]

그러니까 새들의 노래는 무엇보다도 건강, 먹이 영역에 대해 관철의 각오, 보호의지, 먹이의 풍부함 등을 알려준다. 이것을 사람들 사이의 음악적 의사소통에 적용해보려는 시도들은 지금까지는 그리 훌륭한 성과를 거두지 못했다. 새들이 생물학적으로 인간과 아주 가까운 존재가 아니라는 것 —인간과 새의 마지막 공통 조상은 300만 년 전에 살았으니—, 거꾸로 인간과 가까운 종들은 노래를 하지 않는다는 것, 음악은 보통은 솔리스트의 기획이 아닌데 동물계에서 합창은 거의 낯설다는 것 등은 음악을 통한 정보 전달이 진화적 이점을 갖는다는, 유사성 설명 방식에 반대하는 내용들이다.[15] 가장 오래 지속하는 음악의 소비가 사춘기에 나타나며, 그렇게 보면 음악 인식이 '성적인 참여'와 밀접한 관계가 있다는 등의 주장에 대해서는 오로지 다음과 같이 답할 수 있을 뿐이다. 그런 일은 20세기 이후에나 생긴 것으로 구석기시

대에는 그렇지 않았다고 말이다.[16]

피아노를 연주할 줄 아는 남자가 여자들에게 인기가 있나? 노래의 기능이 노래 새들에게서 직접 인간에게로 넘어가지 못했고, 또한 문화사적으로 음악의 시작으로 넘어갈 수도 없었다는 것은 자명한 일이다. 새들에 대해서는 다윈과 더불어 다음과 같이 말할 수도 있을 것이다. 인간의 음악 체험을 동물의 행동에 투영해 그들의 노래가 "사랑, 질투, 또는 승리 따위의 다양한 감정들을 표현"하는 것으로 들린다고 말이다. 새들은 생물학적으로 제한된 흥분 상태 밖에서도 노래한다.

다윈이 덧붙이고 있는 것처럼 노래의 역사에서 가장 많이 노래된 감정은 사랑이라는 주장도, 그런 노래들이 짝짓기 상황에서 들리지 않는 한, '섹스를 위한 노래'라는 가설에는 아무 의미도 없다. 유인원이나 초기인간의 경우 짝짓기를 위해 먼저 노래가 투입된다는 그 어떤 암시도 없다. 인간의 짝짓기가 공동체나 혼인 네트워크 밖에서 이루어졌다는 암시도 별로 없다. 그런 것이 있어야 비로소 새들의 짝짓기 행동을 비교대상으로 끌어들일 수 있을 것이다. 새들의 노래와 비슷해 보이는, 개체를 위한 사랑노래는 인간 역사에서 다시금 뒷날의 현상이었던 것으로 보인다.[17]

적지 않은 사랑노래들이 하필 실망한 사랑을 노래한다는 점도 덧붙여야 한다. 다윈이 생각한 감정 동원이란 게 가사가 아닌 음악에서 나온다는 암시로도 그런 사실이 힘을 잃지는 않는다. 그렇게 되면 방금 다윈과 함께 노래의 성적 기능에 대한 지표로 쓰인 사랑노래의 압도적인 숫자라는 게 무의미해지는 것만이 아니다. 가사가 슬픔을 드러낸다면 대체 음악이 어떻게 그리움을 자극하는지 의문도 생긴다. 여기서 다윈을 옹호하려면 지적 비용이 매우 많이 든다. 마지막에는 사랑노래들이 그 어떤 개인적[사적] 요소 없이 나타나며, 들을 때도 노래하는 자에 대한 성적인 감정이 일깨워지는 것은 아니라는 등의 판단들이 남는다. 곧 "개체와 사회를 위한 큰 정서적 기능"이라는 것 말이다. 함께 나누는 슬픔은 절반의 슬픔이니만큼, 애도를 위한 노래의 소통도 "성적인 구애 과정에 도움"이 된다. 그리고 이런 나눔은 "설망하지 않을, 슬픔에도 불구하고 포기하지 않고 새로운 시도를 시작할 기회"를 높인다는 것이다. 이런 '아재' 방식 충고들이 미적인 형식들의 진화에서 대체 어떤 통찰을 제공하는지, 또는 음악의 재능을 선택할 만한 이점을 제공할 수 있는지는 아직 밝혀지지 않았다.[18]

간단히 말해서 새 노래가 새들에게 갖는 의미는 음악의 시작에서 새 노래가 갖는 의미와는 구분된다는 것이다. 인간이 음악을 만들기 시작했을 때 노래는 이미 존재했다. 그에 비해 그 진화의 목적들은 인간에게 통용될 만큼 인간의 주목을 끌지 못한다. "숲에서 뻐꾹뻐꾹 하는 외침이 나온다." 무엇 때문에 누구에게 그렇게 외치느냐 하는 것은, 이런 단순한 신호 구조構造들의 모범적 작용과는 무관하다.[19] 오늘날의 수렵채집 공동체의 음악을 들어보면, 그들의 음악은 대개 가죽과 목재로 만든 북이나, 호리병박, 거북이 등딱지, 말굽 등으로 만든 딸랑이, 피리, 목재 취주악기 등의 반주에 맞추어 부르는 노래다. 음악 자체에서 두드러진 점은 그것이 온갖 목적에 쓰일 수 있다는 점이다. 때로는 종교적 의미를 담고, 때로는 흔히 음악을 동반하는 춤, 전쟁 춤 등을 위해 쓰인다. 하지만 사냥노래도 있고, 이웃 종족들 사이에 벌이는 외교적 춤과 정화淨化의 춤도 있으며, 할례, 성적 성숙기, 매장 등과 같은 통과의례를 위한 음악들도 있다. 예를 들어 에스키모 어린이들에게 물고기의 특성을 알려주는 노래처럼, 일부는 수업 목적, 일부는 자장가인 노래들도 있다. 베리 종류를 채집할 때 부르는 노래, 또는 힙합 세계에서 행해지는 것처럼 모욕을 당한 자가 모욕을 가한 자를 향해 노래할 가능성을 제공함으로써 싸움을 피하려는 놀리기 노래도 있다.

>>>>)))

이런 배경에서 보면 음악의 시작을 특별한 영역에서 찾는 것은 별 의미가 없다. 음악의 쓸모는 여자들 앞에서 떠는 허풍을 훨씬 넘어선다. 멜로디와 리듬에 담긴 정보 전달이 인간에게 어떤 이점을 갖는지를 묻는 사색이 훨씬 더 많은 것을 약속해준다. 젖먹이와의 의사소통은 이런 정보 전달의 근원적 장면의 하나다. 신생아와 소통할 때는 어디서나 공통으로 목소리가 높아지고 말이 느려진다. 나아가 리듬이 강력하고 반복적인 발언 방식은—어머니와 아버지는 젖먹이들과 상호 접촉을 할 때 절반 이상의 말을 되풀이하는데—생후 처음 1~2년 동안 아이의 높은 수용력과 더불어 계속된다. 젖먹이들은 시간차를 알아채고, 리듬이 있는 동작과 음성에 대해, 요람과 노래에 대해 응답한다. 다시 노래와 별로 다르지 않은 것이지만, 어머니와 아버지도 몸짓과 표정으로 소통한다. 크게 뜬 눈, 아주 분명한 끄떡임이나 고개 젓기, 입을 벌리거나 모음을 길게 늘여 말하기 등을 동원한다. 오오오오, 야아아아, 아니아니아니 등과 같은 말들이다. 이때 깜찍한 몸짓과 초秒 단위 노래가 함께한다. 사회학자 허버트 스펜서라면, 음악은 원래 노래이고, 노래는 과장된 언어 형식의 하나라는 자신의 주장이 여기서 개체 발생 방식으로 확인되었다고 여길 것 같다.[20]

발생사적으로 보면 직립보행은 그와 더불어 나타난 해부학적 변화로 인해 좁아진 산도産道가 산후에 발전하는 인간에게 유리해지는 결과를 불러왔다. 인간 아기들은 다른 포유류, 예컨대 새끼 원숭이보다 더욱 미숙하다. 인간 아기들은 제 두 팔의 힘만으로는 어미와의 밀접한 신체 접촉을 유지할 수가 없다. 예컨대 먹이 채집을 위해 어머니 자신이 두 팔을 모두 써야 할 경우—적어도 아기 운반 기구가 나오기 전까지는—직접 접촉이 없어진다. 그래서 미국의 여성인류학자들인 엘렌 디사나야케Ellen Dissanayake와 딘 포크Dean Falk는 몹시 흥미로운 사색을 펼쳤다. 인간 아기들은 스스로 움직이지도 못하고 어찌할 바를 모르는 상황에서 자기들이 홀로 방치된 게 아니라는 신호를 필요로 했다. 아기를 안는 팔 대신 마음을 진정시키는 전前 단계 음악을 통한 소통이 나타났다는 것이다. 어째서 그런 음악이 마음을 진정시킬 수가 있었을까? 바로 어머니 목소리이기 때문이고, 반복을 통해 안정적인 기대감을 만들고 음높이와 고요함을 통해서는 위험이 없다는 상황을 알려주기 때문이다. 울부짖는 아기가 맹수들로 가득 찬 세계에서 자신과 어머니를 극한 위험으로 몰아가는 것이니 이런 진정 효과는 '생존전쟁' 상황에서도 도움이 된다. 이렇게 보면 음악의 시작은 위안이었다.[21]

언어로 표현되지 않은, 또 다른 목소리 특성이 이런 진정 기능에 덧붙여진다. 경고, 놀람, 헌신, 또는 놀이하라는 격려 등을 표현하는 능력이다. 수렵채집 공동체의 노래에서는 노랫말들이 거의 비슷한 기능을 갖는다. 자주 뜻이 없는 음절들로, 또는 무한히 반복되는 한 문장으로 이루어져 있다("태양이 노래한다." "숲은 좋은 것."). 마치 노래가 하나의 정서 상태가 되도록 설득하거나 노래를 동원해 그런 상태로 이끄는 것만 같다. 부족 사회의 자장가들, 전쟁노래, 찬양노래, 특히 주목을 끌어야 하는 노래들의 멜로디 특성들을 어머니의 말(진정, 경고, 격려, 여기를 보라는 외침)에 있는 소통 유형들과 비교해보면, 주목을 끌려는 긍정적인 목적의 것들과 물러나라는 부정적인 것들 사이에 멜로디 굽이의 길이가 일치한다는 사실이 드러난다. 쉽게 말하면 이렇다. 가장 간단한 노래들은 젖먹이와 소통할 때 나타나는 것과 비슷한 모형을 보인다.[22]

위로가 필요한 아이들의 외침이 언어로 가는 도중에 나타나는 음악의 요소라는 주장은 별로 그럴싸하게 들리지는 않는다. 하지만 언어를 장악하기 이전에 이미 인간이 만들어낸 최초의 소리인 이런 외침들을 진지하게 받아들여야 한다. 여러 연구들은 아이들이 목소리의 질, 멜로디, 리듬 등을 통해 말하기로 '진입하는' 것을 보여준다. 뿐만이 아니다. 이런 외침들은 가장 어린 나이에 외치던, 원래는 오로지 개별적으로만 '터져나오던' 멜로디 굽이들이 합쳐져서 점점 더 복잡한 소리모형들로 발전한다는 것을 보여준다. 나이가 들면서 서로 다른 소리높이, 순서, 압축 등으로 분절되는 것이다. 그런 기술들이 언어에 이용되기 전에 벌써 여기서, 곤경을 표현하고 도움을 요청할 가능성들에 대한 일종의 음악적인 검증과 확인을 거치는 것이다.[23]

아이는 소리치고[울고] 어머니는 노래한다. 울어대는 아이들에 대한 반응으로서 멜로디를 넣은 어머니의 말소리와 어머니 노래를 비교해본 결과, 어머니가 노래하는 것이 가장 좋다는 연구 결과가 나왔다. 소통이 음악적일수록 아이의 주목도가 더욱 커졌고, 그럴수록 각각의 정서 상태에 더욱 강하게 진입시켰다. 노래의 레퍼토리가 말하기 레퍼토리보다 더 적기 때문에, 재빨리 알아채고 더 빨리 진정시키는 효과를 가져왔다. 그 밖에도 노래는 대개 노래하는 어머니를 먼저 움직이게 하는데, 그래서 아이는 노래를 설명해주는 춤으로 이끌려 들어간다. "우리는 멜로디를 듣지만, 박자는 느낀다. 우리가 움직이는 방식이 우리가 듣는 것에 영향을 미친다"라는 것이 어린아이들의 리듬 감각 실험의 요약이다.[24]

이것은 또한 동물들이 내는 대부분의 음향과 달리 인간의 음악을 특별한 것으로 구분해주는 특성을 알려준다. 즉 인간의 음악은 매우 자주 동시에 이루어지는 행동에 토대를 둔다는 점이다. 자연도 이중창을 안다. 예를 들면 일부일처제로 사는 긴팔원숭이 커플은 아침 동틀 무렵 오랜 시간 노래를 주고받는데, 상대방의 노래가 끝날 때까지 기다렸다가 노래를 시작한다. 새들 중에서도 많은 종이 이중창을 부른다. 새들의 약 40퍼센트에 해당하는 400종가량이 공통의 영역을 지키는 데 이로운 이런 이중창을 부른다. 암사자들도 외부 침입자가 침입해 새끼를 못 먹게 합창으로 으르렁낸다. 하지만 이런 코러스는 외침이지 노래는 아니다. 영역 보존의 목적 없이 리듬이 있는 노래로, 사회적으로 조정된 소리내기는 동물계에는 극히 드물다.[25]

그에 반해 사람들 사이에서는, 남자들이 여자들보다 합창을 더 잘한다고 입증되지도 않은 채 광범위하게 합창이 퍼져 있다. 그런 행동은 물론 무리의 행복에 기여하지만, 그 밖에 다른 어떤 것도 나타내지 않는다. 노래하는 자는 자기가 노래한다는 사실 이상으로 많은 정보를 제공하지는 않는다. 위대한 성악가 파바로티가 좋은 사냥꾼이었는지, 좋은 아버지였는지 그의 노래로는 알아낼 수가 없다. 하지만 각 개인은 전쟁, 사냥, 기우제 춤, 혼인의 춤 등에 노래를 통해 동참함으로써, 소속감과 함께 집단 감정을 자기 것으로 할 각오가 되어 있음을 알린다. 그리고 한 공동체는 노래를 통해, 자기 자신들과 다른 공동체들에게 자기들이 행동 능력이 있는 공동체임을 보여줄 수가 있다. 노래하고 춤을 춘다면 조직화된 분노, 조직화된 애도, 조직화된 기쁨을 표현하는 것이다. 음악에 맞춘 춤은 이중 동시성의 한 예다. 공간에서 정형화된 동작과 음악의 시간제한 사이에 —긴 스텝과 짧은 스텝 두 번으로 강약약 음악에 응답하는 왈츠— 그리고 여러 사람들의 신체 동작들 사이에 나타나는 동시성이다. "춤은 상대방과 부딪치지 않는 기술[예술]이다."(머스 커닝햄) 사회생물학 용어로 표현하면 이렇다. 음악과 춤은 '동맹의 질'을 신호로 알린다.[26]

음악과 춤은 단순히 감정이나 자신의 힘을 방출하는 방식들이 아니기 때문에 그런 일을 할 수 있다. 이들은 감정을 통제한다. 음악은 통제된 흥분, 계산된 정열이라는 패러독스이기 때문이다. 흥분한 목소리의 떨림은 노래에서 형식이 되고, 감정은 통제에 따르며, 점층법은 단계를 따라 나타나고, 언어에는 매우 낯선 정밀한 반복이 이루어지는데, 이런 것이 여기서는 형식이 된다. 따라서 노래하기는 듣기이자 노래된 것을 자기가 느낀 기대와 비교하는 일이기도 하다. 춤은 그것을 넘어, 들은 것, 본 것, 자신의 동작 사이의 관계를 만들어내는 일이다. 다리가 음악에 반응할 때 활성화되는 두뇌 영역은 모방 행동을 할 때 쓰이는 두뇌 영역이다. 모방은 사회적 결속을 강화한다. 이때 동시적

인 동작들의 시대비판적 양상들은 단순한 모방보다 훨씬 강렬하게 서로를 주목하는 능력을 요구한다.[27]

〉〉〉〉|〈

이것은 결국 음악의 시작을 예술에 익숙하지 않은 노동의 매력 속에 밀어넣는, 좀 낡은 가설로 인도한다. 경제학자 카를 뷔허는 20세기 초에 이런 가설로, 지속적인 활동과 노력하는 능력은 현대 서양인의 표지라는, 제국주의 색채가 짙은 주장에 맞섰다. 단순한 공동체들이 이미 예로부터 확인된, 매우 힘든 춤에 몰두했다는 사실이 이미 이런 주장을 반박한다고 뷔허는 말했다. 힘든 일에 리듬이 부여되는 순간, 그것은 벌써 두려움의 많은 부분을 잃어버린다는 것이다. 여러 종류의 노동은 그 수행을 쉽게 만드는 독특한 리듬을 드러낸다. 행진하는 발걸음이 의식적으로 공간을 장악하는 모범에 따라 수행되거나, 망치질이 동일한 박자로 금속을 다루고, 탈곡기가 규칙적으로 곡식을 내리치는 등의 방식으로 말이다. 반복되는 것이 무엇이든, 그 반복이 리듬을 얻을 수만 있으면 더 쉬워진다는 것이다. 애써야 하는 것이 무엇이든, 그런 노력이 소리로 표현되면 덜 힘들어진다. 카를 뷔허에게 '영차' 하는 외침은 문명사의 태초 낱말들 중 하나였던 것 같다.

노 젓기 리듬이나 짐을 잡아끄는 박자를 맞추던 북소리에 뒤이어 피리도 나타났다. 피리는 에트루리아 사람들이 빵 반죽을 치댈 때에, 그리고 바느질하는 여자들의 노래에도 반주를 해주었다. 여기서 다시 노래가 위안을 준다. 즉 노동의 고통 또는 지루함을 쫓아냈다. 측정

결과 동시에 이루어지는 노 젓기가 혼자 노 젓기나 동시적이지 않은 노 젓기에 비해 통증경계선을 높인다는 결과가 나왔다. 이는 노를 젓는 팀이 서로 낯선 사람들로 구성되었건 아니면 훈련을 받는 그룹으로 구성되었건 상관없었다. 춤을 추는 사람들이 음악에 맞추어서, 또는 뒤섞여서 동시에 움직이는 춤에서도 동일한 효과가 확인되었다. 그들이 헤드셋을 통해 음악을 듣고 있어서 공통의 듣기 체험을 하지 않는 경우에도 마찬가지였다. 춤은 뷔허의 표상에 따르자면, 노동에 맞는 리듬을 들려주는 북소리에 응답했다. "노동의 리듬에 따른 경과를 통해 노래가 나오고, 노래는 그 템포에 적응한다."

   뷔허에게 문명의 역사는 이런 맥락을 천천히 해체하는 역사, 노동의 리듬을 기계에 위임하고, 음악을 점점 더 예술의 특별 영역에 넘겨주고, 마지막에는 심지어 춤과의 연결조차 잃어버리는 역사다. 알레망드, 쿠랑트, 미뉴에트, 지그 등의 춤 이름들은 바흐의 무반주 첼로조곡 악장들에 그 이름을 주었지만, 그가 이 곡을 작곡할 때 이미 더는 춤을 위한 것이 아니었다. 그리고 매우 세련된 덕분에 무도장을 떠나 콘서트홀로 자리를 옮긴 재즈에도 역시 같은 운명이 닥쳤다. 그것은 아마도 기독교 교회에서 더는 움직임이 없는 음악이 만들어졌을 때, 처음으로 시작된 일이었을 것이다.[28]

   여기서도 음악이 사회적 수단이라는 점이 논증의 중심에 서 있다. 음악은 개인을, 함께 행동을 조율하지 않을 수 없는 상대방에게로 보내는데, 상대의 생존을 후원하는 것이 동시에 자신의 생존도 강화해준다. 진화에서 멜로디의 기능은 진정시키는 어머니 목소리라는 특질에 있었고, 리듬의 기능은 집단행동을 통해 '자기'와 '타자'의 대립을 덮어버리는 것에 있었다. 음악에서 정서의 차이들은 사라진다. 듣는 사람들이 음악의 정서에 빠져들기 때문이고, 음악의 정서에 빠져 있는 한은 그렇다. 이것은 선사시대에 인간 무리가 특정한 규모 이상으로 커졌을 때, 특히 그런 무리들의 행동에 이점이 될 수 있었다.

음악과 춤으로 강화되는 사회성이 발전했을 수도 있는 시기에 대해 뭔가 밀힐 수 있을까? 인류학자인 데슬리 아이엘로Leslie Aiello와 로빈 던바는 많이 인용된 그들의 논문에서, 영장류에서 대뇌 신피질의 상대적 크기와—그러니까 대뇌의 감각, 연상, 운동을 담당하는 부분—무리의 규모, 그리고 그들이 사회적 관계망을 보살피는 데('사회적 그루밍') 바치는 시간 사이에 하나의 맥락이 있음을 지적했다. 이 수치를 해부학적 현생인류와 그 조상들에게 적용해보면, 30만 년 전에 시작되어 꾸준히 증가한 발전을 만나게 된다. 침팬지의 평균 무리 크기는 구성원 약 53마리 정도인데, 이는 주어진 시간 안에 친밀한 접촉을 할 수 있는 수치이며, 약 200만 년 전에 살았던 호모 하빌리스/호모 루돌펜시스에게 해당하는 수치다. 호모 사피엔스는 무리 크기가 120명 이상의 구성원을 가졌을 것으로 여겨진다. 이런 발전의 결과 언젠가는 직접적인 접촉 이상의 다른 수단을 통해, 상호 몸 보살피기와 몸짓 신호 확보가 꼭 필요해진다. 직접 접촉을 위한 시간이 충분하지 않기 때문이다. 탁 트인 사바나 초원에서의 생활과 유목민 생활 방식을 가졌던 이들이 무리의 크기가 점점 커져서 먹이 확보를 위해 얻는 이점들은 의사소통을 통해 조정되어야 했다. 이런 조정이 작동하기 위해서는, 무리 구성원 1명이 다른 구성원 3명과 언어로 상호작용을 하는 것만으로 충분하다. 아이엘로와 던바는 이를 위해 '소리 그루밍vocal grooming'이라는 개념을 사용했다.[29]

　이런 소리 그루밍에는 뒷날 언어와 음악으로 분리되는 것이 울부짖는 아이와 달래는 어머니 사이의 소통과 비슷한 방식으로 서로 뒤섞여 있었을 것이다. 신체적인 '그루밍'이 갖는 신뢰의 질을 대신하기 위해, 목소리 작용의 멜로디와 리듬 특성들이 분명 도움이 되었을 것이다. 영국의 고고학자 스티븐 미슨Steven Mithen이 노래하는 네안데르탈인들을 다룬 자신의 책에 그려놓은 것 같은, 원시인들이 흥얼거리고 노래하면서 초원을 돌아다니다가 저녁이면 불가에 모여 앉아 노래를 부르는 모습은 다소 허황된 면이 있다. 하지만 실제로 불은 수렵채집 공동체 안에서 먹이를 익히는 용도 말고도, 사회적 상호작용이 가능한 시간을 연장해주었다. 이런 휴식시간은 매일 네 시간 정도까지 되었던 것으로 추정된다. 동굴 같은 보호 공간에서 이런 시간을 보냈다고 생각한다면, 이런 초기 사회적 상호작용의 모습 안에 메아리가 있는 공간이라는 특징까지 덧붙여 생각해야 한다. 어쨌든, 불, 함께 즐기기, 이야기, 조촐한 밤 음악 등이 일찌감치 결합되어 의사소통 하는 인간 형성을 결정했다고 할 수 있을 것 같다.[30]

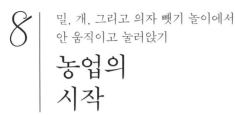

8

밀, 개, 그리고 의자 뺏기 놀이에서
안 움직이고 눌러앉기

농업의
시작

한 해도 쉴 줄을 모른다.
베르길리우스

농부는 사냥꾼과 도시민 사이의 중간 존재다. 한편으로는 정착하지 않은 사람들과 구분되고, 다른 한편으로는 먹을 것을 스스로 생산하지 않는 사람들과 구분된다. 이 정도로는 별 찬양이 없는 서술로 연결되곤 한다. 사냥으로 먹이를 공급하지 않게 된 이후로, 특히 사냥을 둘러싼 낭만적 광채가 농부에겐 없다. 오르테가 이 가세트Ortega y Gasset는 이렇게 말한다. "사냥은 문명으로부터 일시적인 휴가를 허용한다." 문명에 대한 염증이 수많은 사냥 애호가를 만들어냈다.

그에 비해 농부는 별로 모험적인 느낌을 주지 않는다. 사냥꾼과 유목민은 농부를 한 장소에 붙박여 규칙적인 노동에 매여 있지만, 그래봤자 고작 작물을 생산하는 사람이라는 식으로 인식한다. 헤로도토스는《역사》에서 에티오피아 사람들이 페르시아 왕이 빵을 먹는다는 말을 듣고 넌더리를 냈다는 이야기를 들려준다. 많은 신화에서 유목민과 사냥꾼은 거인인 데 비해, 난쟁이들이 농업과 광업을 맡은 것으로 되어 있다. 사냥에서 농업으로 넘어가는 과정이 처음에 더 많은 노동과 더 작은 신체 크기, 더 나쁜 음식 등과 더불어 나타났다는 뒷날의 발견이 자리를 잡은 것인지도 모른다. 사냥이 공개적 결과를 내는 힘겨루기라는 느낌도 함께 작용했을 것이다. 암소를 사냥할 수는 없다.

토머스 모어의 '유토피아' 섬의 주민들은 범죄자들에게 자기들을 위해 사냥하라는 형벌을 내린다. 사냥을 동물 살상을 좋아하는 행동으로 가장 저급한 활동의 하나로 여겼기 때문인데, 이것은 거의 예외적인 경우다.[1]

하지만 유목민의 관점에서만 농민이 불리해지는 것은 아니다. 농민의 생활 방식에는 도시 생활의 다양성도 부족하다. 도시 사람들은 여름휴가 기간에 온갖 서비스를 받는 여행을 떠나려고 할 때나, 아니면 도시 불안감의 기억에 염증을 낼 때 다시 시골 생활을 기억한다. 말 탄 기병들은 예로부터 농민군을 일종의 수레 끄는 동물처럼 2등급 인간으로 여겼다. 실러의《발렌슈타인Wallenstein》에 등장하는 궁수는 "농부도 인간이긴 하죠. 말하자면"이라고 말한다. 유럽의 연극에서는 영웅의 역할이 농부에게 주어지지 않으며, 수백 년 동안이나 시골 사람들에게는 노예 비슷하게 우스꽝스런 역할만 주어졌다. 도시 사람의 눈으로 보면 농부는 문명화된 사람이 아니기 때문이다. 누군가를 농부라고 부르면, 미심쩍은 처신을 암시한다. 농부들은 이른바 오지에서 생활하는데, 도시에서 보자면 풍경도 그렇게 생각된다. 그들은 기술, 경영, 상

업, 예술, 학문, 정치 등으로 특징지어지는 도시 세계의 성능을 높이는
데 필요한 것을 조달하는 사람들이다. 이런 관점에 따르면 농부들은
섬세한 재료 아닌 원료를 책임진다.

영국의 인류학자 헨리 링 로스Henry Ling Roth가 1887년 논문 〈농업
의 기원에 대하여〉를 발표했을 때, 그는 인류 초기 역사의 거의 모든
양상이 연구되었지만, '평화로운 기술'인 농업을 경시하여 농업만 예
외였던 근거를 찾아냈다. 그것은 과장이 아니었다. 극소수의 예외를
빼면 1900년에도 농업의 시작에 대한 연구는 거의 없었기 때문이다.
로스에 따르면, 동물 길들이기가 문명에서 근본적으로 더 큰 업적인
곡식 재배보다 훨씬 더 쉽다. 농업이 이렇듯 그럴싸하지 않아 보이는
것은 초기 사회에서 숭배된 수많은 농경 신들에도 드러난다. 대지[대지
의 여신]가 날씨 조건의 뒷받침을 받아 정기적으로 먹을 것을 충분히 내
주었다면, 그것은 최고의 찬사로 받아들여졌을 것이다.[2]

사냥을 관장하는 남신들과 여신들이 있기는 하지만, 위대한 사냥꾼
은 사냥의 성과가 자기 개인에게 돌아온다는 것을 안다. 그는 특별한
재능의 소유자, 곧 영웅으로서 대단한 카리스마를 갖게 된다. 개별 사
냥꾼은 있어도 개별 농부는 없다. 성공적인 농업이란 거대한 집단의
기획이며, 또한 주변 환경에서 매우 많은 도움을 받아야 한다. 유리한
기후, 비옥한 토양, 동물이나 인간 도둑 같은 파괴적 영향의 통제, 노
동과 오랜 시간의 관찰, 정착, 절약교육의 능력 등이 필요하다. 수확물
일부는 [씨앗으로 써야 하니] 이용할 수 없으며, 또한 오래 기다릴 수 있어
야 하기 때문이다. 그 밖에도 빽빽하게 모여서 동물과 함께 사는 정착
민은 유목민보다 전염병에 노출될 위험이 훨씬 크다.

그렇기에 동일한 이야기를 전혀 다른 뉘앙스로 들려줄 수가 있다. 영국의 고고학자 비어 고든 차일드Vere Gordon Childe처럼 말이다. 1936년에 '신석기 혁명'이라는 말을 쓰면서 그는 농부를 문명사의 시작 지점에 세웠다. 이어서 얼마 뒤의 도시 혁명이 두 번째 혁명이며, 훨씬 뒷날의 산업혁명이 세 번째 혁명이라는 것이다. 이는 우리가 아는 문명사다. 자연에 대한 통제를 믿은, 또는 차일드가 덧붙인 것처럼, 자연과의 협조를 통해 자연을 통제하는 데 성공한 종種의 역사다. 1865년에 선사시대를 다룬 존 러벅John Lubbock의 책에서 아직 금속 도구를 쓰지 않았기에 붙여진 이름인 '신석기시대'의 시작은 오늘날 대략 기원전 9500년경으로 본다. 그보다 앞서 인간은 260만 년 동안 주변 환경이 제공하는 것을 먹으면서, 그걸 받아들이는 방식을―사냥 기술, 사냥 도구, 사냥동물 및 채집품 익히기와 보존하기 등―개선하거나, 아니면 먹을 수 있는 것과 먹을 수 없는 것, 또는 독이 있는 것을 더 잘 구분하게 되었을 뿐이다. 하지만 약 1만 4,000년 전에, 그러니까 신석기시대가 본격적으로 열리기 전에, 인간은 천천히 환경이 제공하는 것과 환경 자체를 점점 더 많이 스스로 결정하기 시작했다. 인간은 자신의 행동을 바꾸었을 뿐만 아니라, 자기와 상관이 있는 대상들을 바꾸었다. 그 이후로―많은 이들은 탄식하고 많은 이들은 환영하는 일이지만―자연이 점차 줄어들었다. 그리고 이것은 농업과 더불어 시작되었다. 처음에는 단순히 재배, 나중에는 점차 품종 개량으로 이어졌다. 농부들은 세계사 최초의 엔지니어들이었다. 그들은 기술을 정확하게 적용했을 뿐만 아니라 체계적으로 꾸준히 기술을 개선하는 생활 방식을 만들어냈는데, 기술과 생활 방식이 서로 영향을 주었다. 그를 통해 세계의 주민은 신석기시대에 약 1,000만 명에서 현재 대략 70억 명으로 늘어났고, 거의 50억 헥타르의 토지가 경작되고 있으며, 전체 물 소비량의 약 70퍼센트가 토지에 물을 대는 데 쓰인다.[3]

어떻게 해서, 전제 조건이 많이 필요하고 자체 역동성을 가진 이런 정착농업의 생활 방식으로, 동물과 식물의 품종 개량으로, 그리고 마을 생활로 넘어가게 되었는가를 탐구하기 전에, 먼저 또 다른 질문에 답해야 한다. 언제 어디서 정착농업이라는 혁명이 일어났는가? '혁명'이라는 말이 하나의 사건 또는 사건들의 짧은 연속일 거라는 오해를 만들어낸다. 하지만 실제로는 농업혁명이란, 수천 년 이상에 걸쳐 여러 장소에서, 바뀌는 환경 조건들에 맞서 시행착오를 거듭한 과정을 뜻한다.

>>>>>|||

광범위하게 보아 농경의 핵심 지대로 여겨지는 중동에서보다 약간 늦은 약 8,000년 전에, 여름에는 습하고 겨울에는 건조한 중앙아메리카 서부 멕시코의 강변 지역에서 사람들이 최초로 옥수수를 작물로 재배하기 시작했다. 이 유형을 우리는 거듭 만나게 되는데, 그런 강변들은 경작자들이 농업으로 넘어가는 과도기에, 한참 동안 사냥꾼이자 동시에 경작자로 살아가는 데 필요한 다양한 동식물도 제공한다. 더욱 정밀하게 표현하자면 이렇다. 농업에 투자하기란 재배 성과를 얻을 시간이 필요하다는 사실로 인해, 이런 생활 방식에 익숙하지 못하다는 점을 훨씬 넘어선 위험들을 감추고 있다. 3,000년 전까지도 옥수수 자루는 길이가 겨우 평균 6센티미터였다. 덕분에 처음 옥수수의 재배 목적이 곡식이 아니라 설탕을 얻기 위한 것이 아니냐는 추측을 불러일으켰다. 물론 중동에서와는 달리, 중남미에서 농업은 정착을 전제로 한 것이 아니었다.[4]

그에 반해 기원전 1만 3000~기원전 9500년 무렵에 적어도 중동과 이른바 비옥한 초승달 지대에서는 정착이 먼저 이루어지고, 어느 정도 시간차를 두고 농업이 등장했다는 것이 오늘날 아주 분명한 일로 받아들여진다. 상류 메소포타미아 지역, 터키 동남부, 요르단강 유역, 시나이 반도 등지에서, 계절에 따라서만이 아니라 연중 대부분의 시간을 한 장소에 머물면서 체계적인 식품 재고관리를 하는 최초의 사람들이 살았다. 그들이 어째서 그렇게 했는가를 탐색하기 전에 여기서 고고학의 근본적인 인식 문제 하나를 지적해야겠다. 모든 사람이 여기서 농업이 시작되었다고 믿기 때문에, 이곳에서 가장 많은 발굴과 측량이 이루어지고, 온갖 이론들이 제기되었다. 이론적인 호기심으로 무장한 부유한 유럽과 가깝다는 것도 이 지역에 대한 관심을 더욱 키웠다. 중국과 비교해 보면, 쌀농사의 시작은 밀 재배나 양 사육에 비해 훨씬 연구가 덜 이루어졌다. 그것은 그 자체로는 별것 아니지만, 시작에 대한 오늘날의 인식 수준에 그 밖에 다른 무엇이 영향을 주는지 상당히 분명하게 알려준다. 앞서 걸어간 학문적 발걸음과 접근성도 영향을 주는 것이다.[5]

>))))|(

레반트 지역[시리아, 레바논, 이스라엘, 요르단, 팔레스타인 자치구, 터키의 하타이 지역을 가리킴]으로 돌아가보자. 거칠게 말하자면 홍적세에 이 지역은 생물지질학적으로 오늘날과는 분명히 다른 모습이었다. 그러니까 온갖 종류의 동물들이 살았고, 떡갈나무, 아몬드, 피스타치오 등의 나무들로 이루어진 정원이었다. 절구, 돌낫, 절굿공이 등에 남아 있는 것들은 이 지역의 식물이 인간의 손길을 거친 것들임을 알려준다. 당시 인간은 단순히 그 날 벌어 그 날을 살았던 것만은 아니다. 여기서도 야생식물계가 여러 계절에 걸쳐 밀과 보리의 수확을 허용하는 지역, 야생 염소, 나귀, 양, 가젤 등이 풍부한 지역들이 선택되었다. 최초의 정착민은 사냥과 채집 생활을 보존했고, 기원전 1만 700~기원전 9700년 사이에 기후가 더욱 건조해지고 차가워졌을 때는 다시 이동했다.[6]

이 시기가 끝난 다음에야 비로소, 지속성을 고려한 건축물을 지닌 대규모 정착이 나타난다. 특히 요르단강 골짜기에 최초의 곡물 저장소와 거주 건물 내부 창고의 잔해들이 나타난다. 원래는 식품을 가족의 거주 장소 바깥에 두었다가 바뀌었다. 그런 목적의 건물을 어떻게 알 수 있나? 한편으로는 쥐와 다른 '집동물'의 뼈와 맷돌 등을 보고, 다른 한편으로는 땅바닥 위에 돌 받침을 괴어 목재 바닥을 높인 건축방식으로 알 수가 있다. 그렇게 하면 곡물 저장소 밑으로 공기가 통해서 비축된 곡물에 습기가 덜 차기 때문이다.[7]

농경 생활로의 이행은 아마도 메소포타미아, 소아시아, 근동 사이에 걸친 '비옥한 초승달' 지대에서 처음으로 성공했던 것 같다. 하지만 그와는 별도로 지구의 다른 지역에서도 이루어졌다. 남아메리카에서는 감자, 땅콩, 카사바를 재배했는데, 그곳의 옥수수 재배에 대해서는 이미 앞에서 이야기했다. 그리고 벼를 재배하는 양쯔강 유역과 동남아시아에서도 농경 생활로의 이행이 이루어졌다. 아직 곡물 종류들이 전 세계로 나가기 이전이었다. 그러니까 유목민들은 식물과 동물의 품종 개량을 시작하기 전에 이미 식물의 특성들에 열중했던 것이다. 거꾸로 적어도 중동과 남아시아에서는 정착이 품종 개량의 전제 조건이었다. 품종 개량에는 식물의 특성을 관찰하기 위한 긴 시간이 필요했기 때문이다. 창고에 보관하기 위해서도 야생식물은 ─ 특히 보리와 렌틸 콩 ─ 뒷날의 품종 개량의 전前 단계에 해당하는 관점에 따라 분류되었

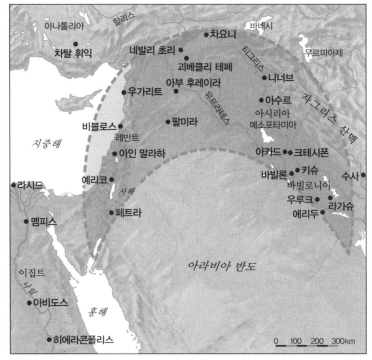

기원전 1만 1000년대부터 페르시아 만과 북부 이집트 사이 '비옥한 초승달 지대'에서 기후변화의 이점을 얻어 일련의 문명사적 혁신들이 연달아 나타났다. 농업, 식물과 동물의 품종 개량, 도시 건설, 문자, 국가 형성 등의 일들이었다.

다. 특별히 유리한 변종을 향한 그 어떤 목표도 없이 야생 곡물이 수집되고 파종되었다. 고고식물학자들은 많은 식물들이 품종 개량 이전에 경작되었다고 말한다. 다른 식물들은—예컨대 호밀과 귀리—맨 처음 경작된 지역에서 이후 품종 개량도 없이 경작되었다. 또 다른 식물들은 아예 경작되지 않았다. 그사이 차츰 먹을 수 있게 된 열매를 맺은 벅살나무가 그렇다. 이들은 아몬드와는 달리 유선사의 특성으로 인해, 스스로 쓴 종류가 아닌 경우에도 쓴맛을 물려받는 경우가 많았다. 레반트 지역 사냥꾼들 사이에서 사랑받은 단백질 공급원인 가젤은 동물계에서 그와 비슷한 경우였다. 너무 수줍음이 많아 사육될 수가 없었던 것이다. 잠재력이 있는 식품의 특성을 알아내기 위해서는 수많은 시도들이 필요했다. 20만 종의 고등 식물 종들 중에서 마지막으로 겨우 100종 정도만이 재배되기에 이르렀다.[8]

확실히 해두자. 가장 중요한 식량 공급 방법으로서 사냥과 채집을 포기하지 않은 채로, 그리고 식물과 동물의 품종을 개량하지도 않은 채로, 먼저 정착이 이루어졌다. 기원전 4000년 무렵 아시아에서 기장과 벼농사의 시작도 마찬가지다. 그곳에서는 먼저 야생식물을 생산하고 수확하고 저장했다. 특히 벼는 재배종 벼와 야생 벼를 체계적으로 구분하지도 못하던 수렵채집 공동체에 의해 재배되었다. 중국에서는 그보다 4,000년도 더 전[기원전 8000년 무렵]에 날씨가 서늘해지면서 최초의 마을들이 건설되었다. 여기서도 정착, 재배, 품종 개량 사이의 맥락은 느슨했다.[9]

하지만 정착으로의 이행과 농업 생산 방향으로 넘어간 첫걸음의 동기는 무엇이었을까? 확실한 것은 이것이 위험성이 많은 결정이었다는 점이다. 이동성의 포기가 처음에 식량의 선택 폭과 양을 줄였기 때문이다. 예를 들어 가까운 주변 환경을 더욱 집중적으로 이용함으로써 그런 불리함을 어느 정도 상쇄했다면, 공동체 각각의 에너지 수요는 더 올라갔다. 주변의 땅을 거듭 샅샅이 이용한 정착민들은 마지막에는 이곳에서 유목민과 똑같이 먼 길을 걸어야 사냥과 채집을 할 수 있는 땅에 도달했을 것이다. 그렇다면 대체 무엇 하러 정착 생활을 한단 말인가?

식물학자 잭 할런Jack Harlan은 50년 전에 선사시대의 돌낫으로 터키에서 야생밀을 수확했는데, 한 시간 만에 1킬로그램을 거두었다. 3주 이내에 한 가족이 1년간 먹을 식량을 모을 수 있었던 셈이다. 산업혁명 때까지 지구상 인구의 5분의 1 정도가 그런 수렵채집 공동체에 속했다는 사실은 설사 기후가 좋은 경우에도 농경으로의 이행이 많은 사람들에게 최선의 선택이 아니었음을 분명히 알려준다. 20세기와 21세기 남반구의 채집 공동체들은 매우 불리한 환경에서 사는 게 아니다.[10]

그런데도 어째서 1만 년도 더 전에 농경으로 넘어갔는가에 대해 우선 두 가지 이론이 대립한다. 하나는 기후변화가 수렵채집꾼들을 정착하도록 강요했다고 본다. 특별히 건조한 시기가 닥치면 식물과 동물이 부족해졌고, 그러면 사람들은 식량이 있는 오아시스와 강변지대로 돌아왔다. 이곳에서 고정된 지역에서의 삶에 익숙해졌고, 그곳 식물계와 동물계에 더욱 집중했다는 추정이다. 줄여 말하자면 이렇다. 날씨가 인간을 특정한 장소들로 데려갔고, 그곳에서 사람들은 자연을 탐구할 각오만 한다면, 자연의 변덕에 덜 노출된다는 것을 배울 수가 있었

다는 것이다.[11]

많은 지질학자와 고고학자들이 이런 오아시스 이론에 반대했다. 원래의 건기에 대한 충분한 증거들을 찾아내지 못했기 때문이다. 그뿐이 아니었다. 그들은 날씨 말고 다른 것도 보았다. 정착 생활로의 이행이 자연의 강요로 이루어졌다고는 보지 않았다. 무엇보다도 그 이전에 기후가 건조해진 세 번의 간빙기가 있었는데도, 오아시스에서 농식물의 품종 개량이 이루어지지 않았다. 많은 학자들은 기후 대신 인구 압박을 결정적 인자로 보았다. 2만 년 전에는 보통 겨우 25명 규모의 수렵채집 공동체들이 250~500명의 짝짓기 네트워크만을 포괄했는데, 그러다 차츰 현존하는 자원을 능가하는 수준으로 팽창했고 ─ 그것도 다시 날씨가 좋은 덕에! ─ 따라서 식량 마련의 방식을 바꿀 필요가 절실해졌다는 것이다. 기원전 1만 년 무렵에 점점 인구가 늘어난 나머지, 식량 부족에 대한 전래의 가장 쉬운 대응 방식인 이동이 더는 효율적이지 않게 되었다. 그래서 이동 대신 다른 전략을 찾아야 했다. 식량 토대의 확장, 일시적인 잉여 식품의 저장, 그러니까 절약의 훈련, 그리고 ─ 혁명이론가들과 이기적 유전자 이론의 추종자들에게 최후의 방책인 ─ 번식률 하락 등이었다. 오아시스 이론의 또 다른 대표자들은 높은 번식력, 줄어든 영아 사망, 더 긴 기대수명을 정착 생활 덕으로 돌린다. 지역 식물계와 동물계에 의존하는 더 단일한 영양과 합쳐보면, 정착 생활은 식량을 부족하게 만들었고, 혁신 경영을 절실히 필요하게 만들었다.[12]

그렇다면 자원의 부족에도 불구하고 정착 생활은 어떤 이점을 제공할 수 있었을까? 줄어든 영토는 방어가 더 쉽다. 풍부하고 먼 사냥터와 덜 풍부하지만 가까운 지역을 두고 고려할 때 후자가 이점을 가질 수가 있다. 이런 전략을, '의자 뺏기 놀이'에서 허락되지 않은 눌러앉기 전략과 비교해볼 수 있다. 놀이 참가자와 의자의 비례관계가 커질수록 운동규칙을 어기고 단순히 눌러 앉아 있고자 하는 충동이 더욱 커진다. 예를 들어 맨 처음에 사람 10명에 의자 9개였다가, 두 번째 단계에서는 9명에 8개, 그러다 마지막에는 2명에 1개가 된다고 상상해보라. 자원 갈등에 참가한 모든 집단이 더 많은 의자(영토)를 차지하려고 할 것이고, 언제나 외부 참가자(집단)가 끼어드는 데다가, 의자(영토)들은 매력의 정도가 서로 다르기 때문에 이런 비교가 매우 제한적인 것이긴 하다. 그래도 여전히 의미가 있다. 정착한 집단은 영토를 차지하고, 그로써 나머지 다른 집단들의 활동 영역을 줄여버린다. 그러면 나머지 집단들도 동일한 전략을 쓰고 싶다는 생각이 들고, 그러다 보면 어느새 더는 아무도 움직이지 않게 된다.**13**

이런 설명들도 1차적 원인으로 기후를 거론한다. 실제로 한 지역 자원의 풍부함에 1차적 영향을 미치는 것이 기후이며, 따라서 한 지역에서 인구 압박의 가장 중요한 인자로서도 기후가 농업의 발생에서 결정적인 역할을 했던 것이 분명하다. 예컨대 마지막 빙하기에는 경작이 불가능했다. 극단적인 기후변동이 식물과 그 수확물에 대해 무엇이든 배우기를 허용하지 않았기 때문이다. 기후의 안정성이 씨앗의 선별이라는 느린 과정을 위한, 그리고 수확의 성공과 실패에서 뽑아낸 정보를 성공적으로 이용하기 위한 전제 조건으로 보인다. 특이한 점은 농업의 기원 이론에서, 정착과 농경 생활로 이행하도록 만든 것이 지속적으로 좋은 기후였는지 지속적으로 나쁜 기후였는지를 놓고는 여전히 대립 중이라는 사실이다. 먼저 떠오르는 해석은 상대적으로 따뜻하고 습기가 많은 좋은 기후다. 날씨가 수확의 성공을 보장함으로써 사람들이 유목 생활에서 정착 생활로 들어서는 그 거대한 문지방을 쉽게 넘어갈 수 있게 해주었다. 하지만 그렇다면 사냥꾼과 채집꾼들이 무엇 하러 하필 좋은 시기에 자기들의 생활 방식을 근본적으로 변화시켰느냐는 반론이 나온다. 다시 반론. 그들은 처음에 사기들의 생활 방식을 전혀 근본적으로 변화시키지 않았다. 다만 직선으로 이동하지 않고 기본 근거지 주변을 크게 순회했다. 유리한 날씨 조건에서는 그런 순회만으로 사냥과 채집에 충분했을 것이기 때문이다.

하지만 여기서 어쩌면 잘못된 양자택일 답안을 놓고 논의가 진행된 것인지도 모른다. 좋은 날씨 혹은 나쁜 날씨가 정착으로의 이행을 재촉한 것이 아니라, 지역 인구의 압박이 긴 시간차를 두고 변하는 날씨에 대응하지 않을 수 없게 만들었을 것이다. 사람들은 특정한 종류의 기후변화에 대해서는 정착으로 대응하고, 다른 종류의 기후변화는 그냥 견뎌야 했을 것이다. 레반트 지역에서 — 주로 동굴 미네랄과 식물 씨앗들을 탐색한 결과 — 1만 9,000년 전에 기후가 뚜렷하게 더 따뜻해지고 더 습해졌다는 것이 밝혀졌다. 약 1만 4,000년 전에는 강우량이 첫 번째 최고조에 도달했다. 1만 2,500년쯤 전에 건조하고 추운 기후의 절정에 도달했다가, 겨우 몇 세대 만에 빠르게 온난화가 진행되어 8,200년 전에 최고조에 달했다. 최초의 정착지들은 따뜻한 시기에 건설되었지만, 분명히 식량 문제가 나타나고 유목민들의 이동이 별 전망이 없던 추운 시기에 정착이 널리 퍼졌다. 그들은 상대적으로 견딜 만한 거점을 확보하고는, 그곳으로부터 사냥과 낚시와 채집을 나갔다 돌아오고, 또 그곳에서 식량을 손질하고 망자를 묻기 시작했다. 그런 정착지에는 대략 75~100명 정도의 주민들이 있었던 것으로 추산된다. 이런 공동체들은 더는 범죄 패거리는 아니었고, 상징적 활동들이 현저히 증가했다. 집단이 커질수록, 한편으로는 집단 내 개인들의 지위를 결정하고 확보하는 비용, 다른 한편으로는 집단의 통일성을 명확히 드러내는 비용도 더 커졌다. 정착과 더불어 '원시적인' 소유의 개념과 매장이 발전했다. 사람이 많아질수록 모든 것이 모두의 소유가 되는 경우가 줄어들었다.[14]

정착은 정착한 공동체들이 식량 기반을 확장하는 것과 더불어 나타났다. 정착민의 서식 구역은 한 장소, 또는 한 사냥터에서 무엇을 찾을지 미리 알았던 유목민들의 지역보다 더욱 샅샅이 탐색되고 더욱 체계적으로 이용되었다. 상대적으로 척박한 환경에 정착한 사람들은 주어진 자연의 부족한 선물에 대해 인내와 주의력으로 보상을 받아야 했다. 그래서 레반트 지역에서는 야생 곡물의 수확 방식이 곡식 털기에서 낫질하기로 바뀌었다. 털어서 수확하면 시간 단위당 더 많은 것을 수확한다. 그러니까 작업이 더 빨리 진행된다. 낫질은 제곱미터당 더 많은 양을 수확한다. 그러니까 성과가 더 좋다. 정착과 더불어 체계적인 노동이 생기고, 그것은 곧 사회 영역의 모든 대상으로 확대되었다. 날로 먹을 수 있는 것이든, 뼈로 만든 도구든, 장식으로 쓰이는 망자의 유골이든 상관이 없었다.[15] 인간은 물건들을 보살피기 시작한 것이다.

오르락내리락하는 기후와 사람들이 그에 대해 계속 배우지 않을 수 없었다는 사정 덕분에, 농업의 시작을 주변 환경의 척박함이나 풍요로 움에서 찾는 식의 양자택일 이론은 힘을 잃었다. 두 가지 모두가 농업 생산 방향으로의 발걸음을 만들어냈다. 이에 덧붙여 각자 근거지에 따라 모두 똑같지 않은 생존 전략을 따를 수밖에 없는 저 작은 공동체들의 식품섭취 습관, 이동성, 인구 발전 등도 이런 오르락내리락하는 기후에 따른 것이었다. 예를 들어 후기 나투프 문화기[팔레스타인의 중석기 시대. 구석기와 신석기 중간]에 사냥은 더욱 집중도가 높아져서 새끼 가젤과 새끼 토끼도 식탁에 올랐으며, 불을 다루는 방식이 계속 발전했고, 낫이 등장하면서 식물을 거두고 손질 보관하는 방법이 진보했다. 그 이후로(1만 500~1만 1,700년 전) 2.5헥타르 정도의 면적에, 약 300명에 이르는 인구와 식량 창고들을 가진 견고한 마을 구조들이 생겨난다.

>>>))))

레반트 북부 최초의 농부들은 후기 드리아스기(기원전 1만 1000~기원전 9500년) 말기에 살았다. 그에 대한 가장 중요한 암시 하나는 다음의 사실들이다. 그 시대 식물의 잔존물에서 주로 경작지에서 자라는 잡초들이 발견되었다. 호밀, 외톨밀, 밀, 보리, 메귀리 등이었다. 렌틸콩, 살갈퀴, 들완두, 완두콩, 아마와 병아리콩도 발견되었는데, 이 모든 것이 '비옥한 초승달 지대'의 정수리인 오늘날 터키 남동부와 이라크 북부, 유프라테스 강과 티그리스 강의 상류 근처 한 지역에서만 나타난다. 기원전 9000~기원전 7500년 사이에 그 지역에서 결합해서 등장한 이 식물들의 재배종은 기원전 7300~기원전 7000년 사이에야 나머지 모든 곳에 나타난다.[16]

1,000~2,000년 정도의 품종 개량 기간을 거친 다음에, 이삭이 익어도 터지지 않아 낟알이 흩어지지 않는 곡식 종류들이 나타났다. 덕분에 이삭 전체가 여물 때까지 수확을 미룰 수 있었다. 전에는 낟알 일부가 여물면 수확을 해야만 했다. 그렇지 않았다가는 많은 낟알이 땅으로 떨어져 흩어져버렸기 때문이다. 그것 말고도 이렇게 개량된 품종들은 낟알이 훨씬 더 컸고 파종을 하면 곧바로 싹이 나왔다. 개량종이 발견된 최초의 곡물은 약 1만 500~1만 1,000년이나 된 아부 후레이라Abu Hureyra 마을에서 나온 호밀이다. 다만 이 낟알들이 정말로 발견된 가장 오래된 층위에서 나온 것인지, 아니면 더 뒷날의 것인지는 의문이다. 논쟁의 여지가 없는 최초의 식물 개량의 증거는 레반트 지역에서 나오지 않았고, 대략 9,200년 전 오늘날 터키 동남부 정착지인 네발리 초리Nevali Çori에서 나온 외톨밀과 밀이다.[17]

터지지 않는 이삭의 배양을 통해 곡물의 번식은 인간에게 의존하게 되었는데, 터지지 않는 이삭은 탈곡 과정이 꼭 필요했다. 하지만 탈곡이라는 — 그리고 키질과 체질이라는 — 추가 노동마저도 문명사적으로는 대변貸邊[=수익]에 들어가는 일이다. 이것은 기술의 부작용이 그 자체로 개선될 수 있으며, 기술이 얼마나 바람직한 것인지를 보여주는 좋은 예다. 여기서는 한편으로 품종 개량, 다른 한편으로 탈곡이라는 기술이다. 이삭이 모두 여문 시기에 초점을 맞추면, 수확의 시기는 겨우 몇 주로 줄어든다. 그것은 정해진 일정 기간이 사람들에게 매우 큰 의미를 가진다는 뜻이다. 전에는 수확 시즌이던 것이 이제는 데드라인이 되었다. 많은 곡물 종류가 동시에 여물면, 그에 따라 노동은 계획적으로 이루어져야 한다. 초기 중국의 쌀 수확기는 야생 견과류의 수확기와 겹쳤다. 밀과 보리의 수확기는 가젤과 야생나귀 사냥철과 겹친다. 창고에 넣기 전 또는 후에 탈곡이 이루어질 수 있다. 자연의 리듬과 사회의 리듬이 서로 강력하게 맞물렸다. 농업은 둘 사이의 상호작용을 관찰하는 여러 관점들을 다양하게 만들었다. 이런 논의는 중앙아메리카의 옥수수와 콩 재배로도 눈길을 돌리게 했다. 유전자 변형을 통한 특정한 식물종은 수확 공동체들에게 특히 매력적이었다. 이들 공동체들은 이런 식물종과 그 성장 리듬과 서식 구역에 자기들의 생활방식을 맞추고, 그것이 뜻하는 온갖 체념들을 더욱 밀도 높은 경영을 통해 보상하려 한다. 그러다 언젠가는 발전을 향한 출구가 열린다. 그러면 식물은 원래 있던 장소에서 각각의 식물에 더 잘 맞는 다른 토양으로 옮겨지고, 관개灌漑도 이루어진다. 그러니까 각각의 공간에서 볼수 있는 것도 바뀔 수 있다고 여겨지게 된다. 다른 말로 하자면, 인간은 싫든 좋든 실험하고 조직하기에 이른다.[18]

맨 처음으로 개량된 식물은 아마도 밀과 외톨밀 등 두 종류 밀이었고, 그 뒤를 이어 렌틸콩과 완두콩이 나타난다. 그렇다면 동물은 어떤가? 동물 사육의 시작을 설명해줄 만한 고고학 정보도 없던 18세기 말에 처음에는―튀르고Turgot, 퍼거슨Ferguson, 콩도르세Condorcet 등―역사철학자들이, 이어서 인류학자들이 인간이 식물과 동물을 '종속'시킨 차례에 대해 질문했다. 논제 하나는 유목민이 몰고 다니던, 떼를 이룬 동물들의―소, 양, 말 등―'종속'이 농업을 산출했다고 보았다. 훨씬 큰 분량으로 소비되는 동물 먹이에서 처음으로 유용 식물과 덜 유용한 식물 사이의 구분이 나타났다는 것이다. 그에 대해 다음과 같은 반론이 나왔다. 동물 사육이 없는 경작이 있고(아메리카, 오세아니아), 오로지 이동 목적으로만(페루), 또는 사냥 목적으로만(북아메리카와 오스트레일리아의 개) 쓰이면서 경작에는 이용되지 않는 동물 사육도 있다.

처음으로 집동물이 된 동물은 고기나 젖을 제공하지 않고, 가죽이나 똥을 제공하지도 않았다. 맨 처음으로 집동물이 된 것은 개였기 때문이다. 그것을 증명하는 가장 오래된 발견이 본Bonn의 오버카셀Oberkassel에서 이루어졌다. 약 1만 4,000년 전의 무덤에서 개와 같은 집동물의 뼈가 발견된 것이다. 집개의 유골이 발굴된 또 다른 곳은 북부 이스라엘의 아인 말라하Ein Mallaha인데, 그곳에서는 아주 작은 개가 인간 사망자의 손 안에 든 채로 발견되었다. 1만 2,000~1만 4,000년 전에 유라시아에서 베링 통로[당시 육지]를 넘어 북부와 남부 아메리카로 이주한 최초의 사람들을 따라간 유일한 동물도 개였다. 개의 뒤를 이어 다음으로 길들여진 동물 종은 약 1만 년 전의 고양이, 9,000년 전의 염소와 양 등이다. 형태가 변한 소와 돼지는 8,500년 전에 레반트 지역과 페르시아에서 처음으로 나타난다.[19]

개들은 집동물이 되면서 행동 반경, 먹이 방식, 번식 방식이 변했다. 그런 여러 결과들 중에서 몸 크기가 작아졌다는 것이 가장 눈에 띄고, 가장 놀라운 것은 인간 곁에서 익숙해졌다는 점이다. 처음에 아마 암늑대들이 새끼들을 데리고 인간의 거주지 근처로 똥을 먹으러 왔을 것이다. 그들은 인간에게 몰려들다가 차츰 다른 먹이에 '적응하게' 되었을 것이다. 식물 먹이를 많이, 그리고 작은 동물 먹이를 먹는 식으로 말이다. 야생 늑대들 사이에서 짝짓기 상대를 찾지 못한, 따라서 '알파-수컷'이 되지 못한 야생 늑대들과 '집동물 암늑대'와의 짝짓기를 통해 집동물 효과를 잃어버리지 않으면서도 유전자 풀pool은 오랫동안 밖으로부터 계속 공급을 받았을 것이다. 고양이들은 거주지 근처에서의 자연선택을 통해 '야성을 잃어버렸을' 것이다. 염소, 양, 소들의 경우에는 제대로 사육되기 오래전부터 '무리 관리'를 통한 선별이 이루어졌다. 쉽게 통제할 수 있기 때문에 암컷들이 수컷들보다 선호되었을 것이다.[20]

>))))\\\\\\\\|+

정착과 농업의 시작을 해석하기 위해 보통 외적인 자극 한 가지를 추정한다. 사회적 성취들을 놓고 주민 수와 자원 양의 관계, 또는 기후 같은 단 하나의 인자만으로 충분히 진화론적인 설명이 가능하다고 여긴다면, 자주 모순에 부딪친다. 한 가지 문제의 해결책으로가 아니라, 여러 문제들과 여러 해결책들의 우연한 만남으로 새로운 것이 세상에 등장한다. 다른 고고학자들은 점점 더 많은 공동체들이 정착하면서 농업을 주로 삼게 된 시대에서, 기술적, 경제적 혁명이 아닌 상징적 혁명을 본다. 특히 프랑스 고고학자 자크 코뱅Jacques Cauvin은 농업으로의 이행이 자연에 대한 전혀 다른 태도를 요구한다는 사실을 통해, 농업을 훨씬 넘어서는 이론으로 나아갔다. 그는 기원전 8200년 무렵으로 입증된 염소의 사육 이후에도 사육자의 먹거리에서 염소의 몫이 계속 낮은 상태로 남아 있었다는 등의 관찰로 사색을 시작한다. 그러니까 집동물 만들기가 단백질 공급을 늘려준 것이 아니라 단백질 생산의 토대를 변화시켜 주었다. 즉 단백질을 더 많이 먹은 것이 아니라 다른 식으로 생산한 것이다. 역으로 기원전 1만 년 무렵의 채집자들은 익숙해진 야생 곡물 종들이 기후로 인해 드물어졌을 때, 품종 개량으로 대응하지 않고, 마디풀과 콩과식물 등으로 바꾸었다. 그러니까 뒷날 곡물의 품종 개량으로 연결된 과정을 꼭 그것의 이점들로만 설명할 수는 없다는 것이다. 이런 이론에 따르면, 농업은 자원의 부족함이나 풍족함에 대한 기술적, 경제적인 적응이 아니라, 문화적 의지에서 나왔다. 농업혁명 이전에 '정신 혁명'이 먼저 일어났던 것이 분명하다.

코뱅은 무엇보다 거주지들의 건설 방식에서 이를 관찰할 수 있다고 생각한다. 둥글거나 타원의 형태들로부터 자연에는 모범이 없는 네모난 평면도로 넘어갔다. 그림의 묘사에서는 식사 메뉴에서 상위를 차지하지 않는 동물들, 인간이 길들이려면 아직 한참이나 먼, 또는 아예 길들이지 못한 동물들이 그림의 중앙에 있다. 소들과 맹수들, 또는 괴베클리 테페에서는 뱀, 전갈, 도마뱀 등과 같은 위험한 작은 동물들, 그리고 큰 새들이다. 또한 소의 두개골이 무덤의 부장품으로 쓰였다. 염소, 양, 돼지 등 쓸모 있는 동물들은 그 시대의 그림에서는 찾아보기 힘들다. 갈등이 늘었다거나 사냥이 더 늘지 않았음에도 무기 기술이 발전했다. 사망자의 얼굴을 자연적인 붕괴에 맞서 복원하려는 듯이, 두개골들이 장식되고 정돈되었다. 또한 조각상에서도 인간의 얼굴이 처음으로 하나의 역할을 한다. 최초의 돌가면이 기록되었다. 하지만 무엇보다도 여신들이 정점에 있는 종교가 나타난다. 제1차 성징 및 제2차 성징을 드러낸 수많은 작은 점토 조각상 여신들이다. 동일한 방식으로 수많은 소 조각상들도 있다.[21]

코뱅의 해석에 따르면, 인간은 동물과의 공존의 시대를 벗어나 땅을 정복했다. 인간은 독자적 힘의 감정과 건설자의 의식을 지니고 산다. 통제라는 개념은 무엇이 되었든 자기통제를 포함한다. 코뱅에 따르면 그래서 처음에 길들인 동물의 고기 양이 식사에서 늘지 않았다. 그들을 통제하는 것이 중요했지 그들을 이용하는 것이 우선이 아니었기 때문이다. 처음에 동물을 포획하여 무리를 만든 것은 동물 사육과는 아무런 상관이 없었다. 나중에는 그렇게 되었지만 말이다. 클로드 레비-스트로스가 예전에, 먹기에 좋은 동물이 있고, 생각하기에 좋은 동물이 있다고 말했던 것처럼, 코뱅에 따르면 옛날 인간의 자기주장에 좋은 동물들도 있는 것이다. 이런 자기주장은 정착에서 가장 분명한 표현을 얻는다. '길들이기'의 핵심인 집과 마을이다. 즉 집들과 광장들, 곡물창고와 매장 장소 등 최초의 기능성 건물들이 잘 배치된 마을 말이다. 수렵채집 공동체들이 구성원들 중 누가 어디 있는지, 그가 무엇을 하는지에 주목했다면, 정착민들의 관심은 무엇보다도 바깥쪽 경계를 향했다. 주민의 수가 많아지면서 이제 더는 철저히 가족적인 사고를 허용하지 않았기 때문이다.[22]

코뱅은 초기 농경 시대에서 나온 엄청난 고고학 자료를 매우 편협하게 해석했고, 뒷날의 문제 상황들을 ― 황금송아지, 바알, 유대인의 유일신, 그리스인들의 소제물, 황소로 등장하는 제우스 등등 ― 위해 너무 많은 신석기시대 사전 작업을 받아들였던 것인지도 모른다. 그의 이런 논제를 비판하는 사람들은 그가 인용하는 그림들과 발굴된 뼈들이 실제로 황소의 것이냐, '남성성'이 정말로 신석기 종교의 중심이었느냐에 대해 이유 있는 의혹을 제기한다. 그것 말고도 단 하나의 신석기 종교를 논하기에는, 상징적 혁명이 일어났다는 기원전 1만 년부터 2,000년 뒤에 등장한 차탈 휘익 Çatal Ĥüyük 발굴지까지의 시간차가 너무 크다는 점도 지적되었다. 우리가 아는 사회적 변화에 대해, 단 하나의 결정적인 인자만 수용하는 일이 일시적인 파악 과정일 뿐이라는 점은 상징 혁명이라는 이론에도 타당하다. 그런데도 농업의 시작에 대한 연구 상황을 조망하는 가장 합리적인 고고학자들조차도, 이런 시작들을 위한 사회 내부의 전제 조건들을 찾아보아야 한다는 것, 그 과정에서 종교에 결정적인 무게를 둘 수 있다는 그의 자극이 옳다는 것을 인정한다.[23]

　핵심은 다음과 같다. 사회적 변화를 맞이한 사람들이 그것의 기록을 남겼거나, 심지어 그렇게 하기로 결심했다는 가정을 하지 않고는 상상할 수 없는 사회적 변화가 있다는 점이다. 그들의 의도가 이런 변화를 결정했다거나 또는 심지어 그 방향을 결정했을 것이라는 뜻이 아니다. 하지만 그런 변화의 경험이 소화되고 그를 통해 더욱더 변화 속으로 들어간다. 코뱅의 주장은 다음과 같다. 정착 공동체들이 자기들의 공동체 경계선 바깥에 있는 모든 것에 맞서 자기주장을 하는 과정에서, 그 전제 조건이 되는 자연과 문화의 구분이 나타나자마자, 간극을 메워줄 신들이 나타난다는 것이다. 신들은 번식을 돌보고, 표범의 등에 앉아 사자를 마치 고양이처럼 거느리는 존재들이다. 야성의 경계선이 뒤로 밀리는 순간에 곧바로 야성에 사로잡힌 것이 의식된다.[24]

9

누군가 담을
쌓으려고 마음먹었다

도시의
시작

"예리코Jericho 성문은 닫히고 이스라엘의 자식들이 나오거나 들어갈 수 없도록 막혔다. 여호와께서 여호수아에게 이르시되 보라, 내가 예리코의 왕과 용사들을 네 손에 붙였으니 너희 모든 군사는 성을 둘러 성 주위를 매일 한 번씩 돌되 엿새 동안을 그리하라. 제사장 일곱은 일곱 양각 나팔을 잡고 언약궤 앞에서 그리 행할 것이요, 제 칠일에는 성을 일곱 번 돌며 제사장들이 나팔을 불게 하라." (여호수아서 6장 1~4절) 이 이야기의 결말은 알려져 있다. 이집트에서 떠나온 이스라엘 사람들은 요단강 서편의 땅을 점령할 셈으로, 기원전 1200년 무렵 모세의 후계자로서 자기들의 장군인 여호수아의 지휘를 받아 그들의 하나님이 약속한 일을 행했다. 나팔을 불자 예리코의 성벽은 무너졌고, 도시는 정복되었으며 그 주민들은 쫓겨났다. 이 성벽을 다시 세우는 자는 저주를 받을 것이라고 했다.

우리는 여러 번이나 도시들이 무너졌다는 소식을 통해 그 도시 이름을 듣는다. 트로이를 생각해보라. 물론 이집트 탈출이 이루어졌다는 기원전 13세기에 예리코 성이 정복되었다는 그 어떤 고고학적 흔적도 없다. 당시 요르단 강변에 있던 도시 예리코(텔 에스-술탄Tell es-Sultan[술탄의 샘])는 전혀 성벽을 갖추지 않았다. 다른 중심부들처럼 이 도시도 방어시설이 없었다. 이 지역에서 이집트의 지배는 논란의 여지가 없었고, 지역 영주들의 거주지에는 안전을 위한 행정조직이 있었다. 그런 이집트 부속 도시가 도망자들의 군대로 정복되었다는 것에 대해서는 그 어떤 증언도 없다. 그렇다. 이른바 예리코가 정복되었다는 시대에는 예리코에 사람이 살지도 않았던 것으로 보인다.[1]

하지만 그보다 7,000년 전, 신석기시대에는 사람이 살았다. 주로 둥근 집들이 있었고, 점토기와로 된 벽들이 돌 토대 위에 자리 잡았으며, 집의 내부에는 화덕과 창고가 있었다. 또한 예리코는 돌로 된 막강한 도시 성벽을 갖추었다. 곧 거대한 방어벽이었다. 벽들은 원래는 3.6미터 높이에 너비는 아래쪽이 1.8미터, 위쪽이 1.1미터 두께였다. 그러다가 시설 마지막 단계에서는 높이 7미터, 바닥 폭이 3미터 두께에 이르렀다. 이는 100명의 사내들이 100일 동안 일해야 하는 규모로 추산된다. 성벽 안쪽에는 높이 8미터, 넓이 8제곱미터는 되는 탑이 하나 서 있었다. 성벽은 대략 축구장 2개 정도, 2.4헥타르의 면적을 둘러싸고 있다. 여기에 대략 400~900명 주민이 살았다. 이는 1제곱킬로미터의 땅에 3만 명이 사는 것과 맞먹는다.[2]

오늘날 런던에는 같은 면적에 6분의 1 정도의 인구가 산다. 현재 바이마르에는 1제곱킬로미터에 800명꼴로 주민이 산다. 독일에서 대략 800명의 주민이 사는 오늘날 거주지의 인구 밀도를 보면, 슈바르츠발트 가장자리의 그륀메트슈테텐Grünmettstetten에서 800명이 약 700헥타르에 흩어져 산다. 그러니까 예리코의 주민보다 300배 이상 큰 땅에 산다.

그렇다면 성벽이 둘러싼 최초의 거주지로 알려진 예리코는 최초의 도시였을까? 이 질문에 답하기 전에 먼저 도시가 무엇이냐를 분명히 해야 한다. 오늘날 우리가 지닌 도시와 시골, 도시와 마을의 개념은 기원전 9500~기원전 8000년 무렵 요단강 서편에 있던, 성벽으로 둘러싸인 공동체가 어떤 의미에서 하나의 도시라고 할 수 있는지를 이해하는 데 별 도움이 되지 않기 때문이다. 위의 간단한 비교만으로도 이미 도시를 그 크기로 정의하는 것만으론 충분치 않다는 사실이 드러났다. 런던과 바이마르를 '도시'로 만드는 것은 오늘날이나 역사적으로나 그 크기가 아니기 때문이다. 1800년 무렵 바이에른에는 대략 6,000명 정도의 인구가, 런던에는 110만 명의 인구가 있었다. 그렇다고 이 두 '거주지'에 들어맞는 서로 상이한 개념이 필요한가? 그 옛날 예리코에 비해 훨씬 너른 면적을 지닌 그륀메트슈테텐은 오늘날의 기준으로는 도시가 아니라 마을이다. 인구수가 아니라 인구 밀도를 기준으로 잡는다면, 앞서 말한 장소들 중에서 예리코가 단연 도시라고 할 수 있다. 당시 그곳 사람들이 오늘날의 대도시 주민들보다도 훨씬 더 촘촘하게 밀집해서 살았으니 말이다.

그런데 도시 개념을 잡아내기가 그렇게 단순하지가 않다. 그래서 이 문제를 탐색한 학자들은 우선 거주 지역의 크기나 인구 밀도를 배제한 도시 개념에 도달했다. 다른 사람들의 농업 생산물에 의존하는, 또는 지방 거주민이나 낯선 사람들이 공급하는 시장에서 농산물 수요를 충족하는 정착지를 도시라고 본 것이다. 결국 다음과 같이 말할 수 있을 것 같다. 크기와 인구 밀도는 도시에 대한 밤의 정보다. 하지만 도시의 개념을 위해서는 무엇보다도 그것이 낮에 지닌 특성들이 중요하다. 이런 특성들이 도시의 공공 생활을 결정하기 때문이다. 도시는 그 도시의 정치적, 경제적, 종교적 기능이 미치는 도시 배후 지역과는 다르다. 도시는 거주지와 상업을 보호하고, 주변 지역과 공동체 구성원들을 통제하는 중심 장소다. 시장, 요새, (행정) 구역 등이 도시의 요소들이다. 도시는 마을보다 더욱 광범위한 사회적 다양성으로 규정된다는 추정도 여기 덧붙일 수 있다. 무엇보다도 도시는 점점 더 많은 사회적 분업이 이루어지는 곳, 즉 전문가들이 사는 곳이다.[3]

도시의 시작에도 이런 규정이 타당할까? 도시는 거주지들 중에서 생겨나고, 거주지는 한 지역의 동물계와 식물계가 정착을 허용할 경우에 생겨난다. 기원전 8000년 무렵에는, 기원전 1만 년 이후로 나타난 지구 온난화의 결과들이 특히 근동 지역에서 정착을 허용했다. 식용 식물의 양과 넉넉한 동물들이 처음에는 사냥 공동체들의 이동성을 제한했다. 그들은 더 오래 한 장소에 머물면서 그곳을 일시적으로 정돈했다. 집에 앞서 오두막들이 생겼다. 생태계 틈새가 있기에 다양한 종들이 발전할 수 있는 지역들을 통과하는 일시적 정착이 유리해졌다. 결실이 부족할 때 주변에서 그것을 벌충하고 먹이를 다양하게 교체하기 위해서는 산들이 유리했다. 비가 몹시 내려도 강둑이 파괴를 막아주는, 물고기가 풍부한 강들도 유리했으며, 사냥을 할 수 있는 숲들도 역시 유리했다. 수렵채집 활동과 농업이 꼭 적대적일 필요가 없다는 사실은 민속학에서도 입증이 된다. 브라질 중앙부의 작은 유목민 무리들은 농사를 지을 수 있는 우기에는 약 1,400명까지 커지는 마을들을 이룬다. 기원전 8000년 무렵에 시작되는 집동물 만들기(양과 염소), 그리고 얼마 뒤에 시작되는 소 키우기 등은 사냥을 대체하지 않고 보중해 주었다. 초기 사회들은 아직 일방적으로 사냥 혹은 농경만을 누릴 처지가 못 되었다. 최초의 도시들에서는 뒷날 도시의 가장 뚜렷한 특징이라 할 만한 것이 없었는데, 곧 생명체 자연에서 오늘날처럼 그렇게 멀리 떨어질 수가 없었던 것이다.[4]

정착이 성공한다면, 분업을 위한 최초의 계기들을 지닌 사회가 생길 수 있다. 그런 사회에서는 주로 도구 생산에 몰두하는 구성원들이 있다. 또는 예배 활동을 전담하는 구성원도 있다. 또한 이런 사회들은 크기가 커진다. 점점 줄어드는 영아 사망과 인구 유입을 통해 도시가 성장하는 것이다. 인구 증가는 다시 더욱 세분된 분업을 가능케 한다. 예를 들어 일부 사람들은 성공의 확률은 적어도 더 큰 성과를 약속하는 활동을 할 수 있게 된다. 식물의 품종 개량이나 수공업 기술을 시험해보는 사람들이다. 정착지가 일정한 크기 이상으로 성장하면 조직화가 이루어지지 않을 수 없다. 그러니까 다양한 활동들 사이의 구분과 격차가 생겨난다.

어느 정도의 규모부터인가? 무리의 힘과 서열구조 조직의 관계를 비교 연구한 결과는 다음과 같다. 구성원이 6개[또는 명] 이상인 '과제 지향' 무리들은 모두에게 적용되는 결정 과정에서 합의가 줄어드는 경향을 보인다. 그에 비해 그보다 크기가 작은 무리들은 구성원 수가 늘어나는 것을 기쁘게 여긴다. 그러면 과제들이 더 쉽게 해결될 수 있기 때문이다. 이런 주장의 논리를 이해하기 위해 꼭 수치에 붙잡힐 필요는 없다. 공동체 구성원의 수가 늘어나면 논의를 할 계기도 점점 늘어나게 마련이다. 여기서 구성원이라는 말은 개인을 뜻할 수도 가족 단위를 뜻할 수도 있다. 초기 도시 공동체를 이룩한 친척 집단들은 내부의 의견 불일치를 밖으로 가져가지 않았다. 대개 내부에서 조율하는 사람들이 있었고, 이런 집단들은 밖을 향해서는 개인처럼 기능했다. 거꾸로 말하면 이렇다. 사회의 구성원이 친척관계를 통해 서로 밀접하게 연결되어 있을수록, 그런 사회에서 공공연한 불일치는 더욱 줄어들 것이라 예측된다. 이런 방식으로 일련의 집단 결정들이 생겨난다. 먼저 소가족들 안에서 합의가 생겨나고, 이어서 그런 소가족들로 구성된 대가족 안에서의 합의가 이루어지고, 마지막으로 대가족들이 합쳐진 공동체 차원에서의 합의가 나타난다. 따라서 무리의 크기가 커질수록 그런 합의들을 강화하고 불협화음을 줄이기 위한 제의祭儀들이 늘어난다. 고고학자들이 최초의 신전을 만나면 그것은 곧 인구 증가가 있었다는 뜻으로 생각된다. 한편으로는 종교가, 다른 한편으로는 서열체계가 사회적 불일치를 해결하는 도구로 쓰였던 것이다.[5]

꽃꽃ㅣㅣ

여기서 다시 예리코로 돌아가보자. 예리코의 성벽을 둘러싼 배수로는 너비 9미터, 깊이 3미터다. 이 크기를 정확하게 평가하려면 당시 이런 구덩이를 파기 위해 필요한 삽이 없었다는 점을 생각해야 한다. 금속 도구는 5,000년 뒤에나 나타난다. 그리고 도시 내부의 탑 건설도 놀랄 정도의 집단 노력을 요구한다. 그곳에 도달하기 위해서는 220개의 계단을 올라가야 하는데, 이는 건축사 최초의 계단이다.[6]

그렇다면 요새화된 거주지를 도시로 본다는 의미에서, 예리코는 최초의 도시였을까? 예리코 성벽은 방어용으로 쓰였을 것 같지 않다. 그 시기에 요르단 강변에서 전쟁의 상황을 암시하는 그 어떤 고고학적 발견도 없기 때문이다. 게다가 예리코 탑의 훌륭한 보존 상태, 탑이 도시 가장자리가 아니라 한가운데 위치했다는 점 등도 그것이 과연 공격에 맞선 방어용 탑이었는지, 차라리 종교적 기능의 건축물이 아니었는지 의심을 불러일으킨다. 가공되고 색칠된 유골들, 특히 눈 대신 조가비가 박힌 채 석고로 덮인 해골이 탑 계단의 발치에서 발견되었다. 이는 뚜렷한 사자死者 숭배를 드러내는 것으로, 망자의 얼굴을 재구성하려는 시도다. 거기서 발견된 네모난 돌들도 토템 기둥의 받침대로서 역시 예배 목적으로 쓰였을 것이다. 그것 말고도 서쪽 도시 성벽이 북쪽과 남쪽보다 훨씬 더 강하게 만들어졌다. 성벽이 침입자를 막기 위한 것이라면 이깃은 의미가 없다. 그러니까 전쟁이 많은 것들의 아버지일 수는 있어도, 도시의 아버지는 아닌 것이다. 그보다 이 성벽은 거주지 구성을 가능케 해 준 것, 곧 정기적인 범람에 맞서기 위한 것이었던 듯하다. 이런 범람이 비옥한 토양을 만들어주었는데, 모든 방향에서 나타나지 않고 주로 서쪽에서 나타났던 것이다. 요르단 강변의 다른 신석기 발굴지에서도 이와 비슷한, 침식을 막기 위한 테라스 모양의 방어벽들이 발견되었다.[7]

예리코 성벽에서 결정적인 것은 이 성벽과 탑과 도시의 집들 밖에 있는 모든 창고들도 함께 지닌 공통점이다. 바로, 분명히 집단적으로 건설된, 집단적 기능을 지닌 축조물이라는 점이다. 도시는 단순히 먹거리 장만을 목적으로 하는 가족들의 집단 이상의 것이다. 회피 행동 대신에 —사람들이 계속 떠나고, 공동체가 나뉘고, 무너지는 등 — 한 번 선택된 삶의 중심 가치를 공고히 하고, 또한 이 공동체의 통합과 망자 숭배를 지향하는 종교적 가치를 공고히 하려는 정치적 노력이 등장하는 것이 도시다. 기원전 9000년 무렵의 또 다른 발굴지들 —차요니Çayönü, 네발리 초리, 괴베클리 테페 등지 —에서도 농업과 정착 단계로 넘어가던 시기에 등장하는 집단 예배 공동체의 증거들이 발견되었다. 이들은 사냥꾼과 채집꾼들이 서로 물물 교환을 하거나, 자기들의 물품을 선별하여 나누고, 자식을 키우고, 공동체 문제들에 답하기 위해 향했던 장소들로서, 나중에 거주지로 발전하는 최초의 공간적 거점들이었을 것이다. 사냥꾼과 채집꾼들은 생태 환경으로 보아 자기들에게 유리한 장소를 골라야 했기 때문이다. 동시에 이런 장소들 상당수는 중요한 집단 작업을 통해서만 형성되는 거룩한 장소들이 되었다. 이런 거주지를, 식량의 장만이 사냥의 행운에서 독립되어야 비로소 나타나는 축제로까지 연결시킬지는 아직 미해결로 남겨두기로 하자.[8] 어쨌든 고고학적 발굴들을 통해서, 거주지의 종교적, 정치적, 생태적 기능들이 서로를 강화했다는 점만은 분명히 드러나고 있다.

그런데도 불구하고 대부분의 고고학자들은 오늘날 그 옛날의 예리코를 더는 도시라고 말하지 않는다. 예리코에는 이곳과는 전혀 비슷하지 않은 배후 지역을 거느린 중심부였다는 표지가 없기 때문이다. 다

른 거주지들, 다른 도시들, 마을들, 외부 초소들과 관계를 맺는다는 점
도 도시의 개념에 들어 있다. 예리코는 상업 도시가 아니었다. 경제적
존재 기반은 생계 경제였다. 그것은 단지 강변의 오아시스로서, 거주
체계의 중심 부분이 아니었다. 그뿐 아니라 높은 사회적, 또는 직업적
인 분업의 흔적도 없다. 나중에 빠르게 전문화의 이익을 연달아 가져
온 질그릇 생산 기술도 지니지 못했다. 예리고 성벽이 방어에 쓰이지
않았기 때문에, 이것이 특권을 지닌 사회 형태를 뒷받침했다고 생각할
수도 없다. 게다가 성벽은 제한을 나타낸다. 도시는 전혀 성장할 수가
없었다. 인구 밀집을 통해 나타난 문제들은 공간적 확장 말고 다른 방
식으로 해결되어야 했다. 물과 진흙과 범람에 맞서 지어진 성벽은 그
보호를 받는 공간 안의 사회적 변화를 만들어냈지만, 또한 그 공간이
도시로 성장하는 것을 가로막았다.[9]

예리코는 요새화된 거주지였고, 그 잔해들은 4,000년 뒤 대도시들
의 시작에 등장하는 여러 징후들을 처음으로 드러낸다. 대도시의 시작
은 훨씬 더 동쪽 메소포타미아에서 나타난다. 메소포타미아란 '두 강
사이의 땅'이라는 뜻인데, 곧 유프라테스 강과 티그리스 강 사이를 가
리키며, 동시에 티그리스 강과 자그리스Zagris 산맥 사이의 땅도 나타
낸다. 뒷날 바빌로니아라 불리던 이 지역에서 기원전 5500년 무렵에
최초의 도시가 나타났을 뿐만이 아니라, 뒤이어 기원전 3500년까지
메소포타미아 북부의 아시리아까지 포함한 이 지역에서 온갖 도시들
의 전체 체계가 등장했다. 이 시기에 나타난 수백 개의 메소포타미아
도시들을 비로소 최초의 도시문명이라고 말할 수가 있다. 이런 도시문
명이 곧바로 문자까지 확보했기 때문에, 우리는 그에 대해 많은 것을

안다. 이는 적어도 도시문명에 대한 우리의 관계에도 결정적인 내용들이라, 우리는 여기서 우리 자신의 모습을 볼 수 있을 정도다. 도시의 시작이 정착으로의 이행을 전제로 하고 농경의 공적에 몹시 의존했다면, 이제부터 나타난 모든 것은 우리가 알고 있는 최초 정착민의 생활 환경과는 그만큼 현저히 대조되는 것이기 때문이다. 이제 나타난 것은 문자만이 아니었다. 행정, 국가, 건축, 조직, 복지, 성문법, 시문학, 사치품, 원거리 무역, 도시 계획, 매춘도 나타났다. 도시의 시작과 밀접하게 연관된 몇 가지 시작들만 나열해도 그렇다. 메소포타미아 역사에 열중하는 사람은 당시의 대도시가 오늘날의 사례들과 구분되는 것이 대체 무엇인가라는 질문에 곧바로 직면하게 된다.

〉〉〉〉〉

최초의 대도시는 페르시아 만에서 멀지 않은 곳에 있던 우루크였다. 이 도시의 생성에 강들이 중요한 역할을 했다. 범람과 그에 따른 남부 메소포타미아 토양의 유출이 기존의 거주지들에 아무런 영향도 주지 않은 채, 그곳에 새로운 거주지들을 가능하게 해주었다. 초원은 넓고 어자원은 풍부했다. 좋은 토양과 다양한 식물계와 동물계, 그리고 유프라테스 강 쪽으로는 이동 목적에 이용될 수 있는 상대적으로 너른 기존의 강들이 있었다. 남부 메소포타미아에는 땅이 부족하지 않았다. 제한된 지역에 거주하는 것은 사회적 밀집과 그 결과들을 불러오는 것이기에, 그런 결정은 그 지역의 생태적 질에 달린 일이었을 게 분명하다. '비옥한 초승달'의 북부 지역에서 이미 시험해본 농업 기술을 지닌 새로운 정착민이 과제와 기회가 많은 이 흥미로운 생태 환경으로 들어왔다. 심지어는 특정한 원료들 —목재, 돌, 기름— 의 결핍이 무역을 자극함으로써 오히려 도시 발전에 유리하게 작용했다.

주요 강들의 불안정한 상황도 마찬가지로 작용했다. 이 강들이 불안정하고 강우량이 적으니 수로를 건설해야만 했다. 도시 건설은 끊임없이 노동력을 공급하고 훈련할뿐더러, 학습 능력까지 지닌 상당한 정도의 조직화 과제를 전제로 했다. 근본적으로는 이미 앞에서 정착으로 넘어가는 과정에 관찰할 수 있었던 것들이 반복된다. 재앙들이 불러오는 난관이 사회의 구조변화를 이끌어낸다. 여기서 이런 과정은 극히 도식적으로 말해서 다음과 같이 이루어졌다. 가뭄이 관개를 강요하고, 관개는 밀집을 가능케 했다. 더 좁은 면적에서 더 많은 사람을 먹여 살릴 수가 있었기 때문이다. 밀집은 계속적인 활동의 분화를 허용하고 사람들을 협동 과제 앞에 세웠으며, 밀집된 거주 조건에서 생겨난 갈등을 더는 분리를 통해 해결하지 못하고, 오히려 공동체 공급의 정치경제적 중앙집중화를 만들도록 했다.[10]

우루크는 '우루크-시대'라는 이름이 붙은 시대, 곧 기원전 3600~기원전 3100년 사이에, 2.5제곱킬로미터의 면적에 주빈 2만 5,000명을 갖춘 곳으로 성장했고, 이어서 (기원전 2900~기원전 2300년) 대략 6제곱킬로미터 면적에 대략 5만 명 인구를 갖추게 되었다. 인구 밀도는 전체 도시 역사를 넘어서는 1제곱킬로미터당 8,000명에 이르렀다. 이로써 우루크는 동시대 메소포타미아의 두 번째 대도시보다 10배나 컸고, 인구 밀도가 오늘날 런던의 1.5배, 베를린의 2배에 이르렀다. 각기 특수한 지역적 상황 아래서 얼마나 대단한 '초신성들'이 폭발했는지는 다음의 몇 가지 수치들이 잘 보여준다. 기원전 3300년에 이집트의 히에라콘폴리스Hierakonpolis는 인구가 약 1만 명, 그곳에서 멀지 않은 멤피스는 3만 명 남짓이었다. 기원전 2500~기원전 2000년 사이의 메소포타미아 도시 국가이던 라가슈Lagasch는 국가 면적 3,000제곱킬로미터에 20개 이상의 하위 도시들이 있었고 인구는 12만 명에 이르렀다. 같은 시기에 키슈Kisch에서는 5.5제곱킬로미터 면적에 6만 명, 라가슈의 하부 단위의 하나인 알-히바al-Hiba에는 7만 5,000명이 있었다. 예리코에 비하면 인구 100배, 면적 200배에 달한다. 성벽이 전혀 없던 마을들에서 그런 거주지들이 서로 비슷하다는 것은 분명하다.[11]

물론 우루크에도 성벽이 있었다. 기원전 30세기 초기에 9.5킬로미터 길이의 도시 성벽이 건설되었다. 이 성벽을 우리는 서사시 〈길가메시Gilgamesh〉에서 만날 수 있다. 이 최초 도시의 성벽은 무엇을 둘러싸고 있었나? 기원전 2000년대 중기에 메소포타미아 전체 인구의 약 80퍼센트가 살았던 메소포타미아 도시 국가들은 언어와 인종이 매우 다양하게 뒤섞여 있었다. 인구의 확장은 본질적으로 인구 유입 덕이었다. 몇몇 그룹의 이름을 들자면 수메르 사람, 아카디아 사람, 아무르 사람, 칼데아 사람, 카수 사람 등이었다. 그러므로 이방인이라고 해서 여기 속하지 않는 사람, 아무것도 모르는, 또는 위험한 사람은 아니었다. 예를 들어 외곽 도시가 아니라 도시의 성벽 안에 살아야 한 도시의 구성원이 된다는 식의 개념은 없었다. 노예제와 스파르타의 헬로테스[도시 거주 노예] 등은 적어도 제도화되어 있었고, 이들 노예들은 주로 도시들 사이의 전쟁을 통해[전쟁포로 출신] 모였다. 메소포타미아 사람들은 누구나 — 위에서 말한 노예들을 빼고는 — 자기와 같은 일을 하는 사람들에게서 인정받을 권리를 지녔기에, 독자적인 재판권을 지닌 도시 구역들은 주민들의 활동 영역에 따라 나뉘었다. 사람들은 적어도 일시적으로라도 자기가 추구하는 일이 행해지는 곳에 살았다. 다른 구역들은 강력하게 종족들의 손아귀에 들어 있었고, 이것은 오늘날까지 도시역사의 상수常數이기도 하다. 도시 성벽 안에는 거주 구역, 신전과 농장들뿐만이 아니라 수로와 들판, 정원, 곡물 저장소, 그리고 양조장과 빵굽는 곳, 질그릇 만드는 곳과 다른 여러 가지 수공업을 위한 장소들이 있었다.[12]

어떻게 그렇게 되었는가? 흥미롭게도 메소포타미아에는 도시 건설자라는 게 없다. 도시를 지배하는 왕들은 자기들이 도시를 건설했다는, 또는 적어도 도시 건설자의 후손이라는 주장을 포기했다. 그 어떤 도시도 압도적인 지배력을 갖추지 못한 상태에서, 도시들의 수가 많았다는 것과도 관계가 있다. 단 하나의 건설 행위만으로 도시를 세웠다는 신화적인 주장을 하기에는 너무 많은 상황들에 종속된 생태 환경과의 관계도 있다. 이런 여러 상황들을 지배하는 신들에게서 그 특권을 빼앗지 않는 편이 더 나았고, 어떤 신이 이 도시를 세웠다거나 아니면 아주 까마득한 옛날부터 있었다고 하는 편이 더 나았다. 실세로 대도시는 주민 수가 늘어도 여러 개의 정착지로 나뉘지 않고 하나로 뭉쳐서 더 큰 정착지로 커질 경우에만 비로소 생겨난다. 이는 다시 경작지가 정착민의 수요를 능가하는 생산물을 내놓는 경우에만, 그래서 인구 증가의 결과 '남아도는(잉여)' 입들이 다른 식량 원천 근처에 새로운 정착지를 건설할 필요가 없을 경우에만 가능한 일이다. 근본적으로 도시화는 외곽 지역의 변화와 더불어 나타난다. 도시와 관련된 정착지들

전체의 시스템이 생겨난다. 이는 도시 주민들이 외곽 지역 토지를 소유했기 때문이고, 또한 대토지 소유자들이 도시로 이주해왔기 때문이기도 하다. 하지만 무엇보다도 도시의 수요에 맞춰 전문화된 농산물을 통해서였다. 도시는 다시 스스로 만들어낸 것을 주변 지역에 제공한다. 즉 정치적, 경제적 결정들을 제공하는 것이다. 기원전 2000년대 중반에 남부 메소포타미아 정착지들의 거의 80퍼센트가 10헥타르보다 더 컸던 것으로 추정된다. 도시화는 나머지 땅들의 농지화이고, 도시들의 확장은 인구의 내파[內波]다.[13]

기원전 3000년대에 메소포타미아에서는 그런 잉여가 가능했다. 예전의 범람 지역들을 쓸모 있게 만들려면 곡식과 깍지가 있는 열매[콩 종류]와 과일나무를 재배하는 들판에 유프라테스 강의 수많은 지류에서 인공 급수를 해야 했다. 이미 말했듯이 페르시아 만 쪽의 평지에는 비가 많이 내리지 않기 때문이다. 바다 근처의 강들은 강의 물고기를 식량원으로 만들어주었고, 해안호수의 형성은 돼지와 소 키우기에 유리했다. 또 다른 주요한 먹거리는 대추야자였다. 또한 양봉도 이루어졌다. 이렇게 다양한 먹거리가 인구 증가에 미치는 영향을 얕잡아보아선 안 된다. 이런 상황에서 메소포타미아 종교의 핵심 모티프가 다산성이었고, 동시에 문명의 생태적 전제들을 유지하는 존재가 신들이었다는 사실은 전혀 놀랍지 않다.[14]

사람들이 이주해오도록 부추기고 인구 성장을 자극한 이런 잉여는 먹거리 획득에 직접적으로가 아니라 우회로를 통해 도움을 주는 활동들을 장려했다. 질그릇 산업의 등장은 역사적으로 유명하다. 이 산업과 함께 등장하는 예비식량 준비 및 비축 가능성들에서 지나친 결론들을 이끌어내지 않도록 경계하는 것이 옳다. 또한 이런 그릇들이 아주 잘 보존되었고, 심지어 순서대로 연대 추정도 가능하다는 이유만으로, 질그릇과 거기 붙은 다양한 장식들이 사회의 발전에 얼마나 중요한 의미를 가졌는지를 우리가 안다는 뜻은 아니다. 앞으로 누군가가 20세기의 사회사를, 오로지 우리가 뒤에 남긴 휴대폰의 잔재들만 가지고 나머지를 추정해서 글을 쓴다고 상상해보라. 설사 그것이 아무리 풍부한 정보를 지니고 있다 해도 여전히 특별한 일방성에 이르고 말 것이다. 그렇다 해도 질그릇 기술의 상황과 그릇의 장식을 보고, 직접 먹을 것에 도움이 되지는 않아도 한편으로는 음식의 특권적인 측면, 곧 제의의 양상을 포함하는 공통의 식사와 그 준비 과정을 위한 특수한 생산품의 발전과 특성을 읽어낼 수는 있다. 다른 한편으로 이것은 임금을 곡물로 지불하기 위해 계량컵으로 쓰이던 표준화된 그릇에서 보듯이, 거대한 수의 주민에게 식량의 공급을 위한 생산품이기도 했다. 그것 말고도 로빈슨 크루소가 자신의 섬에는 온갖 것이 다 있건만 냄비 하나가 없다고 계속 탄식한 것을 기억하는 사람이라면, 최초의 고급문화에서 그릇이 갖는 실용적인 가치를 이해할 수 있다.[15]

도시의 직업들을 일종의 피라미드 모형으로 나타낼 수가 있다. 맨 밑바닥에는 식량 생산이 자리 잡는다. 이는 비록 외곽 지역에서 이루어지는 일이지만 그래도 도시에서 조직화되고, 또한 노동력과 도구도 도시에서 공급된다. 두 번째 층위는 수공업이다. 도구의 생산이 이 층위에 속한다. 상당한 수요를 볼 때―예를 들어 늘 필요한 관개시설 건축 등―도구 생산[수공업 층위의 바닥]은 다시 원료 마련을 위한 무역[수공업 층위의 두 번째 단계]의 장려와 함께 나타난다. 질그릇 산업은 같은 수공업 직업들 중 세 번째 층위로 나타나는데, 이는 한편으로는 본국의 수요를 충족하고, 다른 한편으로는 다른 거주지들과의 교역에 쓰인다. 식량을 가공하는 직업들도 여기 속한다. 맨 마지막으로[피라미드의 상층부] 서비스 업종 종사자들, 즉 의사, 서기, 판관, 사제, 그리고 도시 계획부서의 '관리들'이 나타난다. 이들은 농업에서 가장 멀리 떨어져 있는데, 이들의 존재는 공동체와 공동체의 자기유지에 기여하는 것, 즉 도시의 환경에서 사회의 표상이 월등히 확장되었음을 보여준다.

이런 상층부 생산을 목표로 하는 활동들이 제도화되어 있다면, 농산물의 잉여를 기대하지 않을 수 없다. 이는 도시가 군사적으로 요새화되어 위병과 병사들까지 먹여 살려야 하는 경우와 마찬가지다. 사용료를 통한 경제가 나타나고, 곡물 저장소가 건설되고, 이런 저장소를 관리하는 사람들이 나타난다. 곧 생태계를 보장해주는 초지상적 존재인 신들과 접촉하는 사제들이 동시에 공동체의 통합도 보살핀다. 이런 다양화된 활동들, 또는 거대 도시의 통상적인 부지런함에는 또 다른 중요한 사회적 구조변화가 수반된다. 즉 주민들의 출신 가문과 나란히 직업 활동, 곧 자신의 소속 계층이 사회적 존경심의 두 번째 원천이 되는 것이다. 이제 사람들은 근본적으로 두 가지 종교적 질서에 헌신한다. 곧 조상들과 도시의 신들이다. 시간이 흐르면서 소속 계층은 '종족들'과 조상들로 되고, 심지어 점점 더 허구적인 직업군으로 된다. 이제 성姓만으로는 누가 어떤 집안 출신인지 알아내기가 점점 더 어려워진다. 우리도 아는 사실이다. 모든 바그너Wagner[수레 만드는 사람이라는 말에서 나온 성]가 서로 친척도 아니고, 또한 바퀴나 마차 또는 차체를 생산하는 사람도 아니라는 사실 말이다.[16]

최초의 정착 세계에 비하면, 이제 거의 모든 것이 변했다. 사회는 이제는 파괴할 수 없는 차이들로 구성되기 시작했다. 직업의 차이, 권력 차이, 경제적 차이, 종교의 차이, 가족의 차이, 그리고 도시와 시골의 차이. 그렇게 해서 예를 들면 집들의 크기가 더욱 다양해지기 시작한다. 많은 일들이 보리로 임금을 받지만, 어떤 일들은 귀금속으로 보수를 받는다. 보호의 손길이 없는 고아들에게서 보호 문제가 나타난다. 다른 사람들은 모두 이제 단순히 손에서 입으로 넘어가는, 즉 그 날 벌어 그 날 생활하는 것이 아니라 전제 조건들이 극도로 많은 경제 조직화에 근거해서 산다. 이것은 우루크에 대한 고고학적 이론들에도 반영된다. 일부 학자들은 이 도시를 거대한 관료주의, 또는 종교적 복지 사회라고 본다. 다른 이들은 계층 사회의 시작으로 여기고, 또 다른 이들은 메소포타미아의 권위적인 국가 또는 무역 식민주의를 보거나, 또는 도시의 시작에서 평등한 사회, 즉 원시 민주주의 형태가 나타났다고 본다. 이 모든 것 중 그 무엇도 완전히 배제되지 않는다. 그것이 무엇이었으며 무엇을 지향했는지를 알 수 없는, 사회적인 구조물의 이런 확정하기 어려움이야말로 도시 생성의 주요 특성이었다는 인상은 그대로 남는다.

두 번째 발전은 예리코에서도 이미 나타났던 것으로, 예배의 장소가 정착지의 중심을 차지한다는 것이다. 물론 예리코에서는 죽은 자들이 산 자들 가까이에 있었고, 예배 장소도 거주지들과 결합되어 있었다. 도시로 넘어가면서 이 두 가지는 매우 분명하게 나뉘었다. 종교는 도시 자체에 속하는 영역으로, 도시를 구성하는 종족들보다 더 상위에 있다. 종교는 이제 조상 숭배에서 벗어난다. 뒷날 이 과정이 나타나는 다른 문화 지역들에서도 ─ 중앙아메리카, 인더스강, 이집트, 중국

등—태고의 도시는 시장이나 요새라기보다는 신전이었다. 메소포타미아 도시들의 공통된 특성은 도시 중심부에 성스러운 건물들이 서 있다는 점이다. 테라스 형태로 지반을 높인 곳에 세워져서, 우루크를 둘러싼 메소포타미아의 광활한 지형에서 멀리서도 잘 보이도록 되어 있다. 도시는 제각기 하나의 신에게 종속되었다. 우루크는 하늘의 신인 안An과 사랑의 여신 이난나Inanna(이슈타르Ischtar)를 섬겼다. 메소포타미아 신화에서 세계는 에리두Eridu라는 도시에서 신전을 건설하면서 시작되는데, 이는 우연이 아니다. 에리두는 우루크의 남부 어딘가에, 추측컨대 아마도 당시 페르시아 만에 직접 면한 곳에 있었다. "메소포타미아의 낙원은 정원이 아니라 도시다."(그웬돌린 라이크) 기원전 2000년 무렵의 수메르 통치자들을 나열한 왕들의 목록 역시 에리두에서 시작된다. 에리두에서는 민물[강]의 신인 엔키Enki가 모든 문명의 신으로 숭배를 받는다. "왕의 통치권이 하늘에서 내려온 이후로 통치 장소는 에리두이다." 신들은 도시의 신들이며, 도시 바깥에는 예배의 장소가 없다. 하물며 자연현상은 더욱더 숭배되지 않았다. 자연은 신들에 의해 대변되고, 신들은 도시 바깥에 그 어떤 집도 갖지 않았다.[17]

예측하기 힘든 강들, 사막과 계절풍 등으로 특징지어지는 메소포타미아의 변덕스러운 생태계를 생각한다면, 그리고 이런 사회가 얼마나 기후변화에 민감하게 반응하는지를 생각해본다면, 튼튼하게 지어진 신전 같은 견고한 구조물이 얻는 숭배의 의미가 드러난다. 아니 그 이상이다. 도시민의 종교는 분명 기적으로 여겨졌을 도시의 존재 자체다. 도시의 지속성은 당연히 사제들에게 맡겨졌다. 너무 많은 것들이 수백 년 전만 해도 생각할 수도 없었던 의식意識 안으로 밀려 들어왔기 때문에, 이런 변화의 결과[도시]에 대한 숭배가 된 것이다. 신을 갖지 못한 물건이 아니라, 도시가 숭배의 대상이었다. 모든 좋은 것, 곧 도시의 통합인 신전은 어느 정도는 모든 변화가 거룩하며, 근본적으로는 신이 보장하지 않는 변화에 종속되는 것은 아무것도 없다는 징표로서 숭배되었다. 도시 안에서 도시의 모습이자 신의 집인 신전이 알려주는 것은 이것이나. 신전은 그 온갖 변화에서도 변하지 않는 무엇, 곧 기념비인 것이다.

도시와 신이 동일하다는 것은 중장기적으로는, 도시의 몰락에서 신학은 어떤 결론을 이끌어내야 하는가 하는 문제를 포함했다. 도시들 사이에 전쟁이 일어났고, 이런 전쟁은 신들 사이의, 또는 신을 위한 전쟁이었다. 단기적으로도 도시와 신의 동일시는, 견고한 안정성에 기반을 두었으면서도 지속적으로 개축해야 하는 이 종교에 수반되는, 거의 현대적인 의미의 패러독스가 된다. 오늘날에 이르기까지 도시란, 일종의 자기개선 욕구로 인해 꾸준히 개축하는 구조물이기 때문이다. 우루크에서도 이미 낡은 신전들 위에 다시 새 신전을 지었다. 그것도 낡은 신전들이 세월의 흐름으로 '파괴'되기도 전에 그렇게 했다. 새로 더 크게 지으려고 낡은 것을 허물었던 것이다. 우루크의 일부 건축물은 정말로 컸다. 6~7헥타르를 포괄하는 에아나Eanna 언덕에 석회석으로 지어진 중앙 신전은 76미터×30미터 크기였다고 한다. 뒷날 모든 신전 구조물을 연결하여 하나의 구조물로 만들기 위해 쌓아 올린 테라스는 어림짐작으로 노동자 1,500명이 5년 동안 일해야 하는 정도의 규모였다.[18]

분명 계속 새로 건축되고, 꾸준히 개선되었다. 도시가 사회적 '차이', 실제로는 '잉여'라면, 이는 시간적으로는 '불안'이다. 인류학자 그웬돌린 라이크Gwendolyn Leick의 요약에 따르면 건축이란 실험이다. 새로운 건축 자재, 새로운 장식, 새로운 건축 방식 등이 나타났다. 설사 비용이 많이 들고, 거기 드러나는 것이 효율성의 관점들만이 아니었다 해도 그렇다. 그보다는 종교의 중심인 신전은 행정통합, 창고, 재정관리 등 여러 기능들의 중심으로서, 그 접근성까지 중시한 상징적인 미학의 문제였던 듯하다.

우루크에서는 하늘의 신 안과 나란히 또 다른 신이 숭배를 받았다. 전쟁과 섹스[사랑]의 여신인 이난나(바빌론 말로 이슈타르)였다. 그녀는 우주적 힘을 가리키는 '메me'로서, 그 옛날 강물의 신 엔키를 에리두에서 유혹해서 우루크로 오게 했다. 이 힘은 모든 사회적인 시설과 중요한 모든 것에 ─ 왕국, 관리직, 관리들의 표장, 수공업, 음악, 성교性交, 정의, 고요함 등 ─ 깃들어 자신의 본질과 연결해준다. 이 신화를 도시에 대한 이야기로 해석할 수 있다. 이 도시의 복지는 한편으로는 다른 도시들과의 경쟁 및 갈등에서 생겨났고, 다른 한편으로는 축제, 곧 온갖 난교亂交를 포함하는 ─ 뒷날 '죄악의 도시Sündenbabel'라는 개념에 드러난 것처럼 ─ 도시의 특성은 싸구려 술집과 홍등가에서의 삶으로, 또는 적어도 아버지나 남편의 보호 없이 홀로 사는 여자들에 대한 상상으로 표출된다. 도시에 재물이 축적되면서 사회의 규범들은 끊임없이 스트레스 테스트에 노출된다. 도시가 이런 역동적인 무질서에서 이익을 얻지만, 동시에 사치품, 축제, 일탈 행동 등을 앞에 두고, 부와 권력의 유혹에 맞서 질서, 도덕, 공정함을 옹호하려는 사람들의 도전도 받기 때문이다. 도시의 찬가는 ─ "바빌론에 사는 자, 더 오래 살리라" ─ 매우 위풍당당하지만, 일탈상황에 대한 감성도 그만큼 커진다. 도시는 끊임없이 스스로에 대한 주석을 내놓는 구조물이다.[19]

>))))))

정착 형태가 다양해질수록, 그 살림살이 과정을 효과적으로 통제한 경제 형식의 흔적들도 더 많이 존재한다. 첫째로 직물과 그릇의 대량 생산이 나타난다. 이는 이런 물건들의 거래 조직을 포함한다. 예를 들어 그릇은 귀금속, 원료, 사치품 등과 교환되었다. 질그릇 산업은 개별적으로 파키스탄까지 나아갔다. 또한 도시는 부속 도시들과 지점들을 세우고, 이들을 통해 소도시들의 연결망을 만들어냈다. 덕분에 도시 생산품의 거래는 호황을 누리거나 또는 인구과잉으로 넘어갔다.[20]

둘째로는 소유권이 드러나고, 계산 표시들이 도입되고, 용기들이 봉인되었다. 다른 말로 하자면 개인적으로나 집단적으로나 비축이 이루어졌다. 또한 인구가 밀집한 정착지의 성장은 결국 관개 시스템[치수]에 기반을 둔 것이었으니, 이것이 도시의 근간이었다. 덕분에 각 부분만이 아니라 전체도 경제 전망과 통제를 필요로 한다는 깨달음도 나타났다. 메소포타미아 도시의 결정 및 소유 질서가 개인주의적인 성격이었느냐, 아니면 집단주의 성격이었느냐를 두고 벌어진 고고학적 논쟁들은 구체적인 사례들에서는―토지 소유, 도시 설계, 무역 확장 등―의미가 있다. 그러나 이들을 전체의 대안으로 삼는다면, 조망하기가 점점 더 힘들어지면서도 동시에 단순화의 요구도 커지는 도시화의 핵심을 놓치게 된다. 행정단위로서 국가와 비슷한 구조물인 도시는 자체 역동성의 답변으로 생겨난다. 맨 처음에 신전[사제]과 왕권이 전체를 위한 결정권을 지녔다. 하지만 장기적으로는 두 세력 사이의 갈등이 나타나는데, 결국은 '군사 집단'이 제게 유리한 결정을 내린다. 먼저 신전이 재분배 경제를 조직하고 사용료를 만들고 장부를 작성하고, 자체 생산을 한다. 신전, 또는 사제단은 희생제물을 관리함으로써, 그리고 거대한 개인 살림인 왕의 궁정과는 달리 다른 사람들 사이에서 특히 중요한 족속으로 보인다는 사실을 통해, 이런 모든 일을 먼저 하도록 미리 예정되어 있다. 하지만 뒷날에는 자체 수행원을 거느린 군사 지휘자들이 전체의 보호자를 자처하고 나선다. 도시들 사이의 갈등은 늘 있게 마련이고, 특히 식량 위기의 시기에는 점점 더 많은 사람들이 도시에서 도피처를 찾는다. 이들은 대도시에서 군주가 사제 집단에 대해 연속적으로 우위를 차지하게 만든다. 서사시 〈길가메시〉에서 길가메시는 자신의 결정을 '구루슈Gurusch 회의', 곧 자신의 병사들과 노동부대의 회의에 맡기려고 사랑의 여신 이슈타르의 결혼제안을 거절하는데, 이는 왕권과 사제단의 관계가 깨진 것을 신화적으로 보여주는 것으로 보인다.[21]

그러니까 다음과 같이 말할 수 있을 것이다. 전쟁은 도시를 하나의 국가로 만들고, 그와 동시에 사제들을 전쟁 지휘자의 보조자 역할로 낮추어 버린다고 말이다. 메소포타미아에는 여러 도시들이 이곳저곳의 중심지를 이루었고, 그들 사이의 경쟁과 물물 교환이 자주 갈등으로 비화했기 때문에, 도시들은 성벽, 성문, 해자 등을 갖춘 방어시설물이 되었다. 도시 정치조직의 핵심 임무는 처음에는 분명하게 농경과 무역이 서로 협동하여 일하고 임금을 받도록 하며, 또한 총생산을 분배하는 일이었다. 이 점에서는 무역과 이주를 통해 서로 연관된 모든 메소포타미아 도시들이 비슷했다. 하지만 누가 통행권을 갖느냐, 상류 물줄기에서 무엇이 나와야 하느냐, 또는 누가 도시 영역들 사이의 중간 구역을 맡느냐 등의 싸움이 일어날 경우에는, 차츰 무기가 모든 것을 결정하게 되었고, 따라서 모든 자원을 포함하는 정치적 임무는 서서히 신전에서 왕궁으로 이동했다.

　메소포타미아 자체가 하나의 시스템, 하나의 '세계'라는 생각, 비록 서로 바뀌면서도 아무튼 한 도시가 중앙 지배권을 갖는 시스템이라는 관념이 오래 유지되었다. 수메르 왕의 목록은 가장 오래된 것이 기원전 2000년 무렵의 기록인데, 각 도시를 거느린 왕들의 이름을 확인해준다. 기록자들이 여러 도시들의 통치권이나, 또는 한 도시에서 독립적인 통치권이 가능하다는 점에는 전혀 익숙하지 않았던 것 같다. 도시는 오랫동안 집단적인 결정능력을 갖춘 궁극적인 시스템이었다. 메소포타미아의 대도시가 위로부터, 또는 단 1명의 왕으로부터 지시를 받는 구조물이라고는 아예 상상할 수가 없기 때문이다. 도시의 혼란 속에서 생기는 갈등이나 필요한 결정은 대부분 도시의 구역별로 나뉘어 처리되었다. 메소포타미아 지역에서 도시가 제국이나 민족 같은 더 큰 정치적 세력이 되는 것은 도시들 사이의 경쟁이 사라진 다음에야 나타났다. 이런 의미에서 전체 바빌론 도시들에 대한 정치적 권한을 갖는 최초의 지배자는 기원전 2350년 무렵 아카드Akkad의 사르곤Sargon이었다. 이 통치자가 전에는 전혀 중요하지 않은 도시 아카드를 거처로 택했다는 것은 매우 특징적인 일이다. 이 도시가 그의 소유물처럼 보였기 때문이다. 그 이후로는 정치가 도시에 중요성을 부여하고, 도시가 정치에 중요성을 부여하지 않게 된다.[22]

10

왕-마피아

국가의 시작

모든 시대에 걸쳐 정부 형태의 이름이야 무엇이든,
군주제든, 공화제든, 민주주의든 가리지 않고
그 표면 뒤에는 소수 지배[과두 정치]가 숨어 있다.
로널드 사임Ronald Syme

누군가 다른 사람에게 아내를 뺏긴 사람은 먼저 왕에게 개 1마리를 선물해야 한다. 그런 다음에야 왕이 그에게 다시 아내를 마련해준다. 19세기에 데이비드 말로David Malo는 하와이에 대해 이렇게 기록했다. 인류학자들이 특권 식량이라 부르던 개들이 그곳에 있었다. 그러고 나서 말로는 자신과 동시대를 살아가는 현대 국가의 주민들인 독자에게, 법이 아니라 개가 아내를 되돌려주었다는 주석을 덧붙인다.[1]

우리는 국가를 그런 식으로 생각하지는 않는다. 우리는 국가를 여러 이름으로 부른다. 예를 들면 '베네치아' '사부아' '산마리노' '이탈리아' '바티칸' 등도 국가 이름이다. 공작 국가, 도시 국가들도 있고, 작은 국가들, 민족 국가, 다민족 국가, 교회 국가, 민주 국가들도 있다. 이들 거의 모두가 세금 징수관리, 경찰, 법원, 재무관리, 군인들을 갖추고 있다. 오늘날 '더 작은 국가'는 더 작은 관료집단과 법적인 규정들을 뜻하고 '큰 국가'는 범죄와의 싸움, 생존을 위한 대비, 또는 환경보호를 포괄한다. 국가를 떠올리면서 법을 생각하지 권력자와의 거래를 생각하지는 않는다.

국가는 여러 갈래로 정의할 수 있다. 예를 들면 정해진 영역 안에서 효력을 갖는 합법적인 폭력의 독점[공권력], 즉 주민이 단순히 견디는 것을 넘어 받아들여준 폭력의 독점이라고 할 수 있다. 또는 국가란 집단적 구속력을 갖는 결정들을 산출하는 한 체제라고 말할 수도 있다. 1789년 무렵 프랑스에서라면 이렇게 말했을 것 같다. 국가란 주권을 지니고 스스로를 국민이라 규정한 이들의 사회인데, 국가의 폭력은 여기서 유래한다고 말이다. 이런 정의들 중에서 어떤 것이 가장 좋은 것이냐에 대한 합의는 없다. 하지만 이것만은 확실하다. 곧 국가가 더 많은 요구를 가진 것으로 정의되면 그럴수록 역사적으로 뒷날에 나온 것이라는 점이다. 로마인들의 정치질서는 폭력 독점이나 행정권을 알지 못했고, 메소포타미아에는 경찰관이 없었으며, 4,000년 전에 인더스 강변에는 국민이 없었다. 그에 반해 일정 영토 안에서 중앙의 결정을 담당하는 그룹에 의해 정기적으로, 주민들에 대한 위협을 수단으로 이 결정들을 관철시킬 수 있다는 것이 국가의 개념으로 충분하다면, 아즈텍, 그리스, 로마, 그리고 하와이 사람들에게도 하나의 국가가 있었다.[2]

국가가 어떻게 생겨났느냐는 질문에 대해 국가의 개념에 대한 까다로운 논의로 시작하지는 말자. 그보다는 노먼 여피Norman Yoffee의 간결한 판단에 머물기로 하자. 어떤 사회적인 구성체를 두고, 이것이 국가인가를 논의해야 한다면, 이는 국가가 아니다.[3] 그리고 우리는 하와이에서 시작하기로 한다.

>>)))))

지금까지는 문명의 업적들을 언제나 그것이 처음 나타났다고 짐작되는 곳에서 탐색했다. 국가는 하와이에서 창안되지 않았다. 그렇다 해도 그 사실이 국가 비슷한 것이 거기서 어떻게 생겨났는가를 탐색하는 것을 막을 이유가 되지는 않는다. 문명의 역사에서 무언가가 생겨나는 데는 두 가지 방식이 있다. 어디선가 무언가가 생겨나고, 그런 다음 거기서부터 다른 지역으로 퍼져나간다. 이주, 여행, 수출, 소문, 선교, 논문이나 지식의 장거리 대여 등을 통해서, 한마디로 확산을 통해서 말이다. 또는 무언가가 세계의 여러 지역에서 서로 다른 시간대에 서로 독립적으로 생겨나기도 한다. 도시는 맨 먼저 메소포타미아에서 생겨났다. 나중에는 메소포타미아와 무관하게 페루와 멕시코와 중국에서도 생겨났다. 문자와 종교도 이와 같다. 서로 아무런 교류도 없는 여러 지역에서 제각기 생겨난 것이다. 인도 사람들이 처음으로 자기 귀족들의 전설을 썼을 때, 그들은 서사시 〈길가메시〉나 호메로스의 작품을 읽은 적이 없었다. 한편 직립보행, 말하기, 개 길들이기 등은 서로 아무런 연결도 없이 멀리 떨어진 세계의 여러 지역들에서 시작되었다기보다는, 한곳에서 생겨나 퍼져나갔다고 보아야 할 것이다. 십계명은 바빌론의 법전과 매우 비슷해서, 바빌론 법전이 이스라엘의 법에 아무런 영향도 주지 않았다고 말하기 어렵지만, 로마법도 바빌론 법의 영향을 받았는가 하는 것은 법학자들의 논쟁거리다. 문명사에서 대부분은 두 가지 시작의 방식이 섞이게 마련이다. 무언가가 생겨나서 퍼져나가지만, 모든 곳으로 퍼지지는 않는다. 그러니까 다른 장소 다른 시간에 생겨나기도 한다.

가장 많이 거론되는 인류 역사 최초의 국가들 6개 중 어느 하나도 하와이에서 생겨나지 않았음을 우리는 안다. 메소포타미아의 우루크, 나일 강변의 이집트, 인더스 강변(파키스탄)의 모헨조다로와 하라파, 그리고 중국 북부 황허 강변의 상나라, 중앙아메리카의 테오티우아칸Teotihuacan과 페루 안데스 산맥의 차빈Chavin 등이다. 하와이에서 인류사적으로 그토록 뒤늦게 국가 공동체들이 만들어졌을 때, 그들은 아테네나 로마, 심지어 영제국에 대해서도 알지 못했다. 저 최초의 여섯 국가들도 서로 완전히 독립적으로 생겨났다. 물론 바빌론, 이집트, 인도 사이에는 극소수나마 어느 정도 무역관계가 있기는 했다. 이들 여섯 국가들은 다음과 같은 의문을 던진다. 이토록 멀리 떨어진 다른 지역에서, 또한 생태적, 지리적으로 그토록 상이한 환경에서 대규모 주민을 다스리는 비슷한 중앙통치 기구가 생겨나게 된 이유가 무엇인가?**4**

하와이와 그 북쪽에 있는 섬들은 그 어떤 영향의 가능성으로부터도 수천 킬로미터나 떨어져 있다. 북태평양의 이 섬들은 18세기 말 이전에는 '서양의' 방문자들과 그 어떤 접촉도 없었다. 1778년에 처음으로 제임스 쿡 선장이 온 뒤로, 방문객들은 아직 안정된 지 그리 오래지 않은 통치체제를 목격했다. 그래서 하와이를 먼저 관찰해보는 것이다.

그곳에서 국가는 내생內生적으로, 즉 어떤 모델이나 외부의 자극도 없이 생겨났을 뿐만 아니라, 아주 늦게 등장했기 때문이다. 그래서 우리는 국가의 시작에 대한 연구를 고고학 탐정 노릇을 통해서만이 아니라, 목격자 증언과 하와이 주민들의 문자 전통으로도 접근할 수 있다. 이곳의 국가 구조물은 1819년 카메하메하Kamehameha 왕의 죽음 및 선교사들의 도착과 더불어 끝났다. 다른 말로 하자면 하와이의 이점은 비교적 젊은 국가가 발견되었을 때, 이미 문자가 있었다는 사실이다.[5]

최초의 하와이 방문자들은 이 섬의 원주민이 어떤 정치적 형태를 조직했음을 무엇을 보고 알았을까? 앞서 본 저 개의 예에서 드러난 것처럼, 아마도 권력이 하나의 의지 안에 집중된 것을 보고 알았을 것이다. "땅에 관한 것, 채무의 지불이나 징수, 주민들 사이 공동의 일들, 또는 그 밖에도 다른 무엇이든 그 모든 것이 왕의 의지와 생각을 따르고 법을 따르지 않았다." 또는 하와이 사람들에게 특징적인 계층 의식을 보고 알았을 것이다. 그것은 지배자들에게 절대로 자기보다 아래 계층과 혼인해서는 안 된다는 의무를 부과했다. "높은 우두머리들은 고귀한 후손을 위해 자기 자신보다 낮은 등급의 여자를 첫째 아내로 삼아서는 안 되고, 어떤 경우에도 천민 출신의 여자는 안 된다." 또는 규칙위반에 대한 형벌의 엄격함을 보고 알았을 것이다. "터부-추장이 식사할 때 주변에 있는 사람들은 무릎을 꿇어야 한다. 누군가가 무릎을 땅에서 떼면 그는 죽임을 당한다…… 한 사내의 그림자가 터부-추장의 집에 떨어지면 그 사내는 죽임을 당해야 한다. 그리고 터부-추장의 등이나 옷이나 추장의 소유물에 떨어져도 마찬가지다." 지도자와의 교류에서 측정되는 것은 분명히 매우 엄격한 기대들이었다.[6]

이런 기대들과 함께 또한 우리에게는 기묘할 정도로 유혈이 낭자한—아즈텍 사람, 마야 사람, 메소포타미아 사람, 고대 이집트 사람들에게는 그렇지도 않은—형벌들은 권력 행사가 이따금씩만 이뤄진 것이 아님을 알려준다. 여기서는 권력자의 역할이 분명히 특수하게 강조되어 있다. 문자 그대로 '터부'인 추장들이 있었다는 것은—터부라는 낱말은 폴리네시아어군에서 나온 것으로, 하와이어로는 '카푸kapu'—그들이 어떤 특수한 실질적인 임무를 띠었을 뿐만 아니라, 이 임무가 거룩하기도 했다는 것을 알려준다. 그들은 추수감독관이자 터부였고, 군인이자 터부, 조언자이자 터부, 사제이자 터부였다. 이것은 많은 비용을 들여 과시되었고, 접촉 금지를 통해 상징적으로 확인되었다. 이는 뒷날의 국가에서도 제복이 단순한 재킷이 아니고 국기가 단순한 천 조각이 아닌 것과 마찬가지다. 국가는 통치자를 광채로 둘러싸고, 정치를 고귀한 일로 만든다. 그런데도 엄격한 형벌을 통해 정치적 기능을 지닌 인물을 상징적으로 높이는 것은, 데이비드 말로의 글에 나오는 것처럼 추장들과 비천한 민중이 원래 동일한 조상에게서 나왔기 때문에 생기는 일이다. 왕들과 천민들 사이에 처음에는 아무런 구분도 없었던 것이다.[7]

이 점이 우리의 관찰 대상인 정치체제의 시작을 암시하는 부분이다. 당시 하와이에는 4개의 독립된, 지도층의 친척관계로 결합되어 서로 계속 다툼을 벌이는 왕국들이 있었다. 이들은 각각의 섬에 중심부를 두었다. 하와이섬 자체의 인구는 14만 명, 마우이Maui섬은 8만 명, 그리고 같은 크기인 오아후Oahu섬과 카우아이Kauai섬은 각각 인구가 5만 명씩이었다. 서열에 따른 지시체계가 없다면 이들은 집단으로 행동할 수 없다. 안으로는 결정권을 갖고 밖으로는 협상권을 가진 대표자들을 파견하는 가문들의 연합이 아니라, 전체 영토를 포괄하는 정치적, 국가적 서열이 구축되려면 집단적 구속력을 갖는 결정들이 나오는 중심이 필요하다. 그러니까 이런 결정들의 실천을 전문적으로 다루는, 예를 들어 사용료를 징수하고, 노동을 배분하고, 형벌을 실행하고, 전쟁을 조직하는 관리인들이 필요하다는 말이다. 현대적인 의미에서의 독점적 폭력을 뜻하는 것은 아니다. 그것은 고대 국가에는 너무 큰 요구로서, 폭력 독점을 위반하는 행동을 ─즉 주먹질, 가족 안에서의 폭력, 빼앗긴 여자들 등 ─ 벌주는 경찰과 판결 등을 전제로 한다. 그에 반해 하와이에서는, 앞으로 바빌론의 함무라비 법전에서 보게 될 것이지만, 범죄의 희생자에게는 특정한 상황에서 스스로 복수할 권한이 주어진다. 왕은 먼저 개를 받고 나서야 빼앗긴 여자 문제를 처리할 준비를 한다.[8]

꧁꧂

거의 모든 고대 국가들에 왕이 있었다. 아스텍 사람들은 자기들의 '위대한 대변인' 옆에 주로 행정 감독관의 일을 맡은, 특이하게도 '뱀 여인'이라는 직함을 지닌 남성 친척 1명을 세우기는 했다. 이집트와 잉카, 메소포타미아 도시 국가의 왕들과 중국의 상나라에서도 권력은 의심의 여지없이 거의 언제나 남성 통치자에게 있다. 이집트에서는 과도기에 예외가 있었고, 마야 제국에서도 개별적으로 여성 통치자에 대한 보고가 있고, 유프라테스의 도시 국가 키슈에도 선술집 주인이었던 쿠바바Kubaba[수메르왕의 목록에 나오는 유일한 여왕의 이름. 약 100년 동안 왕위에 있었다고 하며, 뒷날에는 여신으로 숭배를 받았다]라는 여성이 정상에 있었다고 한다. 대개의 경우 왕권은 세습되었지만 예외도 있었다. 예를 들면 아즈텍에서는 죽은 왕의 형제들과 왕자들이 회의를 통해 후계자를 선출했다.[9]

그렇다 해도 통치권은 여전히 친척집단과 연결되었다. 고대 국가에서는 법률행정 집행권이 독자적 계층을 이루었다. 어느 정도는 어느 등급의 명령권자로 태어났던 것이다. 그래서 통치자들은 자기들의 명령권과 명령권에 주어진 터부를 통해서만 나머지 주민들과 구분되었던 것이 아니고, 자기들의 혈통 이념으로도 구분되었다. 하와이 사람들은 폴리네시아의 여러 섬에서 이주해온 사람들인데, 폴리네시아 섬들에서는 '원뿔 씨족들'이 가장 중요한 사회적 계층을 이루었다. 그러니까 그들은 한 조상의 후손으로서, 이 조상에 대한 원근관계에 따라 어느 정도 원뿔 모양으로 결정 권한을 분배받은 씨족들이었다. 그들에게는 정치적, 종교적으로 규정된 지도자가 1명 있었다. 이 씨족의 일원이라는 근거로, 그리고 사냥이나 수확 또는 전쟁의 성공을 근거로 결정을 내리는 특수한 능력이 이 지도자에게 주어졌다. 이런 특권이 주어진 덕에, 그는 다시 일종의 '피드백' 활주로를 통해 또 다른 성공들을 만들기가 유리해진다. 즉 특별히 신들의 은총을 받은 사람은 최고 경작지를 받고, 그 딸들을 더 나은 자리로 혼인시킬 수가 있고, 자기 자신은 전체를 대표하는 지도자로서 사회적 특권을 모조리 차지하는 식이었다.

하와이의 고대 국가는 이런 구조를 없앴지만, 그래도 핵심 요소들은 그대로 유지했다. 출신 성분에 근거한 영토소유권을 가진 사람들은 왕의 토지에 거주하는 주민이 되었다. 데이비드 말로의 기록에 따르면 그들은 상위계층과 같은 부족이었지만, 자식들과 손자들은 더는 상위계층에 속하지 못했다. 추장들, 민중, 불가촉민 등 세 계층들은 상호간에 혼인할 수가 없었다. 오직 아름다운 처녀들만 아래서 위로 바쳐지지만, 당연히 둘째 부인 아니면 첩의 자격만을 얻었다. 그러니까 적어도 동일한 신분의 여자만이 남편과 동일한 신분이 된다는 것이 핵심이었다. 상위계층에서는 매우 많은 대가를 치르고 가문 혈통을 세심하게 관리했다. 엘리트계층 내부의 서열은 남작부터 영주와 왕자들에 이르기까지 세심한 차이를 둔 유럽 귀족의 명부처럼 엄격하게 규정되었다. 그리고 적어도 똑같이 오래된 고귀한 다른 것, 그리고 자신의 토지와도 결합되기 위해서, 무엇이든 온갖 오래된 고귀한 것을 세심하게 보살폈다. 그래서 하와이에서는 친족 사이에, 심지어는 오누이 사이에 혼인이 — 일부다처제를 통해 일부 이복형제자매가 생기는데 — 배제되지 않고 오히려 장려되었다. 가까운 혈통의 혼인일수록 더욱 좋다고 생각되었다. 특히 소중한 혈통이 나오기 때문이다. 그에 반해 하와이의 일반 민중은 다른 모든 곳의 일반 민중과 마찬가지로, 자신의 조상을 기억하거나 근친혼금지를 위반할 아무런 충동도 느끼지 않았다. 그들의 권리는 혈통에 근거하는 것이 아니기 때문이다. 실러의 글에 이런 말이 나온다. "평민은 자기들이 행한 것으로 가치가 매겨지지만, 귀족은 태생으로 정해진다." 고대 국가는 이제부터 나는 고귀하다고 여긴 사람들이 스스로를 높이면서 생겨난다.[10]

그렇다면 일반 민중은 어째서 거기 동참하는가? 그러도록 강요를 받아서였을까? 통치가 전쟁보다 나아서였을까? 전쟁의 결과가 주민 전체를 파괴하거나 스스로를 파괴하는 쪽으로 가지 않고, 전체 주민을 노예로 삼거나 사회적 하층민으로 밀어넣는 쪽으로 진행되어야만 전쟁이 국가의 아버지가 될 수 있다. 그러니까 두 가지 조건을 충족해야 한다. 패배한 자들이 죽임을 당하지 않고, 또 도망갈 길도 없어야 한다. 그들은 지배받는 자로서 통제 가능한 상태로 남아야 하고, 가장 좋은 경우는 자기들이 이렇게 통제를 받는 것을 단순히 받아들일 뿐만 아니라 정상으로 여겨야 한다. 미국의 민속학자 로버트 카네이로Robert Carneiro는 약 40년도 더 전에, 둘 중 첫째 조건인 도주 가능성의 결핍에서 국가가 생긴다는 이론을 만들었다. 그에 따르면 공격받아 패배한 종족들이 너무 쉽사리 도망쳐서 새로운 장소에 정착하는 것을 바다나 강, 산과 사막이 막아주는 곳에서 가장 먼저 국가가 생겼다는 것이다. 인구가 늘어나도 이주로 연결되지 않고, 현존하는 정착지의 성장으로 연결되어야만 도시가 생겨나는 것과 마찬가지다. 약자들이 도망치지 않고 종속으로 들어가려면, 이동을 방해하는 물리적, 사회적 힘이 있어야 하는 것이다. 하와이의 경우처럼 섬들이 몰려 있는 곳에서 주민 수의 성장은 이런 종속의 생성방식에 대한 좋은 예가 된다.[11]

두 번째 조건, 즉 종속된 자들이 그것을 합법이라고 믿는 것은, 통치가 위기관리 능력을 입증해야 나타난다. 미국의 인류학자 패트릭 빈턴 커크Patrick Vinton Kirch가 쓴 글에 따르면, 부족체제의 변두리에는 언제나 낡은 특권을 지닌 추장이 자기보다 능력이 못하고, 그래서 신들이 자기를 더 좋아한다는 것을 입증할 기회를 기다리는 젊은 후보자가 있다고 한다. 이렇게 해서 16세기에 하와이에서 인구는 늘어나는데 농경지 확장의 가능성이 끝나면서, 전통적인 부족 시스템에서 중앙에 집중된 왕의 통치권으로의 이행이 일어났다. 1200년에서 1550년 사이에는 40~60년마다 인구가 2배로 늘었다. 그래서 생겨나는 갈등을 통제하고, 섬의 경제를 중앙으로 집중시키는 새로운 질서를 만들어낸 것이 왕국의 업적이었다. 이제는 왕의 토지에서 농사를 짓고 수확하는 권리는 사용료를 내야만 얻을 수 있게 되었다. 하와이에서 선에는 '시구'를 뜻하던 권리가 이제는 그냥 '주민' '사람들'을 뜻하는 말이 되었다. 일반 민중은 '붉은 사내들'이라 불렸는데,햇빛 아래서 일해야 했기 때문이다. 그들 말고도, 함께 식사를 해서는 안 되고, 그랬다가는 자기도 오염되는 불가촉민들이 있었는데, 이들은 노예 신분이었고 제의적인 인신제물로도 쓰였다. 전에는 단순히 '추장'이라고 불리던 계층에서 여러 단계의 서열이 나타났다(대추장, 터부 추장, 지역 추장, 하부구역 추장 등등). 그것 말고도 세속의 기능과 종교 기능이 서서히 분리되었다. 사제는 특수한 직위가 되었는데, 최초의 신왕神王이 권력을 장악하면서 이미, 사제들에게는 수행 역할이 주어졌다. 사회질서의 근거도 또한—이는 최초 국가들의 특징이기도 한데—새로 다듬어진 종교에 따라 생겨났다. 이 종교는 이런 통치체계와 그것을 담당한 자들을 '터부'라고 선언했다. 따라서 신의 특성들을 지닌 통치자가 결정권 피라미드의 정상을 차지했다.[12]

제임스 쿡 선장은 아마도 하와이에서 유럽 궁정사회의 질서를 막연히 기억해냈던 것 같다. 신적인 힘을 뜻하는 '마나mana'의 소유를 사회적 서열체계와 결합시킨 종교 질서도 역시 유럽의 질서를 생각나게 했던 듯하다. 일반 민중에 속하는 자들은 세속적이고, 귀족들은 거룩하며, 왕은 신적이었다. 그래서 한곳에 정주하지 않고 나라를 이리저리 여행하는 하와이 왕의 주변은 그를 보살피는 신하들이 둘러쌌고, 그중에는 통치자의 카리스마 넘치는 활동 영역을 방해하는 행동에 대해, "허락받지 않고 일반 민중에서 앞으로 나서는 자는 죽임을 당한다"는 형벌을 즉석에서 실행에 옮길 이동移動 형리도 있었다. 허락을 받지 않고 앞으로 나섰던 제임스 쿡에게는 바로 이런 형벌이 주어졌던 것이다.[13]

고대 국가의 사회구조가 어디서나 그 구조를 의심하는 행동에 맞서 이토록 과격한 방식으로 보호되었던 것은 아니다. 하지만 메소포타미아, 이집트, 중앙아메리카, 그리고 다른 곳에서도 경제적 불평등, 정치적 특권, 종교로 뒷받침된 계층 이념이 결합될 경우에는 비슷하게 발전했다. 한 집단에 맡겨진 농산물 잉여가 다른 사람들의 종속을 불러들이고, 결혼, 친척관계, 토지 획득, 상업 등을 통해 이런 불평등은 더욱 심화되었다. 재산 증식은 한편으로는 재산 소유자들이 군사 권력을 차지하고 노동자들을 자기들의 통제 아래 두는 것을 허용했고, 다른 한편으로는 잉여의 경제적 이득을 취함으로써 이런 불평등을 더욱 키우는 것을 가능하게 했다. 이런 거대한 재산에다가 신적인 은총에 근거한 특권이 덧붙여졌다. 이 결합을 확고히 하려고 그들은 자기들 편에서 과시적 소비, 희생, 축제, 행사를 위한 건축, 무덤의 부장품, 그 밖의 사회질서에 금도금 입히기 등을 행한다.[14]

꺼냄

궁정 문화, 독재, 미신 등의 이런 결합을 어디까지 국가라고 부를
수 있을까? 패거리 집단, 부족, 추장통치, 그리고 국가. 1960년대 이후
로 많은 인류학자들이 정치적 구조물의 초기 역사 단계들을 이런 식
으로 구분해왔다. 그들은 1만 년 전의 전형석 공농체 형태인 패거리
집단들이 상대적으로 평등하다고 생각했다. 공식적인 지도자 역할이
나 강력하게 확정된 영토가 없었지만, 구성원의 나이와 성별에 따른
노동의 분화가 있었다. 자기들의 출신에 대한 기억은 별로 없었다. 그
에 반해 부족은 그런 기억을 가다듬고 조상을 숭배하며, 예를 들어 사
자死者의 두개골을 보존하고 장식한다. 여전히 친족관계에 의존하지만
정기적으로 되풀이하는 의례를 통해, 친족관계의 질서와 세계의 질
서를 더욱 확실하게 정리한다. 구속력이 있는 결정, 즉 정책을 취하지
않을 수 없도록 강요하는 의견 불일치는 가족의 유대로 해소되거나,
또는 부족들 사이에 이견이 있을 경우 장로회 같은 분쟁결정위원회를
통해 조정된다.[15]

갈등을 결정하는 과제가 한 개인에게 주어진 경우, 그리고 이 지도
자가 자신의 추종자들을 거느린 채 여러 마을 공동체들을 통제할 경
우에 추장통치가 나타난다. 의견 불일치에 대한 결정이 누군가의 손
에 맡겨졌지만, 이 사람도 서로 분쟁 중인 두 친척집단의 어느 한편에
속하거나, 또는 어쨌든 싸우고 있는 두 집단에 동일하게 가까울 수는
없었다. 이렇듯 결정을 필요로 하는 전체 구조가 커지면 순수하게 정
치적인 역할이 생겨난다. 이렇게 말할 수도 있다. 이런 확장의 순간에,

집단 결정들은 친척집단에 대한 고려 없이 내려질 가능성이 높아진다. 추장은 결정을 내리도록 전문화된 존재, 즉 관리자가 된다.[16]

따라서 이들 '추장'들은 자신이 — 예를 들어 이익집단들 사이, 가족들 사이, 거주지들 사이에서 — 결정을 내리고 갈등을 해소하는 데에 특별히 강력한 근거들을 갖춘 비범함을 발휘한다는 점을 강조한다. 일종의 음모를 꾸민다는 것이 아니라, 이런 은총을 입은 자[추장]들이 신화적 원천으로의 통로를 지녔다고 스스로 믿는다는 말이다. 그들은 자기들이 이룩한 성과에 대해 주술의 해석에서 벗어난 두 번째 언어를 갖지는 않는다. 그들이 무엇을 믿느냐가 중요한 것이 아니라, 이제 방금 그들의 통치를 받기 시작한 자들이 — 추장은 그들의 대변인이 아닌데 — 무엇을 믿느냐가 중요하다. 추장들, 그리고 나중에는 왕을 둘러싼 소수 지배자들은 합법화 신앙을 생산하기 위해, 사회로 밀려드는 힘들과 이익들 사이에 꼭 필요한 조정을 성취한다. 주로 헌신, 축제, 과시적 소비, 여러 특권의 분배를 통해서였다. 하지만 언제나 최고의 근거는 종교다. 어째서 그렇게 결정되고, 다르게는 되지 않았는가? 그야 신들이 그렇게 원하셨기 때문이다. 이런 답변은 정치적 결정의 권위를 높인다. 이런 결정들이 내려지는 임의의 순간에, 이 답변이 폭력을 넘어선 어휘를 사용하도록 해주기 때문이다.

정치적 지도자 역할은 이런 식으로 일찌감치 성스러운 의미를 동반하고 나타났다. 마법의 교회란 없다는 여러 종교사회학자들의 주장은 여기서 반박된다. 많은 태고 국가들은 그런 마법의 교회다. 특히 여러 부족들에게 지시되고 강요된 관개시설의 건설이 실제로 도시를 먹여 살리는 데 성공하고, 여기 덧붙여 신들의 은총까지 얻은 지도자에게는 특별한 카리스마가 상으로 주어졌다. 추장통치에서 왕국으로 넘어가는 과정에서 가장 중요한 목록들은 (준)군사적 후원, 경제적 재분배, 종교적 근거 등을 갖춘 정치적 결정인 것이다.[17]

　이런 이행 과정에 사회적 불평등의 형식이 바뀐다. 다른 고대 국가들에서도 지도자와 그 수하들은 자기들이 특수한 출신이며 신들과 특별한 접촉을 갖는 것처럼 행동한다. 왕과 그 신하들은 백성들과 조상이 같지 않음을 분명히 하고 자기들만의 특별한 혈통을 확립한다. 그러니까 출신을 새롭게 만들고, 자신들이 거룩한 모습으로 등장하는 위계질서를 세우는데, 이를 안전하게 지키기 위해 훨씬 더 큰 폭력이 정당화된다. 그들은 재산과 특권적 물건들을 차지하고, 이제 더는 공동체 안에서 통치하는 것이 아니라 여러 공동체들의 위에 군림한다. 인구 상황이 이 과정에 영향을 끼친다. 인구가 점점 늘면서 밀집함에 따라 조직에 대한 요구가 늘어나기 때문이다. 더 많은 결정들이 나와야 하고, 따라서 더 많은 폭력과 종교가 개입하게 된다. Ora et labora(기도하라. 그리고 일하라). 특히 부분적으로 값비싼 농경을 통해 대규모 인구를 먹여 살려야 한다. 하와이에서는 주로 농경을 위한 관개시설과 해산물 양식을 위한 돌 저수조가 그 일을 담당했다. 다른 곳에서는 자체 생산품을 운반하고 특권층에게 공납하기 위해 필요한 무역과 이동 도로에 집단적인 에너지가 투입되었다. 잉카 제국의 도로망은 총 4만 킬로미터에 달했다. 마야 사람들은 70미터 높이의 피라미드를 건설했는데, 이는 1,000만~1,200만 노동일을 요하는 것으로 추산된다. 거대 신전 건축은 권력자들을 이런 조직적 과제 앞에 세우면서 동일한 논리를 따른다. 성공한 모든 일에서 신의 힘이 드러나기 때문이다. 그런 일을 실천에 옮길 수 있다는 것은 이 공공조직[국가]이 받은 특수한 은총에 대한 증거였다.

그렇기에 제의祭儀 열망은 다름 아닌 종교적 변환장치였다. 정치경제적인 사안들에 근거를 대주고, 모든 참가자들에게는 초인적 존재의 감정을 채워주는 장치 말이다.[18] 하와이에서 이 통로들을 타고 흐르는 전기는 '마나'라는 이름이었다. 모든 것을 관통하는 신적 에너지를 가리키는 이 개념은 아주 다양한 말로 번역되었다. 우주 만물에게 힘이 미치는 '영향력' '전기' '긴장' 또는 '권위' '특권' '행운'이라고 할 수 있다. 몇몇 민속학자들에 따르면 마나라는 낱말이 동사이면서 명사이기도 해서, 사람들은 '마나'를 가질 수도 있고, 또는 '마나'가 될 수도 있다. 그것을 믿는 사람들에 의해서 이 힘은 추상적으로 정의되지 않고 오로지 예시만 되었다. 마나는 식물이 자라고, 열이 사라지고, 사냥에 성공하고, 성적性的 능력이 있고, 전쟁에 승리하는 등 모든 것에 작용한다. "인간적인 그 무엇도 이들에게는 정말로 낯설지 않았다. 하지만 아마 그 반대도 언제나 타당했던 것 같다"라고 인류학자 마셜 살린스Marshall Sahlins는 제임스 쿡 선장을 죽임으로써 자기들의 마나를 소유하려고 했던 하와이인들에 대해 썼다. 고대 사회에서는 주변 세계에 대한 사회의 통제가 아직 미약했기 때문에, 당연히 무언가 낯선 존재, 어떤 무시무시한 힘이 거의 모든 행동과 소통에 끼어들었고, 따라서 그들에게는 그 어떤 낯선 것도 완전히 인간적이지 않던 것이다. 왕과 그 주변 사람들의 주술 능력에 대한 믿음과 종교는 어떤 방식으로든 전에 조상 숭배가 성취한 것을 능가했다. 이제 조상 숭배는 민중 사이에만 남아 있었다. 이런 종교와 믿음이 모든 사회적 관계들을 관통했으며, 그것도 위에서 아래로 균등하지 않게 관통했다. 종교와 정치는 어디서든 '공존하는' 것이라는 잉카 제국의 공식이 하와이에서도 들어맞는다. 하나가 나타나는 곳에서는 언제나 다른 하나도 나타났다.[19]

그와 동시에 하와이 세계는 극히 폭력적이었다. 왕의 자리를 둘러싸고 끊임없이 싸움이 벌어졌다. 주상늘이 왕을 살해하는 모반이 드물지 않았다. 왕이 추장들과 민중을 너무 돌보지 않았다는 이유에서였다. 정치적 살해에는 음력 날짜들이 고려되었고, 그래서 종교적으로 딱 맞추어 실행했다. 제사에서는 보통 인신제물이 쓰였지만, 잉카 제국에서 행해진 것만큼 광범위하지는 않았다. 잉카에서는 즉위식이 단 한 번 치러지는 데 200명 이상의 아이들이 죽임을 당한 적이 있었다. 다른 고대 국가가 따라갈 수 없을 정도로 엄격한 형벌에 대해서는 이미 설명했다. 여러 섬에 자리 잡은 왕국들 사이에서 계속 전쟁이 벌어졌다. 대개는 영토 확장을 목표로 했고, 민중에서 모집한 병사들에 의해 수행되었다. 이미 알려진 바에 따르면, 높은 특권 욕구를 지닌 엘리트들 사이에서 벌어지던, 사회적 인정을 위한 갈등이 적지 않은 역할을 했다. 알록달록한 깃털이 식량 수급 문제만큼이나 자주 섬과 섬 사이의 분쟁에 빌미를 제공했다고 본다면 그렇다. 어쨌든 제임스 쿡 선장이 이 섬들을 발견했을 때, 300개 카누에 탄 5개 사단의 함대가 그에 맞섰다. 다수의 신전들이 오로지 전투에만 헌신했고 ─ 하와이섬과 마우이섬에만 거의 60개 ─ 이런 신전에서는 적의 상류층 출신 포로들이 제물로 바쳐졌다. 그에 반해 축성築城 시설은 널리 퍼져 있지 않았다. 대신 전쟁의 힘을 피하는 거룩한 도피처들이 있었다.[20]

귀한 물건들과 신들과 폭력 수단에 접근할 특권을 지니며, 남들의 지시에 따르지 않는 사람들에 의한 중앙의 결정, 이것이 겉으로 드러나는 국가의 특성이다. 이것은 여러 방식으로 이루어지고, 또한 다양한 방식으로 성취될 수 있다. 예컨대 하와이에는 도시가 없었으니, 대도시는 말할 필요도 없었다. 수원지가 여기저기 몹시 흩어져 있었기에 관개를 위해 수원지를 이용하는 지역과 그냥 빗물을 이용하는 들판들이 번갈아 나타났다. 식량은 뿌리식물이 주축이었다. 주로 고구마, 타로, 얌Yam 등이었다. 이들은 아열대 기후에서 저장이 어려웠기 때문에 하와이의 중앙집권화한 권력의 기반에는 많은 초기 국가들에 나타나는 한 가지가 빠졌다. 곧 곡간 열쇠다. 또는 고고학자 패트릭 빈턴 커크가 표현한 것처럼, 하와이에서는 식물 단백질이 돼지와 개의 형태로 비축되었다[보통 식물 영양분은 그것을 먹고 사는 양과 소 같은 동물의 고기에 단백질 형태로 비축된다. 하와이에서는 주로 개와 돼지에게 비축되었으니 이곳 상류층 사람들에게는 개고기와 돼지고기가 주요 단백질원이었다]. 왕은 궁정과 고문관, 감독관, 형리들까지 모조리 거느리고, 자기가 통제하는 정착지들을 꾸준히 이리저리 돌아다니면서 세금을 거두어들였다. 그리고 농경을 감독하는 부하추장들을 현장에서 만났다. 중앙에서 주변으로 반경 반나절 여행으로 도착하는 지역이 정치적으로 최적화된 크기라고 한다면, 말과 수로水路가 없이는 직경 50킬로미터까지를 그런 국가 영역으로 보게 된다. 권한 대행을 내세우지 않는다면 모든 것이 제대로 작동하는지 추장이 손수 지속적으로 감독해야 하는 영역이다.[21]

이런 모든 형태를 국가라고 부르는 관점에 맞서, 하와이의 통치 방식이 단독 지배, 다수 지배, 무정부 상태 사이에서 심하게 요동치기 때문에 국가라는 이름을 얻기에 적절치 못하다는 반박이 나왔다. 정착지들은 언제라도 서로 나뉘어 다른 왕들에게로 넘어갈 수가 있었다. 과두 지배자들이 늘 서로 경쟁하면서 왕의 뒤에서 음모를 꾸미곤 했다. 통치자가 홀로 언제라도 이용할 수 있는 상비군이 없었기 때문에, 왕은 자신의 권력 근거를 주장하려면 거듭 자신의 신적 자질을 입증해야 했다. 이런 상황은 통치자가 성공을 통해 추종세력을 얻고, 그러면 이를 바탕으로 전쟁을 지속하게 만들었다. 왕이 죽으면 곧장 사회는 무너지고, 많은 경우에 후계 문제를 확실히 해놓지 못했기에 사람들은 권력 정상이 비어 있다는 이유만으로 그야말로 냉정을 잃고 폭력적으로 되었다. 우리는 이것을 왕조라는 지속적인 제도가 없었다는 증거로 여길 수가 있다. 반면 인류학자 루스 베네딕트Ruth Benedict가 번역했듯이, '마나'가 실제로 '전기적 긴장'이라는 말로 가장 잘 번역될 수 있다는 간접 증거라고 볼 수도 있다. 이렇듯 항상 소동의 가장자리에서 유지되는 이런 질서가 보여주는 것 말고는, 태고 국가에서 늘 일시적으로만 구속력을 갖는 권력이란 대체 어떤 힘들이겠는가? 그리고 ― 시대와 동떨어진 소리를 한다는 위험을 무릅쓰고 ― 단독 지배, 다수 지배, 소요 등으로 끊임없이 바뀌는 이런 불안정한 구조물은 아예 국가가 아니라고 반박한다면, 이는 오늘날 러시아나 베네수엘라가 완벽한 국가의 특성을 갖지 않는다는 의혹도 일깨우지 않겠는가?[22]

　내부의 전문화를 갖춘 중앙집권화한 조직이 태고 국가의 기준이라고 한다면, 하와이의 왕-마피아와 인신제물 공양은 어쨌든 수많은 초기 국가들에서 만날 수 있는 신왕神王 국가, 또는 분리된 사제통치에 대한 증거로는 충분하다. 태고 국가의 생성에는 변이의 여지가 매우 커서, 사회적 진화의 강제적 단계들에 대해 말하기는 어렵다. 또한 문자로 뒷받침된 관료주의의 규모도 서로 다르고, 사원, 궁정, 또는 도시 정부 등이 행하는 경제적 재분배의 방향도 차이가 있다. 때로는 특정한 상품의 생산이 ― 메소포타미아의 질그릇 같은 ― 경제 발전의 열쇠가 되기도 하고, 때로는 종교적 중심지들이 ―차코 캐니언Chaco Canyon의 푸에블로Pueblo 정착지 같은 ― 밀집된 도시화와 정치적 조직의 합당한 변화로 발전했다. 생태, 또는 인구, 또는 정착지의 지리적 상황들에 따라서 각 지역의 통치 행위는 군사적 동기, 또는 숭배의 동기, 또는 사회 기반 설비의 동기를 중심으로 이루어졌다. 간단히 말하자면 섬 지역, 사막 지역, 강변, 산악 지역 등에 따라 각기 다른 방식으로 정치적 통제가 이루어졌던 것이다. 식량원이 빽빽하게 밀집해 있다면, 하와이처럼 일부는 해변, 일부는 내륙에서 찾아야 하는 경우와는 다르게, 그것을 이용할 수 있다. 여기서는 통치자의 특권은 가장 좋은 토지를 차지하는 것이고, 저기서는 건축 행위가 최고 주제가 되고, 또 다른 곳에서는 무역이 주된 행위가 된다. 아즈텍 국가처럼 중심부로부터 정의되는 태고 국가가 있고, 이집트처럼 주변부로부터 이해가 되는 국가도 있고, 일부는 '골짜기 국가들'이라는 복수 형태로 표기되어야 하는 것들도 있다. 30킬로미터마다 다른 강변에 정착한 다른 왕국이 나타나기 때문이다. 그리고 수렵채집 공동체가 진화이론에 따라 정착지와 서열체계를 갖춘 왕국으로 넘어가는 일이 아예 일어나지 않았던 지역들도 있었다. 호주가 그런 예다.[23]

태고 국가가 문명사에서 보여주는 특이점에서 결정적인 것은 그 건설적 공적이 이런 모든 변이 형태들로 나타났다는 것이다. 하와이에서 그렇듯 여러 가지 새로운, 귀족 지배 및 과두 지배 방식의 친척 지배 체제가 발전했는데, 이는 혼인을 통한 지위 경쟁을 막기 위한 것이기도 했다. 따라서 친족관계가 정치화했다. 우루크이든 테오티우아칸이든—테오티우아칸은 '신이 되는 곳'이라는 뜻의 도시 이름—어디서나, 통치와 왕을 중앙에 세우는 여러 제의祭儀들이 종교 영역에서 동일한 일을 했다. 종교 행사가 벌어지는 건축물 기념비를 만드는 것은 결국 모든 관습과의 결별을 상징했다. 정치가 전통을 능가했다. 또는 정치가 무엇을 전통으로 삼을지를 결정했다. 도시 국가의 주민들은 주변 지역 주민들과 친척이었지만, 삶을 살아가는 데서는 그들이 도시 국가에 속한다는 것이 출신 혈통보다 더 중요했다. 메소포타미아든 중국이든 최초의 국가들은 여러 언어를 사용하는 다민족 국가였다. 경제가 국가적으로 조직되어 정치적으로 이용할 수 있는 과잉을 목표로 하는 결정의 대상이 되었기 때문에 발전한 무역은 추가적인 이동 가능성을 불러왔다. 전쟁도 마찬가지였다. 멕시코의 사포텍Zapotec 국가의 수도인 몬테 알반Monte Alban의 건설만큼, 국가의 특성을 통한 사회생활에서의 이점을 잘 알려주는 것은 다시 없다. 이 도시는 식량과 물의 원천에서 멀리 떨어진 중립적인 지역에다가 순수하게 정치적인 이유에서, 당시 서로 경쟁하는 과두체제 지배자들에게서 '따로 떼어낸 수도'로 세워진 도시였다.[24]

친족관계, 종교, 경제 등을 새롭게 정의하고, 전체 주민에게서 폭력성[공권력]을 위임받기 위해 관습에서 떨어져 나온 정치체제라는 의미에서 국가의 시작은 엄청난 갈등을 수반했다. 하와이에서 추장 지배가 신왕의 통치로 넘어가는 것은, 16세기 말에 그때까지 지배하던 추장의 혼외 아들이 이룩한 일이었다. 그의 어머니는 온갖 규칙에 반하는 천민 출신이었으니, 그는 권력 찬탈자였다. 그는 자신의 이복형제를 돌로 쳐서 죽이게 했다. 사제들은 전임자가 자기들을 고약하게 대접했으므로 그의 이런 행동에 축복을 내렸다. 이 왕은 고구마와 비의 신 로노Lono의 표지를 지니고 권력을 차지했다. 통치 초기에 이복누이와의 혼인과 경작지 재분배가 있었다. 경작지 재분배는 물려받은 땅을 내놓지 않으려는 하급추장들에 맞서 이루어진 일이었다. 전통적인 특권들은 커크의 표현대로 방금 입증된 '마나'에 마주 섰던 것이고, 이 '마나'를 지닌 새로운 왕은 제의 공동체의 최고 관리인 역할에 만족하지 않고 정치적 작업을 시작했다. 곧 토지개혁, 경제 통제, 사용료 도입, 도로 건설, 기념비적인 새 신전의 건축 등이었는데, 물론 자기 신격화, 통치 기구를 거룩한 것으로 만들기, 동시에 '민중'을 만들어내기 등도 함께 행했다. 통치자가 인신人神이라는 생각을 가졌던 토머스 홉스라면 아마도 하와이에서 만족감을 느꼈을 것 같다.[25]

심각한 결과를 부른
장부기록

문자의
시작

말하기를 하려면 배워야 한다.
글을 쓰려면 연구를 해야 한다.
피터 대니엘스Peter Daniels

어떻게 인류는 A와 O, *α*[알파]와 *ω*[오메가], A에서 Z까지 오게 되었나?
문자의 발명은 인류사에서 특별한 사건이다. 문자는 단순히 많은 것
을 변화시킨 기술만이 아니다. 그 자리에 있지 않았거나, 잊어서 기억
하지 못하더라도 의사소통을 가능하게 한다. 또한 글로 쓰여 있으니
늘 동일한 주장을 할 수 있게 해준다. 문자를 통한 소통은 "그것이 처
음으로 등장한 시점이나 표현의 형식과는 별도로 언제나 행동을 요구
하는 것이긴 해도" 말이다.[1] 더 나아가 문자는 보존되어 전해지면, 일
시적인 것, 보이지 않는 것을 열어준다. 행동들, 생각, 느낌, 관찰, 경험
등은 직접 증인들이 없을 경우 문자에 기댄다. 문자가 없는 사회에도
물론 그 모든 것이 다 있었다. 또는 아마도 다 있었을 것이라고 우리는

짐작한다. 다만 그에 대한 기록이 전해지지 않을 뿐이다. 문자가 존재한 이후로 과거는 단순히 돌이나 이빨, 뼈, 그리고 복원을 통해서만 드러나는 것이 아니게 되었다. 문자는 잃어버렸을지 모를 것을 붙잡는다. 문자는 물론 존재하지 않았던 것도 붙잡아 놓는다. 그래서 우리는 문자의 시작에 대한 기록을 다른 모든 것이 그렇듯이 그다지 신뢰할 수가 없다.

그렇다면 어떻게 해서 A와 O에 이르게 되었나? 작가는 일이 다음과 같이 진행되었다고 말한다. A는 촉수가 달린 잉어 주둥이다. '아A'라고 말하는 사람은 마치 잉어처럼 보이니까. 그리고 'Y'는 잉어 꼬리다. 잉어는 주둥이만 있을 리가 없으니 말이다. O는 달걀인데, '오'라고 말하는 입이 달걀 모양이기 때문이다. 그리고 뱀은 '스스스스ssss' 소리를 내니 S는 뱀 모양이다. 그리고 '나쁜 물'은 '요Yo'라고 하고, '소So'는 '먹을 것이 온다'는 뜻이고, '슈-야Shu-ya'는 '비'다. 어쨌든 석기시대 소녀인 태피Taffy, 원래 이름 타피마이 메탈루마이Taffimai Metallumai의 말로는 그랬다. 위대한 영국 작가 러디어드 키플링Rudyard Kipling은 "그리고 수천 년, 수천 년, 수천 년이 지난 다음에 어떻게 알파벳이 시작되었나?"를 이야기한다. "그리고 상형문자, 민중문자, 나일문자, 불가사의문자, 고대 아랍문자, 루네문자, 도리스문자, 이오니아문자, 그리고 온갖 가능한 다른 문자들과 그림들(운들Woons과 네구사들Negusse과 아쿤드들Akhoonds과 전통을 보존한 자들은 무언가를 붙잡으면 좋은 것에서 손을 뗄 수가 없었으니)이 나타난 다음에야, 저 좋은 오래되고 단순하고 이해하기 쉬운 알파벳 —A, B, C, D와 다른 온갖 것들— 이 나타났다. 그리고 최고로 사랑받는 아이들이 충분한 나이가 되면 배울 수 있도록 올바른 형태가 된 것이다."[2] 키플링은 자기 이야기에 《꼭 그렇게 된 이야기들Just So Stories》이라는 제목을 붙였는데, '어떻게 그렇게 된 것일까'를 상상한 이야기이기 때문이다. 모두가 알듯이, 아마도 '그렇지 않았을까?'라는 뜻이기는 하지만 말이다.

수메르 사람들은 어떻게 해서 문자가 생겼는가에 대한 또 다른 이야기를 들려준다. 그들은 처음으로 문자를 발명했으니 그 과정을 알았을 것이 분명하다. 잠깐, "처음으로 발명했다"고? 이건 발명했다는 말과 같은 것 아닌가? 아니 그렇지 않다. 잠시 뒤에 그 점에 대해 알아보도록 하자. 어쨌든 수메르 사람들은 다음과 같은 이야기를 들려준다. 유프라테스 강변에 있는 우루크의 왕이 보낸 심부름꾼이 너무 빨리 달린 나머지 너무나 숨이 차서 무언가를 제대로 말할 수가 없었다. '킥-기-아 카-니 두구드 슈 누-무-운-다-안-기-기'라는 말이었는데, 이야기에 따르면 입술이 잘 움직이지 않게 된 심부름꾼은 이 말을 되풀이할 수가 없었다. 그래서 왕은 아라타의 통치자에게 올리는 보고를 토기판에 새겨서 심부름꾼에게 주어 보냈다. 보라, 이렇게 해서 문자가 발명되었던 것이다.[3]

심부름꾼이 숨이 차고 입이 잘 움직이지 않아서 문자가 발명되었다. 이것은 단순히 이야기가 아니었다. 오랫동안 문자가 무엇에 좋은지를 설명하기 위해 널리 통용되던 답변이기도 했다. 곧 말하기의 약점을 극복하기 위한 것이라고 말이다. 그런데 이 이야기에는 오류가 있다. 토기판에 새기기 전에 문자가 이미 발명되어 있지 않았다면 대체 어떻게 이 소식을 이해한단 말인가?

이 두 이야기는 모두 설명으로는 상당히 허술하다. 그래도 고대 그리스 시인 시모니데스Simonides가 그리스 알파벳 4개, 즉 에타η, 키x, 프시ψ, 오메가ω를 발명했다고 하는 주장만큼 허술하지는 않다. 그럼에도 불구하고 이들은 좋은 이야기들이다. 수메르 전설은 소통이 적어도 두 가지를 전제로 한다는 점을 기억나게 하는 모순을 드러내서 좋다. 다른 말로 하자면, 그것이 만들어졌다는 이야기 안에서 무언가의 시작을 찾아봐야 소용없다는 말이다. 의사소통, 곧 사회적 발명품이 주제가 된다면, 발명된 것이 '제거'될 수밖에 없기 때문이다. 생산은 소비를 전제로 하고, 이야기는 듣는 사람을, 미술은 보는 사람을, 문자는 읽는 사람을 전제로 한다. 그렇다면 최초로 글을 적은 사람은 누군가 다른 사람을 위해 적었다기보다는, 자신을 위해 무언가를 적었다는 게 그럴싸한 일이다.[4]

키플링의 이야기는 오랜 세월 문자에 대해 생각하던 것을 뒤집어놓아서 좋은 이야기다. 오랜 시간 문자는 그림문자로 시작해서 음절문자로, 이어서 알파벳, 곧 '소리' 문자로 발전했다고 생각되었다. 즉 모든 철자가 (어느 정도는) 하나의 소리를 나타내는 문자 말이다. 1952년에 문자 역사의 개요를 펴낸 고대 오리엔탈 학자 이그나스 제이 겔브Ignace Jay Gelb는 그렇게 생각했다. 그에게도 문자가 무엇인가는 아주 분명했다. 곧 언어를 고정한 것이 문자였다. 쓰기란, 생각과 소리를 철자나 그림이나 —또는 점자를 생각한다면— 만질 수 있는 상징으로 번역하는 일이다. 낱말들은 말을 가리킨다. 따라서 문자를 해독하려는 사람은 문자가 나타내는 입말의 체계를 되짚어 알아야 한다. 가장 오래된 문자기록들은 이집트 상형문자부터 미케네의 선형線形문자 B에 이르기까지, 바로 이런 방식으로 해독되었다. 돌이나 점토판에 새겨진 기호에서 언어를 알아낸 것이다. 그 문법과 어휘를 말이다. 문자의 역사는 언제나 문자를 언어의 더욱 성공적인 대변자로 여겼다. 맨 처음에는 그림(픽토그램)과 의미 기호(가위표가 들어간 해골은 '해적'과 '독극물'을 나타낸다), 이어서 전체 낱말의 표기, 그 뒤로 음절문자Syllabische Schrift, 그리고 마지막으로 하나 또는 여러 소리를 나타내는 문자, 곧 알파벳 하는 식이었다.[5]

이는 그냥 관념적인 유형들이다. 지금까지 나온 어떤 문자체계도 이런 등급들 중 어느 한 등급의 기호들로만 이루어진 것은 없기 때문이다. 로마자를 예로 들어보자. 로마자에서도 '§' 또는 '&' 같은 낱말문자, 또는 일종의 음절문자 같은 표시들도 이용된다. 'you2' '2fel' 'Merry Xmas' 등이다. 전체적으로 보아 그림이 소리 표시로 발전했다는 이야기는 타당해 보인다. 마지막으로 보존된 상형문자는 394년에 나온 것이다. 지금부터 200년쯤 전 언어학자들이 유명한 로제타석의 상형문자를 해독하기 시작했을 때, 이것이 소리글자일 것이라는 짐작은 옳았다. 프랑스의 장교 한 사람이 나폴레옹 원정 중이던 1799년 7월에 이집트의 항구 도시 라시드 근처(로제타)에서 이 돌을 찾아냈다. 기원전 196년에 이 돌에는 동일한 글이 세 번 새겨졌다. 신전의 사용료 의무에 관한 일종의 세금 포고령이었다. 이집트의 프톨레마이오스 지배자들을 위해 그리스 말로 한 번, 이어서 이집트 관리들을 위해 민중언어(기원전 650년 무렵 생겨난 것)로 한 번, 그리고 이집트 사제들을 위해 상형문자로 한 번 적혀 있었다. 1822년에 이것을 해독한 장 프랑수아 샹폴리옹Jean François Champllion은 한 문자에서 다른 문자를 추론할 수 있었다. 이것은 또한 예컨대 언어의 완벽함을 전제로 했다. 그리스어로 '쥐'를 나타내는 낱말과 기호체계가 있다면, 이집트에도 쥐가 있는 한 이집트 말로도 쥐를 나타내는 기호 배열, 또는 기호가 있을 것이 분명하다는 전제였다. 문자가 말해진 것의 보조수단이며 어느 정도는 말의 번역으로 발명되었다면, 여기서 문자는 이미 존재하는 완벽한 언어를 전제로 한다는 결론이 나온다.

⁊⁊⁊⁊⁊⁊

하지만 문자의 처음에 언어가 있었던 것은 아니다. 적어도 우리가 흔히 언어라고 말하는 그런 언어는 아니다. 과학사학자 피터 댐로Peter Damerow가 언젠가 말한 것처럼, 문자의 역사를 거꾸로 거슬러 올라갈수록, 문자 기호와 구두 전달을 대체하려는 욕구 사이에 연관성이 줄어든다. 심지어 한 문화에서 문자로 남겨진 것에서 그 언어를 재구성하기란 불가능하기까지 하다. 해당 문화에서 글로 적힌 점토판 수천 개가 전해질 경우에는 물론 가능하다.**6**

그렇다면 그렇게 남겨진 초기의 문자들은 대체 어떤 정보들을 담고 있나? 문자가 정보 기술이라는 것만은 이론의 여지가 없으니 말이다. 오늘날 문자 사용의 한 예가 문자의 가장 초기의 기능을 잘 보여준다. 우리는 냉장고에 우유가 없는 것을 보고 종이쪽지에 '우유'라고 적는다. 어쩌면 감탄부호나 수량 표시를 덧붙일 수도 있다. 또한 여기에다가 덧붙여서 '라크리츠Lakritz[사탕 종류]' '붉은 순무' '버터 두 덩이' '쓰레기봉투, 40리터'라고 적고 '우체국에 들러 소포를 가져올 것'이라 적었다고 치자. 우리 사회가 오래전에 몰락한 뒤 어떤 고고학자가 이 종이쪽지를 발견했다면, 그가 쪽지 내용을 이해하기 위해 독일어 문법의 대부분을 재구성할 수도 없고, 프랑크푸르트 시내에서 나온 여러 쇼핑목록 수집품을 근거로 삼는 것도 불가능하다. 물론 그는 온갖 비교를 통해 '붉은'이 형용사라는 것, '덩이'가 하나의 형태이고, '두'가 양의 표시이며, '리터'가 라크리츠나 붉은 순무에 사용되지는 않지만 액체에는 빈번히 사용되는 단위라는 정도는 알아낼 수 있을 것이다. 물론 '쓰레기봉투'가 액체를 나타내는 명사가 아님에도 불구하고 말이다. 쇼핑목록이 넉넉하다면 어쩌면 '가져올'이 동사라는 것과 감탄부호가 무엇을 나타내는지, 그리고 '~에'라는 것이 이동 방향을 나타낸다는 것도 알아낼 수 있을 것이다.

그럼에도 불구하고 독일어 문법과 어휘로부터는 여전히 너무 멀다. 쇼핑목록은 무엇보다도 명사와 수량 표시로 채워져 있고, 명사들 중에서도 거의 오로지 도량 단위와 물건들만 나온다. 그에 반해 이런 쪽지를 이해하기 위해 독일어를 꼭 알아야 하는 것도 아니다. 언어를 이해하기 위해 꼭 필요한 인칭대명사, 격, 시간, 동사 변화, 분사, 접속사 등의 요소들이 여기서는 거의 아무런 역할도 하지 않는다. 그에 반해 냉장고, 쓰레기봉투, 슈퍼마켓, 우체국 등이 무엇인지를 안다면 매우 도움이 된다.

문자의 처음에 저 쇼핑목록 쪽지와 비슷한 기록들이 있다. 최초의 문자들은 발언된 것을 확정하는 데 쓰인 것이 아니다. 이들은 메모와 표지로서, 그 자체로 복잡한 언어적 특성을 전혀 갖지 않은 채, 과정들에 대한 기억을 뒷받침하기 위한 것이다. 문자는 상대적으로 오래되지 않은 발명품이다. 추측하건대 가장 오래된 텍스트는 약 4,500년 정도

되었으며, 이른바 쐐기문자 ― 영어로는 'Cuneiform, 설형문자' ― 로 점토판에 새긴 것이다. 아마도 두 가지 이유에서 이 점토판이 전해지고 있다. 점토의 단단함 때문에, 소통 기능을 하지 않게 된 뒤에도 점토판은 건물의 충전재로 쓰였다. 이런 점토판에는 메소포타미아의 부기기록이 나타난다. 이들이 기재된 방식이 벌써 이것이 문장이 ― 그러니까 노래, 기도, 명령, 신화 등이 ― 아님을 암시한다. 점토를 철필로 긁은 문자 표시들은 대부분의 경우 연속적으로 나타나지 않고 목록 방식으로 정리되어 있다. 기원전 1세기의 그리스 문법학자인 디오니시오스 트락스Dionysios Thrax가 이미 "글쓰기는 긁어대기에서 나온 것이다"라고 말했다고 한다.

기원전 3000년대에 수메르 사람들 사이에서 이 문자가 나타났다. 바로 오늘날 이라크 남부와 쿠웨이트 지역이다. 수메르 사람들은 알려지지 않은 어떤 상황에서 아마도 동남부에서 이쪽으로 이주해왔다. 최초의 문자 기록은 우루크에서 발견되었다. 독일 고고학자들이 1929년에 이곳의 한 사원에 대규모로 남은 이런 점토판을 발견했다. 문자는 도시의 산물이다. 당시 도시 경제의 기반은 곡물 재배와 가축 사육이었다. 중앙의 감독 아래 생산되었고, 사람들은 재고관리를 했으며, 또 사용료 강제징수가 이루어졌다. 문자를 사용한 최초의 사람들은 식량 창고의 기록계원들과 감독자들이었다. 신전이 창고 감독을 맡았을 경우, 그리고 농업수익 재분배의 중심에 있을 경우에만 사제들도 문자를 사용했다. 그러므로 문자는 도시 경제 운영의 산물이며, 그 표시는 처음에 대개 경제 운영의 맥락에서 의미가 있었다.[7]

장부기록은 4,500년 전에 셈하기에 쓰인 돌들로 시작되었다. 이는 특정한 물품의 단위를 나타내는 1~3센티미터 크기의 상징적 형태를 지닌 점토돌이다. 예를 들어 타원형 점토자갈 2개는 오일 2병, 원통형 점토자갈 3개는 곡물 3광주리 하는 식이었다. 이런 타원형, 원반형, 구슬형, 원통형이 가지는 상징성은 그것을 사용하는 사람이 이런 기하 형태들이 무엇을 가리키는지, 즉 '병' '광주리' 등을 나타낸다는 것을 미리 알고 있다는 사실을 통해서만 언어의 특성을 가졌다. 그러니까 '개별 물품 헤아리기'의 예가 되는데, 우리의 언어 사용으로는 '쌍둥이'나 '사중주' 등에 나타나는 특성이다. 즉 하나의 숫자와 그 대상(분만, 음악가, 카드 등)이 하나의 상징 안에 합쳐진 것으로, 저쪽에서는 물건이, 여기서는 낱말이 그런 역할을 한다. 동일한 형태의 헤아리기 표시에 다양한 크기가 더해진다면, 이는 또 다른 정보를 전달한다. '작은 광주리' 대신 '큰 광주리' 등을 나타낸다면 말이다. 물품 운송은 표준척도의 도입을 권장한다. 하지만 아직은 한 가지 숫자를 반복하는 것 말고 여럿을 나타내는 숫자 표시는 존재하지 않았다. 그리고 언급된 물품의 종류, 숫자 크기 말고는 다른 것을 알려줄 문장 표기 형태도 없었다. 그래서 오늘날 우리는 어디서든 그런 '셈 돌' 무리를 발견하면 '오일 2병, 곡물 3광주리'가 a) 이미 전달되었다는 것인지, b) 지불해야 한다는 것인지, c) 우리 것이라는 것인지를 알 수가 없다. 한 번 더 쇼핑목록을 생각해보자. '밀가루 500그램' '달걀 6개' '우유 1/4리터'라고 적혀 있다면, 이것이 그냥 물품 목록인지 아니면 어떤 레시피에 등장하는 목록인지 알아내기 위해서 또 다른 정보가 필요하다.[8]

그러므로 문자의 전前 단계는 물품 운송에서 기억을 뒷받침하는 것이었다. 기원전 3000년대 중반 이후로 도시에 정치적 중앙집중화가 진행되면서, 물품의 부피 및 그와 연관된 '서류[셈 돌]'의 부피 등에 대한 계산의 정확성에 대한 요구가 점점 커졌다. 그래서 사람들은 첫째로 더 많은 정보를 담기 위해서 헤아리기 표시 자체를 표기하기 시작했다. 'X 표시가 된 원반' '구멍이 뚫린 원반' '세 줄 선이 그어진 원반' 등이다. 우루크에서는 250가지 정도의 서로 다른 셈 돌 형태들이 발견되었다. 그들 중 일부는 뒷날의 돈 모양을 하고 있다. 둘째로는 공 모양의 점토 주머니 안에 여러 개의 셈 표기들을 모아놓는 기술이 나타났다. 예를 들어 한 사람의 빚이나 조세 의무를 확정하여 모아놓고, 그 주머니[봉투]에도 다시 내용 표시를 기록하는 방식이다. 이런 기록은 기하 형태 물건이던 것을 새김 형태로 바꾸어주었다. 이로써 3차원 물건 대신에 2차원 그래픽 표기 방식이 나타났다.[9]

이것의 초기 형태 하나는 그 어떤 물건 표시나 숫자가 들어가지 않은 채, 아마도 이 용기容器를 전달받을 사람의 이름을 적은 것으로 보이는 몇몇 꼬리표다. 어느 정도는 서류 서명인 셈이다. 기원전 3200년 무렵 숫자 표시가 된 작은 점토판들이 점토 봉투들을 대신하기 시작했다. 기록의 정확성이 보증되는 한, 봉투에 기록된 표기와 그 안의 내용물이 동일한 정보, 즉 내용을 포함한다는 것을 배웠기 때문이다. 이로써 문자가 요약 기술이라는 것, 곧 곡물 광주리를 일곱 번 되풀이하지 않고도 '곡물 광주리 일곱'을 다른 방식으로 표시하는 진보가 이루어졌다. 또 다른 혁신은 쓰기 기술 자체에 관련된 것이다. 점점 더 두루마리 인장을 많이 사용했다. 이것은 각각의 거래업무에 입회한 사람이 일종의 서명을 점토에 새기는 것이다. 이로써 대상의 종류, 도량, 숫자 표시 말고도 사람을 나타내는 표시도 확립되었다. 그렇게 해서

이를테면 곡물 종류와 일일 할당량에 따라 나뉜, 특정한 관리官吏의 관할 영역에 대한 계산들도 확립되었다. 다른 텍스트들은 직업 이름, 토지의 개관, 노동력에 대한 결산 등의 목록들을 포함한다. 경제가 복잡해질수록 문자체계도 복잡해졌다. 그것 말고도 문자는 더욱 발전했다. 기원전 2400년 무렵 점점 더 나은 훈련을 받은 서기들이 직선을 이용하는 방식으로 넘어갔기 때문이다. 쓰기는 섬섬 _그림(대상의 기호 같은)에서 멀어졌다. 문자를 이용하는 전문가들은 각각의 경우에 무엇이 핵심인지를 알았으며, 자기 작업의 실용적 관점에 따라 상징체계를 정리했다. 파피루스, 뼈, 목재 등을 이용하던 이집트, 중국, 중앙아메리카에서와는 달리 점토에는 그림을 그리고 색칠을 할 수가 없었다는 것도 메소포타미아에서 문자가 일찌감치 '그림에서 탈피'하는 데 기여했다.**10**

　기원전 2800년까지 우루크에서 이 문자는 오로지 정치경제적 목적으로만 쓰였다. 기원전 2700년 무렵에 최초의 왕의 제명題銘들이 나타난다. 이어서 문맥이 바뀐다. 기원전 2600~기원전 2500년 사이에는 이야기들이 등장하고, 처음으로 죽은 자들의 이름이 기록된다. 이것은 소리를 나타내는 문자, 곧 음성문자의 사용을 포함하는 일이다. 짧은 기도문이 들어가는데, 이는 문자와 문장을 합치시키는 일이다. 메소포타미아 최초의 편지들은 기원전 2400년 무렵에 쓰인 것으로 확인된다. 그림체계에서 벗어나 긴 언어의 순서를 되풀이하고, 또한 작업 과정의 기억이 아니라 입말을 대신하는 체계로 발전되기까지 800년 이상이 걸렸다. 점토판에 새겨진 4,000개 정도의 기록들에서, 약 1,600개 정도의 상이한 상징들이 발견되었다. 그중 100개 정도는 100번 이상 이용되었고, 맥주, 빵, 옷, 양, 가축 등을 나타내는 표시들이 가장 자주 나타난다. 500개 정도는 딱 한 번씩만 나타나고, 약 600개는 10번 이내로 나타난다. 그러니까 중심 상징체계가 있었고, 극히 드물게만 이용되는 극히 많은 문자들을 통해 보완되었다. 어쩌면 극히 드물게만 사용되는 것들은 특이한 것들로서, 특정한 서기들이 자기만 알아볼 수 있도록 이용하던 것인지도 모른다. 누군가가 자기가 읽을 쇼핑목록에 'Holzkohle[목탄]' 대신에 'Hlzk'라고 쓰는 경우처럼 말이다. 이를테면 일기처럼 자신만 알아보기 위한 경우에는 축약 표시나 암호를 이용할 수가 있다. 어쨌든 수메르문자가 차츰 발전하면서 상징들의 수가 점점 줄었다. 그리고 천천히 나타나는 음성문자체계는 원칙적으로 극소수의 요소들을 이용하여 수많은 표현들을 마음대로 만들어낼 가능성을 통해 사람들을 매혹했다.[11]

》》》》》》

많은 학자들이 문자가 언어를 대신하는 기호체계라는 이유로, 쐐기문자의 시작을 쓰기의 한 예로 보지 않는다. 이들은 '기록'과 '쓰기'를 구분한다. 하지만 이는 문자가 아닌 것도 읽을 수 있다는 사실을 무시했다는 점에서 일방적인 관찰 방식이다. 메소포타미아에서만 문자가 생겨난 것이 아니다. 문자는 전 세계적으로 네 번 창안되었다. 그리고 그때마다 좁은 의미에서의 '텍스트 표시체계'가 아닌 것에서 나왔다. 중국에서 문자는 점술에 기댄 것이고, 이집트에서는 종교적 관료제도가 문자를 시작했고, 마야에서 최초의 문자 어휘가 발전된 분야는 달력이었다.[12]

중국에서 문자는 기원전 1200년 무렵 상나라 시대 안양[허난성]에서 생겨났다. 거북이의 배 껍질[복갑]과 소의 어깨뼈[견갑골]에 새겨진 것인데, 일부는 먹과 붓으로 표시된, 왕과 연관된 예언과 함께 발견되었다. 이것은 조상들이 전해준 예언을 기록한 것이라고 여겨졌다. 갑골문이 새겨진 껍질이나 뼈들은 미리 열이 가해진 것으로, 그렇게 해서 생겨난 균열 모양이 바로 문자 설명의 대상이었다. 이것은 탄생 시점의 유리함 또는 불리함, 사냥의 예언, 또는 날씨 예언 등이었다. 여기서는 문자로 쓰이지 않은 것, 즉 저 신비로운 균열 모양을 읽어내는 것이 문자보다 앞섰다. 최초의 문자를 위해서는 최초의 독자가 필요하다는 패러독스를 점술이 해결했던 것이다. 그러므로 메소포타미아의 경우와 마찬가지로 문자로 확정되어야 하는 것이 구두로 이루어지는 의사소통은 아니고, 점괘를 해석하고 번역하는 일이었다. 이따금 서기는 열을 가해 갑골에 나타난 균열을 더욱 분명하게 강조하기도 했고, 때로는 균열이나 문자에 색칠을 하기도 했다. 이는 신의 손길에 의한 표시와 인간의 손길로 쓰인 표시 사이에 원칙적으로 그 어떤 차이도 두지 않았음을 분명하게 보여준다. 이런 기록을 위한 표면, 곧 거북이 배 껍질과 소뼈[갑골]는 미래를 알려주는 조상님들에게 올린 제물에서 취한 것이다. 쓰기란 망자들과의 소통이었고, 문자와 말의 관계는 망자와 산 사람들의 관계로서, 의미심장하고 예지적이었다.[13]

15만 개 이상의 갑골문이 발견되었고, 이들은 전체 산출의 대략 10퍼센트 정도에 지나지 않을 것으로 추측된다. 이들 중 많은 것에 구멍이 뚫려 있어 분명 문서로 보관되었을 것으로 짐작되고, 갑골에 나타난 열에 의한 균열에 자주 번호가 매겨져 있고, 또한 드물지 않게 예언과 그것의 실현 사이에 얼마나 많은 시간이 흘렀는지도 ─ 왕은 절대로 헷갈리지 않았으니 ─ 기록되어 있으니, 이런 '상나라 시대의 열탕열풍'이 관료제도의 성격을 지닌 것이라고 말할 수 있을 것이다. 여기서도 문자의 창안은 궁정에서 행한 사회적 삶의 체계 잡기라는 틀 안에서 생겨난 일이었다. 갑골문의 철자들이 그림 아닌 소리를 기록하고 있어서 그 뜻을 알아내려면 바라보는 것만으로는 충분하지가 않고 소리 내어 읽어야 한다. 문자를 다룰 줄 아는 자는 암호화된 비밀에 접근할 수 있는 엘리트층에 속했다. 문자 자체가 메시지의 일부였다. 중국에서 서예가 나타났다는 것은 너무나 당연한 일이었다.[14]

이집트의 상형문자는 비록 문자체계는 아주 달라도, 아마도 메소포타미아의 관례들을 접한 덕분에 생겨났을 것이다. 수메르문자는 그림으로 ─ 둥근 모양의 것을 위해서 둥근 표시 등 ─ 시작해서, 의미상징과 ─ '문단'이라는 낱말을 대신하는 §, '그리고'라는 낱말 대신에 &를 쓰는 경우 등 ─ 또한 그것들의 결합을 거쳐서, 그림 수수께끼 원칙으로 넘어가는 식으로 발전했다. 여기서 새로운 말 또는 전체 문장을 구성하기 위해, 낱말의 의미와는 별개로 철자나 말의 소리 특질이 이용되었다. 예를 들면 다음과 같다. URYY4me = You(U) are(R) too wise(two Ys) for(4) me[넌 나한텐 너무 똑똑해]. 이것은 특히 그림 방식으로는 나타내기 어려운 사람 이름이나 장소 이름에서 자주 이용되었다. 그 대신 말소리를 따르는 더 나은 원칙이 그림문자를 음절문자로 옮겨주고, 그 과정에서 이중 의미를 가진 낱말들은 첨가 표지[오늘날 도로의 교통 표지판에 나타나는]로 보충되었다.

이집트에서도 문자는 그림으로 시작되었고, 거기서도 그것을 그림

수수께끼 방식으로 사용했다. 하지만 그 기호들은 처음부터 쐐기문자의 그것보다 훨씬 더 그림 형태에 가까웠고 또 그대로 머물렀다. 이 문자는 처음부터 대리 표시의 일부였기 때문이다. 한편으로는 기원전 3750~기원전 3500년 무렵의 동굴 벽에 그려진 배와 사람들의 그림 등 도식적인 동물 그림들이 이런 문자보다 앞섰고, 또 다른 한편으로는 그릇에 표기된 표시들, 아마도 그 생산자의 이름을 가리키는 것으로 보이는 표시, 즉 '상표'들이 이런 문자보다 앞섰다. 기원전 3320년 무렵의 무덤에서 — 상부 이집트 아비도스Abydos에 있는 움-엘-캅Umm-el-Qaab 묘역의 'U-j' 묘지 — 발견된, 대개 상아로 만들어진 구멍 뚫린 꼬리표들은 인간의 모습, 새들, 파충류, 코끼리 등을 포함하지만, 또한 밤과 방향의 상징들도 보여준다. 이들의 약 4분의 1 정도가 숫자를 포함하는데, 이는 묘실이나 삼나무 상자에 쌓인 채로 발견된 직물의 크기 표시일 것으로 짐작된다. 이와 비교할 만한 표시들이 그릇에서도 발견된다. 이들은 더욱 그리기 방식으로 표현되어 있어서, 문자가 그림과 도식 사이에서 흔들리고 있음을 알아볼 수 있다. 마치 그린 사람이 글쓰기 표면을 벗어나 내용을 가리킬 것인지 아니면 그림의 세부사항에 빠져들 것인지 결정하지 못하고 있는 것만 같다. 두 경우 모두 발언된 언어를 그래픽 방식으로 재현하려는 것이 아니다. 상징 자체는 신이나 담당자나 장소 등의 이름을 나타내고 있다. 이런 사용 방식의 맥락은 정치경제적인 것이 아니라 종교적인 것이었다. 그리고 뒷날 문자를 행정적으로 이용할 때도 종교적 문자체계와의 연관성을 유지했다.[15]

이집트 문자와 비교해 메소포타미아 문자가 갖는 가장 중요한 차이는 엄격한 실용성이다. 문자가 가리키는 대상은 1차적으로 물건들,

양, 비율 등이었지 이름이 아니었다. 따라서 이 문자는 그것이 나타내는 것, 곧 경제적, 법적 교류의 역동성과 함께 발전했다. 그에 반해 이집트의 문자체계는 시작 무렵에 매우 강력하게 제의적인 특성을 지녔다. 특권, 서열, 장소, 소속 등의 연결을 위한 것이었고, 정보 문제를 다루는 관료들의 작업을 위한 것은 아니었다.

메소포타미아에서의 발전과는 완전히 독립적으로 발전한 중앙아메리카의 문자 문화도 입증되었다. 더욱 정확하게는 멕시코 중부에서 온두라스 서부 사이 지역인데, 여기서 기억을 뒷받침하기 위한 문자가 나타났다. 그중 가장 초기 기록은 2세기 또는 3세기에 나온 것으로, 서로 매우 비슷한 마야, 사포텍, 그리고 이른바 올메카Olmeca 사람들의 기호체계는 어쩌면 그보다 몇백 년 더 이를 수도 있다. 이들은 아직 완전히 해독되지 않았지만, 이 문자들이 연대기를 위해 생겨난 것만은 확실하다. 날짜와 연도와 시대를 헤아리는 데 쓰였다. 중앙아메리카의 문자는 그림문자, 낱말문자, 음절문자가 혼합된 것이다. 그 상징은 타원형 또는 네모 형태 안에 들어 있으며, 머리들 또는 대상들의 옆모습이나 스케치와 비슷하다. 이따금 우리는 그래피티나 문신한 몸뚱이들이 그려진 양탄자나 벽화 앞에 서 있다는 인상을 받는다. 위로부터 아래로 난欄 또는 단段을 이루어 쓰였고, 각 단마다 셋 또는 그 이상의 상징들이 들어 있다. 이 전통에서 오랫동안 반듯한 직선의 인상은 생기지 않는다.[16]

시간 표시에 대한 집착은 인상적이다. 마야 달력은 1년이 260일이고, 각각의 날은 1부터 13 사이의 숫자 하나와 20개의 서로 다른 이름하나를 지닌다. 그것 말고도 365일 체계도 있으니, 하루가 2개의 순환으로 정리된다. 각각의 날은 그 날짜에 태어난 사람들과 ─ '7악어' '9재 규어' '13바람' 등의 이름으로 불리는데 ─ 이 날짜에 이루어져야 하는 행동들에 미치는 영향의 크기로 기억된다. 예를 들어 혼인은 오로지 특정한 날짜에 속하는 사람들 사이에서만 이루어질 수 있다. 즉위식과 관련해 제작된 320년에 나온 과테말라의 기록판은 복잡한 마야력의 계산체계에 따라 다섯 자리 숫자 형태로 다음 통치자의 즉위식까지 1253912일이라고 기록되어 있는데, 여기서는 '앉기' '밤' '통치자' '달' 등의 글자들을 읽을 수가 있다. 또 다른 달력은 신화적 사건들과 계보도, 전쟁 결과, 결혼식, 제사 의식과 놀이 등을 정하는 데 쓰였다. 특별한 성좌들이 나타나면 그것도 기록되었다. 마야 사람들은 분명히 모든 중요한 것은 특정한 숫자 상황, 시간 상황, 별자리 상황 안에서 서로 관계가 있다는 생각을 지니고 살았다. 그들은 '시간의 신들'(플로이드 라운스버리Floyd Lounsbury)과 이 신들의 신뢰할 만한 행동을 숭배했다. 따라서 완전히 그림에서 분리되지 못한 초기 문자에서 숫자와 이름이 중심 요소였다.[17]

〉〉〉〉ㅐㅐㅐ

이쯤에서 이 장의 처음에 나온 질문을 생각해보자. 어떻게 해서 A 와 O, α와 ω가, A에서 Z까지 이르게 되었나? 오늘날 우리가 사용하는, 자음과 모음을 모두 기록하는 알파벳문자는 상형문자나 쐐기문자와는 매우 다르다. 그 처음에 접근하기 위해서는 기원전 1900~기원전 1650년 무렵의 크레타섬으로 향해야 한다. 이 시기 그곳에는 2개의 문자체계가 나란히 존재했기 때문이다. 크레타섬의 북동부 크노소스Knossos 주변에 퍼져 있던 상형문자는 주로 옥, 자수정, 황금 등 귀한 보석으로 만든 서명 돌에서 발견된다. 그에 반해 남쪽의 이른바 파이스토스Phaistos 주변에서 이용되던 선형문자 A는 점토판에 기록된 것이다. 크노소스와 파에스토스는 고작 60킬로미터 정도 떨어져 있다. 이 사실은 이 문자체계들이 주로 행정 목적에 이용되었음을 알려준다. 이 둘을 통합하려는 욕구가 거의 없었기 때문이다. 시대를 무시한 비교가 허용된다면, 오늘날 한 조직은 SAP[재무, 인사, 관리 등 업무 영역별 비즈니스 솔루션을 제공하는 소프트웨어 시스템]로, 다른 조직은 신탁神託으로 작업하는 것과 비슷한 일이다. 선형문자 A는 왼쪽에서 오른쪽으로 쓰는데, 크노소스에서 쓰이던 그림문자를 추상적으로 변화시킨 형태처럼 보인다. 이것은 무엇보다도 크레타섬 궁전 경제의 대상목록 및 인물목록에 이용되었다. 크노소스의 상형문자는 추측하건대 주로 특성 표시에 이용되었다. 이 두 가지는 모두 오늘날 아직 해독되지 않은 음절문자로서, 선형문자 A만이 기원전 1700년 무렵 크레타섬 궁전들의 파괴를 견디고 살아남았다.[18]

약 300년 뒤에 이 문자는 선형문자 B로 대체되었다[따라서 크레타섬에 나타난 문자는 상형(그림)문자, 선형문자 A, 선형문자 B의 순서다]. 이 문자를 이용한 거의 4,000개가량의 기록이 현재 남아 있는데, 기원전 1380년 크노소스 궁전을 태운 대형 화재가 해당 점토판들을 단단하게 만드는 바람에 보존이 가능했기 때문이다. 60년도 더 전에 영국의 건축가 마이클 벤트리스Michael Ventris와 고문헌학자 존 채드윅John Chadwick에 의해 이 문자가 약 90개의 상징체계를 갖춘 음절문자임이 판명되었다. 이는 고대 그리스 말의 입말을 붙잡은 초기 미케네 형태 문자다. 점토판 대부분은 수직선으로 서로 나뉘고, 수평선으로 행이 표시되었는데, 주로 상업 거래, 궁전의 수입, 생산품 등과 관련된 내용을 담았다. 그러니까 부기의 정신에서 나온 문자인 것이다. 크노소스 바깥에서는 선형문자 B의 증거가 단 한 건도 존재하지 않는다.[19]

크노소스 궁전이 파괴되고 400년 동안은 그리스 전역에서 문자 사용의 증거가 거의 없다! 수수께끼 같은 방식으로, 쓰기가 궁전의 부기 기록과 더불어 말끔히 사라진 것이다. 그리고 문자가 다시 나타났을 때, 그리스 사람들은 크레타의 문자체계와는 전혀 공통점이 없는 문자를 이용했다. 이 또한 문명의 시작들에 속하는 일이다. 무엇인가가 지속되려면 시작들이 여러 번이나 반복되어야 한다는 사실 말이다. 어쨌든 두 번째, 또는 세 번째, 또는 네 번째 그리스 문자의 시작은 의사소통의 기능을 충족시키는 것이었다. 선형문자 B로는 단 하나의 제명, 단 하나의 낙서도 전해지지 않고 오로지 행정기록만 남아 있는 반면에, 초기 그리스 알파벳문자로는 단 하나의 부기기록도 없이 주로 낙서들이 전해진다. 그렇다고 에게해에서 더는 부기가 이루어지지 않았다는 뜻은 아니고, 그보다는 보존되지 않는 물질에 기록했던 것이 분명하다.

알파벳문자의 시작은 아마도 다음과 같았을 것이다. 크레타섬에 자생했던 미노아문명과 그리스 본토에서 약 기원전 1100년 무렵까지 지배적이었던 미케네문명이 몰락한 다음, 기원전 900년 이후로 그리스 사람들은 당시 지중해 중앙부로 세력을 확장하던 페니키아 사람들과 더욱 밀접한 관계를 맺게 되었다. 페니키아 사람들은 레반트 지역 출신으로, 중부 지중해의 남쪽 해안선을 따라 일련의 상업을 위한 도시 국가들을 세웠다. 페니키아 사람들은 크레타섬과 키프로스에 살았고, 그리스 사람들은 북부 시리아에 살았으며, 페니키아 상선들은 운행 중에 크레타섬과 로도스섬에 머물렀다. 이런 무역의 통로를 통해 페니키아 알파벳이 그리스 사람들 사이에서도 통용되었고, 아마도 상업여행을 하는 사람들은 크레타섬과 로도스섬에 있는 그리스 신전들에서 예배를 올리며 공양물을 바쳤을 것이다. **알파, 베타, 감마**는 그리스말로는 그냥 알파벳에 지나지 않지만, 셈어로는 **알레프**aleph, **베트**bet, **가믈**gaml이었으니, 이는 각기 황소, 집, 낙타를 가리키는 말이다. 페니키아 알파벳에서 그리스 알파벳으로 넘어가는 형태 가치에서 전승의 방향을 읽어낼 수 있다. 페니키아 알파벳은 자음만 표기했는데, 그리스어에는 전혀 존재하지 않는 자음들을 위한 문자도 있었다. 이것들을 그리스어에서 모음으로 ─ 정확하게 말하자면 A, I, Y 등 ─ 이용하지 못할 이유가 어디 있는가? 그렇게 해서 우리가 아는 그리스어 알파벳이 완성되었다.[20]

정확하게 언제 누구에 의해서인지는 모르지만, 늦어도 기원전 800년에서 750년 사이에는 하나의 문자체계가 나타났는데, 그 철자들은 대개는 다른 철자들과 합쳐야 올바른 소리가 되는 방식이었다. 그리스 알파벳문자는 그리스어 차원에서 가능한 한 말로 뱉어진 소리에 접근하려고 노력한 것이다. 이 문자를 처음으로 이용한 사람들은 그것을 의식하고 있었다. 최초의 제명 중 상당수는 물건 자체가 직접 말하는 것처럼 쓰였다. "바르박스Barbax는 춤을 잘 추니 나도 춤출 마음이 생겨난다"(암벽에 쓰인 것) "마니코스Manikos가 나를 멀리 가는 사람들에게 주었다"(조각상에 쓰인 것) "나를 훔치는 자 눈멀도록 두들겨 맞으리라"(술잔에 쓰인 것) 등이다. 그리스 최초의 문자로 포착된 말들은 금언, 탄원, 음담, 헌사, 짧은 시구 등이다. 일부 학자들은 심지어, 그리스 사람들이 호메로스의 서사시와 다른 시들을 적으려고 알파벳문자를 받아들였다는 짐작까지도 했다. 이를 위해서만 이 문자의 소리 특성이 꼭 필요했기 때문이다. 다른 말로 하자면 무기와 다른 일상의 일을 위해서는 새로운 문자체계의 도입이 필요 없었을 것이라는 말이다. 고문헌학자 배리 파월Barry Powell은 기원전 650년 이전의 그리스 제명을 모조리 검토한 다음에 이렇게 말했다. "개별적인 금언과 이따금 나오는 이름을 빼고는, 최초의 알파벳 그리스말을 쓰던 사람들은 오로지 6운각 시행hexameter, 곧 서사시 운율만을 쓸 수 있었던 것처럼 군다." 서사시는 입말이던 것이 문자를 통해, 짐작도 못할 정도의 복잡성과 길이와 정확성을 지닌 예술 형식이 되었다. 따라서 이것은 더는 단순한 텍스트가 아니라 스스로 텍스트를 만들었으니, 곧 주석, 변형, 인용, 번역 등이다. 앞서 인용한, 초기 알파벳으로 된 술잔의 제명이 전설적인 필로스Pylos의 통치자이며 트로이에서 아가멤논왕의 고문관 역할을 한 네스토르Nestor를 암시한다는 사실은, 문자를 통해 문학적 의식이 형성되는 과정을 증언한다. 텍스트가 다른 텍스트를 내용으로 삼기 시작하고, 이로써 문자로 된 두 번째 코스모스[문학작품, 여기서는 호메로스의 서사시]가 생겨난다.[21]

12

충동조절
장애

성문법의
시작

*나쁜 사람들이 없다면
훌륭한 변호사도 없을 것이다.*
찰스 디킨스

절도죄는 다음과 같은 말로 경고를 받는다. "불법적으로 타인의 동산動産을 스스로 차지하거나, 또는 제삼자가 차지하도록 하려는 의도로 빼앗은 자는 5년 이하의 구금 또는 벌금형을 받는다. 그런 시도도 처벌받을 수 있다."

또는 다음과 같은 경고도 있다. "어떤 사람이 신이나 궁정의 재산을 훔쳤을 경우, 사형에 처한다. 훔친 물건을 그의 손에서 받는 자도 사형에 처한다…… 어떤 사람이 은이나 금, 또는 남자 노예나 여자 노예, 또는 소나 양이나 나귀나 그 밖의 어떤 것이라도 자유인의 손에서, 또는 누군가의 노예에게서, 증인이나 계약 없이 사거나 또는 받아서 보관하면, 이 사람은 절도범으로 간주되어 사형에 처한다…… 나이 어린 자유인을 훔치면, 사형에 처한다."

이 두 가지 조항들 사이에는 3,700년의 간격이 놓여 있다. 첫 번째 것은 독일 형법 242조로, 거의 문자 그대로 이미 1871년에도 있었다. 뒤의 조항은 최초의 성문법의 하나인 함무라비 법전 6조, 7조, 14조다. 이것은 기원전 1800년 무렵 바빌론에서 작성되었다. 우르-남무Ur-Nammu(기원전 2100년), 에쉬눈나Eschnunna(기원전 1920년), 리피트-이쉬타르Lipit-Ischtar(기원전 1870년) 등 그 비슷한 법조항 모음들은 분명 결함이 더 많은 채로 전해지지만, 근본적으로 다른 내용은 없다. 그보다 더 오래된, 어쩌면 가장 오래된 성문법 기록은 기원전 2350년에 나온 수메르 왕인 라가슈의 이리카기나Irikagina의 포고령인데, 궁정관리들에게 내린 채무면제, 세금경감, 사면 등의 지시들을 모은 것이다. 이 포고령은 규범들을 문제 삼지 않는다. 규범이란 개개의 경우를—즉 중요한 왕의 의지라든가 등을—보지 않는 법이니 말이다. 정확히 말하자면 이런 포고령은 법이 아닌 명령의 문제라고 해야 할 것이다.[1]

그에 반해 함무라비 법전은 강력한 명령을 넘어 법을 서술하려는 체계적인 노력의 기록이다. 이 법전은 총 282개 조항에 전문과 후문을 포함하고 있으며, 높이 2미터 이상의 돌기둥에 쐐기문자로 적혀 있다. 이 돌기둥은 고대 페르시아 제국의 후기 수도인 수사Susa에서 1901년에, 서로 연결되는 세 토막으로 나뉘어 발굴되었다. 이 법조항 모음에 이름을 남긴 사람은 군사지도자로 시작해 나중에 바빌론 제1 왕조의 6대 왕이 된 함무라비로서, 기원전 1792~기원전 1750년까지 통치했던 인물이다. 그 이름은 '태양이 치유하다' '백성은 위대하다' '조상이 치유하다' 등의 의미들을 지닌다. 그는 자기가 지배하는 곳 어디에서

나 동일한 판결이 내려지게 하려고 시도했다. 이 법전의 조항이 점토판들에도 반복적으로 등장하고 있기 때문에 — 덕분에 읽기 어려운 돌기둥 하단부도 재구성할 수 있게 되었는데 — 이것이 법전 베끼는 사람들에게 모범이 되고 또한 교육 목적으로도 쓰였을 것이라는 추측이 나온다. 근동에서는 대략 1,000년 동안이나 거듭 함무라비 법전을 차용했다. 돌기둥 자체는 전혀 다른 기능을 가졌던 것이 분명하다. 통치자의 영원성을 강조하기 위해 오로지 그의 조각상을 만드는 데만 쓰이던, 당시 값비싼 수입품 석재인 검게 반짝이는 섬록암에 기록되었다는 사실 하나만 해도 그것을 증언한다. 이에 대해서는 뒤에서 다시 다루기로 하자.[2]

최초의 법전 기록들에서 맨 먼저 눈에 띄는 것은 그 상세함이다. 1871년에 이미 오늘날과 거의 동일한 절도 조항을 포함하는 형법전은 분명한 목표를 지향한다. 도둑질이 행해졌는가를 검토하려는 사람에게 판단 기준을 명료하게 지시하려는 것이다. 뺏은 물건이 남의 것인가? 그것이 이동할 수 있는 것인가? 횡령의 의도, 곧 행위자가 그것을 단순히 집어 들었을 뿐만 아니라 계속 차지하려는 의도가 있었는가? 그의 의도가 불법적이었나? 즉 행위자가 그 물건에 대해 아무런 권한이 없었는가? 예를 들어 그가 판매자에게 돈을 지불하기는 했으나 아직 물건을 넘겨받지 않은 경우처럼 말이다. 절도가 행해졌는지를 설명하려는 이 모든 단계들이 법전을 통해 극히 경제적으로 이루어진다. 개념을 정교하게 함으로써 현실이 만들어낼지도 모르는 온갖 항의를 고려하고자 하는 법전에는 군더더기가 단 한 마디도 없다. 법은 미래를 내다보고, 미래에 나타날 수도 있는 것을 가능하면 완벽하게 포착하려고 한다.

그에 반해 가장 오래된 법전은 최대한 많은 양상들을 포함하면서, 군더더기 없는 개념 형성을 지향하지 않는다. 그것은 일종의 목록 형식을 취하고 있으며, 하나씩 따져보는 방식으로 진행된다. 그래서 바빌론의 법전에는 절도죄에 대한 형벌을 다루는 조항이 14개나 들어 있다. 여기서 함무라비 왕의 이름으로 나열된 형벌들은 구체적 행위 상황에 집중한다. 절도 물건이 '소나 양이나 나귀나 그 밖의 어떤 것이라도'(7조)라고 설명되면 '그 밖의 어떤 것이라도'라는 말에 근본적으로는, 도둑질이 있었는가를 정하려 할 경우 어떤 특정한 대상이 문제가 아니라는 관점이 들어간다. 그런데도 바로 다음 조항에서 도둑이 신의 소유이거나 궁전의 소유인 '소나 양이나 나귀나 돼지나 배를'(8조) 훔쳤을 경우처럼, 어떤 형벌을 받아야 하는가를 정하기 위해 다시 구체적인 예들이 나온다. 구약성서의 법조항 목록도 이와 비슷하게 되어 있다. 사람을 죽였을 경우와 자기 부모를 죽였을 경우가 따로 언급된다.[3]

최초 성문법의 이런 특성, 즉 뒷날의 법조문에서는 개념으로 통합하는 것을 개개의 법규들을 동원하여 다루는 이런 특성은 당시 법의 생성이 재판 과정과 매우 가까이서 이루어졌음을 알려준다. 이는 미래를 내다보는 법조문을 포함하는 것이 아니라, 지나간 판결들로 시작한다. "한 남자가 아들을 위해 신부에게 구혼을 했고, 그 아들이 그녀를 알게 되었는데, 나중에 그 남자가 그녀와 동침하다가 현장에서 잡혔을 경우에는, 그 사람을 묶어서 물에 던진다"(155조) 같은 처방에서는, 형벌 규범보다는 특정한 범행의 경과를 읽는다는 생각이 든다. 여기서 오로지 이 규범만을 확정하는 데 쓰인 이 조항에서 '현장에서 잡혔을 경우에는'이라는 구절은 빠져도 되었을 것이다. 범죄자가 잡히지 않았다면, 어차피 이런 법규가 쓰이지도 않았을 테니 말이다. 초기의 법이 구체적인 사례들과 '범죄 행위 그림'[4]을 연상시킨다는 점을 알 수 있다. 그림처럼 제시되는 이 법이 실제 사례들과 재판 기록에 의존한다는 사실은 이것이 입법 과정을 거쳐 성립되지 않고, 정치적 권위의 확인을 받은, 잘 다듬어진 습관에서 나온 법이라는 점을 증언한다. 따라서 ─사회적 규범에 대해 구속력이 있는 확정된 결정이라는 좁은 의미에서의─법은 재판정에서 시작되었다.[5]

함무라비 법전을 토대로 보자면 이 재판정은 무엇보다도 중범죄에 대해 결정을 내리는 곳이었다. 소유권 위반, 토지 문제('경작지, 정원 또는 가옥')와 땅의 경작, 채권법 문제(웃돈을 주고 구매), 간통 및 가족의무 위반, 상속법 문제 등에 대한 것이었다. 이 법전이 메소포타미아에서 법으로 여겨지던 모든 것의 완벽한 수집품이 아니라는 사실이 우선 분명해진다.

⋙⋙⫶

하지만 법의 자료들로 넘어가기에 앞서, 잠시 그 형식에 대해 살펴보자. 프랑스의 위대한 아시리아 학자 장 보테로Jean Bottéro는 바빌론 사람들과 아시리아 사람들이 인식의 획득을 위해 목록을 작성했다는 점을 지적했다. 의학, 마법, 법의 맥락이 주제일 경우, 여러 사례들(증상, 전조, 갈등)을 비교해서 올바른 판단을 얻기 위해, 언제나 각각의 대상을 사례를 들어 서술했다는 것이다. 각각의 사례 서술에서 환자, 또는 전조Omen를 받은 자, 또는 고발자 등의 구체적인 이름은 제외되었다. 사태들 중에서도 오로지 문제에 전형적인 것들만이 기록되었다. 그런 다음 모범적 사례의 해결책이 "X라면 Y다"라는 형식으로 제시되었다. 이어서 전문가들은 중요한 점에서 조금 다를지라도 비슷한 사례들의 해결책을 제시하기 위해 이 문제들을 여러모로 변형시킨다.

예를 들어 훨씬 폭이 넓은 바빌론의 전조 해석 목록에서는―2,000개의 전조들이 설명되는데―다음과 같이 나타난다. "여인이 오른쪽 귀가 눈에 띄게 작은 아이를 낳는다면, 애 아버지의 재산이 풍비박산 날 것이다." 이어서 눈에 띄게 작은 왼쪽 귀의 해석(재산이 더욱 커질 것)과 양쪽 귀가 다 작은 경우(가난해짐)가 뒤따른다. 의학 논문에서는 같은 방식으로 증상-질병-연속에서 인과율의 개념이 발전된다. "남자가 침대에서 계속 떨고 있는데 성욕이 없다면…… 루피네, 에두Edu 식물, 하르무누Harmunu 식물을 쓴다. 하복부 통증, 열, 누런 피부, 식욕 상실 등이 나타나면 성병이다. 격하게 땀이 나는데 발까지는 미치지 못하면……" 최초의 경우가 실제로 결정적인 것이고, 이어서 다루어지는 것들은 정확하고 철저하게 훈련하려는 목적을 위한 구성이라고 추측해도 좋을 것 같다. 그래서 새로 태어난 아기들의 특성에 대해서는 쌍둥이만이 아니라 세쌍둥이, 심지어 여덟, 아홉 쌍둥이들에 대한 예언까지도 언급된다.[6]

앞서 언급한 법도, 개념적인 구분으로 가는 도중에 목록 형태로 작업 중인 것이다. 타당성이 있는 특수한 경우는 상황이 다르면 다른 법의 결과를 권고할 것인지 탐색된다. 이런 원칙에 따라 함무라비 법전 1~5조는 입증할 수 없는 고발들에 대한 것을 시간적인 변화를 두고 끼워 넣은 것이다. 맨 먼저(1조) 고발인이 피고를 부당하게 살인죄로 비난했을 경우, 그 자신이 사형을 선고받는다. 누군가 부당하게 절도죄로 비난받을 경우 무엇이 옳은지에 대해서는 아무 말도 없이 그대로 넘어간다. 어쩌면 이런 사례가 법전 서기들의 기억에서 특별히 중요한 것이 아니었을 수도 있다. 이어서(2조) 마법을 행했다는 비난에 대한 — 물론 입증하기가 어려운 것 — 판결 절차가 서술되는데, 피고가 이런 절차를 통과하면 고발인이 처형되는 것으로 끝난다. 이어서 '목숨이 달린 재판'(3조)과 지불에 대한 재판에서 거짓 증언의 문제(4조)가 다루어진다. 마지막으로(5조) 판관이 나중에 자신의 판결을 변경할 경우, 그에게 무슨 일이 일어나는지 설명된다. 재판이 진행되는 단계에 따라 법전 저자들이, 법을 조작하는 문제에 대한 자기들의 생각을 정리해나가는 과정을 볼 수가 있다. 즉 거짓고발, 증거조사, 재판에서의 거짓증언, 판사의 부패 등에 대한 것들이다.

메소포타미아의 사유는 두 가지 범주로 이 작업을 했다. 곧 유추와 필연성이다. 이런 개념을 직접 사용하지는 않았지만, 이들로 특징지어지는 작업들이었다. 법은 미래를 내다보고, 그 불확실성에 대해서는 일어날 수 있는 모든 것을 파악하는 개념들로 대응한다. 그에 반해 최초로 쓰인 법의 결의론Kasuistik[Casuistry, 구체적인 사례들을 일일이 거론하는 방식]은 실제 판결된 과거를 바라보면서, 알려진 사례들의 분석을 동원해 미래 사례를 판단할 판사들의 손에 규칙을 넘겨주려는 것이다. 여기서 사유는 사례에서 벗어나지 못한다. 더욱 정확하게 말하자면 사례들은 예가 아니라 출발점이다. 보테로는 타당하게도, 우리가 문법과 셈을 배우는 비교의 방식을 지적한다. 언어나 계산의 특정 개념을 통해서가 아니라, 그냥 가능성들을 기억함으로써 우리는 문법과 셈을 배운다. 그는 훔친다. 그가 훔치더라[과거, 과거진행], 그가 훔쳤다[완료].[7]

여기서 서로 완전히 다른 사례들의 특성 탓에 목록 형성이 나타날 수가 있다. 8조의 조건에 따르면 벌금을—신전이나 왕의 소유물의 경우에는 30배, 종속된 사람의 소유물일 경우 10배—내지 못한 도둑만이 사형을 받는다. 그렇다면 많은 주석자들이 짐작하듯이, 앞서 이미 언급한, 절도죄에 대해 훨씬 더 엄격하게 사형을 요구하는 6조에서 '소유물'이라는 일반적 호칭은, 신전이나 왕궁이 소유한 금이나 은 같은 훨씬 더 값진 물건들을 말하는 것일까?[8] 아마도 설명은 더욱 단순할 것이다. 즉 다양한 시기의 규범들이 여기서 한데 모아진 것이라고 말이다. 한 계층에서는 사형, 다른 계층에서는 거기서 벗어날 가능성 등은 매우 강력하게 재산에 달린 일이었다. 따라서 당시 바빌론 사회에서는, 왕이나 사원 소유물의 절도가 이 상류층 바깥에서의 절도보다 훨씬 더 중요했던 것이다. 따라서 법은 그냥 단순한 것이 아니라 상황에 따른 것이었다. 갈등은 거기 누가 포함되느냐에 따라 다르게 평가되었다. 현대의 법은 다툼을 조정하는 데만 쓰이는 것이 아니라, 사람들이 다툼의 능력을 갖도록 해주는 것인 반면에, 고대의 법은 무엇보다도 싸움을 막는다는 과제를 지녔다. 법의 목적은 혼란의 제거다. 그래서 피고가 지닌 지위와 그가 또 다른 분노를 야기할 수 있는 기회를 아주 공개적으로 주목했다. 귀족의 눈을 때린 것은 노예는 차치하고라도 보통 자유인의 눈을 때린 것보다 더욱 보상이 필요한 일이었다(196~199조). 옛날의 법은 당사자의 사회적 지위에 대한 고려 없이 규범을 관철한다는 것을 알지 못했다. 모든 갈등에서 싸움의 상대가 누구냐, 어느 집안 출신이고, 얼마나 재산을 갖고 있으며, 어떤 사회적 기능을 하고 있느냐라는 질문을 해야 했다. 법정에서 사회에서의 역할을 떼어내지 않았다. 고위관리는 아주 공개적으로, 일용직 노동자와는 다르게 여겨진다. 법의 여신은 맨 처음에 눈이 멀지 않았으며, 궁정에 대해, 또 관리들의 복지나 사회적 평화에 대해 왕이 지닌 관심을 법조문 안에서 강력하게 고려했다. 그것은 법조문이 메소포타미아 사회에 존재하던 불평등을 반영한다는 뜻만이 아니다. 이는 또한 예를 들어 규칙의 예외를 통해 사회의 평화가 보증되는 경우에만, 판결에 유동성이 생긴다는 뜻이기도 하다. 그렇기에 방금 선고된 사형이 은을 지불함으로써 세상에서 사라질 수 있었다.

그렇다면 어째서 고대의 법에서 그토록 준엄한 형벌이 그토록 큰 자리를 차지한다는 말인가? 함무라비 법전은 계속 사형으로 위협을 해댄다. 일을 잘 못해서 다른 사람들을 위험하게 만든 건축가에게, 병사에게 상처를 입힌 장교에게, 신전에서 맥주를 마시다가 현장에서 잡힌 신전 매춘부에게 사형이라는 형벌이 주어진다. 함무라비 법전은 대등한 형벌을 특히 좋아한다. 아버지를 때린 자식의 손을 자른다. 뼈를 부러뜨린 자의 뼈를 부러뜨린다. 다른 사람의 아이를 경솔하게 죽인 사람의 자식도 역시 죽인다.

최초로 글로 적은 법이 얼마나 태고의 것이냐는 질문에 답하기 위해서는, 그것이 아예 최초의 법이 아니었다는 것을 먼저 밝혀야 한다. 함무라비 법전이나 그보다 더 오래된 법전에서도, 각각의 왕들이 정치적으로 이룩한 확립된 규범이 중요한 것이 아니다. 그보다는 300년 이내에 메소포타미아 지역에서, 상당수는 이전부터 이미 타당하던 관습들을 확정하는 것은 좋은 연습이 되었다.[9] 모든 사회에 법은 있게 마련이다. 설사 문자를 갖지 못한 사회라도 마찬가지다. 모든 사회에는 집단적 구속력을 가진 것으로 취급되고 확정된 특정한 기대들이 있다. 비록 거듭 실망을 겪기는 해도 그렇다. 도둑질에 대해서는 얼마 뒤에 이런 경고가 내려진다. "도둑질하면 안 된다…… 이웃 사람의 집을 탐하면 안 된다. 이웃 사람의 아내를 탐하면 안 된다. 이웃 사람의 남자 노예나 여자 노예나, 그의 소나 나귀나, 또는 네 이웃 사람에게 속하는 그 어떤 것이라도 탐하면 안 된다." 다시 "노예, 소나 나귀나 또는 그 어떤 것이라도"라는 말이 나온다. 출애굽기에 나오는 십계명 중 9계명과 10계명은 기원전 1500~기원전 1000년 사이에 생겨났을 것으로 짐작되는데, 이는 마치 함무라비 법전의 메아리처럼 읽힌다. 그런데도 전혀 다른 뉘앙스를 지녔다. 바빌론의 법이 이 규범을 어길 경우에 무슨 일이 일어나는지 대략적으로만 서술하는 데 반해, 성서는 이 계율을 규범의 핵심으로 말하기 때문이다. "도둑질하지 말라." 그러나 도둑질은 행해진다. 그렇다면 '하지 말라'는 것은 대체 무슨 뜻인가?

규범은 행위를 보증하는 것이 아니라 기대를 강화시킨다. 규범은 위반을 막지 못한다. 독일 범죄 통계에 의하면 해마다 약 240만 건의 절도가 행해지고, 약 27퍼센트만 진상이 규명된다.[10] 규범은 위반을 막지는 못하고, 규범을 지키는 사람들을 응원하는 것이다. "도둑질하지 말라"는 것은 그러니까 다음과 같은 뜻이다. 네가 행동으로 그것을 위반하면, 우리는 그것을 그대로 두고 보지 않을 것이고, 무심하지 않을 것이며, 옳은 것이 무엇인지에 대한 우리의 표상을 유지할 것이다. 우리의 기대가 잘못된 것이 아니라 너의 행동이 잘못된 것이다. '해야 한

다'는 규범은 실제로 그것이 이루어지느냐와는 별개로 무언가가 타당하다는 의미다.[11]

예를 들면 예의 규범, 공개적 등장의 규범, 가깝고 먼 사람들과 교류에서의 규범 등 사회적 행동의 모든 차원에는 양보할 수 없는 기대들이 있다. 이런 기대들을 저버리면 법의 테두리 안에서 극히 다른 반응들이 나올 수 있다. 오해라는 말이 나오고, 또는 사과의 말이 필요하다. 규범 위반자들과의 소통이 중단되고, 대신 그들에 대한 말들이 늘어난다. 예컨대 그런 사람들에 대해 고약한 소문이 돈다. 주목할 필요가 있는 사람으로 취급되거나 아니면 그 행동을 놓고 설명을 찾으려 든다. 예를 들어 그들의 나이, 사회적 처지, 의학적 상태 등과 관련해서 말이다. 법으로 통제되는 위반의 영역 안에서도 각각의 사정에 따라 심지어 형벌의 경감이 있을 수가 있다. 19세기에 도둑질 규범을 지속적으로 위반하는 경우에는 '도벽盜癖'이라고 불렸으나 오늘날에는 '행동조절 장애'라는 심리학적 용어로 표현된다. 예전에는 일탈 행동을 각기 마법, 악마, 아니면 죄 많음 등으로 설명했고, 그런 설명으로부터는 관대함의 동기를 찾기가 어려웠다. 손에 닿지 않는 이유를 동원한 설명은 물론 사태를 더욱 으스스하게 만들었다.[12]

그런 마법 방식의 사유는 최초의 법조문들을 기록하던 시대에도 낯선 것이 아니었다. 함무라비 법전은 '손가락이 가리켜 보이는' 여인에게서 마법(2조) 또는 간통이 의심될 경우(132조), 이른바 강에서의 신의 심판이라는 형식으로 신명神明 재판[피고에게 고통을 가하여, 그 결과에 따라 죄의 유무를 가리는 재판 방식. 재판의 결과는 신만이 알 수 있다고 했으며, 재판을 거부할 경우 유죄로 판단했다]을 마련했다. 아무 입증도 없이, 고발당한 여인들이 강물에 던져졌다가 그대로 빠져죽으면 그들은 죄가 있는 것이 되었다. 우리의 기준으로 보면 그것은 잔인한 일이다. 죄가 있는 사람이 죄가 없는 사람보다 물에 빠져죽을 가능성이 더 높다고 생각하지 않기 때문이다. 어째서 사람들은 형벌을 내리는 신이 언젠가 번갯불로 의혹받는 자를 맞추도록 맡겨놓는 대신, 강물이 결정하게 하는 식으로 재판을 진행한 것일까?[13]

핵심은 누군가가 빠져 죽지 않음으로써 무죄를 입증할 경우에 있다. 그 경우 거짓 고발을 한 자는 죽임을 당하고, 그의 재산은 부당하게 고발당한 자에게로 넘어갔다. 이것은 더욱 단순한 '신의 심판'이라는 관점에 비하면 문명사적 진보다. 더 정확하게는 다음과 같이 말해야 한다. 함무라비 법전과 비교하면, 성문법이 경과하면서 철저히 여러 퇴행들이 이루어졌다고 말이다. 예컨대 다른 법 문화권에서[예를 들어 중세 유럽] 여러 다양한 상황들에서 죄를 씻어준다는 명목으로 결투 형식으로 행해진 신의 심판은 오로지 강한 자만이 옳다고 인정해주는 방식일 뿐이다. 그에 비해 함무라비 법전은 전혀 다른 관점, 즉 뚜렷한 근거가 없이도 결정을 바라는 마음이 나타날 수가 있다는 관점을 지녔다.[14] 함무라비 법전에 서술된 재판은 이렇게 말한다. 결정을 내리기는 해야겠는데, 우리로서는 결정할 수가 없다고 말이다. 여기서 '결정해야 한다'는 것은 법에 대한 하나의 표상을 증언하는데, 즉 특정한 소송사건(마법, 간통 등)들은 법정이 감당할 수 없을 정도로 부당한 요구라고 여겼던 것이다. 이런 사건들에 대해 법정이 결정을 내릴 그 어떤 결정적인 근거도 없으며 그래서 이 사건들을 강물로 보낸다는 고백은 신의 심판이라는 미신적인 영역 안에서 이미, '의심스러울 때는 피고에게 유리하게in dubio pro reo'를 향한 첫 걸음을 내디뎠다는 사실을 증언한다. 소송 마지막에 패소한 쪽은 이 사건을 다시 법정으로 가져오지 않겠노라는 맹세를 했다. 이 또한 초기의 법에서 무엇보다 중요한 것은 싸움을 막는 것이었음을 알려준다.

함무라비 법전에서 마법과 간통은 한편으로는 사형의 형벌을 받는 범죄 구성요건이었다. 또 다른 한편으로는 마법을 그토록 믿었으면서도, 그것은 초자연적인 징표를 강요하는 일이었다. 위반을 참을 수 없다고 여겼기에 형벌은 단호했지만, 거짓 고발을 했을 경우 그 형벌은 고발한 사람에게로 되돌아갔다. 따라서 많은 재판에서 결국은 누군가가 죽었다. 법에 호소하는 것은 위험한 일이었고, 누군가를 고소할 가능성을 함부로 이용했다가는 스스로 죽음의 형벌을 받을 수도 있었다. 그러니까 범죄 행위를 한 것이나 거짓 고발을 한 것이나 모두, 그 부당함은 국가에 결정적인 위협으로 여겨졌고, 그래서 제의적인 정화淨化의 기능이 재판에 주어졌다.

바빌론의 미신은 자세한 부분까지 입증되었다. 미신은 미래 사건들에 대해, 관련자들에게 불행을 전염시키는 신비로운 전조가 있다는 표상을 만들어냈다. 흥미롭게도 바빌론 사람들은 나쁜 전조의 효과를 그 제의祭儀를 통해 물리칠 수 있다고 보았다. 그러기 위해서는 당사자들이 함무라비 돌기둥에 등장한 신을 향해야만 했다. 곧 태양신이자 법과 정의의 신인 샤마슈Schamasch에게 호소했다. 정화의 행동과 겸손의 몸짓과 그리고 이따금 몸값까지 바치면서, 나쁜 징조를 얻은 사람의 운명에서 이 불리한 판결이 사라지게 해달라고 빌었다. 이런 제의는 재판 과정의 온갖 요소를 다 지녔는데, 여기서 나쁜 징조를 전하는 심부름꾼 또는 운반자(개, 도마뱀, 뱀)에 맞서려고 당사자가 애를 썼다. 이것은 노예를 석방하는 재판과 동일하게 최초 판단에 대한 보증된 철회로 끝났다. 곧 점토 그릇을 깨뜨렸다.[15]

전조, 신체에 나타난 질병의 증세, 또는 법조문에 대한 논문들이 모두 동일한 형식을 취했다는 것은 메소포타미아에서 문자를 다루는 학자들의 인식 기술 탓만은 아니었다. 이는 그들이 운명의 확정, 의술, 법 등에 대한 질문들이 근본적으로 비슷한 것이라고 여겼던 탓이기도 했다. 결국은 언제나 위기를 기록하는 문제였던 것이다. 전조, 질병, 갈등을 보면서 사람들은 결정을 내려야 한다는 압박을 느꼈다. 몹시 불안한 가운데, 옳고 그른 것에 대한 확신은 없고 오로지 예감만 존재하는 상황이었다. 성문법은 이런 자리에서 근거를 얻으려고 예감의 기술에 의존했다. 영혼, 신체, 사회성의 위기는 그 결과가 매우 중하기에, 의문의 여지없는 근거를 사용할 수가 없음에도 불구하고 반드시 근거를 제시해야 했기 때문이다. 그러니까 이런 강제 상황에 처한 사회는 유사, 모범, 결의론 등으로 대처하면서, 꼭 개별적인 경우가 아닌 여러 경우들의 체계에서 이런 근거들이 나오기를 희망했던 것이다. 이것은 문자 형식을 그런 체계에 대한 전망을 유지하는 기술로 만든다.

〉〉〉〉〉〉|ᵼ

또 다른 점에서도 문자화된 최초의 법조문은 뒷날 '고급문화'라 불리는 것으로 넘어가는 과도기의 기록임이 밝혀진다. 함무라비 법전에서는 개인의 죄, 친척관계 등이 자동으로 반드시 대리 책임으로 연결되지 않는다. 다른 이의 자식을 실수 또는 고의로 죽인 아버지는 그 벌로 자기 자식을 잃어버려야 한다고 되어 있지만(116조, 210조, 230조), 이런 친족관계를 통해 아이가 공범이라는 표상이 바탕에 깔린 것은 아니었다. 그보다는 처벌이 예리하게 적용되어야 할 '소유주'를 향한다. 앞서 이미 언급한 내용인데, 거짓증언을 한 사람은 거짓증언이 겨냥한 사람이 받을 형벌을 제가 받아야 한다는 것도 비슷한 사정이다(3조).

부부 사이 갈등의 예를 다시 들어보자. 한편으로 여성은 가장이 될 수가 있고 결혼한 부인들은 영업을 할 수가 있었다. 다른 한편으로 142조에서는, 남편이 아내를 싫어하고, 아내가 남편을 거절하면 ─ "당신은 나를 차지하면 안 된다" ─ 그녀가 어떤 잘못을 했는지를 검토해야 한다. 그녀의 잘못이 아니라 오히려 남편이 아내를 소홀히 했을 경우, "아내는 자신의 지참금을 되찾아 아버지 집으로 돌아간다." 그에 반해 그녀가 '조심하지' 않고 남편에게 소홀히 했다면 "그녀를 물속에 던진다." 그러니까 양성 사이에 대등한 의무분담과 동시에 성별에 따른 불공평함을 알아볼 수 있다. 잘못을 범한 남자는 지참금과 아내를 잃어버리지만, 잘못을 범한 아내는 물속에 던져지는 것이다.

최초의 성문법은 노예가 물건이며, 이 물건의 소유에 경제적 계산이 주어진다는 전제 아래에 있었다. 누군가가 밖에서 노예를 구했는데, 나중에 이 노예가 원래 소유자가 잃어버렸음이 밝혀진다면, 원래 소유주와 노예와 구매자가 모두 같은 고향 출신인 한에서, 아무 손해 배상도 없이 구매자는 노예를 원래 주인에게 되돌려주어야 했다. 그러니까 구매자가 노예가 다른 누군가의 것이었다가 도망쳤거나 도둑맞았다는 소유관계를 미리 알았을 수도 있다는 전제가 바탕에 깔려 있다.[16] 메소포타미아에서 나이 어린 자유인이 단순히 유괴된 것이 아니라 도둑맞았다는 것, 즉 나이 어린 사람의 자유 상실이 아닌 아버지의 지배력 상실이 기록되었다는 것은 범죄 행위들을 구분하지 못하는 법의 무능력을 보여주는 것이 아니다. 그보다 이것은 어린 사람이 자유인으로 태어났다면, 아버지의 소유물로 여겨지던 사회의 법인 것이다. 노예가 존재하는 곳에서 인간은 물건으로 취급될 수가 있다. 그 규칙은 또한 노예 아닌 일부 사람들에게도 적용되었던 것이다.

따라서 법이 부과한 의무는 복잡하며, 다음과 같은 형식들로 나타난다. "그렇다, 하지만" "통상적으로는 그렇지만 경우에 따라 다를 수도 있다"는 식이다. 법을 성문화하면서 '죄' '기대할 만함' '예외' '인식 수준' '척도' '정의' 등과 같은 개념들에 대한 중요한 사색도 함께 나타났다. 이런 것들은 재판에서도 고려되었다. 그래서 동일한 조항이 동일한 행위에 대해 두 가지 서로 다른 형벌을 제시한다 해도 모순이 아니었다. 피해자에게는 자주 신체적 보복과 배상금 사이에서 선택권이 주어졌다. 형사소송도 가해자와 피해자 사이의 소송으로 간주되었기 때문이다. 형사법과 민사법의 엄격한 구분은 어차피 없었고, 신체적 형벌과 벌금 지불의 구분도 역시 없었다. 이것 또한 국가나 왕에게 지불하는 것이 아니라 재판의 상대방에게 지불하는 것이었다. 형벌은 피해자를 만족시켜야 했다. 다른 한편으로는 피해자에게도 일관성이 기대되었다. 예를 들어 배신당한 남편이 아내를 용서한다면, 아내와 간통한 상대방 남자도 벌을 받아서는 안 되었다(129조). 즉 용서란 올바르게 이루어진다면 행위에 관계되는 것이고, 따라서 두 '배신자'에게 관계되는 것이며 보복의 수단이 되어서는 안 된다.[17]

여기서 정의의 개념은 중립적이다. 저 유명한 '눈에는 눈 이에는 이'[18]이라는 조항은 함무라비 법전에서 생겨났다. 노예를 해친 사람은 (219조) '노예에 대해 노예로 배상'해야 한다. 가축을 빌렸는데 실수로 죽었다면, 소유주에게 '소는 소로' (245조) '양은 양으로' 배상되어야 한다. 196조는 심지어 이렇게 규정한다. "누군가가 자유인의 눈을 때려서 멀게 했다면, 그의 눈도 같은 일을 당한다." 200조는 남의 이를 부러뜨린 것에 대해 동일하게 말한다. 오늘날 많은 사람에게, 복수 또는 보복의 생각에서 나온 법의 표현이라고 여겨지는 것이 실은 보복을 제한하려는 시도였다. 또는 더욱 정확하게 말하자면, 그것은 전에 복수로 해결하던 문제에 대해 법을 해결책으로 내세우라고 정한 것이다.

복수라는 것은 규범 위반에서 일차적으로 문제가 되는 것, 곧 행위 이전 상태로의 복원이 중요하다는 생각에 대한 일방적인 항의다. 복수하는 사람은 복수를 통해 실제로는 아무것도 얻지 못한다. 특정한 물건의 상태가 아니라 행동에 대한 기대를 확인하는 것이 중요하다는 점에서, 복수는 정의감의 원초적 표현이다. 붙잡힌 도둑이 "좋다, 그렇다면 이자를 붙여서 그것을 되돌려 놓지"라고 말할 수는 없다. 이것으로 다 끝난 것이 아니고, 그것을 넘어 도둑은 벌을 받는다. 그가 정말로 무엇을 변화시켰느냐가 핵심 문제가 아니고, 그가 사회적으로 무례하게 행동한 상대가 누구냐가 문제이기 때문이다. 그는 피해자만이 아니라 다른 모든 사람에게도 무례하게 행동한 것이다. 다른 말로 하자면 이자를 붙인 돈이나 직접 물건으로 계산 가능한 물적인 잘못만이 아니라, 사회적 잘못도 있는 것이다.

하지만 그것을 표현하려면, 이전 상태의 복원을 넘어 그 이상 무

엇으로, 그리고 얼마나 더 나아가야 할 것인가? 탈리오 법lex talionis
은 ─ 눈에는 눈, 이에는 이 ─ 손실과 형벌이 대등해야 한다는 등가원
칙을 통해, 역설적으로 법이 지닌 원래의 과제를 제한한다. 눈을 뽑힌
사람은 가해자에게 같은 일이 일어난다고 해서 원상복귀를 얻지는 못
한다. 또는 가해자가 장님이 된다고 상상해보라. '눈에는 눈'이라는 것
이 근본적으로는 '눈의 가치는 눈의 가치로'라는 의미라는 생각이 일
찌감치 나타났다. 출애굽기 21장 24절에는, 싸우는 사람들이 임신한
여자를 밀쳐서 생긴 손상을 다루는 사례 이야기에서 저 유명한 공식
이 나타난다. 그리고 주인이 노예의 눈을 때려서 멀게 하거나 이를 부
러뜨리면, 종의 입장에서 주인을 때려서는 안 되고 대신 종이 자유를
얻는다는 것으로 총 결산이 이루어진다. 그러므로 손상에 대해 아무
생각도 없이 동일한 보복을 하는 것이라고 말할 수는 없다. 그런 다음
신명기에서는 함무라비 법전을 넘어, 중범죄에서 혈족 구금에 대한 금
지령이 확정된다. 누구나 오직 자기 자신의 범죄로 인해서만 사형의
형벌을 받는다.[19]

⋙⋙⋮⋮

최초의 성문법이 법정의 관습들에서 규칙의 윤곽을 얻었다면, 이는
그보다 더 이전의 다른 법들의 특성이기도 했다. 봉인된 점토판에 새
겨진 최초의 민간 법조항들은 일부는 상속, 일부는 혼인과 연관된 토
지양도, 가옥의 구매, 노예 취득 등을 다룬다. 양도와 연관된 대상들만
이 아니라 양측이 확인되고, 소송이나 이의 제기와 연관된 포기선언,

사업상 증인의 이름, 서기의 이름 등도 적힌다. 하지만 이런 문자 규정은 엄격한 의미에서 계약 자체의 구속력을 높이고, 모든 것이 형식에 맞도록 이루어졌는지를 검토하려는 것이 아니다. 그보다는 서로 합의된 것의 사실 확인을 위한 것이었다. 그 밖에도 누가 누구와 무엇에 대해서 어떤 논쟁을 했는지, 그리고 사태는 어떻게 끝났는지의 과정에 대한 보고들도 있다. 이런 원본문서가 갖는 의미는 재판에서 이긴 사람이 그 결과 나오는 요구들을 입증할 수 있게 해주려는 것이었다. 여기서도 문자로 적힌 법은 무엇보다 재판 및 판결 과정의 응축물이자 경제적 거래의 응축물이지, [종합] 법전을 증거로 인용하는 성문법이나 계약법은 아니었다. 재판이란 중재기관일 뿐, 일반적 원칙들을 지향하지 않았다.[20]

메소포타미아의 학문이 추상화를 통해 예측을 가능케 하는 실험을 알지 못했듯이, 메소포타미아의 법도 종합적인 법전을 알지 못했다. 따라서 발견된 직후 곧바로 얻은 '함무라비 법전Codex Hammurabi' 이란 호칭은 오해를 불러일으키는 말이다. '코덱스'란 규범들이 타당하기 때문에 규범을 적어놓은 법전을 가리키는 말로, 거기 적혀 있기 때문에 그 규범들이 타당성을 얻는 법전이란 뜻은 아니다.[21] 그러니까 자주 비교되는 '나폴레옹 법전'의 경우처럼, 그 시대의 법에 대한 전체 관점을 정리해놓은 것이 아니다. 규범들을 체계적인 순서로 정리해 놓아야만 비로소 법전 편찬이라고 말할 수가 있다. '함무라비 법전' 돌기둥이 발견된 1900년 무렵에 몇몇 나라에서 법이 새로 편찬되는 중이었다. 독일의 민법전도 수많은 그런 법전들 중 한 예다. 이런 사정이 고대의 군사지휘자 함무라비가 처음으로 바빌론 제국을 건설했고, 이어서 통일된 행정이라는 맥락에서 지역의 관습, 재판 결정들, 지시들을 '국민적' 타당성을 갖는 하나의 통합적 체계 안에 나란히 적었다는 표상으로 이끌었던 것 같다. 법조항이 갖는 이중성과 작은 모순들에서, 지역에 따라 차이가 나는 갈등 조정들의 흔적을 읽을 수가 있다.

돌에 적힌 텍스트가 구속력을 갖는 법전으로 '가결되었다'는 것은 무모한 표상이다. 메소포타미아에는 통일된 법이라는 것이 없었다. 왕의 지시에 따른 법과 나란히 관습법이 광범위하게 통용되었고, 왕의 법정과 나란히 사원 법정, 도시 법정, 거주 구역 법정 등도 활동했다. 코덱스는 국가의 이익을 건드리는 사건들에 대해, 왕의 법정의 판결을 위한 것이었다. 심각한 위반들, 왕실의 재정 상황, 국가에 의한 채무 독촉, 개인적으로 안전장치가 없는 사람들의 부양 문제, 상류층의 법적 관심사, 사원 주변 홍등가 문제 등이었다.[22]

그것 말고도 왕들은 자신과 무관하게 판결이 나오는 것, 법전 형태의 객관화, 덕분에 자신도 거기 구속되는 것 등에는 관심이 없었다. 또한 함무라비 시대에 나온 것으로 전해지는, 코덱스나 그 조항들과 관련된 어떤 법 기록도 없다. 그것이 정말로 법을 모아놓은 법전이었다면, 어째서 상당수의 법 요소들이 여기서 언급되지 않는지도 설명되어야 한다. 예를 들어 고의적 살인의 결과를 서술하는 조항이 없다. 그 이유는 아주 분명하다. 절도죄가 이미 사형을 받았다면 살인자가 어떤 판결을 받을지는 아주 뻔한 일이었다. 그러니까 자명해 보이지 않던 것들만이 문자로 작성되었으며, 활동 중인 판관들을 위한 교육용으로도 작성되었다.[23]

이런 사정은 함무라비 법전이 기록된 돌기둥으로 한 번 더 눈길을 이끈다. 돌의 상층부에 함무라비 자신과 태양신 샤마슈가 등장하는데, 바빌론의 왕은 신 앞에 기도하는 자세로 서 있다. 자리에 앉아 있는 법과 정의의 신은 반지 또는 동그라미 하나와 지팡이 하나를 손에 들고 있다. 이 상징들의 의미에 대해서는 논란이 분분하다. 다음과 같은 해석들이 있다. 측량막대와 줄자, 또는 고삐와 코뚜레, 또는 석필과 둥근 봉인, 또는 왕홀과 다른 어떤 것이다. 어쨌든 바빌론에서 샤마슈 신은 모든 것을 바라보는 존재였다. 태양처럼 낮이나 밤이나 여행을 하고, 땅과 지하의 영역들을 바라보고, 그래서 모든 것이 올바른 궤도에 있도록, 또는 그리로 돌아가도록 감시한다. 신은 판관으로서 모든 것을 다시 좋게 만든다.[24]

전체의 질서를 보호할 이런 의무는 왕에게도 타당하다. "강자가 약자를 채무 구금하지 못하도록, 과부와 고아를 만족시키기 위해서 나는 안 신과 엔릴Enlil 신을 숭배하는 도시 바빌론의 에사길라Esagila 신전, 그 토대가 하늘과 땅처럼 항구적인 이 신전에다가 나라의 소송 문제를 바로 세우기 위해, 나라를 위한 결정들을 내리기 위해, 부당함을 겪는 사람에게 사태를 다시 올바르게 만들어주기 위해, 극히 소중한 나의 말씀을 내 기념비에 새겨 넣었⋯⋯." 돌기둥에는 법전이 시작되기에 앞서 이런 전문前文이 등장한다. 부당한 일을 겪은 자는 이리로—즉 '나의 모습 앞으로'—와서 이것을 읽거나 낭독을 듣고, 함무라비왕이 자신에게 정의를 마련해줄 것이라는 안도의 통찰을 얻을 수 있다. 그렇다고 돌기둥의 텍스트에서 모든 법적 갈등이 조정될 것이라는 주장이 나왔다는 뜻은 아니다. 그보다는 오히려 왕이 하위심급의 권력남용을 조정할 것이며, 왕의 법정이 내놓은 것이 아니라면 왕에게 호소할 수 있다는 뜻이다. 그럴 경우 스스로 부당한 대우를 받았다고 여기는 사람이 돌기둥 법조항의 지혜 앞으로 나설 수 있었다.[25] 금세공사 집의 '벽을 통해' 침입한 사건을 계기로 작성되어 전해지는 함무라비왕의 편지는 범인들과 증인들을 왕에게 넘기라고 지시하고 있는데, 이는 단순한 수사법이 아니었다. 정말로 왕은 이 법률사건을 자신이 직접 다루었고 이 편지에 나온 표현들이 함무라비 법전으로 들어갔다. 그것은 21조에 '범행 그림'이라는 의미로 등장한다. "한 사람이 가옥으로 침투했다면, 벽에 뚫린 구멍 앞에서 그를 처형하고 그 자리에 묻는다."[26]

﹥﹥﹥﹥﹥

그렇다면 고대 오리엔트 문화처럼 구두口頭에 의존하는 문화에서 대체 무엇 때문에 법을 문자로 적은 것일까? 문자는 여러 이점들을 갖는다. 시간적 이점, 즉 문자가 아니었다면 잊혔을 것을 보존한다. 실용적 이점도 있다. 서로 모순되는 보고들을 분명하게 통합한다. 사회적 이점으로는 귀로 들은 증인은 겨우 몇 명만 있게 마련인 것을, 문자화해 원칙적으로 많은 사람이 읽을 수 있게 한다는 점이다. 줄여 말하자면 문자는 메시지를 맥락에서 분리할 수 있게 해준다. 문자는 기억을 뒷받침하는 문서고 노릇을 한다. 확정된 내용이니 곰곰 생각하기를 자극하고, 소통수단으로서는 여러 목소리들의 가능성을 확장한다.[27]

하지만 동시에 법의 결정들이 올바른 것이라고, 사회질서에 대한 기여라고 묘사할 필요성도 있었다. 함무라비가 이 돌기둥을 세우게 했을 때는 메소포타미아의 왕이 된 지 거의 40년이 지났을 때였다. 전문前文에는 그의 집권 32년차에 이루어진 에쉬눈나 정복이 언급된다. 돌기둥 후문後文에 새겨놓은, 자신의 법 개념에서 벗어나려고 시도하는 모든 이를 향한 온갖 저주들은 법을 어기는 자들을 향한 것이 아니라 자기 뒤를 이어 등장하여 감히 이 법을 바꾸려 할지도 모르는 후대 왕들을 향한 것이었다. 왕은 법의 공정성을 상징한다. 그 자신은 오로지 신들의 판결 아래에만 서 있기 때문이다. 하지만 신들은 법의 원천이 아니며 법은 계시로 받은 것이 아니니, 왕에게 맞서서 작용할 수는 없다. 그렇게 본다면 돌기둥에서 전문, 판결문, 후문이 도식적으로 분리되지 않고, 텍스트가 나란히 뒤섞여 나타나는 것은 주목할 만하다. 돌기둥의 도움으로, 이 법이 함무라비왕 덕에 생겨났고, 메소포타미아의 정치적 통치자는 동시에 재판권 소유자이기도 하다는 사실을 기억할 수 있게 만든다. 재판권 소유자로서 그는 신들과 인간들 사이를 중재한다. 그러므로 함무라비 법전 돌기둥은 왕의 법적 규범들을 공표하려는 과제를 지닌 것이 아니었다. 규범들을 분명하게 확정하여 모두에게 알리려는 것이 아니었다. 물론 당시 사람들이 모두 글을 읽지는 못했다. 돌기둥은 법을 알리기 위해서가 아니라 정치적 기념비로 세워졌다. 그것은 정보를 전하려는 것이 아니라 모두에게 보여주기 위한 것이었다. 다행스런 텍스트로 읽히기 위해서가 아니라, 보이기 위해서 만들어졌다. 여기 적힌 규범들은 글로 적힌 규범으로서 효력을 갖는 것이 아니라, 이것이 비록 간략하게 적은 관습들이긴 해도 왕에게서 나온 것이기에 효력을 가졌다.[28] 문자는 읽기 위한 것이지만, 상황에 따라서는 보기 위한 것이기도 하다. 그림을 보기도 하고 읽기도 하는 것이나 마찬가지다. 문자로 적힌 최초의 법은 그런 정의의 그림으로 나타나기를 바랐던 것이다.

>>)))))

　그에 반해 로마에서 모든 것은 눈에 보이지 않는 것에 기반을 두었다. 법학사가인 마리 테레스 푀겐Marie Theres Fögen에 따르면, 그 어떤 로마인도 이른바 로마법의 근간이라는 12동판을 ─ "최초의 유일한 로마 국법"(테오도르 몸젠) ─ 보았노라고 증언한 적이 없었다. 12동판이 기원전 449년에 의회 앞의 연단에 게시되었다고들 하지만, 실은 증인이 없다. 키케로는 예전에는 사람들이 그 법조항을 노래로 불렀다는데, 지금은 아무도 그것을 외우지 못한다고 비난한다. 하지만 있지도 않은 것을 어떻게 외울 수가 있을까? 아무도 이 판들이 대체 어떤 소재로 된 것인지도 분명히 알지 못했다. 참나무인지, 상아인지, 돌인지, 구리인지, 청동인지 모른다. 그리고 거기 무엇이 적혀 있었는지도 불확실하다. 키케로 자신도 아무도 정확하게 그것을 기억하지 못한다는 점을 이용해서, 자기가 인용한 동판법 한 줄을 그냥 멋대로 만들어냈을 것이라는 의심을 받았다. 어째서 12동판법이냐에 대해서도 통일된 의견이 없었다.[29]

　눈으로 볼 수 있는 법 대신에, 법에 대한 이야기만 등장한다. 언제나 세습귀족들에게 유리하게 작용하는 멋대로의 재판권을 끝내기 위해, 평민들은 구속력이 있고, 또한 문자로 확정된 법을 요구했단다. 3명으로 구성된 위원회가 솔론Solon의 법을 베끼려고 아테네에 3년 동안 머물고 나서 — 하지만 이들 대표들이 정말로 그곳에 도착했는지, 아니면 겨우 남부 이탈리아까지만 갔는지, 아니면 아예 출발도 안 했는지는 여전히 논란거리다[30] — 원로원은 로마의 법을 문자로 작성할 10인 위원회를 선출했다. 그렇게 해서 나온 10개의 판들이 광장에 세워졌다. 이듬해 여기에 다시 판 2개가 덧붙여졌다. 그로부터 200년도 더 지나고 나서 역사가 리비우스Livius와 할리카르나소스의 니오니시오스Dionysios of Halikarnassos가 전해주는 이야기다.

그러니까 여기서 설명이 뒤집어진다. 법의 기원에 대해서는 이야기들이 있으나, 법은 이의를 제기하지 못한다. 법이 그 어떤 원천에도 기대지 못하는 판이니, 하물며 명료하고 깔끔하고 정당한 법의 원천은 더욱 있을 수 없다. 시작이 모든 질서의 근본이라는 오래된 표상은 여기서 맞지 않는다. 이른바 시작이라는 것을 면밀하게 관찰할수록, 그것은 더욱 알 수 없고 우연하게만 보이니 말이다. 여기서 알아낼 수 있는 것이 실은 전혀 다른 모습일 수도 있다. 고대사가인 바르톨트 게오르크 니부어Barthold Georg Niebuhr의 《로마 역사Römische Geschichte》에는 이런 말이 나온다. "저 10인위원회의 법은 황제 시대에 이르기까지 모든 민법과 형법의 토대로 남아 있었다. 비록 부분적으로 이미 멋대로 그 위에 쌓아올린 건축물 아래서 그 법은 거의 보이지도 않았지만 말이다."[31] 이 이야기를 따르자면 여기서 법의 시작은 법을 적었다는 동판들이 기원전 387년에 망가졌기 때문에만 눈에 보이지 않게 된 것이 아니다. 법 스스로 자신의 시작들을 알 수 없게 만들었다. 규범이라는 건축물은 폭이 넓고 오래된 것일수록, 그 토대를 알아볼 수가 없기 때문이다.

오늘날 우리는 이런 질문을 할 수 있다. 법은 언제 효력을 얻는가? 의회의 가결을 받고 헌법재판소 앞에서도 존립할 수 있다면 효력[타당성]이 있다. 의회는 법의 타당성을 검토하는 근거가 되는 헌법재판소를 바꿀 수가 있는가? 그렇다. 하지만 헌법은 스스로 어떻게 언제 변경될 수 있는지, 그런 변경이 헌법에 맞게 이루어지는가를 누가 검토할 것인지를 정해놓았다. 그렇다면 법은 헌법에 토대를 둔 것인가? 아마도 그렇다. 하지만 오직 확정적이지 않은 토대들이 있을 경우에만 그렇다. 그렇다면 헌법의 토대는 무엇인가? 그 토대는 헌법의 전문과 후문에 있는 것과 헌법에 대해 전해지는 이야기들 속에 들어 있지만, 법률가들은 그런 이야기들로 무언가를 어찌해볼 수는 없다.

13

손에서 머릿속으로,
그리고 되돌아가기

숫자의
시작

그리고 아홉은 하나
그리고 열은 아무것도 아니지.
요한 볼프강 폰 괴테

자갈 2개와 자갈 1개는 자갈 3개. 존 스튜어트 밀은 1843년에 《논리학 체계System of Logic》에서 이렇게 썼다. "모든 숫자는 무언가의 숫자여야 한다. 숫자 자체라는 건 없다." 그리고 물론 숫자는 모든 것의 숫자라는 독특한 특성을 갖는다고 덧붙였다. 숫자를 동원한 진술은 이 숫자에 해당하는 모든 물건에 예외 없이 타당하다. 무엇이든 둘이 있는데, 거기에 하나를 더하면 셋이 된다. 거꾸로 2(a+b)=2a+2b라는 방정식은 a와 b가 무엇을 가리키든 상관없이, 모든 숫자 a와 b에 대해 타당하다. 밀은 그런데도 계산의 증명력은 상징의 세계가 아닌 물건의 세계에서 나온다고 말한다. "같은 것에 같은 것을 더하면 동일한 합계가 나온다"와 "같은 것에서 같은 것을 빼면 동일한 차이가 남는다"는 규칙은 상징의 특성이 아니라 크기의 특성을 가리킨다. 가장 단순한 요소들로 보면 수학은 경험에 근거한다. 사람들이 산수나 대수 계산에서 물건을 제외한다는 인상, 계산이란 어느 정도 '기계적으로' 이루어진다는 인상은 옳다. 하지만 그것은 수학이 모든 물건에 타당하기 때문에 생겨나는 것이지, 수학이 물건과 아무 관계가 없기 때문은 아니다.[1]

그보다 거의 30년이 지난 다음 사회인류학의 창시자인 에드워드 버넷 타일러Edward Burnett Tylor가 '존 스튜어트 밀 씨'의 이런 관점에 대해 이야기했다. 그는 자신의 저술《원시 문화Primitive Culture》에서 문자가 없던 문화들의 신화, 사고, 종교, 예술, 습관 등에 대한 자기 시대의 지식을 집대성했는데, 여기서 그런 문화들의 셈하기 기술도 다루었다. 단순한 사회들의 숫자 개념에 대한 연구는 숫자에 대한 우리의 지식이 경험에 근거한다는 밀의 관점을 확인해주었을 뿐만 아니라, 셈하기 능력이 어떤 단계들을 거쳐 생겨났는지도 밝힐 수 있게 해주었다. 즉 숫자는 셈하기에서 나온 것이다. 숫자 인식의 시작, 따라서 수학의 시작은 실용적 특성을 갖는다. 모든 양量에 타당한 것에 대한 지식은 역사를 초월한 듯한 인상을 만들어내지만, 인간 사고의 모든 구조가 그렇듯 손가락으로 파악하던 문제들을 극복한 덕분이다. 우리는 자갈 2개와 자갈 1개가 자갈 3개라는 것이 자명하다고 생각하지만 그게 그렇게 자명하지가 않다.[2]

숫자에 도달하기 위해 해결해야 할 문제들 중 큰 숫자를 언어로 표현하기가 어렵다는 점이 맨 먼저 나타난다. 4까지는 직접 인지가 가능하고 그다음부터 헤아리기가 시작된다. 하나, 둘, 많이. 1900년 무렵 아직도 당시 식민지 개척자들과 지속적인 접촉을 갖지 않은 여러 부족 공동체들은 이런 식으로 헤아렸다. 타일러가 셈하기에 대해 쓴 장에는 이런 증언들이 많이 나온다. 현대어에도 이런 헤아리기 방식이 남아 있다. 일부일처, 중혼重婚, 일부다처 또는 일처다부[monogamie, bigamie, polygamie, 순서대로 1대 1, 1대 2, 1대 여럿을 뜻함]. 큰 숫자들이 꼭 정확하지 않아도 되는 삶의 영역들이 있다. '많이'를 나타내는 표현들 자체가 다양하다. 수많은, 한 더미, 다량, 떼, 다多언어, 학급, 오케스트라 등이나. 호주의 아란다Aranda족과 다른 부족들에 대해서는, 그들이 원래 숫자를 나타내는 낱말들을 알지 못했고, 오로지 한 요소 또는 두 요소 단위에 대한 낱말만이 있었다고 알려졌다. 다시 말해 하나와 한 쌍이 있었고, 셋을 나타내려면 '하나와 한 쌍', 넷은 '한 쌍과 한 쌍'이라고 한다. 그다음부터는 그냥 '많이' 또는 '그러고 계속'이라 말한다. 브라질 중앙부에 사는 문두루쿠Munduruku족은 셋까지는 확실하게 헤아리고, 다섯까지는 어느 정도 확실하게 계산하지만 그 뒤로는 모호해진다. '다섯'을 나타내는 낱말이 여섯, 일곱, 여덟, 아홉에도 쓰이고, 5개의 점을 보면 이따금 '넷'이나 '몇몇 개'라고도 말한다.[3]

브라질 서북부의 우림지대에서 매우 고립된 생활 방식의 수렵채집 사회를 이룬 피라하Piraha족도 사정이 비슷하다. 이들은 언어학자 다니엘 에버렛Daniel Everett의 주장, 곧 그들의 언어가 나머지 알려진 다른 모든 언어와 다르다는 주장을 통해 유명해졌다. 그들도 2보다 더 큰 수는 헤아리지 않지만, 그것 말고도 '하나와 둘'이라는 말로 셋을 나타내는 식으로, 숫자를 반복 사용할 가능성조차도 이용하지 않는다. 동시에 피라하족 사이에서는 '하나'가 '적은'의 의미로도 쓰인다. 하지만 무엇을 나타내든 가장 초보적인 숫자에서도, 끊어지는 크기들의 차이 ─ 하나, 둘 ─ 와 연속하는 크기들의 차이 ─ 더 많은, 더 적은 ─ 는 말로 붙잡지 못한다. 그들은 큰 숫자들을 진술해야 할 경우, 6만 해도 무엇과 비교하느냐에 따라 답이 달라진다. 처음 물건 10개를 보여주고 그중 4개를 빼면 그들은 6개를 가리키며 '둘' 또는 '적은'이라고 답하지만, 처음에 하나를 앞에 놓았다가 5개를 더하면 그것을 '둘' 또는 '많은'이라고 말한다. 질문을 받은 사람은 열에서 개수가 줄어들면 심지어 둘도 '하나'라고 말하고, 하나의 물건으로 시작하면 다음 개수를 '둘'이라고 말한다. 그러니까 이 낱말들 중의 어느 것도 일관되게 사용되지 않고, 덕분에 이것이 전혀 숫자 개념이 아닐 거라는 짐작을 불러일으킨다.[4]

어떤 언어에 '하나'를 나타내는 분명한 호칭조차 존재하지 않는다면, 이는 가장 단순한 계산 과정도 벌써 얼마나 많은 전제 조건이 붙는 것인지를 분명히 알려준다. 많은 언어 공동체에서 넷 이상의 개수를 표현해야 할 경우 모래에 표시하거나 두 손으로 숫자 표시를 하는 등, 말이 아닌 상징으로 대신한다. 또 다른 공동체에서는 다섯보다 큰 수들은 '하나와 다른 손' 등의 표현을 쓴다. 여덟은 '셋과 다른 손'이 된다. 하지만 동시에 식민지에서는 예를 들어 영어의 숫자 어휘들이 아무런 어려움 없이 부족 언어에 흡수되었다. 문두루쿠 사람들은 80까지의 요소들이 등장하는, 말이 없는 수량 비교 과제를 해결했다. 이들이 포르투갈어를 할 경우, 그러니까 숫자 어휘를 이용할 경우에는, 단순한 덧셈과 뺄셈도 대략 할 수 있었다. 그러니까 부족 사회의 구성원들이 셋이나 넷, 또는 열 이상을 헤아릴 능력이 없었던 것은 아니다. 다만 그들은 그럴 필요가 없었기에 일상에서 그 능력을 이용하지 않았으며, 따라서 언어에 그런 숫자 개념이 없었던 것뿐이다. 일상에 등장하는 문제들에 대해서는 대략적인 비교만으로 충분했던 것이다.[5]

그러므로 숫자 개념으로 발전하는 최초의 계기들은 상징적인 특성을 지녔다. 헤아려진 것을 나타낼 기호가 생겨나고, 헤아려진 수량은 그런 기호의 반복을 통해 표현되었다. 그 과정에서 손가락과 신체의 다른 부위들이 이용될 수 있지만, 한 걸음 더 나아가 선 긋기, 매듭 표시, 점, 돌 등도 이용되었다. 이들 모두는 숫자가 아니라 헤아려진 물건들을 나타냈으며, 오직 그 물건들에 대한 정보만을 나타냈다.[6]

선사시대 역사에서 숫자의 시작을 알아보려고 현대의 단순한 사회를 벗어날 경우에는, 뒤집힌 결론을 피하는 것이 중요하다. 선 긋기나 다른 상징들이 나타나는 모든 곳에서 초기 수학이 나타났다고 결론짓는 것 말이다. 후기 신석기 이전에는 산算가지, 셈 돌 등, 의심의 여지 없이 셈하기를 도와주는 것으로 해석될 만한 어떤 물건도 알려진 것이 없다. 1957년과 1959년에 우간다와 콩고 접경 지역에서 발견된, 2만~2만 2,000년 된 비비원숭이 뼈, 곧 이샹고Ishango 뼈에는 평행을 이룬 눈금들이 새겨져 있어서 일부 수학사에는 인류 최초의 계산기록이지 산술 능력에 대한 최초의 기록이라고 서술되었지만, 그 뼈는 그런 해석 가능성을 주지 않는다. 숫자는 셈하기에서 나오지만, 셈하기는 아직 숫자가 아니다. 뼈에다가 셋, 이어서 6개의 눈금을 표시한 누군가가 2배로 늘어나는 계산의 개념을 가졌느냐는 사색은 별로 쓸모가 없는 짓이다.

1937년에 체코슬로바키아의 돌니 베스토니체Dolni Vestonice에서 발견된 늑대 뼈는 약 3만 년 된 것으로, 55개의 눈금이 이른바 5의 배수 그룹을 이루고 있는데, 이것 또한 마찬가지다. 물론 초기 역사의 열쇠가 되는 자극들을 알아볼 눈 없이는 그것을 잘 알아볼 수도 없지만 말이다. 또는 1973년에 남아프리카 레봄보Lebombo 산맥에서 발견된 29개의 눈금이 그어진 비비원숭이 요골을 예로 들 수도 있다. 이것은 4만 3,000~4만 4,000년 정도 된 뼈다. 이런 것들은 언제나 기호 사용의 기록이 아닌데도 거듭 숫자를 다룬 것으로 해석된다. 식탁보에 매듭 1개를 만든 사람에게 숫자 '하나'의 개념이 꼭 필요한 것은 아니다. 매듭이 셋이나 열둘이라도 이것은 마찬가지다. 3은 12의 4분의 1이라거나 또는 12보다는 1에 더 가깝다거나 하는 지식을 포함하지 않는다. 그것은 오직 여러 시각적 표시들을 구분하는 능력만을 포함한다.[7]

고고학자 알렉산더 마샥Alexander Marshack의 주장이 지닌 운명은 상징을 헤아릴 수도 있다면 상징과 숫자를 구분하는 것이 얼마나 중요한지 알려주는 좋은 예다. 그는 맨 먼저 이샹고 뼈를 출발점으로 삼아서, 여기 새겨진 눈금이 순수한 수의 모형이 아니라 달의 모양 변화 표시라고 해석했다. 역시 눈금 표시가 된 다른 물건들도 ─도르도뉴(프랑스) 지방의 아브리 블랑샤르Abri Blanchard의 뼈 발굴물(기원전 3만 년), 리구리아의 바르마-그란데 동굴에서 나온 자갈(기원전 3만 3000~기원전 2만 7000년), 스페인 발렌시아Valencia 근처의 파르파요Parpallo 동굴에서 나온 무늬가 새겨진 석회암, 덴마크 우게르뢰제Ugerlöse에서 발견된 뿔로 만든 중석기 시대의 도끼 등 ─마샥은 똑같이 달력, 또는 달력 기호라고 해석했다. 그런 기호들의 규칙성에서 숫자에 대한 표상이 발전되어 나왔다는 것이다. 이런 기호 표시들이 서로 일치하는 것이 없고, 또한 그 표시들이 너무 작아서 현미경과 사진이 없이는 헤아려 알아낼 수가 없다는 사실만 놀라운 게 아니다. 그런 표시가 사냥꾼 공동체에서는 아무 쓸모도 없다는 인류학자 에드먼드 카펜터Edmund Carpenter의 비난은 훨씬 더 심각하다. "사람들은 10월에 북극곰을 사냥하는 게 아니다. 사람들이 북극곰을 사냥하는데 그때가 마침 10월이다. 그리고 이것은 어휘의 문제가 아니라 사느냐 죽느냐의 문제다." 그러니까 이는 다음과 같은 뜻이다. 생존을 위해 꼭 읽어내야 하는 표시들을 위험한 자연 자체에서 찾아야지 하늘에서 찾아야 하는 게 아니라면, 달력이란 아예 정보가 아니다. 일반적으로 장부 기재는 농경을 행하는 정착 공동체의 성과다. 이 단계에 와서야 비로소 더 큰 덩어리를 측정할 뿐만 아니라, 그것도 정확하게 측정하려고 애써야 한다.[8]

>))))|ı

문명이 농업으로 넘어가는 것과 정확하게 같은 시기에, 헤아리기도 도약을 겪는다. 메소포타미아에서 기원전 7500년 무렵에 여러 형태의—예컨대 공, 원통, 사면체, 원반 등—1~3센티미터 크기의 점토 상징들이 나타닌다. 이들 중 가장 오래된 상징들은 오늘날 터키에서 근동에 이르는 이곳에서도 농경이 시작된 지역으로 여겨지는 발굴 층위에서 발견되었다. 이 점토돌들은 앞서 문자의 시작을 다룬 장에서 이미 언급한 셈 돌이다. 이들은 곡식처럼 쌓아올릴 수 있는 물건이나 떼를 이룬 동물들의 양을 확인하는 데 쓰였다. 특정한 양의 물건이 신전이나 행정부처 같은 '공적인' 자리로 전달되면, 그것을 표시하기로 정해진 적절한 수의 돌들이 그 물건의 입구를 알리기 위해 그 자리에 놓인다. 이런 성과물에 대한 사회적 기억이 사람에게서 창고 매개물로 옮겨지는 것이다. 4,000년 동안이나 사용된 이런 상징들은 그런데도 여전히, 발전된 수 개념에서 아직 한참이나 거리가 먼 것이었다. 이들은 두 가지, 곧 헤아려진 것의 양과 내용을 하나로 합친 것이기 때문이다. 따라서 둥근 돌로 헤아린 것을 원반 형태의 돌로 헤아릴 수는 없다.[9]

기원전 3000년대 중반에 오리엔트 지방에서 생긴 최초의 도시 건설 과정에서 새로운 유형의 돌들이 나타난다. 형태 또는 표시를 통해 헤아려진 것이 무엇인지 알려줄 뿐만 아니라, 여기 덧붙여 일종의 서류봉투 구실을 하는 봉인된 점토주머니 안에 ― 학자들은 이것을 단순히 '봉투'라고 부르는데 ― 이런 상징 돌들 여러 개가 담겨 있는 것이다. 그 형태의 다양성은 물건들의 스펙트럼이 점차 다양해지고 있음을 알려준다. 한 가지 형태의 '토큰'들이 쓰이고 있다면, 2개의 점토돌과 1개의 점토돌은 오일 세 주전자다. 다른 상징들은 양⋎, 옷, 그리고 향수나 꿀의 양▙을 나타낸다. 사면체는 노동단위를 나타내기에, 이 스펙트럼에 추상적 단계를 새로 확장해주었다. 하지만 이런 상징들은 교환 기능이 없었다. 이것은 다음번의 저장 및 재분배 살림에서의 실행 상황 전망을 하게 해주는 일종의 장부기록 수단이었다.

셈하고 표시를 하면, 곧바로 선택된 방식의 수행 능력에 대한 질문이 나타난다. 두 손으로는 10까지의 수만 나온다. 그러나 한 사람일 경우는 그렇지만, 수학사가 조르주 이프라Georges Ifrah가 보편적인 수의 역사를 위해서 생각해낸 훌륭한 예를 들자면 다음과 같다. 한 사람이 손가락으로 열을 헤아리고, 또 다른 사람은 상대가 열까지를 몇 번이나 헤아리는지를 꼽는다면, 이 두 사람이 힘을 합쳐 20까지만이 아니라 100까지 헤아릴 수 있고, 세 사람이면 1,000까지도 헤아릴 수 있다. 인체를 이용한 이런 계산 도구에서 벗어나 다른 말로 표현하면 이렇다. 곧 헤아리기 질서는 서열 방식으로 확장되어 스스로에게 적용될 수 있다. 가장 오래된 점토 표시에서도 이미, 더 큰 돌 하나가 작은 수치를 나타내는 작은 돌들 일정 개수를 나타낸다.[10]

숫자로 가는 길에서 결정적인 추상화가 숫자 상징보다 먼저 나타난다. 프랑스계 미국인 중동학자인 드니스 슈만트-베세라트Denise Schmandt-Besserat는—우리는 여기서 숫자 상징에 대한 가장 상세한 그녀의 연구에 힘입고 있는데—수를 나타내는 몇몇 낱말에서 볼 수 있는, '구체적 헤아리기'의 기능 방식에 대해 말한다. 즉 솔로, 쌍[커플], 쌍둥이, 트리오, 젠트너Zentner(100파운드) 같은 낱말들이다. 이들은 언제나 특수한 대상과 양이 한데 결합된 형태다. 그래서 '서로 한데 속하지 않는' 물건들을 한 쌍이라고 말하지 못한다. '고급생선 트리오'라는 말은 있지만, 그래도 두통약 트리오라든지, 경찰관 젠트너라고는 말하지 못한다. 그러니까 음악가와 알약은 다른 방식으로 헤아려진다. 민속학 관찰에서 보면, 예를 들어 서양어로는 모두 '열(10)'이라고 말할 수 있는 것들인데, 보트[10척], 사내들[10명], 코코넛 열매[10개] 등에 대해 독자적인 단위낱말들이 할당된다. 무엇보다도 물건의 용량을 나타내는 이런 표현들은 전문분야에서 오래 유지되었다. 1두루마리는 헝겊 열두 조각을, 1캐럿은 200밀리그램의 보석을 가리킨다. 전문분야에서 축약어로 쓰이는 이런 간결한 표현들을 번역해야만 비로소 거기 붙어 있는 특성들이 드러난다. 곧 200 — 밀리그램 — 보석, 하는 식으로 말이다. 그래야 비로소 상징의 영역에서 대체 무엇을 다루고 있는지가 구분된다. 즉 대상의 구분과 비교 가능성들이 나타나는 것이다. 예를 들어 '캐럿'은 1) 특정한 종류의 물건과 2) 그 정확한 무게를 나타낸다. 또는 '듀엣Duet'은 1) 사람 2) 그 숫자 3) 병렬적인 행위 등을 드러낸다.[11]

이런 구분은 존 스튜어트 밀이 말한 의미에서, 물건들에 대한 경험적이고도 사변적인 조작이다(무게 달기, 헤아리기, 성질 분류). 숫자와 대상이 구분되어야만 비로소 인지할 수 없는 물건을 헤아릴 수 있다(신의 삼위일체 현상 방식). 또는 전에는 없던 숫자에 맞춘 물건들을(팔각형) 생산하거나, 완전히 다른 물건들에 대한 계산을 수행할 수 있다(경찰합창대의 관악 4중주단 악기는 6젠트너(300킬로그램) 무게가 나간다).

문자가 있을 경우, 대상에 맞게 쉽게 구분할 수 있다. 행정 부서의 기억을 뒷받침하기 위해 기원전 3500년부터 여러 숫자 상징을 보관하던 공 모양 점토 봉투에는, 그 내용물을 알리기 위해 그림 스케치가 새겨졌다. 오일 주전자, 보리, 양¥ 등을 나타내는 점토상징물의 픽토그램들이다. 앞에서 이미 관찰했듯이, 이것은 문자의 기원 중 하나다. 그렇게 그림이 새겨진, 속이 빈 봉투의 겉면에는 예를 들어 '오일 주전자'가 일곱 번 나온다. 이런 점토 봉투가 도입되고 300년이 지나면, 메소포타미아에서는 저 점토 봉투들을 대체하여 장부를 기록한 문자판들이 나타난다. 여기서도 처음에는 저 구체적인 헤아리기 방식이 나타나다가, 기원전 3100년 무렵에 철필을 이용한 새로운 쓰기 기술과 더불어 근본적인 혁신이 등장한다. 수량을 알리기 위해 그림 상징이 되풀이되지 않고, 그 물건을 가리키는 그림 앞에 점토에 깊게 새겨진 숫자가 나타나는 것이다.

쐐기 하나는 '1'이다. 인류의 가장 오래된 문서기록에 나타나는 대략 1,200개 정도의 상징들 중에서 이런 기호들이 대략 60개 성노 있나. 이것이 가져오는 쓰기 절감 효과는 극히 분명하다. 헤아려진 대상을 단 한 번만 언급하면 된다. 예나 지금이나 숫자란 측량을 위한 것이다. 예컨대 오일, 짐승, 곡식 등 각각의 대상은 전혀 다른 단위로 헤아려지기 때문에, 숫자 상징은 무엇을 헤아렸느냐에 따라 그 수치가 달라지게 마련이다. 동그라미는 짐승의 경우 '10마리'를 가리키지만, 곡식에서는 '6' 단위를 나타냈다. 우리가 '자갈 30'으로는 자갈 30개를 뜻하지만, '닭 30'이라는 말로는 한 다스를 뜻하는 것과 비슷하다. 그러니까 당시의 계산 방식이 단일하지는 않았지만, 어쨌든 계산 방식이긴 했다. 각각의 셈하기 방식에서 개별적인 숫자 표시가 서로 다른 가치를 나타냈기 때문에, 절대로 한데 연결되어 나타나지 않는 숫자 상징들도 있었다. 우루크의 서기들은 60, 120, 600 등을 나타내는 상징들을 갖고 있었지만, 그들의 계산 목록에서 120과 600이 함께 쓰이는 경우는 없다. 600이 등장하는 덧셈에서 서기는 120이라고 기록하는 대신 60을 두 번 써서 덧셈을 되풀이한다. 그러니까 120과 600은 분명히 엄격하게 나뉜 다른 계산 질서에 속했다.[12]

숫자는 순수한 양量이나 순번보다 더 많은 것을 나타냈지만, 숫자와 그 상징들은 그것이 나타내는 대상에 달려 있었다. 60진법에 토대를 둔 계산 방식이 있었지만, 그 시대에 만들어져 전해지는 모든 텍스트의 절반에 못 미치는 곳에만 쓰였다. 물론 특이하게도 해당 숫자상징들—1, 10, 60, 600 등—상당수는 1,000년 뒤의 메소포타미아 텍스트에서도 만날 수 있다. 숫자들이 아직 쐐기문자로 대체되기 이전이었다. 숫자는 달력에서도 물건 목록에서와는 다른 값을 지녔고, 서로 다른 대상을 위한 목록에서도 곡물처럼 부어서 실을 수 있는 물건들을 위해서는 다르게 계산된다. 하지만 숫자화되지 않은 서술 기능에서 숫자를 떼어낼 가능성은 이 시기에 이미 예측된다. 이는 헤아려진 대상의 이름과 분리되어 숫자가 기록되었기 때문이고, 또한 숫자가 거대한 양을 나타냈기 때문이다. 덕분에 다수의 계산 작업이 기록되었다. 이는 숫자가 체계적인 경제 활동의 도구였기 때문이기도 하다. 숫자체계가 다듬어지면서 경제 활동이 차츰 복잡해지는 것에 일조했던 것이다.[13]

  "호리병, 대나무 통, 속을 비운 나무토막, 망, 동물 가죽 등이 운송에 쓰이고, 또 물건의 측량이 아니라 저장하는 데 쓰이던 세계에서는, 양을 유지하거나 변화시키는 것을 알아채기가 극히 어렵다"라면서 인류학자 크리스토퍼 힐파이크Christopher Hillpike는 단순한 사회에서 숫자의 발전을 가로막은 제한에 대해 말한다. 이런 사회에서 측량은 전혀 다른 가치를 가졌기 때문이다. 이것은 정치적 경제의 문제이자 업적이었다. 다음 단계 산술 기술의 발전은 이런 경제에 맞도록 이루어졌다. 수학은 도시의 자식으로서, 무엇보다도 큰 물량에서, 그리고 분배 경제와 조세 경제의 결정 문제, 그 생산품의 결정 문제에서 스스로를 시험하게 된다. 경작지는 얼마나 큰가? 거기서 얼마나 많은 소출을 기대할 수 있나? 그것을 이루려면 얼마나 많은 노동이 필요한가? 특정한 종류의 맥주를 양조하려면 어떤 비율로 보리와 맥아가 필요한가?[14]

장부, 토지 분배, 달력 측정, 생산품의 구조화 등과 같은 실용적인 문제들이 오랫동안 숫자를 이용한 작업을 지배했다. 그런 다음 숫자로 무슨 일을 하든, 그것을 고려하지 않는 숫자 자체에 대한 작업이 나타난다. 그렇게 해서 숫자들 사이의 대소관계가 발견되었다. 들판의 대각선, 평면, 변 길이 사이의 대소관계는 처음에는 농업과 소유 질서에서 직접적인 중요성이 없는데도 사람들을 매혹했다. 그러다가 기원전 2000년대와 기원전 1000년대에 숫자와 기하학적 크기들의 관계에 대한 전문적인 사유가 이루어졌다. 제곱수, 이차방정식, 삼차방정식, 제곱근 계산 등을 포함하는 목록들이 나타났다. 셈하고, 측정하고, 기술적 계산을 한다는 의미에서의 산술적 행위와 아무 상관도 없는 숫자의 특성들에 대한 진술에 도달하는 것이다. 훨씬 뒷날 그리스인들이 발견했다는, 기원전 200년대의 소수素數도 여기서 자주 거론되는 한 예다. 하지만 숫자가 나누어지는 특성도, 이미 셈하기에서 생겨난 숫자 단위들의 특성이다.

>>>>|||||

셈하기의 덕을 전혀 입지 않고 생겨난 숫자 하나가 나와야 숫자의 시작이 완성된다. 그것은 아무것도 헤아리지 않으며, 또 그 어떤 크기와도 무관하다. 곧 숫자 0이다. 바빌론 수학의 체계에서 그것은 존재하면서 동시에 존재하지 않는다. 그것은 단순히 숫자의 공란 하나로 포착되어 있기 때문이다. 이는 또한 훨씬 뒷날 마야인의 달력에서도 마찬가지인데, 그들은 0을 위해 달팽이집 형태의 표시를 썼다. 우리의 기호체계에서 '007'의 0은 세 자릿수의 요원들이 있는데, 제임스 본드는 그중 한 자릿수 요원임을 알려주는 것이다. 또한 '1001'에서 0은 이 숫자가 백 단위나 십 단위 수가 아니라는 것을 말해준다. 그렇듯이 바빌론 사람들은 셈하기 안에 자리들을 비워두었다. 그것은 "이 자리에 아무 숫자도 넣지 말 것"이라는 지시를 나타내는 말이었다. 이런 공란을 위한 상징 자체는 없었다. 오늘날에도 컴퓨터 자판에서 0은 9개의 숫자 다음에 나타나지 앞에 나오지 않는다. 공란을 위한 상징인 이것은 숫자 순서에서 떨어져나가 있기 때문이다. 우리는 1부터 헤아리기 시작하는데 우리에게 0은 어디에나 나타날 수 있다. 숫자로만 보자면 0은 1보다 앞에 오게 된다.[15]

절대로 수학이 약하다고 말할 수 없는 그리스인들조차 0을 갖지 못했다. 어째서 갖지 못했느냐 하는 것은 아리스토텔레스의 《물리학》에서 물체가 움직이는 속도를 다룬 한 구절에 분명하게 드러나 있다. 철학자는 이렇게 말한다. 속도는 운동이 뚫고 지나가는 매체의 저항에 달려 있다. 그러니까 두 물체의 관계에 달려 있다. "운동이 통과하는 물체가 형체가 없을수록, 방해가 적을수록, 잘 나뉠수록, 운동은 더 빨라진다." 그러니까 그는 물체가 텅 빈 공간을 통과해서 움직인다면 무한히 빨라질 것이라는 결론에 이른다. 그런 공간은 없는데, 그것은 "무無가 숫자와는 아무런 비례 관계도 없기 때문"이란다. 4는 3보다 1이 크고, 2보다는 2가 크며, 1보다는 더 많이 크다. 하지만 4는 '무'에 대해서는 그 어떤 크기 단위로도 비례관계를 표시할 수 없다. 그러니까 4는

0의 배수가 아니며 0으로 나눌 수도 없다. 하지만 수의 질서란 비례관계들과 '1이 늘어나는 것들'의 질서이고, 따라서 '무'는 숫자가 아니다. 아리스토텔레스는 이렇게 기록한다. "이 개념을 일반적으로 받아들이면 가장 작은 수는 2다." 1은 이 개념과 아무런 관계도 없기 때문이다. 이런 사유에서는 무언가의 시작은 원칙적으로 그 무언가와는 다른 종류의 것으로 나타난다. 따라서 0에 대한 인식의 방해는 더욱 커지지만, 숫자를 연구하는 학자인 칼 메닝거Karl Menninger의 표현을 빌자면, 그런데도 0은 거기 아무것도 없음을 표시하기 위해 존재한다.[16]

0은 훨씬 더 늦게 인도에서 나왔다. 500년에 인도에서 어떤 숫자에 0을 더하거나 빼도 숫자가 변하지 않는다고 확정되었다. 인도의 숫자 기호는 기원전 8~기원전 6세기 사이에 나타났으며, 그것도 두 가지 문자 형태로 나타났다. 하지만 7세기에야 비로소 그중 하나인 브라흐미Brahmi문자에서 777이라는 쓰기 방식이 발전되어 나왔다. 이제는 700과 70과 7이라는 개별문자 형태로 기록되지 않게 되었다. 이 시기에 0이 처음에는 역시 공란 표시로 역할을 했다. 6세기 초에 만들어진 사원의 건축을 확정한 괄리오르Gwalior의 제명題銘에서, 길이를 표시하는 270이 2와 7이라는 숫자와 함께 작은 동그라미로 표시되었다. 나중에는 수량을 나타내는 50도 같은 방식으로 기록되었다. 우리는 말이 생략된 것을 '……'로 표시할 때 비슷한 문자소를 이용한다. 650년에는 수학자 브라마굽타Brahmagupta가 계산을 해서는 안 되는 자리마다 작은 점들을 끼워 넣었다. 그는 0을 0으로 나누면 답이 0이라고 생각했으니, 우리의 기준으로는 아직도 잘못 계산한 것이다. 그와 동시대 사람인 바스카라Bhaskara는 심지어 (a×0):0 =a라고 생각했다. 새로운 숫자를 다루는 방식은 아직 불안정했으나 어쨌든 그것을 위한 생성규칙 하나가 주어졌다. 어떤 숫자에서 그 자신을 빼면 나오는 답이 0이다. 자갈 3개 빼기 자갈 3개는 자갈이 없다는 것이다.

무無인 어떤 것으로 계산을 할 수 있다는 말로 숫자 시작의 역사를 끝맺는다. 0을 나타내는 인도 낱말 '순야sunja: 빈, 비어 있는'의 아랍어 번역어 '아스-시프르as-sifr: 비어 있음'에서 독일어 낱말 '숫자Ziffer'가 나오고, 영어와 프랑스어의 '영zero'이 나왔다는 것은 숫자의 역사의 아이러니한 후일담이다.[17]

14

여신은 저 아래 바닷가 저승 바로 앞에
마지막 창녀집을 두었다

이야기의
시작

……마치 숟가락이 제가 휘젓는
수프의 맛을 짐작도 못하는 것처럼.
〈마하바라타Mahabharata〉〔바라타 왕조의 대서사시〕 제2권 55장

누구나 이야기를 할 수 있다. 그래서 예로부터 이야기들이 있었다. 사
냥 이야기, 숲 저편에 사는 고약한 사람들 이야기, 추장의 아내가 무엇
인가를 하다가 들킨 이야기 등등이 전해진다. 하지만 실제로 일어난
이야기를 하는 것은 기술이 아니다. 어쩌면 또는 아예 일어나지 않았
을 어떤 이야기를 하는 것도 기술이 아니다. 사실, 고발, 소문, 거짓말
등은 전혀 기술이 아니다. 이야기꾼이 아주 분명히 그 자리에 있었을
리가 없는 어떤 것의 이야기를 하는 것이 기술이다. 그 이유가 어차피
거기 아무도 있었을 수가 없기 때문이든지, 아니면 처음으로 곰곰 생
각했을 때는 몰랐더라도 두 번째로 다시 생각해보니, 이야기꾼이 만들
어낸 게 분명하다고 생각하도록 서술되었기 때문이든지 말이다.

전해지는 최초의 이야기들은 서사시다. 서사시는 형식은 노래고, 소재로 보면 영웅들과 위대한 과거를 다룬 이야기들이다. 인류 역사에서 최초의 위대한 서사시들은 〈길가메시〉, 인도의 〈마하바라타〉, 그리고 그리스의 〈일리아스〉와 〈오디세이〉다. 이들을 나란히 늘어놓고 보면 의도치 않은 모형이 나타난다. 길가메시는 반신半神 이상의 존재로서 온전히 신이 되고자 하는 왕인데, 그가 이 의도를 완전히 내려놓고 나서야 비로소 신이 된다. 인도의 서사시는 20만 행에 걸쳐서 신과 가까운 상류층들이 서로 벌이는 질투, 시기, 공상, 끝없이 이어지는 두 가문과 그 왕자들의 전쟁 이야기를 들려준다. 호메로스는 다시 두 민족과 그 사령관들의 전쟁 이야기를 한다. 이 전쟁은 이른바 여인을 훔쳐 간 일로 촉발되어 신들까지 여기 개입했다. 이 세 서사시들은 모두 왕국에서 생겨났다. 메소포타미아 서사시는 기원전 2000년대의 마지막 3분의 1 기간에 생겨났고, 인도의 서사시는 기원전 900~기원전 400년 사이에, 그리스 서사시는 기원전 760~기원전 710년 사이에 생겨났다.

서사시는 대단한 일을 겪은 영웅들의 이야기다. 가장 오래된 〈길가메시〉[1]는 아름답고 강하고 거인 같은, 젊은 메소포타미아 왕의 이야기다. 그는 3분의 2가 신이고 3분의 1이 인간이다. 그의 어머니가 여신이고 그의 아버지가 신이 되는 도중의 인간이기 때문에 이런 계산이 나온다. 그는 이런 혼합된 관계를 어떻게 해석해야 할지 여러 모험을 통해서 배워야 했다. 그 과정에서 그는 문자 그대로 온 세계를 두루 돌아다녔다. 세계의 끝에 도달하고, 땅 밑의 물속으로 들어가고 심지어는 신들을 위해 마련된 구역까지 들어간다.

하지만 길가메시는 이 모든 지역들을 돌아다닌 것 이상으로 온갖 영적인 상태들을 경험한다. 처음에는 완전히 자기 자신과 쾌락에만 집중하던 힘자랑꾼이었지만 마지막에는 이승을 넘어 죽음에 이르기까지 깊은 생각에 잠긴 존재가 된다. 도중에 우정과 파괴 의지, 유혹들과 애도 등 동료 인간에 대한 그야말로 온갖 영역의 관계들을 경험한다. 이렇듯 그가 세계를 향하도록 자기만족 상태에서 이끌어내기 위해, 신들은 서사시 맨 처음에 곧바로 길가메시에게 맞설 수 있는 친구를 만들어주기로 결정한다. 엔키두Enkidu라는 이름의 태초 인간은 "가젤들과 함께 풀을 먹으며"(제1 점토판, 110) 양떼들 속에서 산다. "엔키두, 네 어미 가젤, 그리고 네 아비 야생나귀가 너를 보살폈네."(8판, 3, 4) 그러다가 덫을 놓는 자에게 고용된, 이슈타르 여신의 신전 소속 한 창녀가 그의 앞에서 옷을 벗고 그를 흥분시켜서, 그는 그녀와 함께 여섯 낮과 일곱 밤을 지냈다. 그러고 나자 그의 무리는 더 이상 그와 상종하려 하지 않는다. 쾌락이 이 인간을 짐승에게는 낯선 존재로 만들었지만, 대신 그는 갑자기 깨달음을 얻었다. 이제 그는 의복을 갖추고, 양치기들의 숙소를 방문하고, 그곳에서 빵과 맥주를 함께 먹고 마시자는 제안을 받는다. 그는 양치기들의 숙소를 위험에 빠뜨리는 사자와 늑대들을 때려죽인다. 그는 길가메시의 애인이기도 한 자신의 애인과 함께 우루크로 가서 길가메시를 만나려고 한다. 이로써 이것이 인간 형성의 과정들에 대한 이야기라는 것이 분명해진다. 초원에서의 생활, 유목민 생활, 주로 날것을 먹기, 사냥, 순차적인 일부일처제 ─ "나는 마치 아내처럼 그를 사랑했소."(1판, 256) 하지만 "그도 자신의 몸을 아내들에게로 돌려보내고 싶다."(3판, 10) ─, "언어, 가축 사육, 불의 이용, 기술, 도시 등이 나타난다.

이 도시는 길가메시가 건설한 것이다. "그가 우루크의 성벽을 건설했다."(1판 11) 이로써 서사시의 의미를 다음과 같이 요약할 수가 있다. 인류사의 발전이 도시를 건설하는 수준에 이르렀다. 하지만 이제 그것으로 무얼 해야 할까? 서사시는 공동체의 전사前史를 다룬다. 최초의 위대한 이야기들은 조상들의 세계를 기억으로 불러낸다. 〈길가메시〉의 시인詩人 신-레케-우니니Sin-leqe-unnini는 기원전 1000년대 후반에 살았고, 따라서 대략 기원전 2750년 무렵에 살았던 메소포타미아 왕과는 동시대 사람이 아니다. 이미 500년도 더 전에 이것을 소재로 삼은 서사시가 존재했기에, 이것은 적어도 세 번째 손길에 의한 것이다. 이것은 역사적 기록일 뿐만 아니라 서사시의 형식에도 속한다. 즉 서사시들이 등장할 때, 가장 중요한 것은 이미 끝나 있다. 서사시는 절대로 현재성을 갖지 않기 때문에 늙지 않는다. 청중이나 서사시를 노래하는 시인들이 서사시에서 이야기되는 일이 일어났을 때 그 자리에 없었다는 것은 그저 우연이 아니다. 러시아 문학이론가인 미하일 바흐친의 표현을 빌리자면, 이들은 전혀 다른 시대, 전혀 다른 '가치 시대의 차원'에 살았던 것이다.[2] 그래서 〈길가메시〉의 끝에 **죽지 않는 존재들**(신들)과 **죽는 존재들**(인간들) 사이의 구분이 무너져 그제와 오늘이 구분된다. 그제는 신들처럼 우리 손에 닿지 않지만, 왕은 국민을 통해 손에 닿을 수 있는 존재가 되어야 한다.

도시의 의미를 묻는 질문에 대한 첫 번째 답변은 이렇다. 도시는 길가메시와 엔키두가 맺은 우정의 장소이며, 신전에 사는 신들과 공동체를 이루는 장소다. 사랑의 여신이자 '영주'인 이슈타르(6판 6)가 아버지와 함께 '하늘의 집'(1판, 12)인 에안나Eanna 신전에서 살고 있는 곳이다.

도시는 시골로 나가는 출발의 장소다. 두 친구는 무장을 한다. 앞의 함무라비 법전에서 우리가 이미 만났던 태양신 샤마슈와 길가메시는 원하지만, 엔키두는 원치 않는 전쟁, 곧 삼나무숲의 지배자에 맞선 원료[삼나무]전쟁을 하려고 한다.

그러므로 길가메시는 우루크 자체를 구현하는 인물이다. 서사시가 기원전 3500년 무렵의 정확한 측량으로 알려주고 있는 우루크는 단순히 대도시만이 아니라, 무역, 항해, 점령, 그리고 사원 경제로 표현되는 종교의 기반인 제국의 중심지였던 것이다. 저 호메로스의 작품들이나, 〈마하바라타〉에서 더욱 장황하게 나타나는 설명에서와 같이, 이 서사시에서도 노래를 들려주는 사람은 자기가 속한 공동체의 보물과 장식과 화려함을 이야기하면서 대단히 만족한다. 서사시란 분명 도시의 자기찬양이다. 메소포타미아 사람들은 서사시에서 자기들의 역사, 문명의 이야기와 함께, 그곳 풍경 이야기도 들려준다. 삼나무숲의 지배자가 길가메시를 죽이려고 굴려 보낸 커다란 바윗덩이가 그를 맞추지는 못하고, 숲의 지배자 훔바바Humbaba의 일격을 받아 숲 자체가 둘로 나뉘어서, 나란히 뻗어나가는 레바논 산맥과 안티레바논 산맥이 되는 장면에서 그 사실을 볼 수 있다.(5판 130 이하)[3]

신들은 승리자에게 홀딱 반하고, 사랑의 여신 이슈타르는 승리자가 여신에게 그의 열매들을 선물한다면, 그에게 온갖 것을 다 주겠노라고 약속한다. 하지만 서사시는 인간과 신들이 서로 다른 질서에 속한다는 것을 보여준다. 설사 인간이 3분의 2가 신이라 해도 그렇다. 그래서 이렇듯 유혹적인 제안에 대해 주인공은 전례 없는 답변을 내놓는다. "어째서 내가 하필 그대를 아내로 취해야 한단 말인가?"(6판 32) 이어서 여신이 제 유혹에 넘어간 모든 사람을 해쳤다는 비난이 나온다. "그리고 나의 음부를 건드리려고 내뻗는 그대의 손!"(6판 69) 그리고 마침내 〈오디세이〉에서 짐승으로 변하는 마녀 키르케처럼 그녀도 짐승으로 변한다. 치욕을 겪은 여신이 몹시 분노하여 무시무시한 하늘의 황소를 도시로 보내자 두 친구는 황소를 죽였고, 그에 대해 신들은 자기들 쪽에서 희생제물을 요구하게 된다. 결국 열병이 엔키두를 엄습해 그가 죽는다. 이것은 저 프로메테우스, 인간에게 황소 제물의 방법을 가르치고, 그 과정에서 신들을 속였다가 그 대가로 세계의 가장자리 암벽에 묶인 프로메테우스 이야기를 아슴푸레 연상시킨다. 다만 여기서는 신들과 인간들에 의해 온갖 고생을 다 하는 인물이 2명으로 나뉘어, 그 중 하나는 제물이 되고, 다른 하나는 문명을 새로 건설한다는 점이 다를 뿐이다.

그 옛날 엔키두가 인간이 되기 위해 사원에 속한 여사제-창녀와 더불어 ─"엔키두는 여섯 낮 일곱 밤을 똑바로 서서"(1판 194) ─ 보냈던 것처럼, 지금 길가메시는 똑같은 여섯 낮과 일곱 밤을 그를 애도하며 보낸다.[4] 친구의 죽음은 길가메시가 세계를 자신의 생명에너지를 입증하는 연습장으로 생각하던 태도를 끝장냈다. 그는 죽음을 두려워하기 시작한다. 그리고 우루크를 떠나 일찍이 불사不死, 또는 영생을 받은 유일한 인간을 찾아보려 한다. 대홍수를 견디고 살아남은 바빌론의 노아, 우타-나피슈티Uta-napischti를 찾아나선 것이다. 이런 탐색은 사자들lions 및 전갈 인간들과의 장면에 뒤이어, 당연하게도 길가메시를 산의 내부로 데려가는데, 위쪽에는 하늘이 덮여 있다. 그는 세상의 가장자리를 넘어 저승의 정원으로 들어간다. 길가메시는 끝에 도달했다.

'죽음의 강'에서 사공이 저를 향해 도끼를 쳐들었을 때, 그는 저항 한 번 하지 않는다. 그럴 의지가 사라진 것이다. 우타-나피슈티에게서 그는 마침내 이렇게 지쳐버린 것의 의미를 듣게 된다. 이런 피로감은 슬픔을 좇지 말고, 왕으로서 '단순한 사람'을 보살피라는 뜻이다(10판 270, 271). 이것은 죽지 않는 사람이 길가메시에게 만들어낸 인상과 잘 어울리는 말이다. "나는 그대, 우타-나피슈티를 본다, 그대의 팔다리는 나르지가 않구나! 그대는 나하고 똑같네!"(11판. 2~3) 극히 보통의 인간이 죽지 않게 되었던 것이다. 대홍수를 통해 모든 인간을 없애기로 한 신들의 결정에서 어떤 신이 그를 제외시켰고, 신들이 서로 맺은 평화조약에서 이 불복종의 증인을 보존하기로 했기 때문이다. 그러니까 영생은 그것을 얻은 사람의 의지나 업적, 곧 영웅으로서의 자질 덕분이 아니라, 신들 사이의 외교적 해결책 덕분에 나온 것이다. 서사시 마지막에 시작들에 대한 이야기가 나온다. 대홍수 이야기와 그럼에도 불구하고 어떻게 세상은 지금처럼 계속되는 것인가에 대한 내용이다. 주인공은 그 사실을 알게 되자 걸음을 돌려 집으로 돌아간다.

그는 무엇을 알아냈던가? 일상에서 벗어난 영웅의 방향성, 신들과의 힘겨루기는 그의 안에 보존된 일상이나 힘과는 전혀 다른 것이라는 사실을 서사시가 알려준다. 길가메시에게 영생을 보장해주는 것은 길이 9킬로미터, 높이가 7미터나 되는 우루크의 도시 성벽과 문자다. 오직 문화의 영웅이 아니라면 영웅은 아무것도 아니다.[5] 이런 통찰은 길가메시가 앞서 사랑의 여신에게 헌신하기를 거부했을 때 미리 형성되었다. 그가 다른 도전들을 지레 피하지 않았을 때, 그리고 여신에게 대답으로 내놓았던 말, 즉 자기보다 앞선 다른 사람들이 그녀를 믿었

다가 실패했다는 사실을 그것 말고는 다른 어떤 주장의 근거로도 삼지 않았을 때 말이다.[6]

"인간은 자신의 시대에 위대할 수가 없다. 위대함은 언제나 후세를 향하는 것이니, 위대함은 후세에는 이미 과거가 되어 있다"라고 문학 이론가 미하일 바흐친은 말한다.[7] 우리는 또한 이렇게 말할 수도 있을 것이다. 서사시란 매장과 기념비 세우기의 한 형식이라고 말이다. 서사시에 가장 날카롭게 대립하는 것은 역사 쓰기다. 역사 쓰기는 정말로 어떤 일이 벌어졌는가를 알고자 하며, 꼼꼼히 탐색한 다음 "유감이지만 그녀는 거짓말을 했다"라든가 아니면 "그는 자기 동시대 사람들 대부분에게 통증이었다" 등과 같은 문장을 비석에 새겨 넣지 않으면 안 된다. 하지만 서사시는 그 시작 부분에 이런 가치관의 몇 가지 요소를 받아들였다. 서사시가 오직 기념비이기만 한 경우는 없다. 언제나 기념비의 전사前史에서 나온 이야기들을 제공하기 때문이다. 자기 시대에 위대하고자 했던 길가메시는 우타-나피슈티를 통해 널리 퍼진 대홍수 이야기가 맞지 않는다는, 전설에 대한 진실을 듣는다. 그에 따르면, 인류의 생존을 확보했으니 모든 사람 중 가장 위대한 사람이라는 대홍수의 영웅은 그냥 우연히 그렇게 되었을 뿐이다. 그가 얻은 영생은 특이한 업적에 대한 보상으로 받은 것이 아니라, 정치적 곤경에 처한 신들 사이에서 협상의 결과로 나왔던 것이다.

序

서사시의 이야기는 종교가 빼앗아간 공간을 상상력에 만들어준다.

신학자들은 종교의 전통과 제의와 신화를 지켜야 하므로, 상상력이 설 공간을 뺏게 마련이다. 〈길가메시〉에는 신들이 있다면 나타날 문제들이 암시되어 있다. 종교와 문학은 똑같이 불확실한 것, 검증하기 어려운 어떤 것에 대한 주장을 펼친다. 다만 서사시는 집단적 구속력을 가진 결정들을 요구하지 않는다. 그래서 신들이 가장 중요한 조명이 아닌 그냥 사이드 조명만 받는 자리에 들어갈 수도 있다. 송교의 텍스드는 신들이 고귀하고 거룩하다고, 그들의 결정이 지혜롭고 변화시킬 수 없는 것이라고, 반드시 신들의 말을 따라야 한다고 주장한다. 하지만 서사시는 그런 절대성이 시간 속에서, 줄거리 속에서, 그리고 사회적으로 어떻게 나타나는지를 이야기할 특권을 지녔다. 덕분에 그런 주장에서 맞지 않는 무언가가 언제나 서사시에 드러나게 마련이다. 그러면 이야기 속에서 신들은 배고프고, 의존적이고, 모욕을 당하고, 색色을 밝히고, 어찌할 바 모르고, 술수가 많고, 서로 싸워 사이가 틀어진 모습으로 나타난다. 제의는 신앙이 일탈하는 것을 막아야 한다. 모든 것은 정해진 대로 정확하게 이루어져야 한다. 그래서 독단적 교리는 믿음을 위한 발판을 제의에 마련해주고 그 발판을 고정시켜서, 아주 쉽사리 일어날 수 있는 일, 곧 누군가가 보이지 않는 세계에 대해 똑같은 권리를 가지고 다른 주장을 하는 것을 막으려 한다. 제의와 독단적 교리는 조직력의 보호를 받고, 장로들, 왕들, 교회 등의 지배를 통해 보호를 받는다. 그러므로 제의가 부정否定에 맞서는 단단한 의사소통을 확립하도록 돕는다면, 제의가 생겨난 이야기, 이런 제의가 실은 누구에게 봉사하는지에 대한 이야기는 이런 야망을 속에서부터 무너뜨린다. 그러므로 제의가 부정에 맞서 단단히 남아 있기 위해서는, 이야기도 교리로 통제되어야 한다. 서사시는 지루하지 않게 사람들을 깜짝 놀라게 할 필요성에서, 그런 교리의 통제 반대편에 선다.

아무도 서사시와 신화를 지배하지 못한다. 어떻게 해서 신들, 성소들, 계명들, 제의에 이르렀는지에 대한 서사시의 이야기는 사건과 줄거리와 결정들의 연속을 펼쳐놓음으로써, 그리고 거룩한 텍스트에 들어 있는 구멍들을 메움으로써, 어쩌면 다르게 되었을지도 모르는 것, 아마도 달라졌을 것, 그리고 아마도 다른 방식으로 이해될 수도 있었을 것들의 활동 공간을 열어주는 것이다. 서사시는 신들에 맞서 중요한 일을 스스로 떠맡는다. 야코프 부르크하르트Jakob Burckhardt는 이렇게 쓴다. "그리스 종교는 사제 계층이 거기 영향을 미쳤더라면, 처음부터 끝까지 전혀 다른 울림이 되었을 것이다. 신들의 개성과 이야기에 대한 가장 독특하고도, 때로는 얼굴을 찌푸릴 정도로 무시무시한 관점들이 확정되었을 것이고, 그들과 더불어 두려움이 나타났을 것이다. 사제들의 정책과 지배욕 때문이 아니라, 사제들이 통상 이전 선배들의 관점에 단단히 붙잡힌 믿음을 갖기 때문이다. 그리스 서사문학 전체가 불가능했을 것이다."[8]

메소포타미아 종교에서 사제 계층은 절대적 영향력을 가졌다. 도시 중심부에 가장 큰 건축물인 신전들이 서 있었다. 이 신전들을 칭하는 낱말 'e(에)'는 단순히 집이라는 뜻이다. 신과 그 가족이 사는 집이 신전이라고 생각했기 때문이다. 신전에 속하는 모든 것은 거룩하게 여겨졌다. 바빌론 도시의 신인 마르두크는 신의 견공 5마리를 가졌고, 그의 아내는 2명의 거룩한 미용사를 두었다. 종교는 궁정 방식이었지만 교리가 되지는 않았고, 그 어떤 특수한 인물이나 집단이 세운 것도 아니었다. 뒷날 그리스 신들이 그렇듯이 메소포타미아 신들의 다원적 특성은 수많은 해석의 여지를 열어두었다. 이 종교는 종교에 반영된 사회 자체보다 더 강하게 정리되지는 않았다. 신들은 존경과 두려움의 대상이었으며, 은총을 갈구할 대상이었다. 신들을 향한 신도들의 태도는 고위급 인사들을 향한 그것이었다. 그런 인사들 앞에서는 조심하는 편이 좋았다. 결국은 아무도 바빌론의 지혜가 어떤 것인지 알 수가 없기 때문이다. 하지만 귀족들이 그랬듯이 신들은 자연적이었고, 모든 점에서 보통의 인간보다 더 훌륭하고, 더 위대하고, 더 아름답고, 더 많이 알고, 능력도 더 뛰어났다.[9]

메소포타미아 종교는 세계를 뚜렷하게 반영하여 이중으로[일대일 대응] 만들었다. 세계 안에 있는 모든 물건이나 사정들을 담당하는 신이 1명씩 있었다. 따라서 신들이 아주 많았다. 태양, 달, 별의 신들, 숲과 도시, 사랑과 경작지, 하늘, 땅, 그리고 물론 그 사이에 있는 것을 위한 신들, 양, 염소의 신들 등이었다. 이런 방식은 실용성이 적었다. 이 많은 신들이 모두 모인 판테온이 상당히 바글거렸기 때문이다. 그러면 시간을 두고 점차 신들의 수가 감소하는 방향으로 나갈 수밖에 없는데, 실제 역사적으로도 그랬다.

모든 강이 하나의 지하 바다에서 나온 것이라면 각각의 강을 담당하는 신이 꼭 필요한 게 아니라는 것과 같은 생각이 필수적이다. 그러면 그저 지하 바다의 신만으로 충분해진다. 이런 식으로 원인과 결과, 전체와 부분, 또는 상위 질서와 하위 질서 등과 같은 개념들이 나타났다. 인류는 자기들이 표상한 신들에 대해 논리적으로 생각하는 법을 배웠다.

하지만 누구를 섬겨야 할지 쉽게 알 수 없을 정도로 신들의 수가 많다는 것은 세계를 이중으로 만드는 이런 종교에서 작은 문제일 뿐이었다. 사회구조와 자연관을 고스란히 반영하는 이 하늘에는, 지상의 온갖 문제점들이 동일하게 주어진다는 것이 더 큰 문제였다. 그래서 사랑의 신, 전쟁의 신, 도시의 신들은 각각의 분야에 들어 있는 불완전함을 함께 지니게 된다. 그러면 세계를 반영하는 신들은 특히 분노하고, 질투하고, 배고프고, 무자비하고, 색을 밝히거나, 싸움질을 좋아하는데, 이것은 신들이 고귀하고 거룩하며, 신들의 결정은 탁월하고 변경할 수 없는 특질을 갖는다는 서술과는 맞지 않게 된다. 그러니까 신들이 모든 것을 관장하면서 동시에 자비롭다고 주장하는 종교의 모순이라고 할 만하다. 결국 모든 것을 관장한다는 것은 의심스럽고 나쁜 것까지 포함한다는 뜻이 되니 말이다. 예를 들어 사랑의 여신, 결혼의 여신, 욕망의 여신, 매춘의 여신이 있을 때, 사랑, 결혼, 욕망, 매춘이 모두 동일한 것이 아니라면 확실하게 갈등을 불러온다. 메소포타미아 신들은 찔러도 피를 흘리지는 않았지만, 관장 분야에 대한 모순적인 서술로 인해 약점과 근심을 가졌으며, 그것을 넘어 그들은 서로 끊임없는 갈등 속에 놓여 있었다.

이런 상황을 보면서 서사시는 분명한 구분을 할 의욕을 잃어버리고, 신들에 맞서 중요한 일을 스스로 떠맡아버렸다. 서사시는 청중을, 그리고 뒷날에는 독자를 주의 깊은 긴장감 속에 붙잡아두어야 했다. 이는 이야기가 진행되면서 예기치 않았던 일이 일어나고, 따라서 단순히 고귀한 명료함만을 유지하지는 않는다는 것을 전제로 한다. 서사시가 왕의 운명을 동원하여, 이렇듯 예상치 못한 것을 접합시키는 데 성공한 것이 우연은 아니다. 사회적 피라미드의 정점인 왕은 '자기가 어떤 질서에 속하는가'라는 질문을 하늘에 던졌기 때문이다. 길가메시는 지상의 것과 신적인 것의 구분 저편으로 넘어갔는데, 이런 시도는 자기 속에 감추어진 3분의 1인 인간이 3분의 2인 신을 얼마나 많이 지배하고 있는가를 그 자신에게 알려준다.

>>>))))

문학적 이야기의 시작에 나온 내용은 반신半神이 인간이라는 것이다. 하지만 어떤 식으로 전개되었나? 영웅 이야기와 거리가 먼 두 구절을 취해보자. 먼저 야만적 인간 엔키두를 노리던 덫을 놓는 자에 대한 구절이다. 그것에 따르면 엔키두가 처음에는 옷을 입지 않았고 전신이 털로 덮여 있었다고 한다. 여자처럼 고수머리를 지녔고, 풀을 먹었으며, 자신의 패거리 양떼와 함께 물이 있는 곳으로 달려갔는데, 덫을 놓는 자가 그곳에 숨어서 그를 기다렸다. "하루, 이틀, 셋째 날 / 물이 있는 곳에서 그가 저편 맞은편에 나타났다. / 덫을 놓는 자는 그를 보고 표정이 굳어졌다. / 하지만 상대방과 그 패거리가 [낱말 빠짐], 그는 제 집으로(초원으로) 들어갔다. / 그러자 (상대방[덫을 놓는 자]은) 분노로 극히 조용했다. / 그는 마음이 어둡고, 얼굴에 그늘이 졌다. / 그의 몸에 우수가 깃들었다. / 그의 얼굴은 먼 길을 온 사람과 같았다."(1판 115~120)

우리는 먼저 덫을 놓는 자의 눈으로 야만인을 본다. 그런 다음 덫을 놓는 자의 얼굴을 들여다본다. 서사시는 관찰자를 관찰하고, 청중은 그의 내면으로 들어가서 그의 마음을 들여다보도록 종용을 받는다. 쉽게 합쳐지지 않는 다양한 감정들로 흔들리는 마음속을 말이다. 분노, 어둠, 그림자, 우수, 쇠진 등이다. 여기서 상투적 어법은 초기 서사시에서 전형적인 것이다. "몸에 우수가 깃들었다"고 서사시는 일곱 번이나 말하고, 나중에 길가메시가 마지막에 이르렀을 때, 그의 얼굴에 대해서도 여섯 번이나 같은 공식을 되풀이했다. 그 얼굴이 먼 길을 온 사람과 같았다고 말이다(10판 9~223). 예술은 감정들을 구분하도록 도움을 준다. 시적인 언어가 없었다면 우리에게는 매우 혼란스럽게 여겨질 것을 식별하는 법을, 이런 대리자들에게서 그리고 그들의 내면 서술에서 배우기 때문이다. 여기서 시적인 언어가 이런 일을 시작한다. 얼마 뒤에 호메로스는 자신의 첫 작품 〈일리아스〉의 첫 시행에서 여신에게, 번역에 따라 제각기 펠레우스의 아들 아킬레우스의 분노, 또는 쓰라림, 또는 원한을 노래하시라고 청하게 된다. 그것은 구분된 감정세계를 펼쳐 보이는 서사시의 업적을 강조해준다.[10]

두 번째 인용구는 최초의 이야기들에서 '어떤 관점들이 결정적인 것이었던가?'라는 질문에 대해 알려주는 것으로, 서사시에서 가장 중요한 두 여인에 관한 것이다. 기원전 2000년대 말 이후로 메소포타미아에서 이슈타르는 금성의 표장을 지니고, 성적 욕구를 관장하는 여신이었다. 많은 구절에서 이 여신은 '카디슈투qadishtu'라고도 불리는데, 이 낱말은 이따금 '창녀'로 번역되기도 하지만, 또한 신전의 여사제라는 뜻도 갖는다.[11] 풍요의 종교와 상업적 헌신이라는 맥락에서 성적 제의들 사이의 구분이 별로 엄격하지 않았던 듯하다. 어차피 신전도 경제 단위의 하나였다. 메소포타미아의 직업 목록에서 매춘은 기원전 2400년 이후로 등장하는데, 처음에는 여의사 또는 요리사 등 다른 여성 직업과 나란히 나타났다. 아카드에서 창녀를 가리키던 하림투harimtu라는 낱말이 '술집'이라는 말과 함께 동시대의 점토판에 나타난다. "내가 술집 입구에 앉아 있으면, 나 이슈타르는 사랑을 하는 하림투이다." 우루크는 "아누Anu와 이슈타르의 거처, 창녀와 정부情婦와 콜걸의 도시"라고, 바빌론의 대화체-서사시 〈에라Erra〉에 나온다. 그것은 이 파티 도시가 지닌 난잡한 성교의 특성들을 포함하는데, 여기서는 길거리에서의 성행위가 흔한 일이었던 게 분명하다. 바빌론 신화는 이슈타르 여신의 지하세계 여행 이야기를 기록하고 있다. 여신이 한동안 지하 세계에 머물고 있을 때, "젊은 사내들은 골목에서 단 한 여자도 임신시키지 않은 채 집에서 잠을 잤으며, 소녀들은 여자들과 어울렸다"고 되어 있다.**12**

서사시 〈길가메시〉는 이런 모티프를 받아들여서 바로 도입부에서 창녀 샴카트Schamchat가 엔키두의 인간 되기 과정에서 결정적인 역할을 하도록 하고, 그녀가 섬기는 여신은 길가메시의 변화 과정에서 결정적인 역할을 한다. 엔키두는 죽어가면서 자기가 일곱 밤을 함께 보낸 여인에게 저주를 퍼붓는데(7판 102~130), 여기서 그가 내뱉는 저주의 말은 창녀의 생활 환경에 대한 상당히 정밀한 묘사를 포함한다. "길거리 교차로의 먼지가 너의 거처가 되어라! / 폐허가 너의 잠자는 장소가 되어라. / 술 취한 자들과 목마른 자들이 네 얼굴을 때리기를! / 만날 때미다 아내가 고발이이 되어 네게 고함을 질러라!" 샴카트가 죽어가는 사람에게 자기가 해준 온갖 좋은 일들을 기억나게 만들자, 그는 자신의 저주를 보충하는 말을 한다. "너를 저주한 내 입이 네게 축복도 해야겠지! / 태수들과 영주들이 너를 사랑하기를! / 네게서 1마일 떨어진 곳에 있는 자는 초조함에 제 허벅지를 치기를! / …… / 너로 인해 일곱 아이의 어머니, 아내가 버림받기를!"(7판 152~161)

그러므로 신전 창녀는 나쁘기도 하고 극히 좋기도 하다. 이야기의 시작을 위해 이런 방식은 전형적이다. 부수적인 모티프들로 빠져들고, 신들과 영웅들의 패러독스처럼 그 모티프들의 다채로운 의미를 골고루 맛보는 방식이다. 서사시의 종결부도 이 모티프에 의해 결정되고, 두 사람이던 콜걸과 여신이 실은 1명이었다는 것으로 판명되는 마지막 이미지는 얼마나 강력한 발상인가. 메소포타미아의 노아인 우타-나피슈티와의 만남이 나오지 않는 초기 판본에서는, 세계의 끝에 있는 주점이 길가메시 서사시의 종착역이 된다. 이 주점의 여주인은 우루크의 사랑의 여신 이슈타르가 변장한 모습이다. 그녀는 선술집의 지붕 위에 웅크리고 앉아서 자기를 알아보지 못하는 주인공에게, 영생을 찾으려는 그의 노력이 허사라는 것을 알려준다. 신들이 이런 노력을 자기들 몫으로 남겨두었기 때문이다. 그래서 그 옛날 한 창녀가 그의 친구 엔키두를 동물 세계에서 빼냈던 것처럼, 죽지 않는 존재들의 세계로 넘어가는 바닷길 앞에 남은 마지막 창녀집의 여주인이 신화의 주인공을 인간세계로 돌려보낸다.

〉〉〉|||

그렇다면 서사시는 상류계층에게 바치는 찬가라는 것과는 거리가 멀다. 그것은 장식을 붙인 찬가 이상의 것이어야만 청중의 관심을 얻을 수 있다. 초기 서사시들이 정말로 낭송되었기 때문에 특히 그렇다.

호메로스 작품들에 대해서는 수백 년 동안의, 경우에 따라서는 기원전 16세기까지 거슬러 오르는 낭송 전통의 종점이라고들 말한다. 즉흥시인 아오이데Aoide들은 기원전 800년 무렵 알파벳이 도입되고 오래 지나지 않아 등장한 '악보에 따른 콘서트 가수'인 음유시인들로 대체되고 말았다. 호메로스 자신이 파이아케스 궁정에 머물던 오디세우스 일화 속에, 가수 1명이 목마 이야기를 해달라는 요청을 받자 즉석에서 그것을 행하는 장면을 끼워 넣었다. 1928년에 나온 호메로스의 장식적인 형용사에 대한 분석 연구에서, 호메로스 자신도 또한 즉흥성의 압력을 받던 가수의 한 사람이었다는 점이 입증되었다. 그의 형용사들─'많은 것을 견딘' 오디세우스, '배불뚝이' 배들, '신의 은총에 충만한' 가수, '노를 사랑하는' 사내들─은 이런 낱말들이 나타난 각각의 장면에서 보면 대개는 아무 의미도 없다. 이들은 오히려 가수가 기억의 부담을 덜 수 있도록 특정한 주요 낱말들(오디세우스, 배, 등)에 붙이는 언제나 동일한 일종의 충전재로서, 시행을 완성하도록 도움을 주는 말들이다. 이런 음악적 기법을 동원해서 가수는 오롯이 이야기 진행에만 집중할 수 있었던 것이다.[13]

리듬을 안정시키는 이런 보조수단과 결합해, 구두 낭송 및 즉흥성은 높은 정도의 기대와 긴장감을 만들어낼 수 있었다. 문자가 없이 이것이 이루어지는 동안에는, 긴장감이라는 활의 지속 시간은 제한되었다. 음악적인 이미지에만 머물러 있으려 한다면, 악보를 동원한 관현악이란 있을 수가 없다. 여러 시간이 소요되는 한 번의 낭송에서 극히 황당한 되풀이를 피해야만 서사시의 이해도가 더욱 높아지는데, 낭송이 문서로 짜여 암기되었을 경우에만 성공할 수 있는 일이다. 이것은 호메로스의 기법에서 잘 드러난다. 트로이를 두고 벌어진 싸움의 장면들을 묘사하면서, 그는 거듭 끼워넣기, 쉬기, 과거로 돌아가기 등을 통해 줄거리의 진행을 끊거나 지체시키고, 또는 서둘러 앞으로 나아가게 만들고, 또 인물들의 직접 발언과 그에 대한 응답이 차지하는—두 서사시의 약 3분의 2 정도—높은 비율, 그리고 전쟁터 전체를 파노라마처럼 바라보다가 직접 전투행위를 '클로즈-업' 시키는 등의 온갖 기술을 동원한다. 기술적인 세련됨과 계획된 낭송임을 드러내는 광범위한 기법들을 관찰할 수 있는데, 가수들의 전통에서 이것은 메모의 뒷받침이 없이는 이루어질 수가 없었을 것이다. 호메로스는 〈일리아스〉에서, 전설에 따르면 10년 동안 계속되었다는 트로이전쟁이라는 단 하나의 긴 사건에 집중하면서, 드물지 않게 앞서 일어난 혹은 뒤에 일어난 일을 끼워 넣었다. 이러한 사실만 해도 이런 낭송의 엄청난 통제력을 보여주는 것인데, 그런 구조는 절대 즉흥적인 것일 수가 없다. 서사시는 여기서 엄청난 감정의 거대한 진폭을 동원하기, 무시무시하거나 이국적인 사건들의 묘사, 고귀한 인물들의 모습 등을 넘어선다. 이것은 완강함과 파국적인 결말들을 동반하는 거대한 과거 사건들을 기억나게 하는 하나의 형식을 넘어서는 것이다. 예술 또는 기술은 이 여명기에 이미 제가 이용하는 수단의 기술로서 완전하게 형성되었다. 그리고 이것으로 인류 역사의 두 번째와 세 번째 서사시[〈일리아스〉와 〈오디세이〉]가 2,700년이 넘도록 아무것도 잃지 않았다는 사실이 설명된다.[14]

15

담배 또는
엄청난 몸값?

돈의
시작

트로이 사람들이여, 빌어먹을,
누가 목재 말을 쓴단 말인가?

션 오쇼ᄂSean A'shawn

아킬레우스는 화가 났다. 호메로스의 〈일리아스〉는 이렇게 시작된다. 전체 서사시가 아킬레우스의 분노를 다룬다. 가장 위대한 그리스 전사戰士가 모욕을 받고는 그리스인들에게 등을 돌림으로써, 트로이에 맞선 전쟁에서 거의 패배의 가장자리까지 가도록 민든다. 아킬레우스가 다시 전투에 참가한 다음, 그의 분노는 과도한 살상의 각오로 바뀐다. 하지만 대체 무엇 때문에 아킬레우스는 그토록 화가 났나?

첫째로 누군가가 무언가를 가져가고 돈을 내지 않았기 때문이다. 둘째로는 그 자신이 스스로의 가치에 맞는 대우를 받지 못했기 때문이다. 그리스 사람들이 트로이에 승리해서 전리품을 얻었는데, 그중에는 트로이 사제의 딸도 있었다. 트로이의 사제는 그리스 진영으로 찾아와서 자기 딸을 되찾으려고 했다. '엄청난 황금을 내고', 또는 요한 하인리히 포스Johann Heinrich Voß의 번역을 따르자면 '엄청난 몸값을 내고' 말이다. 그러니까 사제는 오늘날 우리가 '인질의 몸값'이라 부르는 것을 내려고 했다. 진영에 있던 대부분의 그리스 사람들에게는 그것이 합당했지만, 사령관 아가멤논에게만은 아니었다. 그는 전투가 끝나면 고향 아르고스에서 아몬드 눈매의 이 아가씨를 이용하려고 했다. 그래서 아가멤논은 명예를 실추시키는 욕설을 퍼부으며 아가씨의 아비를 쫓아냈다. 아가멤논이 몸값 받기를 거부한 일이 사제가 섬기는 아폴론신을 분노하게 만들었다. 아폴론신은 그리스 사람들에게 너무나 화가 났다. 그리스 예언자 칼카스Kalchas가 보니, 몸값을 아예 안 받고 아가씨를 풀어주어야만 적군 편으로 돌아선 궁수[아폴론]의 마음을 진정시킬 수 있을 정도였다. 그것도 이어서 소 100마리를 제물로 바쳐야만 가능한 일이었다. 이번에는 아가멤논이 펄쩍 뛰었다. 그는 아무런 보상도 없이 자기 아내보다도 더 좋은 아가씨를 포기할 생각이 없었다. 그래서 아가멤논은 그 보상으로 아킬레우스의 전리품에서 또 다른 아가씨 '브리세스Brises의 장밋빛 딸'을 빼앗아 자기가 차지했다. 그래서 아킬레우스가 화가 난 것이다.[1]

호메로스는 언제라도 분노를 폭발시킬 준비가 되어 있는 귀족들의 세계를 묘사하고 있는데, 이 사람들 사이에서는 누가 누구에게 무엇을 빚졌는지에 대한 의견이 불확실했다. 호메로스의 주인공들은 거듭 지불을 거부한다. 예를 들면 페넬로페의 구혼자 중 1명인 에우리마코스Eurymachos가 오디세우스에게, '소 20마리'와 '화해를 위한 주석(원래는 청동)과 황금을 대가로' 그들을 괴롭히지 않겠노라고 제안했을 때도 그렇다. 또는 다시 아킬레우스는, 전쟁의 혼잡 속에서 살려달라고 애원하는 트로이 사람 1명의 청을 거부한다. 아킬레우스는 전에 이미 소 100마리를 받고 그를 노예로 팔아넘겼다. "이제 나는 몸값을 3배라도 내겠다." 하지만 영웅들은 거듭 소용없다고 대답하면서 몸값 받기를 거부한다. 복수, 명예, 우정을 대신할 것이 없기 때문이다. 그런데도 그들은 자명한 위계질서에 순응하지 못하고, 늛임없이 자신의 가치를 나른 사람의 가치와 비교한다. 그래서 아킬레우스는 전리품을 분배하는 일에서 아가멤논이 사령관이라는 지위를 내세우는 것에 맞서 항의하고, 언제는 지불하는 것이 적절하고 언제는 적절하지 않은지를 자기가 멋대로 결정하고자 한다. 아킬레우스는 아가씨를 포기할 각오가 되지 않았기 때문에, 자신의 분노를 통해 그리스 공동체와 아가멤논에 맞서서 스스로 고립된다. 아가멤논과 아킬레우스가 연관된 이 두 경우는 이런 공동체와 그들의 교환 규범의 양가적인ambivalent[모순되는 두 감정을 동시에 지닌] 상황을 확고히 보여준다.[2] 아킬레우스는 옳지만, 그를 통해 전체를 위험하게 만든다.

이런 양가감정이 돈의 기원과 어떻게 연관되는가? 우선 시간적 공간적 연관성을 갖는다. 딸을 되찾으려는 트로이 사제는 바로 얼마 뒤부터는 지불수단의 핵심이 되는 저 주화를 이용하지 못했다. 호메로스의 〈일리아스〉는 기원전 660년 무렵에 나왔을 것으로 추정되는데, 당시 사람들은 전혀 주화를 알지 못했다. 그리스 사회는 그로부터 100년 뒤에 돈을 이용했다. 호메로스는 아가멤논을 중심으로 벌어지는 이야기가 보여주듯이 지불의 행위를 알고 있었고, 몸값의 개념과 교환수단으로서의 황금도 알았다. 황금은 여러 수단 중 하나였다. 〈일리아스〉

에서 지불이 이루어지면 그릇, 직물, 여자, 황소 등의 주인이 바뀌었다. 그러므로 지불수단과 주화는 서로 다른 것이다. 일부 경제역사가들은 이를 두고 동전이 있기 전에 먼저 돈이 있었다고 표현한다.[3]

여기서 우리는 두 가지 사회적 교환 방식 사이의 역사적 경계선에 서 있다. 한 가지 방식은 의무, 서열체계, 정치적 상황과 연관된 교환이고, 다른 하나는 그런 맥락에서 떨어져나가 독립된 매체를 만들어낸 교환이다. 좁은 의미에서 최초의 돈의 사용이라고 말할 수 있는, 양면이 새겨진 가장 오래된 동전은 호메로스가 활동한 직후인 기원전 640년 무렵에 생겨났다. 그것도 호메로스 서사시의 무대였던 곳과 동일한 지역에서 주조되었다. 곧 소아시아와 그리스 지역이다. 기원전 570~기원전 470년 사이에 살았던 크세노파네스Xenophanes가 이미 동전의 발명자로 리디아Lydia 사람들을 꼽았다고 한다. 헤로도토스Herodotos가 이 판단을 다시 증언했고, 화폐 연구자들이 이를 확인했다. 오늘날 서부 아나톨리아의 왕국이던 리디아에서 기원전 7세기 중반에서 기원전 6세기 초 사이에, 경제사 최초의 주조된 동전들이 만들어졌다.

기원전 5세기가 시작될 무렵에는 이오니아와 키프로스에서 시칠리아에 이르기까지, 그리고 심지어는 마르세유까지 도처에, 지중해에 은화를 공급하던 동전제작소들이 있었다. 150년 만에 고대 경제가 화폐 경제로 발전했던 것이다. 호메로스의 서사시들은 폴리스Polis들이 생겨나기 직전, 역사상 최초의 화폐 경제 사회가 나타나기 직전 시대의 산물이다. 따라서 돈의 시작에 대한 질문은 호메로스 작품에 서술된 지불 방식과 교환 관습에서 동전으로 지불하는 이행 과정에 대한 질문이다.[4]

 돈이 어떻게 발명되었느냐에 대해 널리 알려진 설명은 다음과 같다. 사람들은 자기에게 필요한 것을 모조리 직접 생산할 수는 없으니 교환을 한다. 또한 누구도 모든 것을 손수 생산하고 싶어하지도 않는다. 전문화가 상업을 개선하기 때문이나. 어부이자 사냥꾼이자 농사꾼이자 무기 대장장이인 사람은 그중 무엇도 제대로 할 수 없다. 개인이든 사회든 일을 나누어 맡아야 한다. 분업은 협동과 상업을 강요하고, 서로 의사소통을 하게 만든다. 상업[무역]은 다시 자신의 필요성과 꼭 들어맞는 교환상대를 찾아내야 한다. 그러니까 마침 내가 필요한 물건을 갖고 있고, 게다가 내가 내줄 수 있는 물건이 필요한 사람 말이다. 영국 경제학자 스탠리 제번스Stanley Jevons의 표현을 빌리자면 '필요성의 이중 우연double coincidence of wants'이라는 걸 전제로 한다는 말이다. 그러니까 사람들은 정확하게 들어맞는 교환상대가 나타날 때까지 기다리거나, 아니면 적어도 이렇게 많이는 필요하지 않은, 따라서 자기가 직접 쓰지 않을 물건을 받아서 나중에 원하는 것과 바꾸기 위해 창고에 넣어두지 않으면 안 된다.[5]

 한쪽 교환상대가 상대방이 원하는 물건을 제공하고, 이 상대방은 모든 사람이 갖고 싶어하는 보편적인 교환수단을 갖고 있다면, 물론 꼭 알맞은 상대를 찾아낼 가능성이 높아진다. 그것은 꼭 돈이 아니라도 괜찮다. 예를 들어 전쟁포로 수용소의 경제에 대한 고전적인 연구가 서술하는 것처럼, 담배라도 상관이 없다. 처음에 이 수용소에서는 적십자가 포로들에게 마련해준 모든 물건들 사이의 가격이 만들어졌다. 몇 그램의 초콜릿은 몇 그램의 커피에 해당하는지, 또 몇 그램의 커피는 몇 그램의 마가린과 바꿀 수 있는지 등등이 정해졌다. 그러다가 모든 물건의 가치가 '담배 화폐'로 표현되었다.[6] 그런 매개체는 그 소재가 나눌 수 있는 한 모든 가치단위를 계속 나타낼 수 있고, 그래서 교환상대도 정확히 자기가 이용하려는 물건과 바꾸려는 사람이 나타나기를 기다릴 필요가 없다. 모든 물건의 가치를 다른 모든 물건들의 가치로 표현해야 한다면, 가격 목록이 무한히 길어지는 것만 문제가 아니다. 밀가루 1킬로그램은 커피 125그램, 또는 범죄소설 10분의 1이나 나무 못 20개에 해당할 테니 말이다. 누군가가 정확히 사진기 하나를 받고 자신의 나무못을 팔려고 한다면, 아마 시간이 한참 걸릴 것이다.

이론이 그렇다는 말이다. 이론에 따르면 돈은 교환매체로서 가치를 보존하는 수단이며 가치척도로서 상업의 거래비용을 떨어뜨리기 위해 발명되었다. 돈은 저장할 수 있고 운반하기도 쉬운 특히 인기 있는 물건, 예를 들어 금이나 은에서 발전해 나와 마지막에는 구매력 자체가 되었다. 제빵사는 정육업자에게 가서 빵을 내고 고기와 바꾸려고 한다. 하지만 정육업자는 이미 빵을 넉넉하게 갖고 있다. 따라서 제빵사는 어떤 교환상대라도 결코 충분히 가질 수 없는 어떤 것, 곧 돈을 제공해야 한다. 바꾸려는 사람들은 모두가 기꺼이 갖고자 하는 물건이 있다는 것을 알아채고, 그래서 이 물건 일부를 떼어놓는다. 매력적인 교환 제안을 간직하기 위해서다. 여기서 언젠가는 돈이라는 매체가 발전하게 된다. 그렇게 보면 돈의 기원은 비축인 셈이다.

이렇듯 많은 것을 보여주는 이 이론은 물론 한 가지 약점이 있다. 실제와 들어맞지 않는다는 것이다. 즉 이중의 우연성 문제에 봉착하는 순수한 교환이란, 역사적으로나 민속학적으로도 입증되지 않는다. 최초의 동전 발굴은 그것을 주조한 동전제작소의 근처 일대에서만 나타난다. 그것이 원거리 교역에는 쓰이지 않았거나, 아니면 극히 드물게만 쓰였다는 뜻이 된다.[7] 당시 가장 작은 동전이 가졌던 상대적으로 큰 가치는 일상적인 근거리 교역에 쓰였나고 보기도 어렵게 한다. 플루디르크에 따르면, 아티카[그리스 아테네 지역]에서 1드라크마가 이미 양 1마리 가치를 지녔다. 그런 동전은 소소한 거래에는 쓸 수가 없었다.

동전은 처음에는 일반적인 교환수단이 아니었다. 돈이 이후 상업에 꼭 필요한 것으로 입증되었다지만, 그 기원에 대해서는 전혀 아무것도 알려주지 않는다. 일상의 경제가 모르는 사람들 사이의 교환을 통해서가 아니라 자가공급을 통해 이루어진 것이 특징인 세계에서 돈이 처음으로 생겨났다. '가계운영 기술技術'이라는 제목으로 기원전 4세기 무렵에 쓰인 크세노폰의 경제학 교과서는 상업보다는 곡식의 탈곡을 더 많이 다루고 있다.[8]

미리 정확한 가치 비교가 이루어져서 즉석에서 교환하는 경우에만 물건들이 규칙적으로 주인을 바꿀 수 있다는 표상은 초기 사회에는 없었다. 오히려 초기 사회는 예측하기 어려운 상황들을 전제로 했다. 물건의 제공자는 교환의 균형이 안 맞아도 아무런 구제 방법도 갖지 못하던 사회였다. 자신이 가져온 것에 해당하는 가치를 정확히 되받아내려는 욕구가 교환 과정에 등장했으리라고 짐작은 되지만, 이 또한 마찬가지였다. 경제학자 리처드 래드퍼드Richard Radford가 묘사한 것처럼, 생산이 없는 형무소 경제, 즉 소비자와 물건 주인만 있는 경제는 죄수들이 돈을 사용하는 사회에서 들어왔기 때문에, 담배라는 화폐를 만들어내는 것이다. 그들은 돈을 발명한 것이 아니라, 그냥 베낀 것이다.

그에 반해 돈이 없던 사회들을 연구하는 민속학자들이 여기저기서 발견하는 것은 부정확한 가치 추정에 근거한 상호의무감이다. 오늘날에도 우리는 선물을 주고받을 때 이것을 경험한다. 파티 주인에게 좋은 바롤로Barolo 포도주를 선물한 사람은, 상대방이 같은 상황에서 손수 만든 마멀레이드 1병을 건넨다면, 적절치 못하다고 여길 것이다. 하지만 그런 마음이 **얼마나 좀스럽게 정밀한지는** 따져보지 않는다. 반대로 상대방이 방문하면서 정확히 동일한 (심지어 동일한 종류의) 바롤로나, 아니면 어떤 종류든 일단 바롤로를 가져온다면, 그 또한 똑같이 부적절하다고 여길 것이다. 엄격하게 동일한 가치를 가진 것들끼리의 순수한 교환은 낯선 사람들 사이의 관계이고, 늘 서로 교환하던 종족들 사이에서는 언제라도 갈등이나 싸움의 경계선으로 이끄는 일이다. 옛 사회들의 지역 경제권에서, 또는 심지어 개인들 사이의 교환으로는 아예 통상적이지 않은 일이다.[9]

영국의 경제학자이며 외교관이던 앨프레드 미첼-이네스Alfred Mitchell-Innes는 1913년에 이미 비슷한 이유에서, 돈이 교환을 쉽게 한다는 이론을 날카롭게 비판했다. 돈이란 여러 상품들 중 하나가 될 수 없으며, 소금이나 마른 생선 같은 매개체는 마른 생선이나 소금을 제공하는 사람이 상대방에게서 도로 같은 것을 받게 될 것이기 때문에 절대로 돈이 아니라는 것이다. 아가멤논이 자신의 여자 노예를 내놓는 대가로 다른 여자 노예를 취한 것은 경제적인 과정이 아니며, 따라서

지불이 아니라 일종의 통치행위, 즉 빼앗기였다.[10]

앨프레드 미첼-이네스는 또 다른 반박 논증을 내놓았다. 제빵사가 고기를 사려고 하는데, 정육업자가 이미 빵을 넉넉히 갖고 있다는 문제에 봉착하는 경우다. 그러면 전문기술을 가진 사람 누구나 그렇듯, 제빵사는 모든 사람이 원하는 물품, 곧 돈을 비축하지 않을 수 없다는 것이다. 하지만 이런 설돈 노출은 좀 억지스럽다. 정육업자가 제빵사에게 고기를 팔면서 자기가 이미 충분한 빵을 갖고 있어서 빵을 대가로 받으려 하지 않는다 해도, 곧바로 물건 대 돈의 교환으로 넘어갈 수는 없다. 그보다는 오히려 물건 대 신용의 교환이 나올 것이다. 내일이면 정육업자는 다시 빵이 필요할 것이고, 그때 정육 값을 받으면 된다. 이중적 우연성이라는 문제에 대한 해결책은 돈이 아니라 그냥 지불 연기로 충분하다. 사람들이 기다릴 수가 없었기 때문에 동전 같은 추상적인 것이 발명되었다고 믿어야 한단 말인가?

🦴🦴

20세기 초에 나온 경제를 모델로 삼는 세계를 벗어나 기원전 600년 이후의 에게해로 돌아가자. 최초 동전에 대한 입증 가능한 특성들로 말이다. 즉 그 재료, 무게, 앞면과 뒷면에 새겨진 것들을 살펴보자. 동전은 전에도 이미 존재하던 —트로이 사제의 황금을 생각해보라— 지불수단으로서의 금속과 전에도 이미 알려져 있던 —왁스 인장 등 국가 상징 표시를 생각해보라— 생산지 표시가 결합된 것이다. 영국의 화폐연구가 토마스 버건Thomas Burgon은 1837년에 이미 동전이란 '인장 찍힌 금속'이라고 말했다.[11] 특히 메소포타미아에는 온갖 가능한 경제행위 형식들이 있었다. 바로 계약, 신용, 이자, 가격변동 등이다. 하지만 동전은 아직 없었다.

리디아의 최초 동전들은 호박금으로 만들어졌다. 이것은 놀라운 일이다. 이 '사르디스의 금은합금'(소포클레스)에는 리디아 수도인 사르디스Sardis 근처 팍톨로스Paktolos강변에서 자연적으로 나는, 각기 다른 비율로 섞인 금과 은의 합금이 쓰였다. 순수한 은덩어리나 금덩어리—호메로스의 표현으로 '매우 많은 황금'—에 비하면 호박금의 정밀한 품질은 의심스럽기 때문이다. 게다가 동전은 이런 다양한 비율의 합금을 무게에 맞도록 조정하기 위해 이따금 구리로 대체되기도 했다. 은의 비율은 20퍼센트에서 75퍼센트 사이였는데, 심지어 이따금 주조 직전에 은을 더 섞은 것이 입증되기도 했다.

하지만 어째서 최초의 동전들이 그 합금에 대한 현저한 불확실성에도 불구하고 그대로 받아들여졌을까? 당시에도 이미 황금이 은보다 훨씬 더 가치가 있었다. 고대에서 현대에 이르기까지 그 비율은 1:13.5에 이른다. 두 금속의 채굴량과 확고한 시장가격의 수요에 따른 결과가 아니라, 이 금속들이 각기 할당된 천체인 태양과 달의 회전 속도의 비율에 따른 결과였다. 비트루비우스Vitruvius는《건축에 대하여De Architectura》라는 10권으로 된 저술의 9권에서, 그리스 수학자 아르키메데스가 왕관의 금 함유량을 결정하면서, 물체의 특수한 무게를 처음으로 발견한 방법을 밝히고 있다. 이 이야기에 따르면 아르키메데스는 먼저 왕관을 수조 안에 담가 보고 이어서 같은 무게 금덩어리를 수조에 담가서[흘러넘친 물의 양을 각기 측정하여] 왕관이 금 이외의 다른 것을 함유하고 있다는 사실을 입증했다. 하지만 아르키메데스는 기원전 3세기에 살았다. 특수한 무게의 차이를 확정하거나 동일한 무게의 동전의 합금 비율을 확정할 방법이 당시에는 아직 없었다.[12]

물론 최초의 동전들은 거의 비슷한 무게였다. 리디아 '3원'짜리 동전의 평균 무게는 4.71그램인데, 여기에 빠지거나 붙는 것이 0.02~0.1그램까지의 극히 적은 양인 것을 보면, 표준화된 크기가 중요했다는 것만은 의심의 여지가 없다. 에페소스Ephesos의 아르테미스 신전Artemision에서도 기원전 560년으로 확인된, 같은 무게의 호박금 동전과 호박금덩어리들이 발견되었다. 그중 일부는 새겨진 인각이 전혀 없지만, 일부는 한 면에만, 일부는 양면에 인각되어 있으니, 당시 빠른 시간 안에 그런 발전이 이루어진 것으로 보인다. 곧 표준화된 금속조각들이, 인장을 통해 공증된 금속이라는 과정을 거친 다음 지역 발행 표시가 붙은 동전으로 발전했다. 이때 사용된 인장의 형태는 리디아 왕궁의 사자, 아이기나Aigina의 거북이, 로도스Rhodos의 장미, 멜로스Melos의 사과, 퀴치코스Kyzikos의 참치, 또는 포카이아Phokaia의 바다표범 등이다. 에페소스에서 발견된 상당수 동전들은 이것을 넘어 하나의 이름을 달고 있는데, 그 연구 결과 이느 정도만 확실하게 그것이 리디아 왕의 이름일 것이라고 추정된다. 처음에는 오로지 동전이 단순히 도금된 것이 아님을 입증하는 데만 쓰였을 것으로 짐작되는 구멍 뚫기라는 보증 표시가 차츰 이런 그림 인각을 통한 생산지 입증으로 발전했던 것이다.[13]

이런 초기 동전들을 모두 함께 비교해보면, 그 무게가 비록 규격화되기는 했어도 많은 정치 공동체에서 서로 다르다는 것을 알 수 있다.

리디아에서 1스타테르Stater는 — 표준규격 무게의 동전 — 14.1그램, 사모스에서는 17.5그램, 포카이아에서는 16.5그램이었다. 이 사실 또한 최초의 동전들이 원거리 무역에 쓰였다는 사유를 반박한다. 동전은 주로 지방에서 통용되었다. 그렇게 본다면 동전 인각이 있는 호박금의 사용은 각각의 정치적 권위들이 제각기 동전의 자연적 금속 배율이야 어떻든 자기들의 주조 표시를 통해 자신의 영향권 안에서, 큰 액면가를 지닌 동전의 지불 가치를 보장했다는 것을 의미한다. 동전이란 정치적 인장이 새겨진 규격화된 금속인 것이다. 지불수단으로서의 가치는 규정을 통해 주어진다. 가치는 소재 특성을 통해서가 아니라 유통을 통해서 보장된다. 훨씬 뒷날 3세기에 로마의 법률가 율리우스 파울루스Julius Paulus는 동전의 '재료'가 아니라 그 '공적인 형식'이 바로 그 가치를 위해 결정적인 것이라고 명료하게 요약했다. 하지만 더욱 정확하게 말하자면 처음에는 그 두 가지, 곧 금속과 가치 규정이 합쳐져서 동전의 지불 특성의 바탕을 이루었다고 말해야 할 것이다.[14]

하지만 가치가 서로 다른 동전들의 금속 함량이 동일하다면, 동전의 발명은 단순히 호박금을 가치 이상으로 유통시키려는 책략이 아닌가? 돈의 시작에 국가의 사기가 있었던 것인가? 그래서 종종 그 시작은 이렇게 설명된다. 누군가가 혁신을 도입하자 다른 모든 이들이 그 장점만을 보고 거기에 무엇이 개입되었는지를 보지 않다가, 그 단점들을 깨달았을 때는 이미 너무 늦었다고 말이다. 도시 국가들이 자신의 정치적 인장을 찍은 지불수단을 유통시키는 것으로 자부심을 표현하려 했다면, 돈의 처음에 사기 또는 적어도 자기기만이 있었다는 것이다. 그리고 질 나쁜 돈을 내고 질 좋은 물건을 받는 일종의 불공정한 교환에서 자금을 마련한 정치적 권위를 통해 개인들이 취한 이익에는 비용이 들었다고 한다. 그렇다면 어째서 모든 그리스 도시 국가의 절반 정도가 동전 발행을 포기했느냐 하는 의문이 남는다. 하지만 그뿐이 아니다. 돈의 사용이 오로지 정치적인 기능만을 가졌다면, 어떻게 그것이 경제적으로 기능할 수 있었는가 하는 질문도 남는다.[15]

그렇다면 어떻게 이렇듯 의심스런 동전을 수용하도록 강세힐 수 있었을까? 어째서 동전의 발명자는 그토록 영리하고, 그것을 전파한 사람들은 그토록 멍청하거나 아니면 적어도 단순하게 굴었던 것일까? 고대 사학자 로버트 월리스Robert Wallace에 따르면, 최초의 동전들에 대한 설명을 위해 두 가지를 이해해야 한다. 동전 발행자의 이익과 그것을 받아들인 자들에게 나타나는 수용의 이익을 말이다. 황금이 은보다 더 가치 있는 세계에서, 인장이 찍히지 않은 호박금의 가치는 의심을 받게 마련이다. 동전 주조는 이런 의심을 없애고, 받아도 좋다고 보장을 해준다. 사람들에게는 이 동전의 무게를 달기보다는 헤아리는 쪽이 더 이익이다. 기원전 550년 무렵에 소아시아에서 소금과 은의 화학반응 및 열을 통해 동전에서 황금 부분이 떨어져 나간 이른바 시멘트 접합이 발견되었을 때, 이것이 아마도 호박금 동전 대신 순수한 은화로 넘어가도록 자극했던 것 같다. 하지만 은화도 역시 지불수단으로서 가치를 가진 것이지, 녹여서 다른 어떤 것으로 만드는 사용대상으로서의 가치를 가진 것이 아니라는 점만은 여전히 같았다. 상인들이나 '개인들'이 아니라, 정치적 권위를 가진 기관이 그것을 유통시키고, 그 지불 기능을 보장했음이 분명하다. 동전 주조는 금속의 질을 보여주는 것이 아니라 동전의 지불 능력을 알려주는 것이다.

그렇다면 애초에 동전으로 지불을 하게 된 계기는 무엇이었을까? 이 질문에 답하기 위해서는 다른 모든 지불수단과는 다른, 돈의 두 가지 서로 다른 기능을 기억하는 것이 중요하다. 돈은 가치기준으로서, 한 물건의 가치를 다른 물건으로 표현한다. 그리고 돈은 청구권을 말소시킨다. 돈이 지불되면 채무가 끝나는 것이다.

두 번째 기능으로 시작해보자. 돈을 예컨대 신용카드와 비교해보자. 신용카드라는 개념 자체가 이미 기만적인 것이다. 신용카드를 쓰는 것은 이자 약속을 포함하는 외상을 쓴다는 뜻이 아니기 때문이다. 이것은 '채무이전카드'라고 부르는 편이 더 맞을 것이다. 어떤 물건을 취득한 사람은 그에 앞서 계약관계에 들어간다. 그로써 판매자는 구매자에 대해 청구권을 갖게 되며, 구매자는 지불이라는 채무를 진다. 현금으로 지불하고 판매자가 현금을 받으면, 청구권은 소멸되고 경제적 이야기는 끝난다. 하지만 고객이 신용카드로 지불하려 하면, 거부될 수도 있다. 누구라도 그것을 꼭 받아야만 하는 것은 아니다. 어째서 그런가? 신용카드 지불을 받아들여도 여전히 현금과의 거리가 남기 때문이다. 신용카드 지불과 동시에 청구권이 사라지지는 않는다. 청구권은 그냥 미루어졌을 뿐이고, 이제 그것은 카드회사에 대한 판매자의 청구권이 되었다. 카드회사는 이 청구권을 가지고 구매자의 은행을 향한다. 여기서 설명을 단순하게 만들기 위해 구매자와 판매자가 같은 은행에 계좌를 갖고 있다고 친다면, 구매자의 은행은 그의 잔고에서 청구권에 해당하는 금액을 감소시키고, 대신 판매자의 청구권이 높아졌음을 인정한다. 판매자가 현금을 인출해야만 계속된 청구권 미루기가 마침내 끝나게 된다.

지폐와 동전은 그 자체로 어떤 청구권도 대신하지 않기 때문이다. 이것들은 대체 누구를 향할 수가 있단 말인가? 50유로짜리 지폐를 발행한 곳, 곧 중앙은행에서 우리는 이 돈을 다른 어떤 물건으로 바꿀 수는 없다. 그냥 지폐를 바꿀 수 있을 뿐이다. 이 시세는 그것으로 지불할 권리 이상은 없다. 돈이란 일이 잘 풀릴 경우 구매력을 나타내지만, 일이 잘못 돌아가면 전혀 아무것도 아니다. 그것을 나중에 쓰려고 간직한 사람은 새로 계약할 각오가 된 누군가를 찾아내야만 한다.[16]

최초의 동전들로 지불된 채무란 대체 어떤 것들이었을까? 최초의 동전들이 정치적 공공조직, 즉 지역조직의 인각을 지닌 것임을 생각한다면, 여기서는 개인 채무가 관찰 대상이 아니다. 그보다는 정치적 채무를 생각해야 하고, 동전 지불을 이용하던 정치적 권위를 향한 개인의 청구권을 생각해야 한다. 즉 군인들의 급료, 관리들의 봉급, 체육선수들에게 주던 상금 등이다. 여기서 동전의 인각은 이렇게 지불된 동전이 실질적인 구매력과 연관되어 있음을 보증해야 한다. 뒤집어 말하면 정치적 권위는 벌금이나 지대地代 등을 돈으로 받겠노라고 고집했던 것이다. 동전 소지자는 법률을 위반했을 경우의 벌금이나 세금을 이 돈으로 낼 수 있었다. 따라서 지불이 표준화되어야 한다는 생각이 처음으로 나타난 곳은 공공질서 분야였다.[17]

이것은 돈의 두 번째 기능, 즉 가치표준이라는 기능으로 연결된다. 어떻게 고대 사회는 극히 다양한 물건들의 가치를 단 하나의 물건으로 표현해야겠다는 생각에 도달한 것인가? 호메로스 시대에 머지않아 돈의 경제로 진입하는 곳, 즉 소아시아와 그리스에서 물건들을 위한 최초의 가치척도는 황금이나 은이 아니라 소였다. 〈일리아스〉의 작가는 여섯 번째 노래에서, 제우스가 그 이성을 흐려버린 글라우코스에 대해 깜짝 놀라면서 이렇게 말한다. "그는 정신이 없는 채 / 영웅 디오메데스에게 황금장비를 내주고 저는 청동장비를 받았는데 / 이는 황소 100마리 대 9마리 가치였더라." 호메로스에게서 가치단위는 대체로 황소로 표현된다. 그것이 '소 4마리 값의' 여자들이든, '소 12마리 값의' 그릇이든, '소 100마리 값의' 노예든 말이다.[18]

그렇지만 동전보다 먼저 가축이 돈으로 쓰였다고 말하면 잘못이다. 황소는 실질적으로 일상의 모든 요구를 포괄하며 유통되던 교환수단은 아니었다. 여자나 그릇이나 노예의 가격을 소로 지불한 것이 아니라, 몇 마리 소의 가치로 환산했을 뿐이었다. 거액을 지불해야 할 경우에 황소는 기껏해야 여러 교환물품들 중 하나였다. 어차피 고대에 대형가축은 많지 않았다. 지중해 토양은 너른 초원을 제공하지 않았다. 게다가 설사 소를 소유한 사람이라도 이들을 교역 목적으로 먼 거리를 넘어 이동시키기란 쉽지 않은 일이었다. 소는 도축하면 보관도 어려웠다. 교환수단으로 이보다 더 부적절한 것을 상상할 수가 있는가? 그보다 훨씬 오래된 출전들, 이를테면 기원전 1275년의 이집트 계약서를 보면, 가치척도와 교환매체 사이의 이런 차이가 거기서도 드러나 있다. 여자 노예는 여기서 특정한 분량의 은값으로 팔렸지만, 정말로 은이 아니라 같은 가치의 물건들로 지불되었다. 돈이 나타나기 이전에는 가치척도가 곧 지불수단은 아니었던 것이다.[19]

그렇다면 어째서 초기 그리스 사회에서 하필 소들이 그런 가치척도가 되었던가? 답은 소가 지닌 거룩한 기능에 있다. 그리스 사람들 사이에서 최초의 가치척도를 산출한 것은 인간들 사이의 교환이 아니라 인간과 신들 사이의 교환이었다. 소는 제사용 동물이었다. 아주 초기 교환의 역사에서 가장 중요한 거래는 무역이 아니라 예배였다. 사람들은 신에게 곡식이나 가축의 소출 일부를 '지불'했고, 반대급부로 신에게서 좋은 날씨, 건강, 좋은 수확 등을 받았다. 마법을 시닌 믿음으로는 그랬다. 나중에 이런 교환관계가 더욱 추상적으로 변모해서, 신은 농업의 은총만이 아니라 모든 일에 도움을 주었다. 호메로스의 주인공은 먹을 것이나 날씨 때문이 아니라 전쟁에서의 원조를 얻으려고 제물을 바쳤다. 경제사가 베른하르트 라움Bernhard Laum은 이미 1924년에 그리스 사람들의 정치적, 종교적 표상 세계 안으로 초기의 돈이 들어오는 과정을 매혹적으로 분석했다. "신과 인간 사이의 관계를 일종의 채무관계로 파악한다면, 나머지 대부분의 물건들에서 우뚝 솟은 이 재보[소]가 해결수단 또는 지불수단으로 쓰였다. 제사가 교환 행동이라면 이것은 교환수단이었다." 여기서는 물론 오로지 높은 품질의 동물만 바치도록 엄격하게 감시되었다. 특히 소들이 그랬다. 희생제물을 바쳐 신들을 달래서 은총을 베풀 마음이 들도록 해야 하기 때문이다. 1등급 품질의 포기[제물]가 필요했지만, 그리스 사람들이 먹을 것이 넘치는 환경에 살았던 것은 아니다. 제물은 사적인 선물이 아니라 집단의 교환물품으로, 모두를 위해 신의 보상을 얻어야 하는데, 바로 그래서 규격화되었다. "가축 떼에서 적절한 봉헌 동물을 고르는 일이 경제적 숙고의 맨 처음 행동이었다." 집단적으로 규격화된 최초의 사업은 인간과 신들과의 사이에서 이루어졌다. 신전에 황소들이 '입금'되고,

이어서 집단적으로 그것을 먹었다.[20]

　예배에서의 봉헌 말고도 또 다른 제도가 확고한 가치표준의 산출, 그리고 하나의 물건이 다른 것들을 확정적으로 대표할 수 있다는 생각으로 이끌었다. 이른바 살인배상금wergeld제도였다. 초기 사회에서 살인이 일어나면, 살해당한 사람의 가족들이 평화를 지키도록 하기 위해 반드시 나타나던 배상금의 지불을 말한다. 살해당한 사람의 친척들은 복수를 지향한다. 살인자가 화해를 위한 제물값을 지불하지 않으면, 친척들은 죽임을 당한 자가 평화를 얻지 못할까 두려워했기 때문이다. 죽임을 당한 자는 사회 전체의 마음을 어느 정도 짓누른다. 살인을 속죄하기 위한 사형이란 원래는 하나의 희생제물이다. 오늘날까지도 그 방식 말고 달리 피살자가 평화를 얻지 못하리라는 신비로운 믿음이 이어져 오고 있다. 실제로는 상실에 어울리는 등가等價의 일이 이루어져야만 비로소 안정을 얻는 쪽은 살아 있는 사람들인데도 말이다. 여기서도 대행이 나타날 수 있다. 전사한 친구 파트로클로스의 무덤에서, 아킬레우스는 마치 제단에서 하듯이 젊은 트로이 사람 12명을 제물로 바친다.[21]

　희생자의 친척은 누구나 자기편에서 상대방을 희생제물로 삼을 동기를 지녔기 때문에, 살인배상금으로 소를 지불하는 일은 분명히 나타날 지속적인 피의 복수를 중지시켰다. 죽은 사람을 위해 동물제물을 받아들이는 것, 곧 부채를 종결짓는 지불을 받아들이는 것은 사회적으로 피해가 큰 문제를 해결하는 일이었다. 물물 교환에서 필요성의 상호 일치가 없는 경우보다 훨씬 더 큰 피해를 불러오는 문제였다. 사회적 봉헌의 식사를 목적으로 소를 지불하는 것은, 신들에게 집단의 부채를 변상하는 일이다. 앞서 이미 서술한 돈의 특성이 이 두 경우에[예배와 살인배상금] 모두 영향을 주었다. 즉 청구권을 미루지 않고 갚는 것이다. 그것을 위해 처음에는 소들이, 나중에는 동물 상징, 귀금속, 마지막에는 동전이 보편적인 채무상환수단으로 받아들여졌다. 다른 말로 하자면 하나의 특정한 제물을 다른 제물로 대체할 수 있다는 대리표상이 자리를 잡았다. 아이아스가 아킬레우스에게, 아무리 큰 선물을 주어도 트로이에 맞선 전투에 동참시킬 수가 없다니 너무 고집이 세다고 비난할 때, 살인배상금이 그에게 하나의 상징으로 기능했다. "심지어는 형제의 살인에 대해서나 / 죽은 아들의 살인에 대해서도 많은 이들이 배상금을 받아들였다."**22**

소나 귀금속 지불은 이미 인신제물에서 벗어나기 시작했음을 알려준다. 신들도 더는 인간이나 짐승에 굶주리지 않았다고 사람들이 생각하는 정도만큼 ─솔론은 기원전 600년에 아테네에서 소를 제물로 바치는 것을 금지했으니─ 부채나 죄를 변상하기 위해 동물 상징이나 이삭이 새겨진 상징물이 대신하게 되었다. '돈Geld'이란 말은 언어적으로 '예배 공동체'를 뜻하는 '길드Gilde'나 '상호보상Vergeltung'이라는 말과 연관된다는 것, 라틴어로 '돈'을 나타내는 '페쿠니아Pecunia'는 '가축'을 뜻하는 '페쿠스Pecus'에서 왔고, 그리스 말로 동전을 뜻하는 '오볼로스Obolos'는 봉헌 짐승을 먹으려고 구울 때 쓰던 구이용 꼬치를 뜻하는 '오벨로이Obeloi'에서 왔다는 것, 그리고 그리스의 돈인 '드라크마' 역시 원래 '꼬챙이 한 움큼'을 가리키는 말이었다는 것도, 화폐 주조가 제의의 덕을 입어 시작되었음을 가리키고 있다. 개별적으로 보면, 그리스 델피Delphi에서, 동전 이전에 정말로 쇠 꼬치가 교환가치를 가졌을지도 모른다는 암시들이 나타난다. 그것만으로 '돈'이라는 낱말에 충분하다고 할 수 있는지는 의문이지만, 이 금속물품[돈]으로 의무를 이행하는 방식들의 전 단계라고 보기에는 충분하다.[23]

금, 은, 호박금 등으로 만든 동전은 아마도 귀금속에 마법의 효력이 주어졌기 때문에도 그런 일에 적합했을 것이다. 그리스어로 '아갈마타Agalmata'라고 불리던 귀금속은 접대용 선물이나 결혼식 선물로, 그리고 신들에 바치는 제의용 물품으로, 승전기념품으로 통용되었다. 선수들 사이에서 지역 경기가 펼쳐질 때는 청동 그릇만이 아니라 동전도 상품으로 걸렸다. 그리스 전체가 동참하는 판헬라스 경기가 펼쳐질 때는, 현장에서는 월계관만 주었지만 나중에 고국에 돌아가면 보상이 뒤따랐다. 신화에 등장하는 저 황금양털 같은 금이나 은으로 만든 선물이 자주 마련되었다. 최초의 동전 돈은 일종의 마스코트, 하층민의 마법 트로피를 연상시킨다.

토머스 버건Thomas Burgon이 이미 고대 동전의 모든 그림 유형들은 종교적 암시를 포함한다는 주장을 펼쳤다. 동전에는 이중의 믿음이 새겨진다. 그 속에는 가치가 들어 있으니 무엇이든 촉발하는 힘을 지닌다는 믿음과, 국가의 인장이 찍힌 것이니 돈의 사용자가 그 돈을 사용함으로써 결합되는 정치적 공동체에 대한 믿음이다. 그러므로 돈의 발명은 개인주의와 집단주의가 상호 상승작용을 일으키는 한 가지 고전적인 예가 된다. 돈이 제공하는 회피 가능성으로 대변되는, 강제에서 벗어나게 해주는 자유와, 돈이라는 매체의 유용성을 보장해주는 정치적 집단에 대한 의존은 여기서 전혀 모순이 아니다.[24]

돈이 갖는 이런 두 가지 측면, 곧 개인에게 마음대로 행동할 가능성을 부여하는 하나의 측면과 사회의 정치적 경제 안으로 끌어당기는 또 다른 측면에는 처음부터 돈의 도발성이 들어 있다. 그것은 나타나자마자 그 관찰자를 헷갈리게 한다. 예를 들어 헤로도토스는 리디아에 대해서는, 그곳의 산에서 금먼지가 흘러내린다는 것, 그리고 리디아 사람들의 딸들이 창녀들이고 그녀들의 재산이 정치적 기념비를 재정적으로 후원한다는 것 말고는 별로 보고할 것이 없다고 말한다. 그러면서 실제로는 그의 책 1권 전체가 거의 오로지 리디아 사람들의 이야기만을 다룬다. 그러니까 돈을 발명한 사람들은 부정부패의 발명자이며 도덕적 경계를 옮기는 사람들이라는 뜻이다. 돈이 사람들을 도덕에서 벗어나게 하고, 돈을 유통시킨 사람, 곧 독재자 ─ 리디아의 경우는 기게스Gyges ─ 에게 예속시켰다고 한다. 왕 자신이 계속 동전의 가치를 악화시키거나 적어도 멋대로 결정하려는 경향을 갖는다는 것이다. 그것 말고도 머지않아 모든 사람이 돈을 제 소유로 삼으려고 무슨 일이든 할 것이라는 말도 기록했다. 그리스 신화, 문학, 정치 이야기들은 온통 황금 이야기, 돈 이야기, 교환 이야기들로 가득하다. 프리기아의 미다스왕에서부터, 리디아의 크로이소스왕과 사모스의 폭군 폴리크라테스를 거쳐, 소포클레스의《안티고네Antigone》에 나오는 크레온왕에 이르기까지 황금과 돈과 교환 이야기들이 넘친다. 크레온은 이렇게 탄식한다. "인장이 찍힌 모든 것 중에서 / 그 무엇도 은화[돈]만큼 나쁜 것이 없다. 이것은 / 전체 도시들을 유혹하고, 사내들이 집을 떠나도록 자극한다." 짧게 말하자면 돈은 불안 유발자였다. 그것이 일탈의 태도에 자극을 주기 때문이다. 그리고 돈은 모든 행동에 대해, 또 다른 대안 행동으로 얻을 수 있었을 수입과 비교하도록 하기 때문이다. 돈이

유통되는 세계에서 "그럴 가치가 있나?"라는 질문은 돈이 없는 세계에서와는 전혀 다른 질문이 된다. 돈이 생겨난 이후로 사과와 배만 비교되는 것이 아니라, 모든 것이 다른 모든 것과 비교되기 때문이다.[25]

16

좋은 시절이나
나쁜 시절이나

일부일처제의
시작

개는 의심의 여지없이 충직하다.
그렇다고 우리는 꼭 개를 예로 들어야 하나?
개는 인간에게 충직한 것이지 개한테는 안 그렇다.
카를 크라우스Karl Kraus

사랑이 없다면 결혼은 정당화되지 않는다는데, 그렇다면 대체 사랑이란 무엇인가? 이것은 1889년에 레프 톨스토이의 중편소설《크로이처소나타Kreutzer Sonata》의 배경으로 유명한 열차 칸에서 울려나오는 질문이다. 주인공 포즈도누이셰프는 이런 대답을 듣는다. 그거야 간단하지, "사랑이란 다른 누구보다도 오로지 자기 남편이나 아내만 좋아하기"란다. 포즈도누이셰프가 말한다. "좋아하기라, 얼마나 오래 말이오? 한두 달인가, 아니면 반 시간?" 상대가 "아주 오래" "이따금은 평생"이라고 대답하자 그는 화를 폭발시키고야 만다. "현실에선 절대로 그런 일이 있을 수 없단 말이오. 남자라면 누구나 아름다운 여인을 보면 방금 여기서 사랑이라 불리는 것을 느끼게 마련인데, 그걸 평생 단한 여자에게만 느끼라니, 게다가 상대 여자에게도 같은 상황이 타당하다면 그야말로 이해할 수 없는 우연일 거요. 누구나 상대가 오직 처음에만, 그러니까 뭔가 열렬히 원하는 게 있을 때만 사랑한다는 것을 경험해본 사람이라면 불운을 내다볼 수 있을 게요." 포즈도누이셰프의 주장에 따르면, 매혹의 운명은 넌더리라는 것이다. 정신적, 영적 친근함은 결혼이 필요하지 않다. 어떤 이념 때문에 함께 잠자리에 들어야 하는 건 아니니 말이다. 결혼의 중심에 성교가 있다면, 결혼이란 기만이라는 것이다. 성교는 결혼이 필요하지 않기 때문이다. 자연 상태는 일부다처 또는 일처다부일 것이다. 즉 여러 아내 두기와 여러 남편 두기가 될 것이다. 섹스를 억지로 결혼의 틀 안에 묶어두려는 도덕은 지옥을 만들어낼 것이란다.[1]

톨스토이는 결혼만 잘 알았던 게 아니라, 다윈의 이론도 알았다. 그렇게 생각하면 그는 일부일처의 증거들이 진화생물학적으로 매우 늦게야 나타난다는 것과 사랑에 절망하는 자신의 주인공 포즈도누이셰프의 관점이 잘 들어맞는다는 말을 들었다 해도, 별로 놀라지 않았을 것 같다. 이런 증거들에 따르면 일부일처제는 극히 그럴싸하지 않은 것이다. 물론 가족 구성의 면에서 인간과 매우 비슷해 보이는 동물들이 있기는 하다. 특히 새들의 경우 19세기에 이미 이 사실이 관찰되었다. 하지만 첫째로 인간은 새들에게서 발전해나온 것이 아니다. 둘째로 인간과 가까운 포유류에서는 짝짓기 행동의 다양한 변이가 더욱 두드러진다. 예를 들면 1마리가 여러 짝짓기 상대를 두거나, 전담한 듯이 후손을 보살피는 놈이 있다거나 하는 등 말이다.[2]

어째서 이런 다양성이 나타나느냐를 설명하려면, 번식에서 암컷과 수컷의 이해관계가 서로 다르다는 서술이 맨 먼저 나온다. 영국의 유전학자 앵거스 존 베이트먼Angus John Bateman이 1948년에 최초의 설명 근거들을 내놓았다. 그것도 뒷날 심각하게 오류가 있는 것으로 밝혀진 연구를 통한 주장이었다. 초파리 실험을 통해서 그는 수컷 동물의 번식 성공은 짝짓기 행동의 횟수에 비례하는 반면, 암컷의 성공은 최초의 짝짓기를 넘어 계속 짝짓기를 해도 별로 높아지지 않는다는 것을, 보편적인 생물학적 원칙으로 결론지을 수 있다는 의견을 내놓았다. 그것 말고도 번식 성공률이라는 면에서는 수컷들 사이에 훨씬 더 큰 차이가 나타났다. 암컷들은 극소수만이 후손을 못 갖지만, 관찰 영역 안에 있는 수컷들의 5분의 1 정도가 짝짓기 상대에게 거절당해서 후손을 보지 못했다. 베이트먼의 설명은 이렇다. 동물계 거의 어디서나 암컷 생명체는 난자 하나하나의 생산에 엄청난 에너지를 투자한다. 수컷은 수많은 정자의 생산에 시간과 에너지가 거의 들지 않는다. 그래서 암컷이 선택권을 갖는다. 파트너를 잘못 선택했다가는 유전자 전달이라는 측면에서 아주 비싼 대가를 지불할 것이기 때문이다. 그에 반해 수컷 생명체에게는 개별적인 성교에 그리 많은 것이 걸려 있지 않다. 그래서 암컷은 모자라고, 수컷들은 암컷을 두고 경쟁을 벌인다. 게다가 암컷은 높은 초기 투자를 해야 하기 때문에, 수컷보다는 후손에 더 많이 결속된다.[3]

부끄럼 타고 소극적인 여성이라는 사회적 유형과 들이대고 조급하게 구는 남성의 유형으로 연결되는 이런 서술이 일부일처제를 이해하는 데 어떻게 기여하는가? 맨 먼저 모든 짝짓기에는 양측이 있어야 한다는 점을 인정해야 한다. 그러니까 남성이나 여성 어느 쪽도 평균적으로 상대방보다 더 많은 성교를 한다는 것은 가능하지 않다. 짝짓기란 자신의 번식을 원하는 두 개체가 서로 상대방을 이용하는 것이라고 생물학 이론은 설명한다. 여기서 남성 측의 기여분이 — 수정의 단계를 넘어서 — 적어질수록, 일부일처의 가능성은 낮아진다. 처음에 양측의 에너지 비용이 차이가 나지만, 남성이 여러 가지를 돌볼 경우, 즉 먹이를 가져오고, 둥지를 짓고, 먹이 영역과 여성 및 후손을 보호하고, 후손의 교육에 동참할수록, 양측의 이런 투자비용 차이는 줄어든다. 이렇게 기여한다 해도, 일부일처제와 바람피우기의 결합이라는, 생물학적으로 중요한 전략을 바꾸지는 못한다. 암컷은 두 가지 관점에 따라 이런 가능성에 대한 결정권을 갖는다. 신체적 표지들을 통해 상대방의 유전적 '적합성'을 살펴보고, 또한 상대방이 훌륭한 부양자가 될 것인지의 개연성을 살펴보는 것이다.

짝짓기가 일부다처 형태가 될 경우, 즉 특히 매력적인 수컷이 여러 암컷들을 거느릴 경우에 수컷들 사이의 경쟁은 극단적으로 심해진다. 이 경우 많은 수컷들로서는 성적 파트너를 도대체 하나라도 찾아낼 것인지조차 불확실해지기 때문이다. 생물학자들은 이것을 '여러 암컷-문턱polygyny-threshold'이라고 말한다. 암컷으로서는 이미 짝짓기를 한 수컷과 결합하는 쪽이 더 유리하다. 설사 경쟁하는 암컷들과 그의 자원을 나누어갖는다 하더라도, 그의 신체와 영역이 그보다 못한 수컷의 그것보다 더 낫기 때문이다. 자식이 태어난 이후에 수컷이 후손을 전혀 보살피지 않는 경우 역시, 일부일처를 위한 바탕이 존재하지 않는다. 그런 만큼 포유류들 사이에서 일부일처는 드물다. 포유류의 3~5퍼센트만이 — 영장류의 10~15퍼센트 — 일부일처 사회를 이룬다. 예를 들면 진원류(꼬리감는원숭이), 긴팔원숭이, 비버, 여러 물범들, 여우, 오소리, 사향고양이 등이다.[4]

동물계의 짝짓기 유형이 다양한 것은 에너지 투자, 종별로 특수한 번식 특성, 해당 종의 사회 특징, 생태계 인자 등으로 인한 것이다. 암컷들이 공간적으로 너무 띄엄띄엄 떨어져 있는 탓에 일부일처 이외의 다른 가능성이 없는 경우, 수컷들은 후손의 양육에 동참할 각오가 선다. 모든 암컷들이 동시에 알을 품는다면, 이 또한 수컷들이 더욱 강하게 짝을 이루게 만든다. 다른 수컷이 새끼 죽이는 것을 막는 것도 또하나의 동기다. 마지막으로 공격적인 행동을 동원하여 다른 수컷과 암컷이 자신의 짝짓기 상대에게 접근하는 것을 방해할 가능성도 종에 따라 매우 다양하게 이용된다. 이는 심지어 동일한 종 안에서도 이루어지는 일이다. 조류학자들 사이에서 바위종다리는 표본에 따라, 일부일처 사회, 일부다처(수컷 1마리, 암컷 2마리), 일처다부(암컷 1마리의 상대가 수컷 2~3마리), 다처다부(암컷 2~4마리가 2~3마리 수컷을 공유)를 이루는 것으로 유명하다. 서식지에 먹이가 촘촘할수록 수컷들은 짝짓기를 위해 더 많은 암컷들에게 접근한다.[5]

⚡⚡⚡

일부일처는 생물학적으로 드물다. 일처다부는 그보다 더 드물다. 일부다처제가 암컷들에게 불리한 정도보다, 일처다부가 수컷들에게 대개 훨씬 더 불리하기 때문이다. 그에 반해서 인간들 사이에서 사회적으로 일부일처 커플은 그 사이 보편적인 현상이 되었고, 일찌감치 생긴 현상이기도 하다. 생물학자들은 수컷과 암컷 사이의 무게와 키 등 신체적 크기 차이로 일부다처의 정도를 추측하는데, 암컷을 둔 싸움이 그런 특징 차이를 만들어내기 때문이다. 인간의 경우 이것은 1.15라는 수치에 도달한다. 이는 이미 오스트랄로피테쿠스 아파렌시스에게서 도 입증된 수치다. 물론 일부다처 침팬지들은 고릴라나 오랑우탄과는 달리, 성별에 따른 크기 차이가 거의 없다. 그래서 이런 지표는 오로지 조심스런 결론만을 허용한다.

인간 아이들의 양육이 어린 동물의 양육보다 비용이 더 들고 따라서 더욱 후원이 필요하다는 것은 분명하다. 인간은 훨씬 더 느리게 어른이 된다. 생후 1년이 지나면, 두뇌는 성숙한 두뇌의 절반 크기에 도달한다. 그에 반해 원숭이와 심지어 호모 에렉투스까지도, 같은 시기에 어른 두뇌의 80퍼센트 정도에 이른다. 이렇게 느린 성장은 유인원에 비해 극적으로 긴 기대수명을 동반하는 것이지만, 인간의 경우 자주 여러 명의 후손이 동시에 부모의 후원을 받아야 하는 상황을 만들어낸다. 반면에 동물계의 양육은 거의 언제나 차례로 이루어진다. 인간의 일부일처 형성과 노동의 분화는 한편으로는 아이들을 보살피고, 다른 한편으로 그들을 보호하고 특히 먹여야 한다는 점에서, 후손에게는 생존에 유리했다. 짝의 형성과 분업은 아이들의 사망률을 크게 낮추고, 서로를 보강했다. 짝의 형성이 분업을 허용하고, 분업은 둘이 서로 더욱 의지하게 만든 것이다. 동시에 인간만이 유일하게 일부일처와 집단생활을 결합시켰다. 가족들이 집단을 이루어 생활하는 소수 유인원들의 경우, 이런 가족이란 언제나 수컷 1마리와 그의 '하렘'으로 구성된다.[6]

가장 가까운 친척과 비교해보면 인간의 특수성은 하나의 공동체 안에서 일부일처와 일부다처의 결합도 나타난다는 점이다. 유인원들 사이에서 수컷은 여러 암컷과 살거나 아니면 아예 암컷을 차지하지 못한다. 반면에 인간은 일부일처제를 택하면서도 동시에 난교亂交를 행할 수가 있다. 19세기에 빅토리아 왕조의 영향 아래 퍼져 있던 관점, 짝을 이루고 사는 새들이 특히 결혼제도를 확인해주는 자연의 모델이라고 여기던 관점은 20세기에도 한참 동안이나 유지되었다. 1968년에, 그러니까 청년운동 세력이 일부일처 새들과의 유사성을 포기하던[프리섹스] 시대에도 주도적인 조류학자들은 새들의 90퍼센트 이상의 종들이 '정절을 지키는' 생활 방식을 유지한다고 증언했다. 하지만 40년 전부터는 DNA 검사를 통해, 많은 새들이 사회적인 일부일처와 혼외 섹스를 결합한 모범이라는 사실이 점점 더 분명해졌다. 심지어 백조에게서도 바람피우기가 발견되었다.[7]

＞＞＞＞＞＞

이것은 일부일처 문제에서 동물 공동체와 인간 공동체 사이의 가장 중요한 차이점으로 연결된다. 동물계에서 일부일처는 암컷의 공간적 분포, 같은 종에 의한 새끼 살해 위협, 모든 새들이 동시에 짝짓기와 부화를 한다는 사정 등이 동기가 되는 듯이 보인다. 이런 인자들은 선사시대 인간을 위한 설명이 되지 못한다. 일부다처에서 일부일처 형태로의 이행은 선사시대에 수렵채집 사회에서 농업 사회로의 이행 및 최초의 고급 문화 시기와 더불어 나타난다. 그 이후로 인간의 역사에서 일부일처는 성적 짝짓기 모델이라기보다는, 성적인 행동의 온갖 가능성을 열어둔 채 사회적인 짝 이루기의 모델이 되었다. 여기서 규범은 이렇게 말한다. 일부일처는 법적, 도덕적으로 보호받으며, 실망할 경우에도 늘 포기되지는 않는 사회적 기대라는 것이다. 따라서 우리가 다루는 문명사적 업적의 마지막인 일부일처의 시작은 특별하다. 직립보행이 있다거나, 언어, 음악, 농업, 도시, 서사시, 성문법 등이 있다는 것을 논박할 사람은 없다. 하지만 일부일처제에 대해서는 드물지 않게 다음과 같은 말이 나온다. 그건 그냥 신화일 뿐이고 위선적인 주장이며, 특히 "그대, 오직 그대뿐"이라는 정열적인 주장과 결합될 경우는 자기기만이라고 말이다.

실제로 문명이 복잡하게 발전하기 시작한 이래로 모든 가능성이 있었다. 예를 들어 수렵채집 공동체에서는 다중혼이 지배적이었다. 1980년에 목록으로 만들어진 대략 1,200개 민족 문화 중 절반 이상이 일부다처를 규범으로 삼고 있었다. 앞서 도시를 다룬 장과 서사시를 다룬 장에서 보았듯이, 최초의 도시에 이미 제도화된 매춘이 등장한다. 또는 태국에서 그렇듯이 제도화된 첩제도가 있다. 그곳에서는 오래전부터 본처(미아 아이)와 첩(미아 노이)을 구분하는데, 본처는 가족을 보살피고, 첩은 남편에게 친밀한 관계를 제공한다. 섹스산업과 질병으로 인해 창녀보다 첩이 선호되는 것이다. 상당수 여자들을 차지해버리는 부유한 폭군의 방식도 있다. 그리고 특히 유럽의 귀족이 대표하는 문화는 결혼이란 정치적 확정들을 이용하지만 성적으로는 꼭 그럴 필요가 있는 사람만 진지하게 여기는 일종의 관습으로 취급한다. 그리고 마지막으로 이혼 가능성을 통해 규범으로 발전해버린 일시적인 일부다처

도 있다.[8]

우선 사회적인 일부일처에 대한 기대는 몇몇 고급 문화 사회의 지역적 특수성일 뿐이다. 일부일처는 지난 수백 년 사이에 세계적으로 널리 퍼졌다. 법적으로 일부다처의 금지는 일본에서는 1880년, 중국에서는 1953년, 인도에서는 1955년에야 나타났다. 모르몬교도들의 종교공동체는 1890년에 공식적으로 일부다처 전통과 결별했다. 1862년에 미국의 법이 모르몬교도들에게는 이것을 관철시킬 수가 없으리라 단정한 채 중혼 금지를 가결하고 나서였다. 사회적 일부다처를 이룬 대부분의 토착문화들은 단순하고 작은 공동체들이었다. 일부다처 또는 일처다부 번식 방식은 '병인病因성 스트레스'에 대한 진화적 반응, 곧 감염으로 인한 위협의 증가에 대한 반응이었다. 이런 생활 환경은 유전적으로 서로 극히 다른 커플에게 유리할 뿐만 아니라, 현존하는 기생충에 저항력을 가진 남자들이 특히 유리한 성적 파트너가 될 수 있었다.[9]

다른 가설들은 생물학적 불평등이 아닌 사회적 불평등에 맞추어서, 오랫동안 지배적인 일부다처 가족 유형을 설명하려고 한다. 예를 들어 남자들 사이에 수입의 차이가 클 경우 일부다처가 지배적인 모델이 된다. 젊은 여성들이 ─ 또는 그들의 '위탁'을 결정하는 부모들이 ─ 특정한 경우에 가난한 남자의 유일한 아내보다는 부자의 둘째 부인이 되는 쪽을 선택하기 때문이다. 이런 주장은 다음과 같은 논리를 따른다. 한 공동체에 여자 100명과 남자 100명이 있는데, 그들의 커플 형성이 특정한 기준에 따라 제각기 가장 매력적인 개체와 혼인하는 방식으로 이루어진다고 가정하자. 여자 1등이 남자 1등과 결혼한다는 식으로 각 개인이 자신의 파트너를 얻는다. 이런 일부일처 질서 안으로 일부다처제가 도입된다. 40등 여자가 40등 남자보다 2배나 조건이 좋은―예를 들어 더 부자인―10등 남자와 결혼한다. 40등 이후의 모든 여자들은 한 단계씩 위로 올라간다. 41등 여자가 40등 남자와 42등 여자가 41등 남자와 결혼하면, 100등 여자는 99등 남자와 결혼한다. 100등 남자만 여자를 못 얻는다. 이 결과는 여성의 관점에서 사회적인 일부다처제에 찬성하게 만든다. 한 여성이(40등) 전보다 분명히 유리하게 되었고, 다른 한 여성이 남편을 나누어 갖기 때문에 분명 처지가 나빠졌지만, 60명의 여성은 사정이 조금씩 나아졌기 때문이다(41등부터 100등까지). 전체적으로 보면 남성의 결산은 정확히 반대다. 일부다처제는 여성들 일부를 독점하는 몇몇 고위등급 남자들에게 아주 좋고, 여성의 수가 줄었기 때문에 대부분의 여성들도 사정이 좋아지는데, 그것도 남성들의 매력이 불공평하게 나타날수록 더욱 그렇다. 중국, 인도, 무슬림 세계에서 큰 부자들의 가족사 통계는 이런 추측을 뒷받침한다. 또한 그리스 최초의 서사시 〈일리아스〉도 마찬가지다. 이 작품은 사령관들의 전리품인 젊은 여성을 둔 싸움으로 시작되는데,**10** 이들 사령관 중 1명은 이미 결혼한 사람이다.

그렇다면 일부일처제는 사정이 어떤가? 그리스 사람들의 두 번째 서사시 〈오디세이〉는 바로 이런 일부일처를 칭송하는 노래다. 아내와 아들이 자기를 기다리는 집으로 돌아가려는 주인공의 노력이 바로 일부일처제 찬가인 것이다. 결혼 규범으로서의 사회적 일부일처제는 서로 다른 두 가지 유형의 사회에서 발전했다. 신분 차이가 크지 않은, 변두리의 작은 공동체에서는 '둘째 부인'이 될 동기가 없다. 메소포타미아, 고대 그리스, 로마 등과 같은 도시 사회에서도 일부일처가 자리를 잡았다. 앞의 경우를 '생태[환경]적으로 강요된' 일부일처, 두 번째 경우를 '사회적으로 강요된' 일부일처라고 말할 수 있다. 수렵채집 경제(약 10퍼센트가 일부일처)를 초원에서 먹을 것을 구하는 경제(약 30퍼센트)나 농업경제(약 40퍼센트)와 비교해 보면, 일부일처가 특징인 문화들이 차츰 늘어나는 것은 한 사회에서 짝을 이루는 규범과 생산 방식 사이에 일정한 연관성이 있음을 암시한다. 그러니까 생태적 일부일처와 사회적 일부일처 사이에 어떤 연관성이 있을 가능성이 있다. 이것을 뒷받침하는 논거는 농업경제로 넘어가면서 지역 공동체의 크기가 커진다는 점을 감안해야 한다. 수렵채집 사회가 대개 겨우 몇십 명의 구성원만을 포함한 채로 공간적으로 격리되어 있었다면, 농업 정착지들은 일반적으로 수백 명의 구성원을 지닌 채 다른 정착지들과도 교류가 있었다. 이렇게 사회적으로 단단히 밀집된 사회에서는 박테리아로 전염되는 성병이 더욱 강력하게 작용했고, 특히 일부다처 성관계가 규범일 경우는 더욱 그랬다. 이런 상황에서 그 관철 비용마저 넘어서는 선택의 이점이 있었을 것이다.[11]

물론 그렇다고 농업과 일부일처제 사이의 엄격한 연관성이라는 결론으로 넘어갈 수는 없다. 파라오가 다스리던 이집트는 아즈텍이나 잉카 제국과 마찬가지로 일부다처제였다. 성적 태도를 주변 여건들에서 더욱 강력하게 분리해서 설명하려고 할 경우에는, 대개 결혼규칙의 사회적 영향을 그 근거로 댄다. 일부다처제는 사회적 불평등을 더욱 심화시킨다. 경제적, 정치적 불평등에다가 번식의 불평등까지 얹어주니 말이다. 특정한 역사적 상황에서 예를 들면 경제적, 정치적 상류층은 강력한 일부다처제 아래서 성적으로 아무 소득이 없고 가정도 이루지 못한 남성 주민 전체를 고려하지 않으면 안 되었다. 따라서 일부다처제로 인해 여성이 부족해지는 것을 금지함으로써 모두가 결혼할 수 있도록 하는 것은 서로 경쟁 상태에 있는 도시 국가에서는, 모든 주민이 자신을 전체와 동일시하도록 만들 수단이 될 수 있었다. 다음과 같이 설명할 수도 있다. 일부일처 결혼제도가 규범이 되면, 사회 안에서 남성들의 성적인 경쟁을 줄인다.

그렇게 보면 일부다처에서 사회적 일부일처제로 넘어가는 것은 경쟁을 줄여주는 다른 구조들, 곧 엘리트를 통한 세금 지불, 고용주 지분이 들어간 사회보장제도의 도입 등과 비견될 수 있고, 따라서 일종의 정치적 재분배라고 할 수 있다. 아주 늦게야 나타나는 '1인 1표'라는 생각이 이런 관점에서는 '1인 1아내'라는 공식으로 이미 준비되었다고 말할 수 있을 것이다. 일부일처 결혼은 정치적 타협의 덕이자, 이익 집단을 넘어 집단행동의 의식이 생겨난 덕으로 돌릴 수 있을 것이다. 예를 들어 그리스 지역에서 사회적 일부일처로의 이행이 정치적 맥락에서 가능해지기 위해서는, 엘리트층이 전보다 허약해지는 궁정 지배의 종결이 필요했다. 〈일리아스〉에서 〈오디세이〉로 넘어가는 발걸음은 물론 귀족 지배의 범위에서 벗어나는 발걸음은 아니었고, 평등한 사회, 또는 폴리스 민주주의로 넘어가는 발걸음은 더더욱 아니었다. 기원전 6세기에 가정의 모델에서 여성과 혼외 자식이라는 특권을 몰아낸 솔론의 가족법에 도달하기까지 아직 많은 시간이 필요했다. 하지만 가족 안에서 아내의 정절과, 마지막에는 적어도 사회적 일부일처제 아래 남성의 정절에 대한 찬양은 이미 시작되었다.[12]

일부다처의 방지를 통해 결혼하지 않은 남성의 수가 줄어들면, 사회에서 일탈 행동의 강도도 줄어든다고 추측할 수 있다. 신분이 낮고 자신의 가족을 이룰 전망도 없는 미혼 남성은 경제 용어를 동원해 설명하면 미래의 가치를 깎아내리고, 사회적 출세를 위해 그리고 성적 행동에서 위험한 행동 방식을 갖는 경향이 있다. 중국, 미국, 인도 등 아주 상이한 나라들에서 이루어진 연구들은 범죄 성력의 과정에서 결혼한 상태가—결혼하지 않은 커플 관계 말고—범죄 경향을 3분의 1 이상 줄이고 폭력범죄는 심지어 절반이나 줄인다는 사실을 입증했다. 물론 결혼이 직업 선택에 영향을 주는 점이 정확하게 무엇인지는 밝혀지지 않았다. 예를 들어 나이가 들어가는 것과 결혼했다는 것, 폭력적 행위에 거리를 두는 것이 서로 연관되었을 수도 있다. 이 가설은 '부모의 염려'라는 부양자 이론의 사회적 작동 방식으로서, 그러니까 결혼한 남자들이 장기적으로는 덜 직접적으로 이기적인 행동을 한다는 의미에서 설득력이 있어 보인다. 기원전 100년 무렵의 로마 검열관은 이렇게 말했다. "우리 모두 알듯이 결혼은 넌더리의 원천이다. 그런데도 누구나 결혼을 해야 한다. 특히 공공성의 관점에서 그렇다."[13]

이런 공식들이 그리스나 로마에서 성적인 일부다처가 일상적이었다는 사실을 못 보게 만들어서는 안 된다. 법이 요구한 사회적인 일부일처를 지속하고는 있어도, 노예제가 존속했으니 그것이 가능했다. 결혼이란 번식만을 뜻하는 것이 아니라 지참금, 소유 공동체, 상속 등을 뜻하는 것이기도 하다. 따라서 예로부터 일부일처와 일부다처 사이의 선택은 경제적 결정이기도 했다. 이와 관련해 프랑스 역사가 폴 벤Paul Veyne이 알려주는 소小 카토Cato 이야기보다 더 의미심장한 것이 없다.

미덕의 모범이던 카토는 친구에게 자기 아내를 내주었다가 나중에 다시 그녀와 혼인했는데, 덕분에 큰 재산을 상속했던 것이다. 프리드리히 엥겔스는 1884년 가족의 기원을 다룬 자신의 논문에서 이런 역사적 결과들을 이용하여, 일부일처제란 평등한 난교亂交 사회이던 원래의 부족 형태 재산 공동체에서 벗어난 사유재산의 결과라는 주장을 펼쳤다. 그렇게 보면 결혼이란 재산을 지킨다는 의미를 갖는다. 오직 그 이유에서만 일부일처를 실천하는 것인가? 그렇다면 이는 재산이 여성을 끌어들인다는 의미를 갖는다는 사회생물학의 주장을 뒤집은 것이 된다.[14]

사회적 일부일처제와 사유재산, 이 두 가지는 최초의 고급 문화들에서 정치권력이 되었다. 일부일처의 역사에 대해 폭넓은 연구서들을 내놓은 인류학자 로라 베치그Laura Betzig는 아우구스투스 황제가 연설에서 미혼남성들이 로마의 가장 큰 범죄자들이라고 단호히 선포한 것을 인용한다. 살인자보다 더 큰 범죄자들이란다. 어째서 그런가? 로마인들이 소가족을 이루고는 동시에 바람을 피우고 사생아들을 낳는 것이 황제에게 눈엣가시였기 때문이다. 그의 눈에 미혼남성들은 합법적인 상속자로 태어나지 못하는 아이들에게 '살인자'인 셈이다[사생아를 낳은 여자들이 결혼했다면 그 아이들은 사생아가 아닐 테니까]. 로마의 남성 시민들이 사생아를 만드는 이유는 큰 유산을 뒤에 남기면서 자기가 죽은 다음 그 재산이 뿔뿔이 흩어지는 것을 막기 위해서였다. 그러니까 그들은 섹스는 결혼 영역의 밖에서 즐겼던 것이다. 황제 시대 로마에서 유산은 자식들 사이에 나누어 분배되었다. 장자가 모든 것을 차지하는 이른바 '장자상속권'이라는 게 없었다. 그래서 오직 1명의 아들만 있도록 '인위적으로' 배려되었다. 주로 혼외정사, 피임, 가족 안에서도 낙태와 영아살해 등이 자행되었다. 유산이 여러 자식들에게 나뉨으로써 재산이 흩어지는 쪽이 황제에게는 유리했다. 그렇게 되면 정치적 적대세력인 귀족층의 힘이 약해질 것이기 때문이다. 그래서 가족의 아버지를 후원하고, 미혼남성에게 과세하고, 과부들에게 재혼을 강요하고, 간통을 처벌하는 법령들이 발령되었다. 가능한 한 귀족의 수를 늘리려는 주민정책 의도가 지나치게 나가서, 젊은 처녀의 아버지가 딸을 유혹한 자를 죽일 수는 있지만, 그가 1명을 죽인다면[딸까지] 둘을 모두 죽여야 한다는 지시를 강화한 형벌 규범이 생겨났다. 그렇게 되면 죽이기가 어려울 것이라는 속셈을 지닌 법이었다. 핵심은 혼인 가능자의 풀을 크게 만들자는 것이었다.[15]

위와 같은 설명의 시도들은 사회적 일부일처제로 넘어갈 때 남성들에게서 주도적 힘이 나온 것으로 본다. 그것을 통해 통치권을 안정시키고 더 넓은 기반을 세우려는 남자들, 또는 보편적인 일부일처제와 함께 나타나는 특수한 재분배로 이익을 얻으려는 남자들이 이것을 주도했다. 조지 버나드 쇼는 이렇게 말했다. "일부일처제가 여성에게 실질적으로 내놓는 질문은, 10등 남자가 온전히 제게 속하는 것과 1등 남자의 10분의 1만이라도 제게 속하는 것 중 어느 쪽이 더 나은가 하는 것이다." 기독교는 앞의 조건을 지지하면서 고대로부터 전해지는 일부일처 가족 형태를 후원했다. 고대사학자 피터 브라운Peter Brown의 말, 곧 초기 기독교도들의 공적인 이미지가 돈 많은 부인들의 후원을 받아, 얼굴 없고 뿌리 뽑힌 채 학대당하는 가난한 사람들을 보살피는 독신자 주교들에 의해 만들어졌다는 말은, 어떤 그룹들이 일부일처제에 유리한 동기들을 발전시켰는가를 요약해준다. 성적인 일부다처 행동을 중단하라고 선전하는 종교는 분명히 특히 돈 많은 부인들에게 매력적으로 보였을 것이다. 그를 통해 자기들의 지위가 더 높아질 것이기 때문이다. '1등' 남자의 10분의 1만을 요구하는 것보다는 그가 온전히 자기에게 속한다면 더욱 좋을 테니 말이다.[16]

⫸⫸⫸⫸⫶

그러니까 일부일처제는 여러 번이나 시작되었던 것으로 보인다. 메소포타미아, 그리스, 이교의 로마, 기독교의 로마에서 제각기 말이다. 현대 사회에서 이 결합은 경제적, 가족법적, 생물학적 관점들에서 더욱 많이 벗어났다. 18세기부터는 사회적 일부일처제의 비물질적 측면이 나타나서 점점 더 지배적으로 되었다. 그때까지는 두 사람 관계의 예찬은 대체로 아리스토텔레스가《니코마코스 윤리학Ethica nicomacheia》에서 말한 우정에 붙잡혀 있었다. "완벽한 우정이라는 의미에서는 여러 사람과 친구가 될 수가 없다. 동시에 여러 사람을 사랑하기가 어려운 것과 마찬가지다. 그런 우정은 자체로 과잉을 지니는데, 애착의 과잉은 본성상 하나를 지향하게 된다."

여럿이 아니라 오직 한 여인만을 사랑하는 것이 특히 강한 사랑의 조건이다. 17세기에 청교도들은 한 여인과 한 남자가 성적, 사회적으로 동지가 되어야 하며, 결혼은 위안이어야 하고, 바라건대 욕망은 항구적인 것이 되어야 한다고 요약했다. 18세기 이후로 우정관계와의 연관성이 느슨해졌다. 우정이라는 의미에 반하지 않고도 여러 명의 친구를 둘 수 있기 때문이다. 그렇게 보면 사랑은 우정이 공고해진 것은 아니다. 친밀한 사랑에 대해서는, 한 번에 한 사람만 사랑하는 것이 가능하다고들 한다. 어째서 그런가? 사랑은 두 개인을 다른 무엇과도 비교할 수 없는 상태로 연결해주기 때문이다. "그녀 또는 그는 내가 갖지 못한 무엇을 가졌는가?"라는 질문은 통용되지 않는다. 다른 사람들도 아름답고 비녁이 있고 재비가 있다. 사회학자 니클라스 루만Niklas Luhmann은 장 파울Jean Paul의 표현을 이렇게 풀이했다. 사랑의 근거는 "상대방의 질에 있는 것이 아니라 그의 사랑에 있다." 비교불가능성이 전제되어 있고, 사랑의 말할 수 없음은 정상이며, 문제로 취급되지 않는다. 동일한 19세기에 외설물도 마찬가지로 개인에 대한 관심을 없앤다는 이유에서 도덕적으로 평가절하되었다.[17]

이 모든 것은 개체성에 대한 요구를 높였고, 그럴수록 여러 명을 향한 사랑이라는 관념은 더욱 그럴싸하지 않게 되었다. 일부일처제는 이제 단순히 번식 모델일 뿐만이 아니라, 법의 형식이자 가족 구조이자 정절의 표현이 되었다. 일부일처제는 사랑의 기대다. 여기서 말하는, 한 시기에 오직 한 사람에게만 느낄 수 있는 사랑이 성적인 번식을 위한 수단이 아니라, 커플의 성이 사랑의 선포가 된다. 사회학적으로 보자면 오로지 사랑에만 근거한 결혼이란 물론 전혀 있을 법하지 않다. 그 사이로 많은 것이 끼어든다. 재산, 교육, 경력 등 아주 많은 것이 가족에 달려 있다면, 어떻게 이 모든 것이 말할 수 없는 어떤 것, 쉽사리 도로 사라질 수 있는 어떤 것에 근거하도록 놓아둔단 말인가? 사실에 반하는 규범적인 일부일처제 고집은 이런 '무질서'를 상쇄하기 위해 발전한 것처럼 보인다. 이미 모든 것이 엉망이라면, 적어도 부부만이라도 격리시켜 질서 있게 만들자는 생각 말이다.

　독일의 수필가 카를 마르쿠스 미셸Karl Markus Michel은 언젠가 이렇게 말했다. "한 여자가 자신의 생애(한 시기) 동반자가 자기를 속인 것을 발견하고 그에게 따지면, 그는 무조건 '당신에게 모든 걸 설명할 수 있어'라고 말할 것이다. 하지만 남자가 아내나 여자친구가 바람피운 것을 알게 되면, 그녀는 언제나 이렇게 말한다. '그냥 그런 일이 일어났어.' 예를 들어 '우리 둘과는 아무 상관도 없는 일이야'라고 그가 말하거나 '그건 아무 의미도 없어'라고 그녀가 말한다면, 이건 그냥 사족일 뿐이다." 커플의 사회생물학과 문화사의 배경을 놓고 보면, 두 사람 모두 옳다. 바람피우기에 대해서는 모든 것이 설명될 수 있다. 하지만 인간의 일부일처제에 대한 질문에는 그런 설명이 아무 의미도 없다. 사랑에 찬 결혼이 오로지 바람을 피웠다는 것만으로 해체되지는 않기 때문이다. 그런 일은 감당되고, 용서되고, 심지어 허용될 수도 있다. 물론 이런 진실이 두 사람에게 조금도 도움이 되지 않지만 말이다.[18]

시작들의
끝에서

시작으로서의 원칙은 전체의 절반 이상일 것이며,
이미 그 자체로 우리가 알고자 하는
많은 것을 설명할 수도 있다.
아리스토텔레스

열한 살짜리 소녀가 인류의 시작에 대해 묻는다. "맨 처음에 세 번째. 네 번째 사람도 있었을 텐데." "어째서 그렇게 생각하지?" "그야 아담과 이브가 카인과 아벨이라는 자식을 두었지만, 남자들만으로 계속 갈 수는 없잖아? 어디선가 여자가 왔을 게 분명하지." 또, 아이는 아담과 이브에게 딸이 있어서 두 오누이가 자식을 두었을 거라는 생각도 불쾌하게 여긴다.

18세기의 성서비판자들보다 앞서 나타났을 이런 생각 깊은 어린이의 질문에는 생물, 역사, 종교 수업 이상을 위한 소재가 들어 있다. 그것은 이 세 분야를 모두 비추고, 원칙적인 사색을 해볼 맹아를 포함한다. 시작에 대해 어떻게 생각하면 좋을까? 시작에 대해서는 이야기들만 있나? 아니면 지식도 있나? 어째서 시작에 대해서는 예를 들어 성서에서처럼 이야기되는 것일까? 학교 수업시간에 외웠다가 재빨리 잊어버리는 대신, 이런 방식으로 계속 생각한다면 좋을 것이다. 유명한 말 가운데 이런 것이 있다. "모든 것이 잊히고도 남는 것이 교양이다." 우리가 이 책에서 인용하고, 약술하고, 강조한 탐구의 세부사항들이 모조리 잊히고 나면, 무엇이 남을까? 개별적 지식의 습득을 넘어 시작들에 대한 탐색의 결실은 무엇인가?

>>>>|

잠깐만 생물 수업시간으로 가보자. 10년 전에 '상품 테스트 연구재단Stiftung Warentest'에서 독일의 7~10학년용 생물학 교과서들을 자세히 검토했는데, 그 결과는 그다지 유쾌하지 않았다. 많은 이들의 눈에 3페이지에 하나씩 내용 오류가 있는 것으로 보였다. 수리부엉이가 여우를 잡아먹는다는 것과 흰수염고래의 내장이 흰수염고래 자신보다 56배나 길다는 것, 그러니까 1.5킬로미터에 이른다는 내용이 특히 보고서에서 기묘하다고 널리 회자되었다. 중대한 오류는 잘못 제시된 내장 길이보다는, 오히려 학생들에게 그럴듯 의미 없는 정보들이 제공된다는 사실이었다. 학생들은 어떤 물고기가 아가미를 몇 줄 가졌는가를 배우는데, '3' 또는 '8'이라고 답을 쓰면 점수가 깎인다. 4줄 아니면 정확하게 5줄에서 6줄이라는 사실이 호흡에 대한 5학년생의 생각이나 생물학 이해와는 어차피 무관한 일인데 말이다. 학생들은 흰수염고래의 경우에 내장 말고도 다른 많은 것들이 침팬지나 굴뚝새와는 전혀 다르다는 것을 알아야 한다. 자연과학만 그런 것이 아니다. 이집트인들의 경우도 그리스인이나 로마인들과는 사회적으로 달랐던 것이고, 문학에서도 괴테는 클라이스트나 폰타네와 달랐다. 하지만 우리는 이런 차이를 놓고 무엇을 어떻게 해야 할 것인가에 대해서는 거의 배우지 못한다. "수리부엉이가 여우를 잡아먹는다"라는 문장은 그 반대의 수상, 곧 수리부엉이는 실내로 여우를 잡아먹지 않으며, 자기들도 역시 여우에게 먹히지 않는다는 주장만큼이나 오해를 만들어낸다. 그보다는 차라리 동물의 먹이 상황과 사냥 상황을 설명하기 위해 피라미드 모양과 사슬 모양 중 어느 것이 적당한가를 생각해보는 쪽이 더 나을 것이다.

독일 교과서에 엄청난 정보가 모아져 있다는 '상품 테스트'의 결과는 그래서 두 가지 뜻으로 해석할 수 있다. 정보는 중요하지만, 그런 답을 하도록 유도하는 질문들이 있는 경우에만, 그리고 정보들을 정리해주는 개념들이 있는 경우에만 중요하다. 식물은 동물과 어떻게 다르고, 채식동물과 육식동물은 어떻게 다른가? 어째서 그리스 사람들은 언어에 따라 부르고, 로마인들은 도시에 따라 부르는가? 시대란 무엇인가? 그리고 '고전주의'와 '낭만주의'의 대표적인 작가들이 동시에 살았는데, 어떻게 이들을 시대로 분류할 수가 있는가? 이런 질문들을 던져보면 곧바로, 우리들 거의 모두가 학생의 상태에서 벗어나지 못했다는 것을 알 수 있다. 알고 있는 것과 알 수 있는 것 대부분이 그것을 소화하고 그것으로 무언가 시작해볼 우리 능력보다 훨씬 더 크다. 우리는 그것을 분업이라 부른다. 그 대부분을 스스로 알지 못한 채 남에게서 듣고, 우리 자신은 직업 활동에서 우리가 잘 알고 있고 개관할 수 있는 영역에만 관심을 집중한다. 그러고는 다른 전문가들이 나머지를 보살피도록 놓아둔다. '시대'라는 말로 무얼 생각해야 하는지, 또는 '먹이사슬'이라는 개념이 의미심장한지 아닌지 내가 알아서 무엇 하나. 특히 오래전에 사라진 문화와 사실들에 대한—그리스인들, 로마인들 등등—지식은 없어도 되거나, 아니면 고작 오락용으로 쓰이는 것만 같다. 그러니 메소포타미아인, 동굴거주인, 땅으로 내려온 원숭이 등은 더 말해 무엇 하랴.

⟫⟫⟫⟫

이 책에서 시도된 답변은 이중적인 것이다. 시작에 대한 질문들, 그중에서도 진화생물학, 초기 인류의 역사, 고고학적인 시작의 질문들은 정말로 마치 멀리 있는 은하계처럼 변화시킬 수가 없는, 기술적 관심이 없는 어떤 것으로서, 단편적으로 전해지는 것들로만 과거를 탐색하는 질문들을 시작한다. 좁은 의미에서는 어째서 땅원숭이가 몸을 일으켰는지, 어째서 법이 문자로 쓰였는지, 또는 익혀 먹기가 4만 년 전에 나타났는지, 20만 년 전의 일인지, 아니면 200만 년 전의 일인지를 안다 해도, 연구 영역 바깥에선 아무 쓸모도 없다. 연구 영역 안에서도 선사시대의 그 어느 것도, 그 분야 종사자들 100명 정도가 외부인의 눈으로는 이해할 수도 없는 에너지, 꼼꼼함, 학구열 등을 동원해서 탐색하는 것들 말고는 달리 없다. 인간직전 원숭이들의 이빨에 대해 수 미터 선반을 가득 채우는 책들과 논문들이 있고, 선사시대 비너스 상들, 또는 남아메리카의 어떤 강변에 국가들이 있었는가, 따위의 질문에 대한 책과 논문도 마찬가지다. 우리 책에 제시된 주석에다가 수많은 문헌들을 덧붙일 수가 있다.

옛 시대에 대한 지식은 그렇게 해서 한편으로는 점점 더 정밀해진다. 다른 한편으로는 앞서 이미 보았듯이, 지식의 습득은 덧붙인 정보들만으로 단순히 해결되지 않는 문제들을 불러낸다. 음악적 소통과 몸짓 소통에서 벗어나 어휘, 분상돈, 문법 등을 갖춘, 우리가 언어라 부르는 구조물로 넘어간 것을 어떻게 설명해야 하나? 해부학적 현생인류의 출현과 점점 빨라지는 문화의 발전 사이에 어째서 그토록 엄청난 시간이 필요했나? 어째서 최초 농부들의 예배 장소에 길들인 짐승이 아닌 야생동물이 그려졌나? 어째서 고급 문화들은 문명의 업적들을 재빨리 연거푸 만들었지만, 모두 만들지는 않았던가. 예를 들어 어째서 메소포타미아인들은 돈을 만들지 않았고, 그리스인이나 로마인들은 숫자 0이 들어간 계산을 하지 않았던 것일까?

우리는 이런 질문들에 다가갔다. 학계는 이 모든 것의 답을 찾지는 못한 채 계속 연구하는 중이다. 정보 자체는 말을 하지 않고, 특히 원시시대는 매우 불완전하게만 전해지기에 연구는 발전의 모델과 달라질 수가 없고, 모든 모델은 그 자체로 결함이 있다. 아담과 이브 이야기는 이런 의미에서, 열한 살짜리의 눈에도 띄는 결함들을 가진 초기 모델 중 하나다. 정말로 창세기 4장 16절에는 이렇게 나와 있다. 동생을 죽인 카인은 신에게서 표식을 받은 다음에 "하느님 앞에서 물러나와 에덴 동쪽 놋이라는 곳에 자리를 잡았다. 카인은 제 아내와 한 자리에 들었더니, 아내가 임신하여 에녹을 낳았다."

신화는 그렇다. 온통 불연속성으로 가득 차 있다. 신화에서 앞으로 나아가기 위해 여자가 필요하면, 이 여자는 놋Nod이라는 땅에서 나타나는데, 이 땅에 대해서는 그것이 자리 잡은 방향 말고는 아무것도 알려진 바가 없다. 하지만 신화만 그런 것이 아니다. 앞에서 보았듯이 문명사적 업적들의 시작에 대한 연구도 그와 비슷한 불연속성에 마주치게 된다. 누가 대체 최초로 돈을 받았을까? 누가 최초의 문자를 읽었을까? 인류학자들은 직립보행의 발전 모델을 만들었고, 언어의 동기에 대한 모델, 나중에 돈을 통해 더 단순해졌지만 원래의 물물 교환의 모델, 또는 원시 인간들을 최면 상태에서 초월적인 존재와 연결해준 최초의 샤먼 종교의 모델 등을 발전시켰다. 이런 모델들은 입증할 수 없는 이야기의 특성을 지녔고, 그런 만큼 결함이 있다. 상고사 학자들은 과거가 직접 우리에게 말을 해주지 않는 자리에서 이따금 현대 부족 사회의 표지들을 탐색하기도 한다. 고고학적 이미지를 동원해 우리는 이런 이야기들과 모델들을 폐허의 효과라고 말할 수가 있다. 그것들이 가능한 경과에 대한 생각과 보고들을 동원해, 사라져버린 구조들에 다가가도록 다리를 놓아주기 때문이다. 화석으로 남지도 않았고, 장식품, 그림, 문자 등이 발명될 때까지 보존되지도 못한 모든 것은, 화석으로 기록된 경과들 속에 시험적으로 편입된다.

이런 모델은 항상 잠정적이라는 특성을 지닌다. 꾸준히 새로운 화석들이 발견되고 있으며, 과거의 폐허들은 이리저리 움직이는 가변적인 성벽을 지녔기 때문이다. 예를 들어 최초의 도시 우루크에서는 그 구조물의 극소수 부분만이 발굴되었다. 아나톨리아의 괴베클리 테페는 예배 장소로서 매장 목적으로는 쓰이지 않았던 것으로 추정된다. 오로지 지금까지는 그곳에서 무덤이 발견되지 않았기 때문이다. 메소포타미아와 근동에 대해 우리가 많이 알고, 문명사적 시작들에 대한 대부분의 가설이 이 지역을 고려한다는 사실은 어쩌면, 예전부터 예를 들어 중국보다 이곳에서 더 많은 고고학 연구가 이루어졌다는 우연한 사정 덕분일 수도 있다. 오랫동안 우리는 짐작뿐인 또는 실제로 확인된 신전이나 궁전들에 대해 다른 건축물보다 더 많이 알지만, 그것 또한 통치자의 집이 아닌 한, 평범한 집이나 무덤보다는 그런 신전이나 궁전들이 초기 고고학의 관심을 더 강하게 끌었기 때문이다. 우리 지식의 선택적 특성은 그것의 자료 토대에서 이미 분명하게 드러난다.

>>>>>|/

그렇기 때문에 앞으로 수많은 새로운 시작들이 더 나타날 것이다. 그리고 시작에 대해 글을 쓰는 동안에 벌써 사정이 바뀌기도 한다. 최근 모로코의 제벨 이르후드Jebel Irhoud 근처 동굴에서 초기인간의 유골 일부와 돌 도구들이 발견되었는데, 이것은 해부학적 현생인류의 나이를 10만 년 정도나 더 이전으로 끌어올린 발견이다. 그 이전까지는 호모 사피엔스의 가장 오래된 화석은 1967년에 에티오피아 키비쉬Kibish에서 발견된 것으로, 대략 19만 5,000년 정도 되었다. 또는 2003년에 역시 에티오피아의 헤르토Herto에서 발견된 유골로, 약 15만 년 전 것이었다. 그런데 이제 현생인류의 시작은 동아프리카에서 북서부 아프리카로, 그리고 시기도 약 30만 년 전으로 옮겨진 것이다.

'시작'이라는 개념은 의미심장하다. 진화는 오로지 과정들을 알 뿐이다. 그 시작은—직립보행의 시작, 언어의 시작 등이 가장 잘 보여주듯이 — 무한히 긴 시간 동안 이루어진다. 진화가 하나의 표본을 놓고, 이것이 한 종의 처음이라고, 또는 이 종의 최후라고 확인해줄 가능성은 없다. 제벨 이르후드의 인간들도 — 어른 셋, 청소년 하나, 어린이 하나 — 개별적인 특성들은 우리와 다르다. 약 10만 년 전의 호모 사피엔스에게 현대의 의상을 입혀서 오늘날 버스에 앉혀놓으면 별로 눈에 띄지 않을 것이라는, 자주 적용되는 준거는 — "너희는 그들이 인간임을 알아볼 거야" — 어쨌든 시사하는 바가 많다. 100년 전만 해도 심지어 동시대 사람들에게서도 공통점보다는 차이점이 더 많이 눈에 띄었다. 낯선 사람을 중립적으로 대하고 호의적인 무심함으로 대하는 태도는 사회사적으로 상대적으로 최근에 나타났다.

그에 반해 많은 인간 사회가 대부분의 소규모 동물 그룹과는 달리, 부족의 경계를 넘어선 혼인 등을 통해 낯선 사람을 받아들인 것은 오래된 일이다. 네안데르탈인과 인간이 서로 짝짓기를 했다는 것이 입증되었지만, 그렇다고 서로 다른 인간 종들 사이의 완결된 공동체를 논할 정도는 아니다. 그러니까 해부학 하나만으로 공동체 형성이나 친척 관계 형성 등을 결정할 수는 없다. 토머스 윈Thomas Wynn과 프레데릭 쿨리지Frederick Coolridge는 네안데르탈인에 대한 책에서, 우리가 어떤 버스 정류장에서 네안데르탈인을 만난다면 그가 비록 낯선 얼굴과 이상한 머리를 하고는 있어도 "그를 피해 다음 정류장까지 걸어갈 정도로 이상하지는 않을 것"이라고 말한다.

구체적인 경우에 극단적인 수용력을 지니는 인간 공동체의 특이성은, 그렇다고 이방인에 대해 전반적으로 친절하다거나 낯선 것의 인지가 없어진다는 뜻은 아니다. 이방인이 받을 수 있는 지위는 현저히 유동적이다. 여기서 낯선 이들과 어떻게 교류하느냐가 문제가 아니라, 그들과의 교류가 이루어졌다는 것, 그리고 그런 관계에서 생존을 위한 다툼만이 유일한 사회적 양상은 아니라는 것이 중요하다. 25만 년 이상에 걸친 인류의 유골이 띄엄띄엄 흩어져 발굴되었지만, 제벨 이르후드의 뼈에서 알 수 있듯이, 초기 역사에서 인류는 각각의 발견 장소에서도 '극히 다양한 딤'이었던 깃이다.

ꚛꚛꚛꚛ

시작들에 대해 배우기와, 시작들을 보고 시작들에 대한 연구를 참고해 배우기는 서로 다를 수밖에 없다. 시작들에 대해 배우기는 그 각각에 대한 지식의 수준과 관련된다. 그 지식을 요약하는 데는 '아마도' '그에 반해' '대략' 등의 낱말들이 빠질 수가 없다. 그 지식을 참고해 배우기는 문명사적인 시간의 흐름을 느끼는 일이다. 하지만 또한 시작들 사이의 간격이 점점 좁아진다는 것도 느끼게 된다. 농업과 도시와 국가와 문자 등을 통해 역사적으로 새로운 것들이 연달아 나타나고, 공간적으로도 집중된다.

문명의 시작들을 보면서 배우는 것은, 모든 새로운 것이 그게 하나의 과정일 거라고는 짐작도 못하는 것에서 나온다는 점이다. 신전을 보면서 그것이 돈의 경제에 자극을 줄 것이라고는 생각도 못하고, 무덤에 대해서도 거기서부터 신들에게로, 또는 토지 소유의 표시로 가는 길이 그리 멀지 않다는 사실도 떠올리지 못한다. 젖먹이 아기의 울음소리가 멜로디 가락을 포함한다는 것이 놀랍고, 출산의 산도産道, 늦은 성장, 위험이 될 수 있기 때문에 얼른 진정시켜야 했던 아기 울음 등의 연결도 놀랍다. 또는 뇌의 크기와 사회적 집단의 크기가 서로 연관성을 가지며, 머릿니 등 이 잡기가 언어의 전 단계일 거라는 추측도 역시 놀랍다.

시작들이 나타나기 위해서는 언제나 여러 가지가 필요했다는 사실도 우리는 배울 수 있다. 그 어떤 문명적 업적도 단 한 가지 메커니즘이나 단 한 가지 원인 덕에 생겨나지 않았다. 말, 소, 사자, 곰 등을 그린 동굴벽화에 도달하기 위해서는 단순히 기술적인 전제 조건들만이 ─ 색소, 동굴을 밝히는 불의 통제 등 ─ 아니라, 대상을 알리는 데 필요한 인지 능력도 필요했다. 모티프를 비축해주는 사냥이 필요했지만, 또한 사냥감 동물만이 아니라 스스로 사냥꾼이 되는 동물들도 동물이라는 의식도 필요했다. 또는 다른 예를 들어보자. 특정한 계층이 너른 면적에 대한 통치권을 행사하는 국가에 도달하기 위해서는, 각각의 이론에 따라, 중앙 집중화된 결정에 익숙해짐, 성공적인 사냥꾼 겸 전사戰士의 카리스마, 예속 상태에서 도망칠 가능성이 없음, 과잉을 가능케 하는 경제 등이 필요했다. 시작의 연구는 각각의 가설들이 지속성을 갖느냐 아니냐 하는 것과는 무관하게, 저 유명한 인용문을 따르자면, 국가만 스스로 보증할 수 없는 전제들에 근거하는 것이 아니라, 그야말로 모든 것이 스스로 보증할 수 없는 전제들에 근거한다는 사실도 알려준다. 그러니까 식물의 재배나 종교, 이야기나 결혼도 말이다.

따라서 문명 시작의 연구는 철학자 게오르크 빌헬름 프리드리히 헤겔이 언젠가 김나지움 연설에서 1800년 당시에 고전어[고대 그리스어와 라틴어]를 공부하는 근거로 제시했던 두 가지 기준을 충족시킨다. 헤겔에 따르면 외국어 문법을 꿰는 것은 '논리 교육의 시작'이다. 그것이 "모국어에서 아무 생각도 없이 습관만으로 올바른 언어조합을 가져오는 방식"과는 다른 어떤 것에 대해 깊이 생각하도록 강요하기 때문이다. 동시에 고대는 '멀고도 낯설다'. 이것은 이해력에 도움이 된다. 교육 과정에서 자신의 현재를 벗어나 멀리 떨어진 곳으로 갔다가 현재로 되돌아오는 그 거리를 통해 이해력이 커지기 때문이란다. 그는 다음과 같이 말하려고 했던 것이다. 옛것을 공부하는 것은 좋은 일이다. 옛것을 자세히 관찰하기란 매우 어려운 일인데, 모든 좋은 것은 어려움을 극복한 덕분이거나 아니면 적어도 어려움을 극복하려는 시도에서 발전하는 힘들 덕분이다. 모든 것의 시작들은 낯설고도 어렵지만, 덕분에 그런 연구는 일시적으로 성취된 지식을 훨씬 넘어 이해력에 생생한 힘을 준다.

연대표

360만 년 전: 라에톨리의 발자국

300만 년 전: 마카판스가트의 조약돌

180만~150만 년 전: 호모 에렉투스

50만~30만 년 전: 호모 하이델베르겐시스, 말하기가 가능했을 듯.

40만~30만 년 전: 노래를 부르기 위한 신체적 조건들

40만~30만 년 전: 최초의 불 피운 자리들

30만 년 전: 창槍

30만~19만 년 전: 최초의 해부학적 현생인류인 호모 사피엔스

10만 년 전: 색깔 생산품

8만 년 전: 뼈와 돌에 장식

5만~4만 년 전: 장례 의식

4만 5,000년 전: 동굴벽화

4만 년 전: 가장 오래된 뼈피리

3만 5,000년 전: 익혀 먹기 위해 열을 가한 돌판

1만 4,000년 전: 질그릇. 정착지 형성, 최초의 집동물

1만 4,000년~1만 1,000년 전: 경작

1만 2,000년 전: 정착지 바깥에 있는 예배 장소들

1만 1,000년 전: 고기를 보존 가능하게 만들기. 보리 재배

9,500년 전: 셈돌

9,000년 전: 알코올음료 생산. 식물 재배와 동물 길들이기

8,300년 전: 예리코의 탑

7,500년 전: 최초의 도시형 거주지

5,500년 전: 최초의 빵. 도시 국가들. 문자

4,000년 전: 성문법

3,000년 전: 최초의 서사시

2,700년 전: 양면이 주조된 동전

1,500년 전: 숫자 0

도판 목록

그림1. Science Photo Library / akg-images

그림2. 연합뉴스

그림3. 연합뉴스

그림4. LIBRARY OF CONGRESS/SCIENCE PHOTO LIBRARY / akg-images

그림5. De Agostini Picture Library / akg-images

그림6. ImageKorea

그림7. Science Photo Library / akg-images

그림8. WHA / World History Archive / akg-images

그림9. Science Photo Library / akg-images

그림10. OXFORD UNIVERSITY IMAGES/SCIENCE PHOTO LIBRARY / akg-images

그림11. Heritage-Images / CM Dixon / akg-images

그림12. UIG via Getty Images / 게티이미지코리아

그림13. UIG via Getty Images / 게티이미지코리아

그림14. National Geographic Magazines vis Getty Images / 게티이미지코리아

그림15. Erich Lessing / akg-images

그림16. De Agostini Picture Library / akg-images

그림17. De Agostini Picture Library / akg-images

그림18. ImageKorea

그림19. Erich Lessing / akg-images

주

들어가는 말

1   많은 증빙자료를 갖춘 Helmut Zedelmaier: Der Anfang der Geschichte. Studien zur Ursprungsdebatte im 18. Jahrhundert, Hamburg 2003.

2   Frederic Wood Jones: Arboreal Man, London 1916, S. 5.

3   Johann Peter Ludewig: Historia sine parente. De causis fabularum circa origines, Halle an der Saale 1693, §1.

4   Vgl. Niklas Luhmann: »Wie ist soziale Ordnung möglich?«, in: ders.: Gesellschaftsstruktur und Semantik. Studien zur Wissenssoziologie der modernen Gesellschaft, Band 2, Frankfurt am Main 1981, S. 195~285.

5   Zum Beispiel bei Elman Service: Origins of the State and Civilization. The Process of Cultural Evolution, New York 1975, S. 18.

6   Ernst Kapp: Grundlinien einer Philosophie der Technik. Zur Entstehungsgeschichte

7   여기에 또 다른 자유도를 덧붙이면 이는 바퀴가 아니라 자이로스코프[팽이]가 된다. vgl. Otto Patzelt: Triumph des Rades, Berlin 1979, S. 20.

8   Richard W. Bulliet: The Wheel. Inventions & Reinventions, New York 2016, S. 41 ff.; Mamoun Fansa: Rad und Wagen. Der Ursprung einer Innovation. Wagen im Vorderen Orient und in Europa, Oldenburg 2004, S. 14 ff.; Stuart Piggott: The Earliest Wheeled Transport. From the Atlantic Coast to the Caspian Sea, Ithaca 1983.

---

1. 직립보행의 시작

1   다음에서 인간으로 진화하는 도중의 유인원 종류를 '인간직전'이라 부른다. 호모 하빌리스Homo habilis와 호모 루돌펜시스Homo rudolfensis는 '태고인간'이라 칭하고 나중에 나타나는 호모속을 '초기인간'이라 부르기로 한다. vgl. Friedemann Schrenck: Die

Frühzeit des Menschen. Der Weg zum Homo sapiens, München 2008.

2 Michel Brunet u. a.: «A new hominid from the Upper Miocene of Chad, Central Africa», Nature 418 (2002), S. 145~151; Milford Wolpoff u. a.: «Sahelanthropus or Sahelpithecus?», Nature 419 (2002), S. 581 f., und David R. Begun: «The Earliest Hominis Is Less More?», Science 303 (2004), S. 1478~1480; Brian G. Richmond, William L. Jungers: «Orrorin tugenensis Femoral Morphology and the Evolution of Hominin Bipedalism», Science 319 (2008), S. 1599~1601, und Bernard Wood, Terry Harrison: «The evolutionary context of the first hominins», Nature 470 (2011), S. 347~352; Robert Foley, Clive Gamble: «The ecology of social transitions in human evolution», Philosophical Transactions of the Royal Society B 364 (2009), S. 3267~3279.

3 이런 주장에 대해서는 Frederic Wood Jones: Arboreal Man, S. 45 ff.; ders.: The Ancestry of Man, Brisbane 1923 참조.

4 모든 세부사항은 다음의 책을 보면 이해할 수 있다. C. Owen Lovejoy: «Evolution of Human Walking», Scientific American, November 1988, S. 118~125 (hier 120 f.), und mit gleicher Transparenz ausführlicher bei Matt Cartmill, Fred H. Smith: The Human Lineage, Hoboken 2009, S. 129~232.

5 Karen R. Rosenberg, Wenda R. Trevathan: «Bipedalism and human birth: The obstetrical dilemma revisited», Evolutionary Anthropology 4 (1996), S. 161~168, und dies.: «Birth, obstetrics and human evolution», International Journal of Obstetrics & Gynaecology 109 (2002), S. 1199~1206.

6 Dean Falk, Glenn Conroy: «The cranial venous system in Australopithecus afarensis», Nature 306 (1983), S. 779~781.

7 Johann Gottfried von Herder: Ideen zur Philosophie der Geschichte der Menschheit, Riga 1784, S. 218 und 216: «Mit dem aufrechten Gange wurde der Mensch ein Kunstgeschöpf.» Hierzu Hans Blumenberg: Beschreibung des Menschen, Frankfurt am Main 2006, S. 509~549. 대부분 20세기에 정리된 호모-유형체계의 광범위한 목록은 다음의 책에서 찾아볼 수 있다. Matthias Herrgen: Wissenschaftstheoretische Analysen der Anthropologie im biotechnologischen Zeitalter, Hamburg 2008, S. 191 ff.(이런 지적은 Reinhold Schmücker, Münster의 덕을 입은 것.)

8 James Gray: How Animals Move, Cambridge 1953, S. 59 ff.; Matt Cartmill: «Four legs good, two legs bad: Man's place (if any) in nature», Natural History 92 (1983), S. 64~79; Per E. Ahlberg, Andrew Milner: «The origin and early diversification of tetrapods», Nature 368 (1994), S. 507~514. 도구의 도입을 통해 이루어진 '신체 해방' 이후 최초의 행동이 돌 던지기였다는 것은 다음을 참조. Paul Alsberg: Das Menschheitsrätsel(Leipzig 1922), Nachdruck unter dem Titel «Der Ausbruch aus dem Ge354fängnis. Zu den Entstehungsbedingungen des Menschen», Gießen 1975, S. 72 ff.; vgl. Blumenberg, Beschreibung des Menschen, S. 575 ff.

9 Mark F. Teaford, Peter S. Ungar: «Diet and the evolution of the earliest human ancestors», PNAS Vol. 97 Nr. 25 (2000), S. 13506~13511.

10   Clifford J. Jolly: «The seed-eaters: A new model of hominid differentiation based on a baboon analogy», Man 5 (1970), S. 5~26; Sherwood L. Washburn: «Tools and human evolution», Scientific American 203(1960), S. 62~75.

11   Charles Darwin: The descent of man, and selection in relation to sex, London 1871, S. 435 ff.; Raymond A. Dart: «Australopithecus africanus: The Man-Ape of South Africa», Nature, Februar 1925, S. 195~199; ders.: «The predatory transition from ape to man», International Anthropological and Linguistic Review Vol. 1 No. 4 (1953). Aidan Ruth u. a.: «Locomotor pattern fails to predict foramen magnum angle in rodents, strepsirrhine primates, and marsupials», Journal of Human Evolution 94 (2016), S. 45~52.

12   Cartmill, Smith, The Human Lineage, S. 133.

13   David Raichlen u. a.: «Laetoli footprints preserve earliest direct evidence of human-like bipedal biomechanics», PLoS ONE 5 (2010), S. 1~6; Carol V. Ward u. a.: «Morphology of Australopithecus anamensis from Kanapoi and Allia Bay, Kenia», Journal of Human Evolution 41 (2001), S. 255~268.

14   Ralph L. Holloway Jr.: «Tools and Teeth: Some Speculations regarding Canine Reduction», American Anthropologist 69 (1967), S. 63~67, und die Entgegnung von Sherwood L. Washburn: «On Holloway's Tools and Teeth», American Anthropologist 70 (1968), S. 97~101; Clifford J. Jolly, «The seed-eaters», S. 8; vgl. auch Craig Stanford: Upright. The Evolutionary Key to Becoming Human, Boston 2003, S. 104~121.

15   William R. Leonard, M. L. Robertson: «Comparative primate energetics and hominid evolution», American Journal of Physical Anthropology 102 (1997), S. 265~281; William R. Leonard u. a.: «Energetic Models of Human Nutritional Evolution», in: Peter S. Ungar (Hrsg.): Evolution of the Human Diet. The Know, the Unknown and the Unknowable, Oxford 2007, S. 344 ff.

16   C. Owen Lovejoy: «The Origin of Man», Science 211 (1981), S. 341~350; ders.: «Reexamining Human Origins in the Light of Ardipithecus ramidus», Science 326/5949 (2009), S. 74~74e8. Die Tierexperimente finden sich bei Susana Carvalho u. a.: «Chimpanzee carrying behavior and the origins of human bipedality», Current Biology Vol. 22 No. 6 (2012), S. 180 f., und Elaine N. Videan, W. C. McGrew: «Bipedality in Chimpanzee(Pan troglodytes) and Bonobo (Pan paniscus): Testing Hypotheses on the Evolution of Bipedalism», American Journal of Physical Anthropology 118 (2002), S. 184~190. Skeptisch gegen Lovejoy vor allem Stanford, a. a. O., S. 113; das Argument von Susman u. a.: «Locomotor adaptation in the Hadar hominids», in: Eric Delson (Hrsg.): Ancestors: The Hard Evidence, New York 1985, S. 184~192, vgl. Cartmill, Smith, Upright, S. 212 ff.

17   야생 원숭이들의 두발걷기는 거의 오로지 먹이를 먹는 일에만 쓰인다는 판단에 대

해서는 다음을 참조. vgl. Kevin D. Hunt: «The evolution of human bipedality: ecology and functional morphology», Journal of Human Evolution 26 (1994), S. 183~202, und ders.: «Bipedalism», in: Michael P. Muehlenbein (Hrsg.): Basics in Human Evolution, Amsterdam u. a. 2015, S. 103~112. Zu den klimatischen Umständen der Zweibeinigkeit Richard Potts: «Environmental hypotheses of Pliocene human evolution», in: René Bobe u. a. (Hrsg.): Hominin Environments in East African Pliocene. An Assessment of the Faunal Evidence, Berlin 2007, S. 25~47; Giday Wolde Gabriel u. a.: «Geology and Paleontology of the Late Miocene Middle Awash valley, Afar rift, Ethiopia», Nature 412 (2000), S. 175~178, und Mark A. Maslin u. a.: «East African climate pulses and early human evolution», Quarterly Science Reviews 101 (2014), S. 1~17. 이따금 두 발걷기, 습관적 두발걷기, 필수적 두발걷기를 다음의 글은 구분한다. William E. H. Harcourt-Smith: «The Origins of Bipedal Locomotion», in: Wilfried Henke, Ian Tattersall (Hrsg.): Handbook of Paleoanthropology, Berlin 2013, S. 1483~1518. Zum nicht spezialisierten Grenzaffen Ardipithecus vgl. Tim D. White u. a.: «Ardipithecus ramidus and the Paleobiology of Early Hominids», Science 326 (2009), S. 64~86; Gen Suwa u. a.: «Paleobiological Implications of the Ardipithecus ramidus Dentition», Science 326(2009), S. 69~99.

18 Jonathan Kingdon: Lowly Origin. Where, When, and Why Our Ancestors First Stood up, Princeton 2003, S. 115~193.

19 똑바로 서기에서 소통을 위한 양상에 대해서는 다음을 참조. vgl. Nina G. Jablonski, George Chaplin: «The Origin of Hominid Bipedalism Re-Examined», Archaeology in Oceania 27 (1992), S. 113~119.

2. 익혀 먹기의 시작

1 Ludwig Feuerbach: «Die Naturwissenschaft und die Revolution» (1850), in: ders.: Gesammelte Werke, Band 5, Berlin 1989, S. 347~368 (hier 358).

2 Kristen Borré: «Seal Blood, Inuit Blood, and Diet: A Biocultural Model of Physiology and Cultural Identity», Medical Anthropological Quarterly N. S. 5 (1991), S. 48~62; Richard C. C. Fynes: «Plant Souls in Jainism and Manichaeism. The Case for Cultural Transmission», East and West 46 (1996), S. 21~44.

3 Chris Organ u. a.: «Phylogenetic rate shifts in feeding time during the evolution of Homo», PNAS 108 (2011), S. 14555~14559.

4 Chen-Bo Zhong, Sanford E. DeVoe: «You Are How You Eat: Fast Food and Impatience», Psychological Science 21 (2010), S. 619~622.

5 James Boswell: The Journal of a Tour to the Hebrides with Samuel Johnson LL. D.,

London 61813, S. 12.

6　Alan Walker: »Dietary Hypotheses and Human Evolution«, Philosophical Transactions of the Royal Society of London B 292 (1981), S. 57~64 (hier 59).

7　Rachel N. Carmody u. a.: »Energetic consequences of thermal and nonthermal food processing«, PNAS 108 (2011), S. 19199~19203.

8　James Burnett: Of the Origin and Progress of Language, Vol. 1, Edinburgh 1773, S. 396 f.

9　Walker, »Dietary Hypotheses and Human Evolution«.

10　Richard D. Wragham: Catching fire. How cooking made us human, New York 2011, Kapitel 4.

11　침팬지 약 8퍼센트, 다른 포유류는 3~5퍼센트. 이런 숫자들은 다음의 책에서 참조. James M. Adovasio, Olga Soffer: The Invisible Sex. Uncovering the True Roles of Women in Prehistory, London 2009, Kapitel 4.

12　Leslie C. Aiello, Peter Wheeler: »Brains and Guts in Human and Primate Evolution: The Expensive Organ Hypothesis«, Current Anthropology 36 (1994), S. 199~221.

13　John D. Speth: »Were our ancestors hunters or scavengers?«, in: Peter N. Peregrine u. a. (Hrsg.): Archaeology. Original Readings in Method and Practice, Upper Saddle River 2002, S. 1~23; Juan Luis Arsuaga, Ignacio Martinez: The Chosen Species. The Long March of Human Evolution, Oxford 2006, S. 143 f.; Pat Shipman: »Scavenging or Hunting in Early Hominids: Theoretical Framework and Test«, American Anthropologist N. S. 88 (1986), S. 27~43.

14　신중한 재고조사는 다음의 책 참조. Peter S. Ungar: »Dental Evidence for the Reconstruction of Diet in African Early Homo«, Current Anthropology 53 (2012), S. 318~329, sowie Teaford, Ungar, »Diet and the evolution of the earliest human ancestors«, und Matt Sponheimer, Julia Lee-Thorpe: »Isotopic Evidence for the Diet of an Early Hominid, Australopithecus africanus«, Science 283 (1999), S. 368~370.

15　Zuerst in Charles Loring Brace, Paul E. Mahler: »Post-Pleistocene Changes in the Human Dentition«, American Journal of Physical Anthropology 34 (1971), S. 191~203; besonders anschaulich Charles Loring Brace, Shelley L. Smith, Kevin D. Hunt: »What Big Teeth You Had Grandma! Human Tooth Size, Past and Present«, in: Marc A. Kelley, Clark Spencer Larsen (Hrsg.): Advances in Dental Anthropology, New York 1991, S. 33~57 (hier 41).

16　Charles Loring Brace: »Biocultural Interaction and the Mosaic Evolution in the Emergence of 〈Modern〉 Morphology«, American Anthropologist 97 (1995), S. 711~721.

17　Amanda G. Henry u. a.: »Microfossils in calculus demonstrate consumption of plants and cooked foods in Neanderthal diets (Shanindar II, Iraq; Spy I and II, Belgium)«, PNAS 108 (2011), S. 486~491.

18　Raymond A. Dart: »The predatory transition from ape to man«; Charles Kimberlin

Brain: «The Importance of Predation to the Course of Human and Other Animal Evolution», South African Archaeological Bulletin 50 (1995), S. 93~97; Robert W. Sussman: «The Myth of Man the Hunter / Man the Killer and the Evolution of Human Morality», Zygon 34 (1999), S. 453~471, und mit vielen Beispielen Donna Hart, Robert W. Sussmann: Man the Hunted. Primates, Predators, and Human Evolution, Boulder 2008.

19   Cartmill, Smith, The Human Lineage, S. 211. Der einflussreichste Text dieser Forschungsrichtung ist Sherwood L. Washburn, Chet Lancaster: «The Evolution of Hunting», in: Richard B. Lee, Irven DeVore (Hrsg.): Man the Hunter, Chicago 1968, S. 293~303.

20   Vgl. dazu Kristen Hawkes: «Sharing and collective action», in: Eric Alden Smith, Bruce Winterhalder (Hrsg.): Evolutionary ecology and human behavior, New York 1992, S. 269~300.

21   이에 대한 고전적 논문은 Nancy Tanner, Adrienne Zihlman: «Women in Evolution. Part 1: Innovation and Selection in Human Origins», Signs 1 (1976), S. 585~608.

22   John D. Speth: «Boiling vs. Roasting in the Paleolithic: Broadening the 〈Broadening Food Spectrum〉», Journal of the Israel Prehistoric Society 40 (2010), S. 63~83.

23   Blurton Jones: «Tolerated Theft. Suggestions about the Ecology and Evolution of Sharing, Hoarding and Scrounging», Social Science Information 29 (1987), S. 189~196; Nicolas Peterson: «Demand sharing: Reciprocity and the Pressure for Generosity among Foragers», American Anthropologist 95 (1993), S. 860~874. Eine wohlfahrtspolitische Deutung des Teilens gibt James Woodburn: «Sharing is not a form of exchange: an analysis of property sharing in immediate return hunter-gatherer societies», in: Chris M. Hann (Hrsg.): Property relations: renewing the anthropological tradition, Cambridge 1998, S. 48~63. Kritisch zur Tolerated-Theft-Hypothese David Sloan Wilson: «Hunting, Sharing, and Multilevel Selection: The Tolerated-Theft Model Revisited», Current Anthropology 39 (1998), S. 73~97.

24   Kristen Hawkes u. a.: «Hadza meat sharing», Evolution and Human Behavior 22 (2001), S. 113~142 (hier 133). Sehr anschaulich zur Energiebilanz und zum symbolischen Ertrag des Jagens Peter Dwyer: «The Price of Protein: Five Hundred Hours of Hunting in the New Guinea Highlands», Oceania 44 (1974), S. 278~293. Kritisch zur These, beim Jagen gehe es mehr um Angeberei, Michael Gurven, Kim Hill: «Why Do Men Hunt? A Reevaluation of 〈Man the Hunter〉 and the Sexual Division of Labor», Current Anthropology 50 (2009), S. 51~62.

25   Anne S. Vincent: «Plant foods in savanna environments: A preliminary report of tubers eaten by the Hadza of northern Tanzania», World Archaeology 17 (1984), S. 131~148; Karen Hardy u. a.: «The Importance of Dietary Carbohydrate in Human Evolution», The Quarterly Review of Biology 90 (2015), S. 251~268 (hier 253 und 258).

26   Speth, «Boiling vs. Roasting», S. 68.

27 Richard W. Wrangham u. a.: «The Raw and the Stolen: Cooking and the Ecology of Human Origins», Current Anthropology 40 (1999), S. 567~594 (hier 570).

28 Francesco Berna u. a.: «Microstratigraphic evidence of in situ fire in the Acheulean strata of Wonderwerk Cave, Northern Cape province, South Africa», PNAS (2012), S. 1215~1220; weniger zwingend Randy V. Bellomo: «Methods of determining early hominid behavioral activities associated with the controlled use of fire at FxJj 20 Main, Koobi Fora, Kenya», Journal of Human Evolution 27 (1994), S. 173~195.

29 Wil Roebroecks , Paola Villa: «On the earliest evidence for habitual use of fire in Europe», PNAS 108 (2011), S. 5209~5214; Francesco Berna u. a. «Microstratigraphic evidence»; Naama Goren-Inbar u. a.: «Evidence of Hominin Control of Fire at Gesher Benot Ya'aqov, Israel», Science 304 (2004), S. 725~727; Nira Alperson-Afil: «Continual Fire Making by Hominins at Gesher Benot Ya'aqov, Israel», Quarternary Science Reviews 27 (2008), S. 1733~1799.

30 찬성 입장으로는 Wrangham u. a., «The Raw and the Stolen», sowie Glynn L. Isaac: «The food-sharing behavior of protohuman hominids», Scientific American 238 (1978), S. 90~108, wiederabgedruckt in: Glynn L. Isaac: The Archaeology of Human Origins, S. 289~311, Margaret J. Schoeninger: «Reconstructing Early Hominis Diets: Evaluating Tooth Chemistry and Macronutrient Composition», in: Ungar (Hrsg.), Evolution of the Human Diet, S. 150~162. 뿌리 익히기 가설에 극히 날카로운 반대는 Henry T. Bunn: «Meat made us human», ebd., S. 191~211 (hier 201 ff.) 참조.

31 Wragham, Catching Fire, S. 183.

32 Ken Sayers, C. Owen Lovejoy: «Blood Bulbs, and Bunodonts: On Evolutionary Ecology and the Diets of Ardipithecus, Australopithecus, and Early Homo», Quarterly Review of Biology 89 (2014), S. 319~357 (hier 320).

33 Stephen L. Black, Alston V. Thoms: «Hunter-Gatherer Earth Ovens in the Archaeological Record: Fundamental Concepts», American Antiquity 79 (2014), S. 204~226; John D. Speth: «When Did Humans Learn to Boil?», PaleoAnthropology Jg. 13 (2015), S. 54~67; vgl. auch das Experiment von Friedrich Palmer: «Die Entstehung von Birkenpech in einer Feuerstelle unter paläolithischen Bedingungen», Mitteilungen der Gesellschaft für Urgeschichte 16 (2007), S. 75~83, sowie Henry, «Microfossils in calculus».

34 Carol R. Ember: «Myths about Hunter-Gatherers», Ethnology 17 (1978), S. 439~448; Gurven, Hill, «Why Do Men Hunt?», S. 56; Rebecca Sear, Ruth Mace: «Who keeps children alive? A review of the effects of kin on child survival», Evolution and Human Behavior 29 (2008), S. 1~18; Karen L. Endicott: «Gender relations in hunter-gatherer societies», in: Richard B. Lee, Richard Daly (Hrsg.): The Cambridge Encyclopedia of Hunters and Gatherers, Cambridge 1999, S. 411~418.

35 So etwa Sibylle Kästner: Jagende Sammlerinnen und sammelnde Jägerinnen. Wie australische Aborigines-Frauen Tiere erbeuten, Münster 2012, S. 55.

36   Georg Simmel: «Soziologie der Mahlzeit» (1910), in: ders.: Aufsätze und Abhandlungen 1909~1918, Band 1, Gesamtausgabe Band 12, Frankfurt am Main 2001, S. 140~147 (hier 140).

37   Ebd., S. 142.

38   Ian Kuijt: «What Do We Really Know about Food Storage, Surplus, and Feasting in Preagricultural Communities?», Current Anthropology 50 (2009), S. 641~644.

39   Hans Peter Hahn u. a.: «How Many Things Does Man Need? Material Possessions and Consumption in Three West African Villages (Hausa, Kasena and Tuareg) Compared to German Students», in: ders. (Hrsg.): Consumption in Africa. Anthropological Approaches, Münster 2008, S. 173~200; Katherine I. Wright: «The Social Origins of Cooking and Dining in Early Villages of Western Asia», Proceedings of the Prehistoric Society 66 (2000), S. 89~121; Brian F. Byrd, Christopher M. Monahan: «Death, Mortuary Ritual, and Natufian Social Structure», Journal of Anthropological Archaeology 14 (1995), S. 251~287 (hier 276); Sonya Atalay, Christine A. Hastorf: «Food Meals, and Daily Activities: Food Habitus at Neolithic Catalhöyük», American Antiquity 71 (2006), S. 283~319.

40   최초의 분석은 다음을 참조. Patrick Edward McGovern u. a.: «Fermented beverages of pre- and proto-historic China», PNAS 101 (2004), S. 17 593~17 598; vgl. ders.: Uncorking the Past: The Quest for Wine, Beer, and Other Alcoholic Beverages, Berkeley 2009, Kapitel 2; Michael Dietler: «Alcohol: Anthropological / Archaeological Perspectives», Annual Review of Anthropology 35 (2006), S. 229~249.

41   Rudolph H. Michel u. a.: «The First Wine & Beer. Chemical Detection of Ancient Fermented Beverages», Analytical Chemistry 65 (1993), S. 408~413; Naomi F. Miller: «Sweeter than wine? The use of the grape in early western Asia», Antiquity 82 (2008), S. 937~946; McGovern, Unkorking the Past, Kapitel 3; Robert J. Braidwood u. a.: «Did Man Once Live by Beer Alone?», American Anthropologist 55 (1953), S. 515~526 (hier 519 f.).

42   종족적 축제와 고고학적 축제 연구의 조망은 Brian Hayden, Suzanne Villeneuve: «A Century of Feasting Studies», Annual Review of Anthropology 40 (2011), S. 433~449. Vgl. auch Oliver Dietrich u. a.: «The role of cult and feasting in the emergence of Neolithic communities. New evidence from Göbekli Tepe, south-eastern Turkey», Antiquity 86 (2012), S. 674~695.

43   Siehe Justin Jennings u. a.: «‹Drinking Beer in a Blissful Mood›: Alcohol Production, Operational Chains, and Feasting in the Ancient World», Current Anthropology 46 (2005), S. 275~303; Salwa A. Maksoud u. a.: «Beer from the early dynasties (3500~3400 cal B. C.) of Upper Egypt, detected by archaeochemical methods», Vegetation History and Archaeobotany 3 (1994), S. 219~224.

44 Marcel Detienne, Jean-Pierre Vernant: The Cuisine of Sacrifice Among the Greeks, Chicago 1989, S. 38 ff.; Aischylos: Der gefesselte Prometheus, Vers 110, in: Aischylos: Werke, übersetzt von Johann Gustav Droysen, Berlin 1842, S. 414.

3. 말하기의 시작

1 Aristoteles: Politik, 1253a 9~15, Übersetzung von Eugen Rolfes.

2 W. Tecumseh Fitch: «The evolution of speech: a comparative review», Trends in Cognitive Science 4 (2000), S. 258~267; ders.: The Evolution of Language, Cambridge 2010, S. 297 ff.; Peter F. MacNeilage: The Origin of Speech, Oxford 2008, S. 65~79.

3 Johannes Müller: Über die Compensation der physischen Kräfte am menschlichen Stimmorgan, Berlin 1839; Gunnar Fant: Acoustic Theory of Speech Production, Den Haag 1960, S. 22~25.

4 Rachel Morrison, Diana Reiss: «Whisper-like behavior in a non-human primate», Zoo Biology 32 (2013), S. 626~631.

5 Philip Lieberman u. a.: «Vocal tract limitations on the vowel repertoires of rhesus monkeys and other nonhuman primates», Science 164 (1969), S. 1185~1187; W. Tecumseh Fitch, David Reby: «The descended larynx is not uniquely human», Proceedings of the Royal Society London B 268 (2001), S. 1669~1675; John J. Ohala: «An Ethnological Perspective on Common-Cross-Language Utilization of Fundamental Frequency of Voice», Phonetica 41 (1984), S. 1~16.

6 Fitch, Evolution, S. 311 und 327.

7 MacNeilage, Origin, S. 4.

8 Christine E. Wall, Kathleen K. Smith: «Ingestion in Mammals», in: N. P. Group (Hrsg.): Encyclopedia of Life Sciences, New York 2001, S. 6.

9 Merlin Donald: The Origin of the Modern Mind. Three Stages in the Evolution of Culture and Cognition, Cambridge Mass. 1991, S. 115 ff.; Philip Lieberman, Edmund S. Crelin: «On the Speech of the Neanderthal Man», Linguistic Inquiry 11 (1971), S. 203~222; Richard F. Kay u. a.: «The hypoglossal canal and the origin of human vocal behavior», PNAS 95 (1998), S. 5417~5419; David DeGusta u. a.: «Hypoglossal canal size and hominid speech», PNAS 96 (1999), S. 1800~1804, sowie abschließend William L. Jungers u. a.: «Hypoglossal canal size in living hominoids and the evolution of human speech», Human Biology 75 (2003), S. 473~484.

10 Robin I. M. Dunbar: Grooming, Gossip and the Evolution of Language, London 1996.

11 Clive K. Catchpole, Peter J. B. Slater: Bird Song. Biological Themes and Variations, Cambridge 22008, S. 236~239; John R. Krebs: «The significance of song repertoires:

The Beau Geste hypothesis», Animal Behaviour 25 (1977), S. 475~478; Masayo Soma, LászlóZsolt Garamszegi: «Rethinking birdsong evolution: meta-analysis of the relationship between song complexity and reproductive success», Behavioral Ecology 22 (2011), S. 363~371; Fitch, Evolution, S. 339; Peter MacNeilage: «The Frame / Content Theory of Evolution of Speech Production», Behavioral and Brain Sciences 21 (1998), S. 499~546; ders., Origin, S. 93.

12 Ebd., S. 91; Karen Hiiemae, Jeffrey B. Palmer: «Tongue and hyoid movements in feeding and speech», Journal of Oral Rehabilitation 29 (2002), S. 880 f.

13 Willem J. M. Levelt: «Accessing words in speech production: Stages, processes and representations», Cognition 42 (1992), S. 1~22 (hier 9).

14 Dunbar, Grooming, Kapitel 3 und 4.

15 Bronisław Malinowski: «Das Problem der Bedeutung in primitiven Sprachen», in: Charles Kay Ogden, Ivor Armstrong Richards (Hrsg.): Die Bedeutung der Bedeutung, Frankfurt am Main 1974 (Original London 1923), S. 323~384; Rainer Rath: «Zur Legitimation und Einbettung von Erzählungen in Alltagsdialogen», in: Peter Schröder, Hugo Steger (Hrsg.): Dialogforschung, Düsseldorf 1981, S. 265~286; Fitch, Evolution, Kapitel 10. 3. 1.

16 Adrien Meguerditchian u. a.: «From gesture to language: Ontogenetic and phylogenetic perspectives on gestural communication and its cerebral lateralization», in: Anne Vilain u. a. (Hrsg.): Primate Communication and Human Language. Vocalisation, gestures, imitation and deixis in humans and non-humans, Amsterdam 2011, S. 91~120 (hier 106 ff.); Michael A. Arbib u. a.: «Primate Vocalization, Gesture, and the Evolution of Human Language», Current Anthropology 49 (2008), S. 1053~1076.

17 Gordon W. Hewes: «Primate Communication and the Gestural Origin of Language», Current Anthropology 14 (1973), S. 5~24; vgl. ders.: «A history of the study of language origins and the gestural primacy hypothesis», in: Andrew Lock, Charles R. Peters (Hrsg.): Handbook of Human Symbolic Evolution, Oxford 1996, S. 571~595.

4. 언어의 시작

1 긴꼬리원숭이는 다음의 책을 통해 유명해졌다. Robert M. Seyfarth u. a.: «Monkey Responses to Three Different Alarm Calls: Evidence of Predator Classification and Semantic Communication», Science 210 (1980), S. 801~803.

2 Charles Sanders Peirce: «New Elements (Kaina Stocheia)», in: Nathan Houser, Christian Kloesel (Hrsg): The Essential Peirce. Selected Philosophical Writings, Band 2, Bloomington 1998, S. 300~324, und ders.: «Logic as semiotic: The theory of signs»

(1897), in: Justus Buchler (Hrsg.): Philosophical Writings of Peirce, New York 1955, S. 98~119.

3   Charles F. Hockett: «The origin of speech», Scientific American 203 (1960), S. 89~96.

4   Derek Bickerton: Adam's Tongue. How Humans Made Language, How Language Made Humans, New York 2009, S. 16~23 und 37~54.

5   동물 신호의 경직성에 대해서는, Michael Tomasello: Die Ursprünge der menschlichen Kommunikation, Frankfurt am Main 2009, S. 26 ff. 신호에서 언어를 유추하려는 시도에서 고전적인 것은 다음의 논문이다. Charles F. Hockett und Robert Ascher: «The Human Revolution», Current Anthropology (1964), S. 135~168 (hier 139 f.)

6   Theodor Benfey: Geschichte der Sprachwissenschaft und orientalischen Philologie in Deutschland seit dem Anfange des 19. Jahrhunderts mit einem Rückblick auf frühere Zeiten, München 1869, S. 295, zitiert nach Otto Jespersen: Language. Its Nature, Development and Origin, London 1922, S. 415.

7   Jean-Jacques Rousseau: «Diskurs über den Ursprung der Ungleichheit unter den Menschen», in: ders.: Sozialphilosophische und Politische Schriften, München 1981, S. 59~161 (hier 75~78). Vgl. James H. Stam: Inquiries into the Origin of Language. The Fate of a Question, New York 1976, S. 80 ff.

8   Terrence Deacon: The Symbolic Species, New York 1997, S. 50 ff.; Tomasello, Ursprünge, S. 70. Vgl. Fitch, Evolution, Kapitel 12, dem wir hier weitgehend folgen.

9   Bickerton, Adam's Tongue, S. 42~48.

10   Ders.: Language and Species, Chicago 1990, S. 147 ff.; ders.: «How protolanguage became language», in: Chris Knight u. a.: The Evolutionary Emergence of Language: Social Functions and the Origins of Linguistic Form, Cambridge 2000, S. 264~284. Für eine umsichtige Diskussion dieser Hypothese siehe Brady Clark: «Scavenging, the stag hunt, and the evolution of language», Journal of Linguistics 47 (2011), S. 447~480.

11   Deacon, Symbolic Species, Kapitel 12.

12   Dunbar, Grooming; Max Gluckman: «Gossip and scandal», Current Anthropology 4 (1963), S. 307~316; Robert Paine: «What is gossip about? An alternative hypotheses», Man 2 (1967), S. 278~285; Magnus Enquist, Olof Leimar: «The evolution of cooperation in mobile organisms», Animal Behaviour 45 (1993), S. 747~757. Die wunden Punkte bei Dunbar bezeichnet Camille Power: «Old wives'tales: the gossip hypothesis and the reliability of cheap signals», in: James R. Hurford u. a. (Hrsg.): Approaches to the Evolution of Language. Social and Cognitive Bases, Cambridge 1998, S. 111~129. Zur Interaktionstrance vgl. Erving Goffman: Interaction Ritual. Essays on Face-to-Face-Behavior, Garden City 1967, S. 113. 협동적 의사소통에 관하여 원숭이와 인간 사이의 차이에 대해서는 Tomasello, Ursprünge, S. 186~206.

13   W. Tecumseh Fitch: «Kin Selection and ⟨Mother Tongues⟩: A Neglected Component in Language Evolution», in: D. Kimbrough Oller, Ulrike Griebel (Hrsg.): Evolution

of Communication Systems. A Comparative Approach, Cambridge Mass. 2004, S. 275~296 (hier 288 ff.); William D. Hamilton: «The evolution of altruistic behavior», American Naturalist 97 (1963), S. 354~356.

14 Jean-Louis Dessalles: Why we talk. The evolutionary origins of language, Oxford 2007, S. 315~350.

15 언어의 몸짓 기원 이론의 기반으로, 40년 이상에 걸쳐 읽을 가치가 있는 것으로 여겨졌던 것은, Hewes, «Primate Communication».

16 Tomasello, Ursprünge, S. 214 ff., 239 und 339 ff.; ders.: «Why Don't Apes Point?», in: Nicholas J. Enfield, Stephen C. Levinson (Hrsg.): Roots of Human Sociality, Culture, Cognition and Interaction, Oxford 2006, S. 506~524; Daniel J. Povinelli, Daniela K. O'Neill: «Do chimpanzees use their gestures to instruct each other?», in: Simon Baron-Cohen u. a. (Hrsg.): Understanding Other Minds: Perspectives from Developmental Neuroscience, Oxford 2000, S. 459~487; ders. u. a.: «Toward a Science of Other Minds: Escaping the Argument by Analogy», Cognitive Science 24 (2000), S. 509~541.

17 William J. E. Hoppit u. a.: «Lessons from animal teaching», Trends in Ecology & Evolution 23 (2008), S. 486~493; Gergely Csibra, György Gergely: «Natural pedagogy», Trends in Cognitive Science 13 (2009), S. 148~153; dies.: «Sylvia's Recipe: The Role of Imitation and Pedagogy in the Transmission of Cultural Knowledge», in: Enfield, Levinson (Hrsg.), Roots, S. 229~255.

18 Laura Berk: «Childrens private speech: An overview of theory and the status of research», in: Rafael M. Diaz, Laura Berk: Private Speech. From social interaction to self-regulation, Hillsdale 1992, S. 17~53; Dan Sperber: «An evolutionary perspective on testimony and argumentation», Philosophical Topics 29 (2001), S. 401~413.

19 Jespersen, Language, S. 420, und zur Metaphernbildung 431 f.; Fitch, Evolution, S. 467.

20 네안데르탈인의 종말에 대해서는, Chris B. Stringer u. a. (Hrsg.): Neanderthals on the Edge, Oxford 2000. Zum gemeinsamen Vorgänger Robert Foley, Marta M. Lahr: «Mode 3 technologies and the evolution of modern humans», Cambridge Archaeological Journal 7 (1997), S. 3~36; Johannes Krause u.a.: «The derived FOXP2 variant of modern humans was shared with Neandertals», Current Biology 17 (2007), S. 1908~1912; Wolfgang Enard u. a.: «Molecular evolution of FOXP2, a gene involved in speech and language», Nature 418 (2002), S. 869~872; Steven Mithen: The Singing Neanderthals. The Origins of Music, Language, Mind, and Body, Cambridge Mass. 2006, S. 205~245.

21 Sally McBrearty, Alison S. Brooks: «The revolution that wasn't: a new interpretation of the origin of modern human behavior», Journal of Human Evolution 39 (2000), S. 453~563 (hier 521 und 530); Ian Tattersall: «The dual origin of modern humanity», Collegium Anthropologicum 28 / Supp. 2 (2004), S. 77~85.

5. 미술의 시작

1   Paul Valéry: Eupalinos oder Der Architekt, in: ders.: Werke, Band 2: Dialoge und Theater, Frankfurt am Main 1990, S. 51 ff.

2   이 돌에 대한 폭넓은 서술은, Robert G. Bednarik: «The 〈australopithecine〉 cobble from Makapansgat, South Africa», South African Archaeological Bulletin 53 (1998), S. 4~8.

3   Erella Hovers u. a.: «An Early Case of Color Symbolism: Ochre Use by Modern Humans in Qafzeh Cave», Current Anthropology 44 (2003), S. 491~511 (hier 507 ff.); vgl. den Kommentar von Knight u. a., ebd., S. 513 f.

4   원시 역사의 구슬 생산품에 대해서는, Robert G. Bednarik: «The Significance of the Earliest Beades», Advances in Anthropology 5 (2015), S. 51~66; Christopher S. Henshilwood u. a.: «Middle Stone Age Shell Beads from South Africa», Science 304 (2004), S. 404; ders.: «Emergence of Human Behavior: Middle Stone Age Engravings from South Africa», Science 295 (2002), S. 1278~1280; Abdeljabil Bouzouggar u. a.: «82000-Year-Old Shell Beads from North Africa and Implications for the Origins of Modern Human Behavior», PNAS 104 (2007), S. 9964~9969.

5   Alexander Marshack: «A Middle Paleolithic Symbolic Composition From the Golan Heights: The Earliest Known Depictive Image», Current Anthropology 37 (1996), S. 357~365.

6   Chester R. Cain: «Implications of the Marked Artifacts of the Middle Stone Age of Africa», Current Anthropology 47 (2006), S. 675~681; Paola Villa u. a.: «A Milk and Ochre Paint Mixture Used 49000 Years Ago at Sibudu, South Africa», PLoS 10 (2015), S. 1~12; 초기 역사의 회화작품에 연관된 근본적 질문들에 대해서는 다음 참조. Johan de Smedt, Helen de Cruz: «A Cognitive Approach to the Earliest Art», Journal of Aesthetics and Art Criticism 69 (2011), S. 379~389.

7   Thomas Higham u. a.: «Testing models for the beginnings of the Augnacien and the advent of art and music: the radiocarbon chronology of Geißenklösterle», Journal of Human Evolution 30 (2012), S. 1~13.

8   Veerle Rots, Philip van Peer: «Early evidence of complexity in lithic eco nomy: core-ax production, hafting and use at Late Middle Pleistocene site 8-B-11, Sai Islands (Sudan)», Journal of Archaeological Science 33 (2006), S. 360~371; Wolfgang Köhler: Intelligenzprüfungen an Menschenaffen, Berlin 1921.

9   Lyn Wadley u. a.: «Implications for complex cognition from the hafting of tools with compound adhesives in the Middle Stone Age, South Africa», PNAS 106 (2009), S. 9590~9594; Thomas Wynn: «Hafted spears and the archaeology of mind», PNAS 106 (2009), S. 9544 f.

10   Steven Mithen: «On Early Paleolithic 〈Concept-Mediated Marks〉, Mental

Modularity, and the Origins of Art», Current Anthropology 37 (1996), S. 666~670 (hier 668); Leslie C. Aiello, Robin I. M. Dunbar: «Neocortex Size, Group Size, and the Evolution of Language», Current Anthropology 34 (1993), S. 184~193. Die Anwendung der Unterscheidung von ikonischen (auf Ähnlichkeit beruhenden), indexikalischen (anzeigenden) und symbolischen (willkürlich festgelegten) Zeichen auf frühgeschichtliche Fragen findet sich bei Matt J. Rossano: «Making Friends, Making Tools, and Making Symbols», Current Anthropology 51 S1 (2010), S. 89~98.

11 So Georg Simmel: Soziologie. Untersuchung über die Formen der Vergesellschaftung, Berlin 1908, S. 278~281. 또한 딱 붙는 아름다운 속옷을 연인이나 남편을 위해서가 아니라 자기 자신을 위해서 입는다고 주장하는 여성들도 있나. 비싯들 입었다는 사실을 스스로 알면 자존감이 높아지기 때문이란다. 실제로 장신구도 소통 안에서 그런 역할을 한다. 이런 특성이 다시 자신의 남자에게 전달된다는 것도 분명 장신구의 의미에 속하는 것이겠지만 말이다. 초기 장신구와 회화작품의 재료들에 대해서는 다음 참조. Randall White: «Beyond Art: Toward an Understanding of the Origin of Material Representation in Europe», Annual Review of Anthropology 21 (1992), S. 537~564.

12 Claus Joachim Kind u. a.: «The Smile of the Lion Man. Recent Excavations in Stadel Cave and the Restoration of the Famous Upper Paleolithic Figurine», Quartär 61 (2014), S. 129~145.

13 대상들과 그 탐구 역사의 꼼꼼한 분석은 Randall White: «The Women of Brassempouy. A Century of Research and Interpretation», Journal of Archaeological Method and Theory 13 (2006), S. 251~304를, 많은 조각상들의 여성 성기에 대해서는 ders.: «Une nouvelle statuette phallo-féminine paléolithique: la 〈Vénus de Milandes〉 (commune de Castelnaud-la-Chapelle, Dordogne)», Paléo 14 (2002), S. 177~198을 참조.

14 서술된 가설들을 위해서는 다음 참조. Anne Baring, Jules Cashford: The Myth of the Goddess: Evolution of an Image, London 1991, S. 3~13; Joachim Hahn: Kraft und Aggression. Die Botschaft der Eiszeitkunst im Aurignacien Süddeutschlands?, Tübingen 1986; Sarah M. Nelson: «Diversity of the Upper Paleolithic 〈Venus〉 Figurines and Archaeological Mythology», Archaeological Papers of the American Anthropological Association 2 (1990), S. 11~22; Patricia C. Rice: «Prehistoric Venuses: Symbols of Motherhood or Womanhood», Journal of Anthropological Research 37 (1981), S. 402~414; Pierre Duhard: «Upper Paleolithic figures as a reflection of human morphology and social organization», Antiquity 67 (1993), S. 83~91; D. Bruce Dickson: The Dawn of Belief: Religion in the Upper Paleolithic of Southwestern Europe, Tucson 1990, S. 211; Le Roy McDermott: «Self-Representation in Upper Paleolithic Female Figurines», Current Anthropology 37 (1996), S. 227~275. «This is an extremely powerful depiction of the essence of being female», zitiert das Magazin des Smithsonian-Museums den Entdecker der Hohle-

Fels-Statuette, Nicholas Conard, www.smithsonianmag.com/history/the-cave-art-debate-100617099/(zuletzt aufgerufen am 7. April 2017).

15 Robert G. Bednarik: «Paleolithic Love Goddesses of Feminism», Anthropos 91
(1996), S. 183~190. 이 논문에서 초기 역사의 미술품을 현대의 목적에 맞추어 멋대로
해석하는 것에 반론을 펼치는 것을 보라. 목적 없는 실행을 구석기 시대 인공품의 기원
으로 받아들이는 또 다른 추론은 매우 읽어볼 가치가 있는 다음의 논문에 나온다. John
Halverson: «Art for Art's Sake in the Palaeolithic», Current Anthropology 28 (1987), S.
63~72. 물론 어째서 자유로운 미술품 생산이 접근하기 힘든 어두운 곳을 갤러리로 선택
한 것인지에 대해서는 설명하지 못한다.

16 Rice, «Prehistoric Venuses», S. 408.

17 또 다른 반론은 Paul G. Bahn, Jean Vertut: Journey through the Ice Ages, Los
Angeles 1997, S. 135 und 170 ff., wo auch Zweifel an der Eindeutigkeit der
Vulva-Markierungen geäußert werden을 보라.

18 AndréLeroi-Gourhan: The art of prehistoric man in western Europe, London
1968. 그보다 앞서 그와 비슷한 방식으로, 또한 미술사가인 Max Raphael의 자극
을 받은 Annette Laming-Emperaire: Lascaux. Paintings and Engravings,
Harmondsworth 1959. 프랑스에서 발견된 동굴벽화의 가장 중요한 연구자가 가톨릭
성직자인 Abbé Henri Breuil였다는 사실이 처음에 '예배당' '성유물함' '성소' 등과 같
은 어휘 사용에 기여했을 것이다. Abbé Henri Breuil는 라스코에 대해 '선사시대의 시
스티나 예배당'이라는 표현을 썼고, 따라서 그의 전기 작가는 논리적으로 올바르게 그를
고생물학 교회의 수장이라고 불렀다. Jacques Arnould: L'abbé Breuil. Le pape de
la préhistoire, Tours 2011.

19 친절하지만 올바른 비판은 다음 참조. John Parkington: «Symbolism in Paleolithic
Cave Art», South African Archaeological Bulletin 24 (1969), S. 3~13, sowie Anthony
Stevens: «Animals in Paleolithic Cave Art: Leroi-Gourhan's Hypothesis», Antiquity
49 (1975), S. 54~57.

20 동굴벽화의 샤먼 방식 해석에 대해서는 Jean Clottes: World Rock Art, Los Angeles
2002 참조.

21 AndréLeroi-Gourhan: Hand und Wort. Die Evolution von Technik, Sprache und
Kunst, Frankfurt am Main 1984, S. 464.

22 Kevin Sharpe, Leslie van Gelder: «Evidence for Cave Marking by Paleolithic
Children», Antiquity 80 (2006), S. 937~947.

23 Georges Bataille: Lascaux oder Die Geburt der Kunst, Stuttgart 1983, S. 12, 33 und
123.

6. 종교의 시작

1   William Buckland: Vindiciae Geologicae or The Connexion of Geology with Religion Explained, Oxford 1820.

2   David Hume: Dialogues Concerning Natural Religion, London 1779; James Hutton: Theory of the Earth. With Proofs and Illustrations, Edinburgh 1795, S. 199 f.

3   William Buckland, Vindiciae Geologicae, S. 15 f., 18, 22 ff., 25 ff., 29 ff.; Marianne Sommer: Bones and Ochre. The Curious Afterlife of the Red Lady of Paviland, Cambridge Mass. 2008, S. 39 ff.

4   William Buckland: Reliquiae Diluvianae or Observations on the Organic Remains Contained in Caves, Fissures, and Diluvial Gravel and on other Geological Phenomena, Attesting the Action of an Universal Deluge, London 1824, S. 82~92.

5   Hermann Usener: Götternamen. Versuch einer Lehre von der religiösen Begriffsbildung, Bonn 1896, S. 287; vgl. dagegen den Satz «He may be in the thunder, but he is not the thunder», aus John S. Mbiti: Concepts of God in Africa, London 1970, S. 8, zitiert nach Niklas Luhmann: Die Religion der Gesellschaft. Hrsg. von AndréKieserling, Frankfurt am Main 2000, Fußnote 10, S. 11; Max Müller: Natural Religion, London 1889.

6   Robert Ranulph Marett: The Threshold of Religion, London 1914, S. 13 ff.; Émile Durkheim: Die elementaren Formen des religiösen Lebens, Frankfurt am Main 1981.

7   Edward E. Evans-Pritchard: Theorien über primitive Religionen, Frankfurt am Main 1981 (Theories of primitive Religion, Oxford 1965), S. 58 und 81 ff. 감정을 고고학적으로 재구성할 가능성에 대한 비판적 견해는 Katherine A. Dettwyler: «Can paleopathology provide evidence for 〈compassion〉?», American Journal of Physical Anthropology 84 (1991), S. 375~384.

8   Jeffrey Mousaieff Masson, Susan McCarthy: When Elephants Weep: The Emotional Lives of Animals, Chicago 1996; Ursula Moser Cowgill: «Death in Perodicticus», Primates 13 (1972), S. 251~256; Alexander K. Piel, Fiona A. Stewart: «Non-Human Animal Responses toward the Dead and Death: A Comparative Approach to Understanding the Evolution of Human Mortuary Practices», in: Colin Renfrew u. a. (Hrsg.): Death Rituals and Social Order in the Ancient World: «Death Shall Haven No Dominion », Cambridge 2016, S. 15~26.

9   Sommer, Bones and Ochre, S. 274에서는 물론 한 가지 문제점을 지적한다. 어떤 무덤에서 무기들이 발견되면 사냥꾼이 대부분 남자니까 유골이 남자라는 결론이 나온다. 장신구가 있으면 그것은 여성일 수도 남성일 수도 있다. 무기와 장신구가 있으면 무기가 결정적 단초를 제공한다. 덕분에 매장된 사람 중에는 남자가 많다는 결과가 나오고, 다시 그들은 높은 신분의 남자라는 결론에 도달하게 된다.

10   다음 참조. Pierre M. Vermeersch u. a.: «A Middle Paleolithic burial of a modern human at Taramsa Hill, Egypt», Antiquity 72 (1998), S. 475~484. 이 종류의 아주 이른, 거의 5만 5,000년이나 된 발굴물에 대한 내용. 다른 예들로는 거의 7만 5,000년 전에 매장된 남아프리카 국경 동굴의 어린이와 이집트 나즐레트 카터Nazlet Khater의 발굴물이다. 호주의 경우에 대해서는 다음을 보라. James M. Bowler: «Willandra Lakes revisited. Environmental framework for human occupation», Archaeology in Oceania 33 (1998), S. 120~155 (hier 151).

11   Paul Pettitt: The Palaeolithic Origins of Human Burial, Oxford 2011.

12   구석기 시대로 추정되는 부장품 개관은 Marian Vanhaeren, Francesco D'Errico: «The Body Ornaments Associated with the Burial», in: Joao Zilhao, Erik Trinkaus (Hrsg.): Portrait of the Artist as a Child. The Gravettian Human Skeleton from the Abrigo do Lagar Velho and its Archaeological Context, Lissabon 2002, S. 177 ff.; zur Ockerfärbung pragmatisch Fabienne May: Les Sépultures Préhistoriques, Paris 1986, S. 204, symbolisch Peter Metcalf, Richard Huntington: Celebrations of Death, Cambridge 1993, S. 63.

13   So Francesco d'Errico, Marian Vanhaeren: «Upper Paleolithic Mortuary Practices: Reflections of Ethnic Affiliation, Social Complexity, and Cultural Turnover», in: Renfrew, Death Rituals, S. 45~61 (hier 49).

14   손상된 유골과 그들의 나이로 동료 인간들의 감정을 유추할 수 있느냐는 논쟁에 대해서는 다음을 볼 것. Erik Trinkaus, M. R. Zimmerman: «Trauma among the Shanidar Neanderthals», American Journal of Physical Anthropology 57 (1982), S. 61~76; David Frayer u. a.: «Dwarfism in an adolescent from the Italian later Upper Paleolithic», Nature 330 (1987), S. 60~62; Dettwyler, «Can paleopathology provide evidence for ⟨compassion⟩?»; Sarah Tarlow: «Emotion in Archaeology», Current Anthropology 41 (2000), S. 713~746 (hier 726 ff.).

15   Julien Riel-Salvatore, Claudine Gravel-Miguel: «Upper Paleolithic Mortuary Practices in Eurasia. A Critical Look at the Burial Record», in: Sarah Tarlow, Liv Nilsson Stutz (Hrsg.): The Oxford Handbook of the Archaeology of Death and Burial, Oxford 2013, S. 303~346 (hier 304 und die Karte auf S. 325).

16   Pettitt, Origins; Vincenzo Formicola: «From Sunghir Children to the Romito Dwarf. Aspects of Upper Paleolithic Funerary Landscape», Current Anthropology 48 (2007), S. 446~453.

17   Siehe nur Jörg Orschiedt: «Secondary burial in the Magdalenian: The Brillenhöhle(Blaubeuren, Southwest Germany)», Paléo 14 (2002), S. 241~256.

18   Daniel de Coppet: «··· Land Owns People», in: Robert H. Barnes u. a. (Hrsg.): Contexts and level. Anthropological essays on hierarchy, Oxford 1985, S. 78~90, 매장과 공간질서의 맥락에서 매우 인상적인 멜라네시아 서술의 예를 제시. 상황에 따르지 않는 생활 방식에 대해서는 Jan Kolen: «Hominids without homes: on the nature of Middle Paleolithic settlement in Europe», in: Wil Roebroeks, Clive Gamble (Hrsg.):

The Middle Paleolithic Occupation of Europe, Leiden 1999, S. 139~175.

19 Albrecht Dieterich: Mutter Erde. Ein Versuch über Volksreligion, Leipzig 1905, S. 31 ff.; Klaus Schriewer: «Deutsche Altersmigranten in Spanien im späten 20. Jahrhundert», in: Klaus Bade u. a. (Hrsg.), Enzyklopädie Migration in Europa. Vom 17. Jahrhundert bis zur Gegenwart, Paderborn 2007, S. 511~513.

20 Elisabeth Colson: «Places of Power and Shrines of the Land», Paideuma 43 (1997), S. 47~57 (hier 52).

21 Colin Renfrew: «Megaliths, Territories and Populations», in: Sigfried J. De Laet (Hrsg.), Acculturation and Continuity in Atlantic Europe, Brügge 1973, S. 198~220. Überblicke zur kontroversen Diskussion dieser These geben Robert Capman: «The Years After~Megaliths, Mortuary Practices, and the Territorial Model», in: Lane Andersen Beck (Hrsg.), Regional Approaches to Mortuary Analysis, New York 1995, S. 29~51, und zuletzt Joshua Wright: «Landownership and Landscape Belief», in: Tarlow, Stutz (Hrsg.), The Oxford Handbook of the Archaeology of Death and Burial, S. 405~419.

22 Michael Balter: «Early Stonehenge pilgrims came from afar, with cattle in tow», Science 320 (2008), S. 1704 f.; Chris Scarre: «Monumentality», in: Timothy Insoll (Hrsg.): The Oxford Handbook of the Archaeology of Ritual & Religion, Oxford 2011, S. 9~23.

23 Edward B. Banning: «So Fair a House. Göbekli Tepe and The Identification of Temples in the Pre-Pottery Neolithic of the Near East», Current Anthropology 52 (2011), S. 691~660에서 제안되는 것처럼, 여기서 사원과 집의 구분이란, 집에서는 종교적인 행동, 예컨대 매장이 행해지지 않았다는 뜻을 함축하는 것이 아니라, 이곳 사원에서 거주지의 일부라는 흔적들이 거의 발견되지 않았기 때문에만 이루어지는 것이다. 집에 그림들이 걸려 있다는 것은 사람들이 박물관에 살았다는 뜻이 아니다. 설사 박물관이 부엌과 옷장을 갖추고 있다 해도 그렇다.

24 예배 장소의 구성에 대해서는 다음을 참조. Klaus Schmidt: «〈Ritual Centers〉 and the Neolithisation of Upper Mesopotamia», Neo-Lithics 2/05 (2005), S. 13~21; ders.: «Zuerst kam der Tempel, dann die Stadt: vorläufiger Bericht zu den Grabungen am Göbekli Tepe und Gürcütepe», Istanbuler Mitteilungen 50 (2000), S. 5~41; ders.: «Boars, Ducks, and Foxes~the Urfa Project 99», Neo-Lithics 3 (1999), S. 12~15 (hier 14); Dietrich u. a., «The role of cult an feasting»; Fitzroy Somerset, Lord Raglan: The temple and the house, New York 1964, ix f.; Lewis Mumford: The City in History, London 1961.

25 Vgl. den Konferenzbericht von Anna Belfer-Cohen und Nigel Goring-Morris: «Recent Developments in Near Eastern Neolithic Research», Paléorient 28 (2002), S. 143~148.

26 T자 기둥들이 단순히 지붕을 떠받치는 구조물이 아니라 훨씬 더 눈에 띄는 것이라는 사실이 이런 인상을 위한 전제 조건이다.

27   Sommer, Bones and Ochre, S. 231~246.

28   Hans Blumenberg: Hohlenausgange, Frankfurt am Main 1989, S. 27 ff.

7. 음악과 춤의 시작

1   John Cage: «Experimental Music», in: ders.: Silence. Lectures and Writings, Middletown 1961, S. 7~12 (hier 8).

2   Siegfried Nadel, Theodore Baker: «The Origins of Music», Musical Quarterly 16 (1930), S. 531~546.

3   Carl Stumpf: Die Anfänge der Musik, Leipzig 1911, S. 11 f. 춤의 정의에 대해서 는 Günter Tembrock: Tierstimmenforschung. Eine Einführung in die Bioakustik, Wittenberg 1977, S. 33.

4   David W. Frayer, Chris Nicolay: «Fossil Evidence for the Origins of Speech Sounds», in: Nils Wallin u. a.: The Origins of Music, Cambridge Mass. 2000, S. 217~234; Ann M. MacLarnon, Gwen P. Hewitt: «The evolution of human speech: the role of enhanced breathing control», American Journal of Physical Anthropology 109 (1999), S. 341~363. 슈바벤 뼈피리에 대한 가장 최근의 연대 추정은 Thomas Higham u. a., «Testing Models»; 뿔을 들고 있는 비너스에 대해서는 Michel Dauvois: «Son et Musique Paléolithiques», Les Dossiers d'Archéologie 142 (1989), S. 2~11 (hier 10).

5   여기서 말하는 의심의 순간들의 종합은 다음을 참조. Francesco D'Errico u. a.: «Archaeological Evidence for the Emergence of Language, Symbolism, and Music~An Alternative Multidisciplinary Perspective», Journal of World Prehistory Vol. 17, No. 1 (2003), S. 1~70 (hier 36~39), und eine exemplarische Verteidigung der Flötenthese bei Drago Kunej und Ivan Turk: «New Perspectives on the Beginning of Music: Archeological and Musicological Analysis of a Middle Paleolithic Bone 〈Flute〉», in: Wallin u. a., The Origins of Music, S. 235~268 (hier 240~249). Die ganze Diskussion referiert Iain Morley: The Evolutionary Origins and Archaeology of Music, Diss. Cambridge 2003, S. 47~54.

6   So D'Errico u. a., «Archaeological Evidence», S. 42~45.

7   새의 뼈들에 대해서는 다음 참조. Paula Marie Theresa Scothern: The Music-Archeology of the Paleolithic within its Cultural Setting, Ph. D. Thesis, Cambridge 1992, S. 84; Herbert Spencer: «On the Origin and Function of Music» (1857), in: ders.: Essays. Scientific, Political & Speculative, Vol. II, London 1891. 인간의 처음 언어가 음악이었다고 Monboddo 경 James Burnett은 1774년에 어린 시절부터 눈먼 자신의 지인이던 Blacklock 박사에게 써 보냈다. 최초의 언어는 새들의 외침을 흉내 내서 습득되었다는 것이다. 버넷은 인간 목소리의 다양성보다 언어의 음악적 말하기가 선행했거나 적어도 두 가지가 동시에 나타났다는 생각에는 합류하지만, '노래 언어'의 존

재는 거부한다. 그러기에는 '야만인'과 새들의 음악이 너무 단순하다는 것이다. James Burnett, Origin and Progress S. 403, 469 f., 472 f.

8 Stumpf, Anfänge der Musik, S. 9.

9 Kerstin Oberweger, Franz Goller: «The metabolic cost of birdsong production», Journal of Experimental Biology 204 (2001), S. 3379~3388; James F. Gilooly, Alexander G. Ophir: «The energetic basis of acoustic communication», Proceedings: Biological Sciences 277 (2010), S. 1325~1331. 맹수의 종류에 따라 달라지는 에티오피아 버빗원숭이의 경고음에 대해서는 다음에서 처음으로 서술되었다. Thomas T. Struhsaker: «Auditory communication among vervet monkeys (Cercopithecus aethiops)», in: Stuart A. Altmann (Hrsg.): Social Communication Among Primates, Chicago 1967, S. 281~324. 집에서 키우는 닭들에서 관찰되는 일인데, 있지도 않은 먹이를 발견했다는 속임수 목적의 외침만이 이보다 더 세련된 것이다. 이에 대해서는 다음 참조. Marcel Gyger, Peter Marler: «Food calling in the domestic fowl (Gallus gallus): The role of external referents and deception», Animal Behaviour 36 (1988), S. 358~365.

10 Darwin, The descent of man, S. 705; die Beispiele bei Peter J. B. Slater: «Birdsong Repertoires: Their Origin and Uses», in: Wallin u. a., The Origins of Music, S. 49~63, und im Überblick über das ganze Feld Catchpole, Slater, Bird Song, S. 114~201.

11 스피커가 장착된 둥지 장소 주변으로 몰려든 암컷들에 대한 최초의 실험 자료는 다음을 보라. Dag Eriksson, Lars Wallin: «Male bird song attracts females~a field experiment», Behavioral Ecology and Sociobiology 19 (1986), S. 297~299; D. James Mountjoy, Robert E. Lemon: «Song as an Attractant for Male and Female European Starlings, and the Influence of Song Complexity on Their Response», Behavioral Ecology and Sociobiology 28 (191), S. 97~100, und L. Scott Johnson, William A. Searcy: «Female Attraction to Male Song in House Wrens (Troglodytes Aedon)», Behaviour 133 (1996), S. 357~366; William A. Searcy, Eliot A. Brenowitz: «Sexual differences in species recognition of avian song», Nature 332 (1988), S. 152~154.

12 Donald E. Kroodsma, Linda D. Parker: «Vocal virtuosity in the brown trasher», Auk 94 (1977), S. 783~785. «The nagging question persists: Why such a complex behavior?» (785). 이것은 다른 종류에도 타당하다. 나이팅게일은 200개 이상의 노래유형을 갖고, 개개비는 300개 이상, 찌르레기는 적어도 20개, 많을 경우 70개의 유형을 갖는다.

13 더 정확하게는. 다양성이란 이따금 메시지인가? 반대의 예로는 푸른머리되새를 연구한 다음의 글을 보라, Peter J. B. Slater: «Chaffinch Song Repertoires: Observations, Experiments and a Discussion of their Significance», Zeitschrift für Tierpsychologie 56 (1981), S. 1~24.

14 단점이 장점이라는 주장의 고전적 예로는 다음을 참조할 것. Amotz Zahavi: «Mate Selection~A Selection for Handicap», Journal of Theoretical Biology 53 (1975), S.

205~214.

15   Vgl. Spencer, «Origin and Function of Music», S. 428 f.

16   Robert Lach: Studien zur Entwicklungsgeschichte der ornamentalen Melpoëi. Beiträge zur Geschichte der Melodie, Leipzig 1913, S. 561; Slater, «Birdsong Repertoires», S. 59, sowie Geoffrey Miller: «Evolution of Human Music through Sexual Selection», in: Wallin u. a., The Origins of Music, S. 329~360 (hier 331), unter Hinweis auf die Attraktivität von Jimi Hendrix und seine genetische Fitness, und Winfried Menninghaus: Wozu Kunst? Ästhetik nach Darwin, Berlin 2011, S. 113.

17   Darwin, The descent of man, S. 336.

18   Menninghaus, Wozu Kunst?, S. 94 f.

19   Stumpf, Anfänge der Musik, S. 14, 그는 새들의 노래가 인간의 노래를 위한 모범으로 작용한다는 주장을 그리스 철학자 데모크리토스의 것이라고 말한다.

20   좋은 개관을 주는 책들. Sandra E. Trehub u. a.: «Cross-cultural perspectives on music and musicality», Philosophical Transactions of the Royal Society B 370 (2014), S. 1~9; Anne Fernald: «Intonation and communicative intent in mothers'speech to infants: Is melody the message?», Child Development 60 (1989), S. 1497~1510; Takayuki Nakata, Sandra E. Trehub: «Infants'responsiveness to maternal speech and singing», Infant Behavior & Development 27 (2004), S. 455~464; Anne Fernald: «Human Maternal Vocalizations to Infants as Biologically Relevant Signals: An Evolutionary Perspective», in: Jerome H. Barkow u. a. (Hrsg.): The Adapted Mind. Evolutionary Psychology and Generation of Culture, New York 1992, S. 391~428.

21   Ellen Dissanayake: «Antecedents of the Temporal Arts in Early Mother-Infant Interaction», in: Wallin u. a., The Origins of Music, S. 389~410; Dean Falk: Finding Our Tongue. Mothers, Infants and the Origins of Language, New York 2009.

22   Vgl. die Beiträge in Bruno Nettl u. a.: Excursions in World Music, Englewood Cliffs 1992; Inge Cordes: «Melodic contours as a connecting link between primate communication and human singing», in: Reinhard Kopiez u. a. (Hrsg.): Proceedings of the 5th Triennial ESCOM Conference, Hannover 2003, S. 349~352.

23   Ndemazeh Arnold Fuamenya u. a.: «Noisy but Effective: Crying Across the First 3 Months of Life», Journal of Voice 29 (2015), S. 281~286; Kathleen Wermke, Werner Mende: «Musical elements in human infants'cries: In the beginning is the melody», Musicae Scientiae 13 (2009), S. 151~175.

24   Jessica Phillips-Silver, Laurel J. Trainor: «Feeling the beat: movement influences infant rhythm perception», Science 308 (2005), S. 1430; Sandra E. Trehub u. a.: «Musical affect regulation in infancy», Annals of the New York Academy of Sciences 1337 (2015), S. 186~192.

25   Thomas Geissmann: «Duet Songs of the Siamang, Hylobates Syndactylus: II. Testing the Pair-Bonding Hypothesis during a Partner Exchange», Behaviour 136 (1999), S. 1005~1039; ders.: «Gibbon Songs and Human Music», in: Wallin u. a., The Origins of Music, S. 103~123; Michelle L. Hall: «The function of duetting in magpie-larks: Conflict, cooperation, or commitment?», Animal Behaviour 60 (2000), S, 667~677; dies.: «A review of vocal duetting in birds», Advances in the Study of Behavior 40 (2009), S. 67~121; Jon Grinnell, Karen McComb: «Maternal grouping as a defence against infanticide by males: evidence from field playback experiments on African lions», Behavioral Ecology 7 (1996), S. 55~59.

26   Edward H. Hagen, Gregory A. Bryant: «Music and Dance as a Coalition Signaling System», Human Nature 14 (2003), S. 21~51; dort auch die Frage nach Pavarotti.

27   Kevin Laland u. a.: «The evolution of dance», Current Biology 26 (2016), S. 5~9; Steven Brown u. a.: «The neural basis of human dance», Cerebral Cortex 16 (2006), S. 1157~1167; Bronwyn Tarr, Jacques Launay, Robin I. M. Dunbar: «Music and social bonding: ⟨self-other⟩ merging and neurohormonal mechanisms», Frontiers in Psychology 5 (2014), S. 1~10.

28   Karl Bücher: Arbeit und Rhythmus, Leipzig 31902, S. 50; die Forschung zum Rudern bei Emma E. A. Cohen u. a.: «Rowers'high: behavioural synchrony is correlated with elevated pain thresholds», Biology Letters 6 (2010), S. 106~108; Philip Sullivan, Kate Rickers: «The effect of behavioral synchrony in groups of teammates and strangers», International Journal of Sport and Exercise Psychology 11 (2013), S. 1~6; Bronwyn Tarr u. a.: «Silent disco: dancing in synchrony leads to elevated pain thresholds and social closeness», Evolution and Human Behavior 37 (2016), S. 343~349; W. Tecumseh Fitch: «Dance, Music, Meter and Groove: A Forgotten Partnership», Frontiers in Human Neuroscience 10 (2016), Artikel 64.

29   Andrea Ravignani u. a.: «Chorusing, synchrony, and the evolutionary functions of rhythm», Frontiers in Psychology 5 (2014), Artikel 1118; Aiello, Dunbar, «Neocortex Size»; vgl. auch Robin I. M. Dunbar: «Co- Evolution of Neocortex Size, Group Size and Language in Humans», Behavioral and Brain Sciences 16 (1993), S. 681~735.

30   Mithen, Singing Neanderthals, S. 137; vgl. Robin I. M. Dunbar: «How conversations around campfires came to be», PNAS 111 (2014), S. 14 013 f.

8. 농업의 시작

1   Vgl. JoséOrtega y Gasset: Über die Jagd, Reinbek 1957, S. 72 ff.: «Ferien vom Menschsein»; Herodot's von HalikarnaßGeschichte, Stuttgart 1828, Drittes Bändchen, Drittes Buch (Thalia), Abschnitt 22, S. 325; Jared Diamond: «Evolution, consequences and future of plant and animal domestication», Nature 418 (2002), S. 700~707; Matt Cartmill: «Hunting and Humanity in Western Thought», Social Research 62 (1995), S. 773~786.

2 H. Ling Roth, «On the Origins of Agriculture», The Journal of the Anthropological Institute of Great Britain and Ireland 16 (1887), S. 102~136. 또 다른 이유로는 인류학 학생들 극소수만이 시골 태생이어서 농부들에 대한 '동료감정'이 없다는 것이라고 한다.

3 John Lubbock: Pre-Historic Times, as Illustrated by Ancient Remains, and the Manners and Customs of Modern Savage, London 1865, S. 3 und 60; V. Gordon Childe, The Most Ancient East. The Oriental Prelude to European Pre-History, London 1928, S. 46 ff., und ders., Man Makes Himself, London 1936, S. 66.

4 Christine A. Hastorf: «Rio Balsas most likely region for maize domestication», PNAS 106 (2009), S. 4957 f.; John Smalley, Michael Blake: «Sweet Beginnings: Stalk Sugar and the Domestication of Maize», Current Anthropology 44 (2003), S. 675~703; 중 남미의 생물고고학에 대한 포괄적 관찰은 Dolores R. Piperno: «The Origins of Plant Cultivation and Domestication in the New World Tropics: Patterns, Process, and New Developments», Current Anthropology 52/S4 (2011), S. 453~470.

5 Graeme Barker의 위대한 전망에 나오는 진술. The Agricultural Revolution in Prehistory. Why Did Foragers become Farmers?, Oxford 2006, Kapitel 4.

6 Ofer Bar-Yosef: «The Natufian culture in the Levant, threshold to the origins of agriculture», Evolutionary Anthropology 6 (1998), S. 159~177; Brian Boyd: «On ⟨sedentism⟩ in the later Epipaleolithic (Natufian) Levant», World Archaeology 38 (2006), S. 164~178.

7 Ian Kuijt, Bill Finlayson: «Evidence for food storage and predomestication granaries 11,000 years ago in the Jordan Valley», PNAS Vol. 106 No. 27 (2009), S. 10 966~10 970.

8 Natalie D. Munro: «Zooarchaeological measures of hunting pressure and occupation intensity in the Natufian», Current Anthropology 45/ S5 (2004), S. 5~34; Ehud Weiss u. a.: «Autonomous Cultivation Before Domestication», Science 312 (2006), S. 1608~1610; Diamond, «Plant and animal domestication», S. 702.

9 Dorian Q. Fuller u. a.: «Presumed domestication? Evidence for wild rice cultivation and domestication in the fifth millennium BC of the Lower Yangtze region», Antiquity 81 (2007), S. 316~331; David Joel Cohen: «The Beginnings of Agriculture in China. A Multiregional View», Current Anthropology 52/S4 (2011), S. 273~293.

10 이런 공동체들 중 어떤 것들이 더 있는가에 대한 조망을 담은 자료. Claire C. Porter, Frank W. Marlowe: «How marginal are forager habitats?», Journal of Archaeological Science 34 (2007), S. 59~68 (hier 65); Robert Bettinger u. a.: «Constraints on the Development of Agriculture», Current Anthropology 50 (2009), S. 627~631 (hier 628); Jack R. Harlan: «A wild wheat harvest in Turkey», Archaeology 20 (1967), S. 197~201.

11 '환경결정론'은 특히 입체적으로 일찌감치 다음 책에서 요약되었다. Ellsworth Huntington und Sumner Webster Cushing: Principles of Human Geography, London 1922, S. 327 f.

12 Mark Cohen: The Food Crisis in Prehistory. Overpopulation and the Origins of Agriculture, New Haven 1977; Richard W. Redding: «A general explanation of subsistence change: From hunting and gathering to food production», Journal of Anthropological Archaeology 7 (1988), S. 56~97 (hier 73); 신석기시대 이전에 수렵채집 사회들의 집단 크기에 대해서는 다음 참조. A. Nigel Goring-Morris, Anna Belfer-Cohen: «Neolithization Process in the Levant: The Outer Envelope», Current Anthropology 52/4 (2011), S. 195~208 (hier 198), 그리고 매혹적인 계산은, H. Martin Wobst: «Boundary Conditions for Paleolithic Social Systems: A Simulation Approach», American Antiquity 39 (1974), S. 147~178, 25명에서 30명까지의 집단 크기를 최소로 간수한다.

13 Michael Rosenberg: «Cheating at Musical Chairs: Territoriality and Sedentism in an Evolutionary Context», Current Anthropology 39 (1998), S. 653~664 (hier 660).

14 이에 대해 이론적으로는. Gregory A. Johnson: «Organizational structure and scalar stress», in: Colin Renfrew u. a. (Hrsg.): Theory and Explanation in Archaeology, New York 1982, S. 389~421, und an einem Beispiel Brian Boyd: «Houses and Hearths, Pits and Burials: Natufian Mortuary Practices at Mallaha (Eynan), Upper Jordan Valley», in: Stuart Campbell, Anthony Green (Hrsg.): The archaeology of death in the ancient Near East, Oxford 1995, S. 17~23.

15 Ofer Bar-Yosef: «Climatic Fluctuations and Early Farming in West and East Asia», Current Anthropology 52/S4 (2011), S. 175~193 (hier 178); Anna Belfer-Cohen, A. Nigel Goring-Morris: «Becoming Farmers: The Inside Story», Current Anthropology 52/S4 (2011), S. 209~220; Gordon C. Hillman, M. Stuart Davies: «Measured domestication rates in wheats and barley under primitive cultivation and their archaeological implications», Journal of World Prehistory 4 (1990), S. 157~222.

16 Simcha Lev-Yadun u. a.: «The Cradle of Agriculture», Science 288 (2002), S. 1602 f.; vgl. die skrupulöse Darstellung der vorliegenden empirischen Befunde zum Aufkommen des Getreideanbaus bei Mark Nesbitt: «When and where did domesticated cereals first occur in southwest Asia?», in: RenéT. J. Cappers, Sytze Bottema (Hrsg.): The Dawn of Farming in the Near East, Berlin 2002, S. 113~132.

17 Alan H. Simmons: The Neolithic Revolution in the Near East. Transforming the Human Landscape, Tucson 2010, S. 63 ff.

18 Bar-Yosef, «Climatic Fluctuations»; Dorian Q. Fuller u. a.: «Domestication as innovation: the entanglement of techniques, technology and chance in the domestication of cereal crops», World Archaeology 42 (2010), S. 13~28; Terence A. Brown u. a.: «The complex origins of domesticated crops in the Fertile Crescent», Trends in Ecology and Evolution 24 (2008), S. 103~109; Dorian Q. Fuller, Lin Qin: «Water management and labor in the origins and dispersal of Asian rice», World Archaeology 41 (2009), S. 88~111; zu Mittelamerikas Einbahnstraße Keith V. Flannery: «Archaeological systems theory and early Mesoamerica», in: Betty Jane

Meggers (Hrsg.): Anthropological Archaeology in the Americas, Washington 1968, S. 67~87.

19 Carlos A. Driscoll u. a.: «From wild animals to domestic pets, an evolutionary view of domestication», PNAS 106 (2009), S. 9971~9978; Eitan Tschernov, François F. Valla: «Two New Dogs, and Other Natufian Dogs, from the Southern Levant», Journal of Archaeological Science 24 (1997), S. 65~95; Darcy F. Morey: «The Early Evolution of the Domestic Dog», American Scientist 82 (1994), S. 336~347; Jennifer A. Leonard u. a.: «Ancient DNA Evidence for Old World Origin of New World Dogs», Science 298 (2002), S. 1613~1616.

20 Melinda A. Zeder: «Domestication and early agriculture in the Mediterranean Basin: Origins, diffusion, and impact», PNAS 105 (2008), S. 11 597~11 604.

21 Jacques Cauvin: The Birth of the Gods and the Origins of Agriculture, Cambridge 2007; die ersten Belege finden sich bei James Mellaart: The Neolithic of the Near East, New York 1975, S. 53, 63, 88, 92, 106, 110 f., 115, 152, 166, 198, 255.

22 Claude Lévi-Strauss: Totemism, Boston 1963, S. 89; Trevor Watkins: «Building houses, framing concepts, constructing worlds», Paléorient 30 (2004), S. 5~23; Peter J. Wilson: The Domestication of the Human Species, New Haven 1988, S. 23~58.

23 연구 전망을 품고 있는 Melinda A. Zeder: «Religion and the Revolution. The Legacy of Jacques Cauvin», Paléorient 37 (2011), S. 39~60; Katheryn C. Twiss, Nerissa Russell: «Taking the Bull By The Horns: Ideology, Masculinity, And Cattle Horns at Çatalhöyük (Turkey)», Paléorient 35 (2009), S. 19~32; instruktive Besprechungen des Buches von Cauvin geben Colin Renfrew, Paléorient 20 (1994), S. 172~174; Gary O. Rollefson, Bulletin of the American Schools of Oriental Research 326 (2002), S. 83~87; Brian Hayden, Canadian Journal of Archaeology 26 (2002), S. 80~82, und Roland J. Moore-Colyer, The Agricultural History Review 49 (2001), S. 114 f 참조.

24 Marc Verhoeven: «Ritual and Ideology in the Pre-Pottery Neolithic B of the Levant and Southeast Anatolia», Cambridge Archaeological Journal 12 (2002), S. 233~258 (hier 251 ff.); Zeder, «Religion and the Revolution».

9. 도시의 시작

1 Vgl. Israel Finkelstein, Neil A. Silberman: Keine Posaunen vor Jericho. Die archäologische Wahrheit über die Bibel, München 2006.

2 Hermann Parzinger: Die Kinder des Prometheus. Eine Geschichte der Menschheit vor der Erfindung der Schrift, München 2014, S. 119; Ofer Bar-Yosef: «The Walls of Jericho: An Alternative Interpretation», Current Anthropology 27 (1986), S. 157~162

(hier 158).

3   Stefan Breuer: «Die archaische Stadt», Die Alte Stadt 25 (1998), S. 105~120; Michael
     E. Smith: «Ancient Cities», in: Ray Hutchinson (Hrsg.): The Encyclopedia of Urban
     Studies, London 2009, S. 24~28.

4   Parzinger, Die Kinder des Prometheus, S. 115; Hans J. Nissen: Geschichte Alt-
     Vorderasiens, München 1999, S. 21 f.; Louis Wirth: «Urbanism as a way of life»,
     American Journal of Sociology 44 (1938), S. 1~24.

5   Johnson, «Organizational structure and scalar stress»; John E. Yellen: Archaeological
     Approaches to the Present: Models for Reconstructing the Past, New York 1977,
     S. 69; Robert L. Carneiro: «On the relationship between size of population and
     complexity of social organization», Southwestern Journal of Anthropology 23 (1967),
     S. 234~243 (hier 239); Marshall D. Sahlins: Stone Age Economics, New York 1972,
     S. 196; ders.: «Poor man, rich man, big-man, chief: political types in Melanesia and
     Polynesia», Comparative Studies in Society and History 5 (1963), S. 285~303.

6   Arthur O'Sullivan: «The First Cities», in: Richard J. Arnott, Daniel P. McMillen (Hrsg.):
     A Companion to Urban Economics, London 2006, S. 42.

7   Bar-Yosef, «Climatic Fluctuations», S. 161; Parzinger, Die Kinder des Prometheus, S.
     124.

8   Ebd., S. 136 ff.

9   Nissen, Geschichte Alt-Vorderasiens, S. 24; ders.: Grundzüge einer Geschichte
     der Frühzeit des Vorderen Orients, Darmstadt 1983, S. 39. Für das Folgende:
     Nissen, ebd.; Marc Van De Mieroop: The Ancient Mesopotamian City, Oxford
     1999. 그리고 꼼꼼함에서 모두를 능가하는 연구 Robert McCormick Adams:
     Heartland of the Cities. Survey of Ancient Settlement and Land Use on the
     Central Floodplain of the Euphrates, Chicago 1981 참조.

10   Nissen, Geschichte der Frühzeit, S. 64 f.; Robert McCormick Adams: The Evolution
     of Urban Society, Chicago 1966; für eine ähnliche Argumentation, die den Vorteil
     von Schwierigkeiten betont, vgl. Joy McCorriston, Frank Hole: «The Ecology
     of Seasonal Stress and the Origins of Agriculture in the Near East», American
     Anthropologist 93 (1991), S. 46~69.

11   Marc Van De Mieroop: A History of the Ancient Near East, ca. 3000~323 BC,
     London 32015; Norman Yoffee: Myths of the Archaic State. Evolution of the
     Earliest Cities, States, and Civilizations, Cambridge 2005, S. 43, «supernovas» S. 62;
     Adams, Heartland of the Cities, S. 90.

12   Arnold Walther: Das altbabylonische Gerichtswesen, Leipzig 1917; Thorkild
     Jacobsen: «Primitive Democracy in Ancient Mesopotamia», Journal of Near Eastern
     Studies 2 (1943), S. 159~172; Van De Mieroop, City; Breuer, «Die archaische Stadt», S.
     220 f.

13   Van De Mieroop, City, S. 53~61 und Kap. 7; V. Gordon Childe «The Urban

Revolution», The Town Planning Review 21 (1950), S. 3~17 (hier 5); Yoffee, Myths, S. 54; ders.: «Political Economy in Early Mesopotamian States», Annual Review of Anthropology 24 (1995), S. 281~311 (hier 284).

14 Van De Mieroop, City, S. 24.

15 Nissen, Geschichte der Frühzeit, S. 27; Henry T. Wright, Gregory A. Johnson: «Population, Exchange, and Early State Formation in Southwestern Iran», American Anthropologist 77 (1975), S. 267~289 (hier 282); Adams, Heartland of the Cities, S. 77.

16 같은 책, S.80에서 Adams는 '파트타임 전문가의 급증'을 말한다. Vgl. Van De Mieroop, City, S.27f.와 S.101ff. 종교의 두 질서의 대립(조상들, 도시 신들)은 나중에 소포클레스의 《안티고네》에서 개인의 갈등으로 반영되지만, '국가의 시발점'으로서 가족의 어법은 이 갈등에서 한계에 부딪친다.

17 Vgl. Harriet Crawford: Sumer and the Sumerians, Cambridge 2004, S. 60 ff.; Gwendolyn Leick: Mesopotamia. The Invention of the City, London 2001, Kap. 1 und 2; Paul Wheatley: The Pivot of the Four Quarters. A Preliminary Enquiry into the Origins and Character of the Ancient Chinese City, Chicago 1971, S. 225; Van De Mieroop, City, Kap. 10.

18 Nissen, Geschichte der Frühzeit, S. 104.

19 «Ein Preislied auf Babylon», in: Erich Ebeling: Keilschrifttexte aus Assur religiösen Inhalts I, Leipzig 1915, Nr. 8, S. 12, wiederabgedruckt in: Orientalische Literaturzeitung 19 (1916), S. 132 f.; 〈길가메시〉 서사시 참조. 우루크에서 혼자 사는 여자의 문제를 포괄적으로 다룬 연구는 Julia Assante: «The kar.kid (harimtu): Prostitute or Single Woman?», Ugarit Forschungen 30 (1998), S. 5~97.

20 Guillermo Algaze: Ancient Mesopotamia at the dawn of civilization. The evolution of an urban landscape, Chicago 2008, 168 ff.; Stefan Breuer, Der charismatische Staat. Ursprünge und Frühformen staatlicher Herrschaft, Darmstadt 2014, S. 209 ff.

21 Yoffee, Myths, Kap. 4: «When Complexity was Simplified», S. 91~112; Dina Katz: «Gilgamesh and Akka: Was Uruk Ruled by Two Assemblies», Revue d'Assyrologie 81 (1987), S. 105~114, und Breuer, Der charismatische Staat, S. 222 f.

22 Van De Mieroop, City, S. 48 f. und Kap. 6; Yoffee, Myths, S. 47.

10. 국가의 시작

1 David Malo: Hawaiian Antiquities (Moolelo Hawaii), Honolulu 1898, S. 85.

2 여기서 말한 국가개념에 대해서는. Georg Jellinek: Allgemeine Staatslehre (1900), Nachdruck Kronberg 1976, S. 394 ff.; Niklas Luhmann: Die Politik der Gesellschaft. Hrsg. von AndréKieserling, Frankfurt am Main 2002, S. 190 ff.; Reinhart Koselleck:

«Staat und Souveränität», in: ders. (Hrsg.): Geschichtliche Grundbegriffe. Historisches Lexikon zur politisch-sozialen Sprache in Deutschland, Band 6, Stuttgart 1990, S. 2.

3   Yoffee, Myths, S. 41.

4   기원전 2500~기원전 1900년에 인더스 강변에 추장을 중심으로 한 여러 다양한 거주지 '통치체'들이 아닌 국가가 있었다는 것에 대해서는 논란이 있다. 다음 참조, Gregory L. Possehl: The Indus Civilization. A Contemporary Perspective, Walnut Creek 2002, S. 57.

5   Matthew Spriggs: «The Hawaiian transformation of Ancestral Polynesian Society: Conceptualizing chiefly states», in: John Gledhill u. a. (Hrsg.): State and Society: The Emergence and Development of Social Hierarchy and Political Centralization, London 1988, S. 57~72, 그는 여기서 1826년에 나온 Johann Heinrich von Thünen의 책 «Der isolierte Staat in Beziehung auf Landwirtschaft und Nationalökonomie»을 암시한다. 이 책에서 하와이는 단순히 경제적 모델의 추상화를 통해서만이 아닌 실질적으로 "격리된 국가"라고 본다. (71). 하와이 연구를 서술할 때 우리는 연구의 본질적인 부분들을 손수 행한 최고 전문가가 최근에 요약한 이런 결론들을 따른다. Patrick Vinton Kirch: How Chiefs Became Kings. Divine Kingship and the Rise of Archaic States in Ancient Hawai'i, Berkeley 2010.

6   Malo, Hawaiian Antiquities, S. 80~84.

7   Ebd., S. 78.

8   Schon Robert L. Carneiro: «The Chiefdom: Precursor of the State», in: Grant D. Jones, Robert Kautz (Hrsg.): The Transition to Statehood in the New World, Cambridge 1981, S. 37~79, 여기서는 옛날 하와이를 비록 이미 국가는 아니라도, 국가로 가고 있는 도중의 사회라고 칭한다.(42).

9   Jeffrey Rounds: «Dynastic Succession and the Centralization of Power in Tenochtitlan», in: George A. Collier u. a. (Hrsg.): The Inka and Aztec States 1400~1800, New York 1982, S. 63~89; Karen Radner: «Kubaba und die Fische. Bemerkungen zur Herrscherin von Karkemish», in: Robert Rollinger (Hrsg.): Von Sumer bis Homer. Festschrift für Manfred Schretterer, Münster 2005, S. 543~556; Bruce G. Trigger: Understanding early civilizations. A comparative study, Cambridge 2003.

10   Irving Goldman: Ancient Polynesian Society, Chicago 1070, S. 430 ff.; Joanne Carando: «Hawaiian Royal Incest. A Study in the Sacrificial Origin of Monarchy», Transatlantica 1 (2002), S. 1~14; 상류층의 근친혼을 막지 않은 또 다른 고대국가들로는 고대 이집트와 페루의 잉카제국이 있다. Friedrich Schiller의 싯귀는 그 자신이 발행한 잡지 Musen-Almanach für das Jahr 1797, Tübingen 1797, S. 153 참조.

11   Robert L. Carneiro: «A Theory of the Origin of the State», Science 169 (1970), S. 733~738. 지구 자체가 도망의 가능성을 더는 제공하지 않는다면, 이는 통제기술과 무기기술만이 아니라 서로 경쟁하는 많은 국가(섬)들이 도입한 민주주의 때문이기도 하다.

12 Kirch, How Chiefs Became Kings, S. 203; Robert J. Hommon: The Ancient Hawaiian State. Origins of a Political Society, Oxford 2013, S. 217~256; Gregory L. Possehl: «Sociocultural complexity without the state: the Indus civilization», in: Gary M. Feinman, Joyce Marcus (Hrsg.): Archaic States, Santa Fé1998, S. 261~292 (hier 264).

13 Martha Warren Beckwith (Hrsg.): Kepelino's Traditions of Hawaii, Honolulu 1932, S. 122 ff.; Gananath Obeyesekere: The Apotheosis of Captain Cook, Princeton 1992.

14 Yoffee, Myths, S. 34~41.

15 사회유형의 등급에 대해서는, Elman R. Service: Primitive Social Organization, New York 1962, S. 59 ff., und Ted C. Lewellen: Political Anthropology. An Introduction, London 2003, S. 43 ff.

16 Kent V. Flannery: «The Cultural Evolution of Civilizations», Annual Review of Ecology and Systematics 3 (1972), S. 399~426; Carneiro, «Chiefdom»; Henry T. Wright: «Prestate Political Formations», in: Timothy Earle (Hrsg.): On the Evolution of Complex Societies: Essays in Honor of Harry Hoijer, Malibu 1984, S. 41~78; Timothy Earle: «Economic and Social Organization of A Complex Chiefdom: The Halelea District, Kaua'i, Hawaii», Anthropological Papers of the Museum of Anthropology 63, Ann Arbor 1978; ders.: «The Evolution of Chiefdoms», Current Anthropology 30 (1989), S. 84~88, wo «management» als Aufgabe der Häuptlinge bezeichnet wird.

17 마법의 사회성에서 국가가 기원한다는 것에 대한 가장 폭넓은 서술은, Breuer, Der charismatische Staat.

18 Michael Malpass: Daily Life in the Inca Empire, Westport 2009, S. 60 f.

19 이런 힘에 대한 고전적인 글로는 다음 참조. Arthur M. Hocart: «Mana», Man 14 (1914), S. 97~101; Henri Hubert, Marcel Mauss: «Entwurf einer allgemeinen Theorie der Magie» (1902/03), in: Marcel Mauss: Soziologie und Anthropologie, Frankfurt am Main 1989, S. 43~179, und Raymond Firth: «The analysis of mana: an empirical approach», Journal of the Polynesian Society 49 (1940), S. 483~510; vgl. Paul van der Grijp: Manifestations of Mana. Political Power and Divine Inspiration in Polynesia, Münster 2014, S. 54 ff.; Matt Tomlinson, Ty P. Kawika Tengan (Hrsg.): New mana. Transformations of a classic concept in Polynesian languages and cultures, Acton 2016; Bradd Shore: «Mana and Tapu», in: ders.: Developments in Polynesian Ethnography, Honolulu 1989, S. 137~173; Marshall Sahlins: Islands of History, Chicago 1985, S. 30; «coextensive» bei Sabine MacCormack: Religion in the Andes. Vision and Imagination in Early Colonial Peru, Princeton 1991, S. 156.

20 Kirch, How Chiefs Became Kings, S. 88 ff. und 222; Valerio Valeri: «Le fonctionnement du système des rangs àHawaii», L'homme 12 (1969), S. 29~66 (hier 36); ders.: Kingship and Sacrifice: Ritual and Society in Ancient Hawaii, Chicago

1985, S. 165 ff.; Malo, Hawaiian Antiquities; Patrick V. Kirch, Marshall Sahlins (Hrsg.): Anahulu. The Anthropology of History in the Kingdom of Hawai'i, Chicago 1992, S. 41; Michael J. Kolb, Boyd Dixon: «Landscapes of War: Rules and Conventions of Conflict in Ancient Hawai'i (and elsewhere)», American Antiquity 67 (2002), S. 514~534.

21 하와이의 행정적 전문성에 대해서는 Charles S. Spencer: «On the tempo and mode of state formation: Neoevolutionism reconsidered», Journal of Anthropological Archaeology 9 (1990), S. 1~30 (hier 7 und 13 ff.).

22 이의는 Breuer, Der charismatische Staat, S. 65; die Beschreibungen der Rituale, die Ordnung wiederherstellen sollten, bei Valeri, Kingship and Sacrifice, S. 200 ff., und die Hinweise auf Erbfolgetumulte bei Sahlins, Islands of History, S. 43. 추장지배와 고대국가 사이의 연결성에 대해서 전체적인 반대를 표명하는 글은, Charles S. Spencer, «State formation». 'mana'를 'voltage'로 번역하는 것은, Ruth Benedict: «Religion», in: Franz Boas (Hrsg.): General Anthropology, Boston 1938, S. 627~665 (hier 630).

23 국가의 준거에 대해서는 Henry T. Wright: «Recent Research on the Origin of State», Annual Review of Anthropology 6 (1977), S. 379~397. 추장 사회의 다양성은 이미 다음 글에 분명하고 상세하게 진술되어 있다. Timothy K. Earle: «Chiefdoms in Archaeological and Ethnohistorical Perspective», Annual Review of Anthropology 16 (1987), S. 279~308. John Baines, Norman Yoffee: «Order, Legitimacy, and Wealth in Ancient Egypt and Mesopotamia», in: Feinman, Marcus, Archaic States, S. 199~260. 차코 문화의 정치적 독특함에 대해서는 서로 반대되는 다음의 입장들을 볼 것. Stephen Lekson: The Chaco Meridian: Centers of Political Power in Ancient Southwest, Walnut Creek 1999, und Colin Renfrew: «Production and Consumption in a Sacred Economy: The Material Correlates of High Devotional Expression at Chaco Canyon», American Antiquity 66 (2001), S. 14~25. 모체(Moche) 문화의 끝짜기 국가들에 대해서는 Jeffrey Quilter, Michele L. Koons: «The Fall of the Moche: A Critique of Claims for South America's First State», Latin American Antiquity 23 (2012), S. 127~143. 여기서는 국가도 아닌 그냥 '정치적 경제들'에 대해 이야기하지만 얻을 것이 별로 많지는 않다. 이에 대해서도 Breuer, Der charismatische Staat, S. 80 ff.

24 '따로 떼어낸 수도'에 대한 논의는 다음을 보라. Richard Blanton u. a.: «Regional Evolution in the Valley of Oaxaca, Mexiko», Journal of Field Archaeology 6 (1979), S. 370~390 (hier 377 f.); Richard Blanton: «The Origins of Monte Albán», in: Charles E. Cleland (Hrsg.): Cultural Change and Continuity, New York 1976, S. 223~232; Robert S. Santley: «Disembedded capitals reconsidered», American Antiquity 45 (1980), S. 132~145.

25 Samuel Manaiakalani Kamakau: Ruling Chiefs of Hawaii, Honolulu 1992, S. 14 ff.; Kirch, How Chiefs Became Kings, S. 92~103.

11. 문자의 시작

1 Niklas Luhmann: Soziale Systeme. Grundriß einer allgemeinen Theorie, Frankfurt am Main 1985, S. 128.

2 Rudyard Kipling: «Wie das Alphabet entstand», in: ders.: Genau-so-Geschichten, Zürich 2001, S. 121~137 (hier 134).

3 Enmerkar and the Lord of Aratta, V. 501~506, The Electronic Text Corpus of Sumerian Literature, Oxford, http://etcsl.orinst.ox.ac.uk (zuletzt aufgerufen am 30. März 2017).

4 Simonides에 대해서는 다음 참조. Adolf Kirchhoff: Studien zur Geschichte des griechischen Alphabets, Berlin 1867, S. 1, 에타, 키, 프시에 대해 상당히 건조한 확인만으로 그것이 올바른 것이 될 수는 없다.

5 Ignace J. Gelb: Von der Keilschrift zum Alphabet. Grundlagen einer Schriftwissenschaft, Stuttgart 1958.

6 Peter Damerow: «The Origins of Writing as a Problem of Historical Epistemology», MPI für Wissenschaftsgeschichte, Preprint 114 (1999), S. 2.

7 Jack Goody: Die Logik der Schrift und die Organisation der Gesellschaft, Frankfurt am Main 1990, S. 94 ff.; ders.: The Interface between the Written and the Oral, Cambridge 1987, S. 300; Jean Bottéro: Mesopotamia. Writing, Reasoning, and the Gods, Chicago 1992, S. 67~86.

8 Denise Schmandt-Besserat: «Tokens as Precursors to Writing», in: Elena L. Gregorenko u. a. (Hrsg.): Writing. A Mosaic of New Perspectives, New York 2012, S. 3~10 (hier 5); Hans J. Nissen u. a.: Informationsverarbeitung vor 5000 Jahren. 고대 중동에서 초기 문자와 경제행정의 기술은 Hildesheim 2004, S. 47 ff.; vgl. auch das Kapitel über den Anfang der Zahlen 참조.

9 Schmandt-Besserat, «Tokens», S. 7; Hans J. Nissen, Peter Heine: From Mesopotamia to Iraq, Chicago 2009.

10 Nissen u. a., Informationsverarbeitung, S. 71 ff.; Jerrold S. Cooper: «The origin of the cuneiform writing system», in: Stephen Houston (Hrsg.): The First Writing. Script Invention as History and Process, Cambridge 2011, S. 71~99 (hier 83 ff.).

11 Ebd.; Damerow, «Origins of Writing», S. 12.

12 John DeFrancis: Visible Speech. The Diverse Oneness of Writing Systems, Honolulu 1989, S. 20~64; Frank Kammerzell: «Defining Non-Textual Marking Systems, Writing, and Other Systems of Graphic Information Processing», in: Petra Andrassy u. a.: Non-Textual Marking Systems, Writing and Pseudo-Script from Prehistory to Modern Times (Lingua Aegyptia Studia Monographica 8), Göttingen 2009, S. 277~308.

13 David N. Keightley: «Art, Ancestors, and the Origins of Writing in China», Representations 56 (1996), S. 68~95 (hier 73).

14 Edward L. Shaughnessy: «The Beginnings of Writing in China», in: Christopher Woods u. a. (Hrsg.): Visible Language. Inventions of Writing in the Ancient Middle East and Beyond, Chicago 2015, S. 215~224; William G. Boltz: «The Invention of Writing in China», Oriens Extremus 42 (2000/2001), S. 1~17; Keightley, «Art», S. 89; ders.: «The Origins of Writing in China: Scripts and Cultural Contexts», in: Wayne M. Senner (Hrsg.): The Origins of Writing, Lincoln 1989, S. 171~202 (zur Bürokratie 185).

15 Andréas Stauder: «The Earliest Egyptian Writing», in: Woods u. a., Visible Language, S. 137~148; John Baines: «The earliest Egyptian writing: development, context, purpose», in: Houston, The First Writing, S. 150~189; Stephen Houston u. a.: «Last Writing: Script Obsolescence in Egypt, Mesopotamia, and Mesoamerica», Comparative Studies in Society and History 45 (2003), S. 430~479; Henry George Fischer: «The Origin of Egyptian Hieroglyphs», in: Senner, Origins of Writing, S. 59~76.

16 Stephen D. Houston: «Writing in early Mesopotamia», in: ders., The First Writing, S. 274~309.

17 Yuri N. Knorozov: «The Problem of the Study of the Maya Hieroglyphic Writing», American Antiquity 23 (1958), S. 284~291; J. Eric S. Thompson: Maya Hieroglyphic Writing: An Introduction, Washington D. C. 1971; Joyce Marcus: «The Origins of Mesoamerican Writing», Annual Review of Anthropology 1976, S. 35~67; Floyd G. Lounsbury: «The Ancient Writing of Middle America», in: Senner, Origins of Writing, S. 203~237.

18 John Chadwick, The Decipherment of Linear B, Cambridge 21967, S. 12~35.

19 Ilse Schoep: «The Origins of Writing and Administration on Crete», Oxford Journal of Archaeology 18 (1999), S. 265~276; Helène Whittaker: «The Function and the Meaning of Writing in the Prehistorian Aegean: Some reflections on the social and symbolic significance of writing from a material perspective», in: Kathryn E. Piquette, Ruth D. Whitehouse (Hrsg.): Writing as Material Practice: Substance, surface and medium, London 2013, S. 105~121; John Bennet: «The Structure of the Linear B Administration at Knossos», American Journal of Archaeology 89 (1985), S. 231~249.

20 Andreas Willi: «Zur Vermittlung der Alphabetschrift nach Griechenland», Museum Helveticum 62 (2005), S. 162~171; Sven-Tage Teodorsson: «Eastern Literacy, Greek Alphabet, and Homer», Mnemosyne 59 (2006), S. 161~187.

21 Barry B. Powell: Homer and the Origin of the Greek Alphabet, Cambridge 1991, S. 184 f.; ders.: «Why Was the Greek Alphabet Invented? The Epigraphic Evidence», Classical Antiquity 8 (1989), S. 321~350; Ian Morris: «The Use and Abuse of Homer», Classical Antiquity 5 (1986), S. 81~138; Walter Burkert: Die orientalisierende Epoche in der griechischen Religion und Literatur, Heidelberg 1984; Rhys Carpenter:

«The Antiquity of the Greek Alphabet», American Journal of Archaeology 37 (1933), S. 8~29 (hier 9).

12. 성문법의 시작

1   Vgl. Raymond Westbrook: «Cuneiform Law Codes and the Origins of Legislation», in: ders.: Law from the Tigris to the Tiber, Vol. 1, Winona Lake 2009, S. 73~95.

2   Jack M. Sasson: «King Hammurabi of Babylon», in: ders. (Hrsg.): Civilizations of the Near East 2, S. 901~915; Gabriele Elsen-Novák, Mirko Novák: «Der ⟨König der Gerechtigkeit⟩. Zur Ikonologie und Teleologie des ⟨Codex Hammurapi⟩», Baghdader Mitteilungen 37 (2006), S. 131~155 (hier 141).

3   Ex 21:12; Ex 21:15.

4   Richard Thurnwald: Die menschliche Gesellschaft in ihren ethnosoziologischen Grundlagen, Band 5, Berlin 1934, S. 88, zitiert nach Niklas Luhmann: Rechtssoziologie, Opladen 1987, S. 151.

5   Fritz R. Kraus: «Ein zentrales Problem des altmesopotamischen Rechts: Was ist der Codex Hammurabi?», Genava 8 (1960), S. 283~296는 일찌감치 이런 사정을 지적했다.

6   Bottéro, Mesopotamia, S. 169~179; Westbrook, «Cuneiform Law Codes», S. 35 f.; Hans Scheyhing: «Babylonisch-assyrische Krankheitstheorie: Korrelationen zwischen medizinischen Diagnosen und therapeutischen Konzepten», Die Welt des Orients 41 (2011), S. 79~117 (hier 110).

7   Bottéro, Mesopotamia.

8   So Paul Koschaker: Rechtsvergleichende Studien zur Gesetzgebung Hammurapis, Königs von Babylon, Leipzig 1917, S. 74.

9   Jacob J. Finkelstein: «The Laws of Ur-Nammu», Journal of Cuneiform Studies 22 (1968/69), S. 66~82.

10   Bundesministerium des Innern (Hrsg.): Bericht zur Polizeilichen Kriminalstatistik 2016, Berlin 2017, S. 8.

11   Vgl. den für das Folgende maßgeblichen rechtstheoretischen Text von Niklas Luhmann: Rechtssoziologie, S. 43.

12   편집증 이론의 틀 안에서의 도벽에 대해서는 다음을 참조. Charles Chrétien Henry Marc: Die Geisteskrankheiten in Beziehung zur Rechtspflege, Berlin 1843, S. 181; zur heutigen Sicht Hans-Jürgen Möller u. a.: Psychiatrie & Psychotherapie, Berlin 2003, S. 1632 ff.

13   Drew Fudenberg와 David K. Levine은 놀이이론의 분석에서 이 구절에 대해 질문한다. «Superstition and Rational Learning», American Economic Review 131 (2006), S. 251~262.

14 많은 예들을 동원한 Henry C. Lea: Superstition and Force: Essays on the Wager of Law, the Wager of Battle, the Ordeal, Torture (1866), Philadelphia 31878, S. 217 ff 참조.

15 Stefan M. Maul: «⟨Auf meinen Rechtsfall werde doch aufmerksam!⟩ Wie sich die Babylonier und Assyrer vor Unheil schützten, das sich durch Vorzeichen angekündigt hatte». Mitteilungen der Deutschen Orient-Gesellschaft zu Berlin 124 (1992), S. 131~142.

16 Raymond Westbrook: «Slave and Master in Ancient Near Eastern Law», Chicago-Kent Law Review 70 (1995), S. 1631.

17 Johannes Renger: «Wrongdoings and Its Sanctions: On ⟨Criminal⟩ and ⟨Civil Law⟩ in the Old Babylonian Period», Journal of the Economic and Social History of the Orient 20 (1977), S. 65~77; Gerhard Ries: «Der Erlass von Schulden im Alten Orient als obrigkeitliche Maßnahme zur Wirtschafts- und Sozialpolitik», in: Kaja Harter-Uibopuu, Fritz Mitthof (Hrsg.): Vergeben und Vergessen. Amnestie in der Antike, Wien 2013, S. 3~16.

18 Ex 21 : 22~25; Lev 24:10~23; Deut 19 : 15~21.

19 Jacob Chinitz: «An Eye for an Eye~An Old Canard», Jewish Quarterly Review 23 (1995), S. 79~84; Raymond Westbrook: Studies in Biblical and Cuneiform Law, Paris 1988, S. 45~47; Deut 24: 16.

20 Raymond Westbrook: «The character of ancient near eastern law», in: ders. (Hrsg.): A History of Ancient Near Eastern Law, Band 1, Leiden 2003, S. 1~90 (hier 7 f.); Johannes Renger: «Hammurapis Stele ⟨König der Gerechtigkeit⟩: Zur Frage von Recht und Gesetz in der altbabylonischen Welt», Die Welt des Orients 8 (1976), S. 228~235.

21 Wolfgang Preiser의 올바른 정의로는 그렇다. «Zur rechtlichen Natur der altorientalischen Gesetze», in: Paul Bockelmann u. a. (Hrsg.): Festschrift Karl Engisch, Frankfurt am Main 1969, S. 17~36 (hier 29); vgl. auch Johannes Renger: «Noch einmal: Was war der ⟨Kodex⟩ Hammurapi~ein erlassenes Gesetz oder ein Rechtsbuch?», in: Hans-Joachim Gehrke (Hrsg.): Rechtskodifizierung und soziale Normen im interkulturellen Vergleich, Tübingen 1994, S. 27~59.

22 Renger, «Hammurapis Stele», S. 231~233; Richard Haase: «Schankwirtinnen in Babylon: Zu §108 des Codex Hammurapi», Die Welt des Orients 37 (2007), S. 31~35.

23 Niels Peter Lemche: «Justice in Western Asia in Antiquity, or: Why No Laws Were Needed», Chicago-Kent Law Review 70 (1995), S. 1695~1716. 153조는 배우자 청부 살해라는 특수 경우만을 고려하고, 207조와 210조는 신체손상으로 인한 사망을 다룬다.

24 Elsen-Novák, Novák, «Der ⟨König der Gerechtigkeit⟩».

25 Martha T. Roth: «Hammurabi's Wronged Man», Journal of the American Oriental Society 122 (2002) S. 38~45; anders Marc Van De Mieroop: «Hammurabi's self-presentation», Orientalia 80 (2011), S. 305~338.

26 Vgl. Dominique Charpin: Writing, Law, and Kingship in Old Babylonian Mesopotamia, Chicago 2010, Kapitel 5.

27 그에 대한 지적은 Jan Assmann: «Zur Verschriftlichung rechtlicher und sozialer Normen in Ägypten», in: Hans-Joachim Gehrke (Hrsg.), Rechtskodifizierung und soziale Normen im interkulturellen Vergleich, Tübingen 1994, S. 61~85 참조.

28 Ebd., S. 63; Martin Lang: «Zum Begriff von menschlicher und göttlicher Gerechtigkeit in den Prologen der altorientalischen Codices», in: Heinz Barta u. a. (Hrsg.): Recht und Religion. Menschliche und göttliche Gerechtigkeitsvorstellungen in den antiken Welten, Wiesbaden 2008, S. 49~72.

29 Theodor Mommsen: Römische Geschichte. Erster Band, Berlin 1856, S. 257; Marie Theres Fögen: Römische Rechtsgeschichten. Über Ursprung und Evolution eines sozialen Systems, Göttingen 2002.

30 Eberhard Ruschenbusch: «Die Zwölftafeln und die römische Gesandtschaft nach Athen», Historia 12 (1963), S. 250~253; Michael Steinberg: «The Twelve Tables and Their Origins: An Eighteenth-Century Debate», Journal of the History of Ideas 43 (1982), S. 379~396.

31 Barthold Georg Niebuhr: Römische Geschichte, Berlin 1853, S. 528.

13. 숫자의 시작

1 John Stuart Mill: System der deductiven und inductiven Logik. Eine Darlegung der Grundsätze der Beweislehre und der Methoden der wissenschaftlichen Forschung, 1. Band, Leipzig 1872, S. 275 f. «But though numbers must be numbers of something, they may be numbers of anything», heißt es im Original: ders.: A System of Logic, Ratiocinative and Inductive, Being a Connected View of the Principles of Evidence, and the Methods of Investigation, Vol. I, London 1843, S. 332.

2 Edward Burnett Tylor: Primitive Culture. Researches into the Development of Mythology, Philosophy, Religion, Language, Art and Custom, Vol. 1, New York 1874, S. 240 f.

3 P. Rochel Gelman, Charles R. Gallistel: The Child's Understanding of Number, Cambridge Mass. 1978; Denise Schmandt-Besserat: Before Writing, Vol. 1, Austin 1992, S. 185; Theodor G. H. Strehlow: Aranda Phonetics and Grammar, Sidney 1944, S. 103; Georges Ifrah: Universalgeschichte der Zahlen, Frankfurt am Main 1991, S. 25, '하나'와 '쌍'이라는 개념들이 하나와 쌍, 또는 두 쌍을 제시하는 것만을 허용할 뿐, 합쳐서 셋으로 나가지 않는다는 지적이 들어가 있는 것은, Pierre Pica u. a.: «Exact and Approximate Arithmetic in an Amazonian Indigene Group», Science 306

(2004), S. 499~503.

4   Peter Gordon: «Numerical Cognition Without Words: Evidence from Amazonia», Science 306 (2004), S. 496~499; Michael C. Frank u. a.: «Number as a cognitive technology: Evidence from Pirahãlanguage and cognition», Cognition 108 (2008), S. 819~824 (hier 820).

5   Maurizio Covaz Gnerre: «Some Notes on Quantification and Numerals in an Amazon Indian Language», in: Michael P. Gloss (Hrsg.): Native American Mathematics, Austin 1986, S. 71~91; Robert M. W. Dixon: The Languages of Australia, Cambridge 1980, S. 107 f.; Rochel Gelman, Brian Butterworth: «Number and language: How are they related?», Trends in Cognitive Science 9 (2005), S. 6~10; Pica u. a., «Arithmetic», S. 503.

6   So Nissen u. a., Informationsverarbeitung, S. 169.

7   숫자에 대해 말하지 않고도 대상과 상징 사이에 일대일 대응이라는 성과를 확인할 수 있다는 지적을 담은 명료하고도 유익한 글로 Olivier Keller: «Les fables d'Ishango, ou l'irrésistible tentation de la mathématique-fiction», in: www.academia.edu (zuletzt aufgerufen am 3. April 2016) 참조.

8   Alexander Marshack: The Roots of Civilization. The Cognitive Beginning of Man's First Art, Symbol and Notation, New York 1972; Carpenter zitiert bei Mark Siegeltuch: «Lunar Calendars or Tribal Tattoos?» (www.asaaperimonpress. com/online_journal_full_list.html, zuletzt aufgerufen am 3. April 2016). Zu archäologischen Einwänden gegen Marshack vgl. Francesco D'Errico: «Paleolithic Lunar Calendars: A Case of Wishful Thinking?», Current Anthropology 30 (1989), S. 117~118, sowie die anschließende Diskussion in Current Anthropology 30 (1989), S. 491~500; Lambros Malafouris: «Grasping the concept of number: How did the sapient mind move beyond approximation?», in: Iain Morley, Colin Renfrew (Hrsg.): The Archaeology of Measurement, Cambridge 2010, S. 35~42.

9   Schmandt-Besserat, Before Writing, S. 184~194; dies.: How Writing Came About, Austin 1996; Nissen u. a., Informationsverarbeitung, S. 47.

10   Georges Ifrah, Universalgeschichte, S. 55 ff.

11   Denise Schmandt-Besserat: «The token system of the ancient Near East: Its role in counting, writing, the economy and cognition», in: Morley, Renfrew, Archaeology of Measurement, S. 27~34 und S. 186 ff.

12   Peter Damerow, Robert K. Englund, Hans Nissen: «The First Representations of Numbers and the Development of the Number Concept», in: Peter Damerow: Abstraction and Representation. Essays on the Cultural Evolution of Thinking, Dordrecht 1996, S. 275~297 (hier 289).

13   Ebd., S. 276.

14   Christopher R. Hallpike: The Foundations of Primitive Thought, Oxford 1979, S. 99; Peter Damerow: «The Material Culture of Calculation. A Conceptual

Framework for an Historical Epistemology of the Concept of Number», MPI für Wissenschaftsgeschichte, Preprint 117 (1999), S. 39.

15 Eleanor Robson: Mathematics in Ancient Iraq: A Social History, Princeton 2008, S. 198; Charles Seife: Zero. The Biography of a Dangerous Idea, New York 2000, S. 16.

16 Aristoteles, Physik IV, 8: 215b; III, 7: 207b; IV, 12: 220a; Karl Menninger: Number Words and Number Symbols. A Cultural History of Numbers, New York 1992.

17 Ebd.; Bibhutibhusan Datta: «Early literary evidence of the use of zero in India», American Mathematical Monthly 33 (1926), S. 449~454; Carl B. Boyer: «Zero: The Symbol, the Concept, the Number», National Mathematics Magazine 18 (1944), S. 323~330; Seife, Zero, S. 71; Brahmegupta and Bhascara: Algebra with Arithmetic and Mensuration, London 1817, S. 136 und 339.

14. 이야기의 시작

1 다음의 텍스트와 주석을 참조. Das Gilgamesch-Epos. Neu übersetzt und kommentiert von Stefan M. Maul, München 2012.

2 Michail Bachtin: Formen der Zeit im Roman. Untersuchungen zur historischen Poetik, Frankfurt am Main 1989, S. 221 f.

3 우루크를 식민지 경영 세력이라고 여기는, 학계에서 많은 논쟁을 만들어낸 해석은 다음의 책에 나온다. Guillermo Algaze gegeben: The Uruk World System. The Dynamics of Expansion of Early Mesopotamian Civilization, Chicago 1993, S. 110~118.

4 여섯 낮과 일곱 밤 동안 길가메시는 계속 깨어 있을 수가 없었고, 그래서 그에게는 잠을 극복하지 못한 사람은 죽음도 극복할 수 없다는 운명이 주어진다.(XI, 209~241)

5 Leick, Mesopotamia, Kapitel 2.

6 Tzvi Abusch: «Ishtar's Proposal and Gilgamesh's Refusal: An Interpretation of the 〈Gilgamesh Epic〉, Tablet 6, Lines 1~79», History of Religions 26 (1986), S. 143~187. 그는 결혼 제안이 제의적인 매장형식과 일치한다는 사실에서 길가메시에게 약속된 통치권이 지하세계의 통치권이라고 짐작한다.

7 Bachtin, Formen der Zeit im Roman, S. 227.

8 Jacob Burckhardt: Griechische Kulturgeschichte III.2, Gesammelte Werke Band 6, Darmstadt 1956, S. 31 und 33.

9 Bottéro, Mesopotamia, S. 203~212; Wilfred G. Lambert: «Ancient Mesopotamian Gods. Superstition, Philosophy, Theology», Revue de l'histoire des religions 207 (1990), S. 115~130; Thorkild Jacobsen: «Ancient Mesopotamian Religion: The Central Concerns», Proceedings of the American Philosophical Society 107 (1963), S. 473~484; ders.: The Treasures of Darkness. A History of Mesopotamian Religion,

New Haven 1976.

10 덫을 놓는 자 장면의 이야기 논리에 대해서는 Keith Dickson: «Looking at the Other in 〈Gilgamesh〉», Journal of the American Oriental Society 127 (2007), S. 171~182; vgl. grundlegend Otto Baensch: «Kunst und Gefühl», Logos 12 (1923/24), S. 1~28 참조.

11 Koschaker, Rechtsvergleichende Studien, S. 189. Gerda Lerner: «The Origin of Prostitution in Ancient Mesopotamia», Signs 11 (1986), S. 236~254.

12 Tzvi Abusch: «The Development and Meaning of the Epic of Gilgamesh: An Interpretive Essay», Journal of the American Oriental Society 121 (2001), S. 614~622; Leick, Mesopotamia; Stephanie Dalley: Myths from Mesopotamia. Creation, the Flood, Gilgamesh, and Others, Oxford 2008, S. 305 und 158.

13 Joachim Latacz: «Zur modernen Erzählforschung in der Homer-Interpretation», Theologische Zeitschrift 61 (2005), S. 92~111; Odyssee, 8. Gesang, V. 250 ff. und 486 ff.; Milman Parry: L'Épithète traditionelle dans Homère. Essai sur un problème du style Homérique, Paris 1928.

14 Irene J. F. de Jong, RenéNünlist: «From bird's eye view to close-up. The standpoint of the narrator in the Homeric epics», in: Anton Bierl u. a. (Hrsg.): Antike Literatur in neuer Deutung, München 2004, S. 63~83.

15. 돈의 시작

1 Ilias, 1. Gesang, V. 13~324.

2 Odyssee, 22. Gesang, V. 57 f.; Ilias, 21. Gesang, V. 80; Richard Seaford: Money and the Early Greek Mind. Homer, Philosophy, Tragedy, Cambridge 2004, S. 34 ff.

3 William Ridgeway: The origin of metallic currency and weight standards, Cambridge 1892, S. 2; Henry S. Kim: «Archaic Coinage as Evidence for the Use of Money», in: Andrew Meadows, Kirsty Shipton (Hrsg.): Money and its Uses in the Ancient Greek World, Oxford 2001, S. 7~13; David M. Schaps: «The Invention of Coinage in Lydia, in India, and in China», Vortrag auf dem XIV. International Economic History Congress, Helsinki 2006, www.helsinki.fi/iehc2006/papers1/Schaps.pdf (zuletzt aufgerufen am 22. März 2017), S. 2 f.

4 Xenophanes, Fr. 4; Herodot, Historien, 1. Buch, 94; Ridgeway, Origin, S. 203 ff.; Kim, «Archaic Coinage»; Robin Osborne: Greece in the Making. 1200~479 BC, London 1996, S. 239, dort auch S. 252~255 eine Liste der mittelmeerischen Münzstätten um 480 v. Chr.; Seaford, a. a. O., S. 90.

5 William Stanley Jevons: Money and the Mechanisms of Exchange, London 1890, S. 5; vgl. Carl Menger: «On the Origin of Money», Economic Journal 2 (1892), S.

239~255.

6   Richard A. Radford: «The Economic Organisation of a P.O.W. Camp», Economica 12 (1945), S. 189~201.

7   Colin M. Kraay: «Hoards, Small Change and the Origin of Coinage», Journal of Hellenic Studies 84 (1964), S. 76~91; Robert M. Cook: «Speculations on the Origins of Coinage», Historia 7 (1958), S. 257~262.

8   David Graeber: Schulden. Die ersten 5000 Jahre, Stuttgart 2012, Kapitel 2; Robert A. Wallace: «The Origin of Electrum Coinage», American Journal of Archaeology 91 (1987), S. 385~397; Xenophon: Oekonomikus oder Von der Haushaltskunst, Stuttgart 1866.

9   Thomas Crump: The phenomenon of money, London 1981, S. 53 ff.; Anne Chapman: «Barter as a Universal Mode of Exchange», L'Homme 20 (1980), S. 33~83 (hier 36 ff.); Caroline Humphrey: «Barter and Economic Disintegration», Man 20 (1985), S. 48~72.

10   Alfred Mitchell-Innes: «What is Money?», The Banking Journal, May 1913, S. 377~408; vgl. Graeber, Schulden, Kapitel 2.

11   오늘날 이스탄불의 고고학 박물관에 있는 에페소스 동전들이 가장 초기 동전들에 속한다. 에페소스 동전 5개가 베를린에도 있다. 모두 합쳐 대략 2,100개 정도의 호박금 동전들이 발견되었다. 다음 참조. Stefan Karwiese: «The Artemisium Coin Hoard and the First Coins of Ephesus», Revue Belge de Numismatique et de Sigillographie 137 (1991), S. 1~28; Seaford, Money, S. 115 ff.; Thomas Burgon: «An inquiry into the motives which influenced the ancients, in their choice of the various representations which we find stamped on their money», Numismatic Journal 1 (1836/37), S. 97~131 (hier 118).

12   Sophokles, Antigone, V. 1038. 아르키메데스 이야기는 날조된 것일 수도 있다. 미국의 수학자 Chris Rorres가 계산을 해보니, 왕관 무게와 그릇의 지름을 표준으로 삼고, 금세공사가 금 대신에 은으로 30퍼센트를 채웠다면, 순수한 황금에 비해 수면이 0.41밀리미터 정도 더 올라갔을 것이다. www.math.nyu.edu/~crorres/Archimedes/Crown/CrownIntro.html (zuletzt aufgerufen am 22. März 2017). Zum Gold-Silber-Wert vgl. Carl-Friedrich Lehmann-Haupt: Artikel «Gewichte», in: Pauly-Wissowa-Kroll: Realencyklopädie des klassischen Altertums, Suppl. III, Stuttgart 1918, S. 592~598; Vitruvius 1914, S. 9~13; Wallace, «Electrum Coinage», S. 390 f.

13   다음의 토론을 보라. Karwiese, «Artemisium Coin Hoard», S. 8 ff., bes. S. 22.

14   Osborne, Greece, S. 242; Dig. 18 . 1 . 1., zitiert nach Sitta von Reden: Money in Classical Antiquity, Cambridge 2010; Seaford, Money, S. 120.

15   Thomas R. Martin: «Why Did the Greek Polis Originally Need Coins?», Historia 45 (1996), S. 257~283.

16   이 자리는 Hajo Riese의 덕을 입은 것이다. 그는 케인즈 학파 화폐이론가로서 1980년대에 본문에 약술된 논거로 고집스럽게 돈과 신용의 구분을 주장했다.

17 Martin, «Why?»; von Reden, Money, Kapitel 1.; dies.: «Money, Law, and Exchange: Coinage in the Greek Polis», Journal of Hellenic Studies 117 (1997), S. 154~176 (hier 158).

18 Ilias, 6. Gesang, V. 234~236; Bernhard Laum: Heiliges Geld, Tübingen 1924, S. 52.

19 Moses I. Finley: Die antike Wirtschaft, München 1980, S. 25; Philip Grierson: «The Origins of Money», Research in Economic Anthropology 1 (1978), S. 1~35 (hier 10); von Reden, Money.

20 Laum, Heiliges Geld, S. 40 und 22.

21 Ebd. S. 3 ff.; vgl, Grierson, «The Origins of Money».

22 Ilias, 9. Gesang, V. 632 f.; Laum, Heiliges Geld, S. 39.

23 Seaford, Money, S. 102 f.; Herodot, Historien, 2. Buch, 135; Cook, Speculations; von Reden, Money, S. 160.

24 Louis Gernet: Anthropologie de la Grèce antique, Paris 1968, S. 97 ff.; Sitta von Reden: «Re-evaluating Gernet: Value and Greek Myth», in: Richard Buxton (Hrsg.), From Myth to Reason?, Oxford 1999, S. 51~70 (hier 53 ff.); dies., Money, S. 166; Burgon, «Inquiry», S. 121.

25 Herodot, Historien, 1. Buch, 93 f.; Sophokles, Antigone, V. 295~297; Hölderlin은 여기서 동전과 관습을 뜻하는 그리스 말 'nomisma'를 '인장이 찍힌 것'으로 번역했다.

16. 일부일처제의 시작

1 Leo Tolstoi: Die Kreutzersonate, Berlin 2011, S. 127 ff.

2 Ulrich H. Reichard: «Monogamy: Past and Present», in: ders., Christophe Boesch (Hrsg.): Monogamy. Mating Strategies and Partnerships in Birds, Humans and Other Mammals, Cambridge 2003, S. 3~25; Peter M. Bennett, Ian P. F. Owens: Evolutionary Ecology of Birds. Life Histories, Mating Systems, and Extinction, Oxford 2002. 제7장에서 여러 새 종류의 짝짓기 체계에 대한 전체적 조망을 하고, 제8장에서는 짝짓기 행동에 대해 생각할 수 있는 설명들을 모범적으로 분석한다.

3 Vgl. Angus J. Bateman: «Intra-sexual selection in Drosophila», Heredity 2 (1948), S. 349~368, 부모의 투자전략이라는 개념의 완성은 많은 영향력을 가진 것인데, 이는 다음을 참조. Robert L. Trivers: «Parental Investment and Sexual Selection», in: Bernard Campbell (Hrsg.): Sexual Selection and The Descent of Man 1871~1971, Chicago 1972, S. 136~172 (hier besonders 144 ff.). Zur Kritik an Batemans Auswertung seiner Versuche vgl. Brian Snyder, Patricia Adair Gowaty: «A Reappraisal of Bateman's Classic Study of Intrasexual Selection», Evolution 61 (2007), S. 2457~2468, sowie Patricia Adair Gowaty u. a.: «No evidence of sexual selection in a repetition of Bateman's classic study of

Drosophila melanogaster», PNAS 109 (2012), S. 11 740~11 745.

4   평균적으로 동일한 난교라는 함의에 대한 지적은 Stephen M. Shuster: «Sexual Selection and Mating Systems», PNAS 106 S1 (2009), S.10009~10016(여기서는 10012). 고등동물의 짝짓기 모델에 대한 고전적인 논문은 Gordon H. Orians: «On the Evolution of Mating Systems in Birds and Mammals», The American Naturalist 103 (1969), S. 589~603 참조.

5   Stephen T. Emling, Lewis W. Oring: «Ecology, Sexual Selection, and the Evolution of Mating Systems», Science 197 (1977), S. 215~223; M. E. Birkhead: «The social behavior of the dunnock, Prunella Modularis», Ibis 123 (1981), S. 75~84; Nicholas B. Davies, A. Lundberg: «Food Distribution and a Variable Mating System in the Dunnock, Prunella Modularis», Journal of Animal Ecology 53 (1984), S. 895~912 (hier 897 f.); James F. Wittenberger, Ronald L. Tilson: «The evolution of monogamy: hypothesis and evidence», Annual Review of Ecology and Systematics 11 (1980), S. 197~232; Dieter Lukas, Tim H. Clutton-Brock: «The evolution of social monogamy in mammals», Science 341 (2013), S. 526~530; Christopher Opie u. a.: «Male infanticide leads to social monogamy in primates», PNAS 110 (2013), S. 13328~13332.

6   짝짓기 모델들에서 예외적 경우에 대해서는 다음을 참조. Donald A. Jenni: «Evolution of polyandry in birds», American Zoologist 14 (1974), S. 129~144. 영장류에서 일처다부제에 대해서는, Anne W. Goldizen: «Social monogamy and its variations in callitrichids: do these relate to the costs of infant care?», Reichard, Boesch, Monogamy, S. 232~247. Philip L. Reno u. a.: «Sexual dimorphism in Australopithecus afarensis was similar to that of modern humans», PNAS 100 (2003), S. 9404~9409, 여기서는 신체 크기로 가족형성의 결론을 짓는 것에 조심하라고 충고한다. 하지만 다음에 나오는 발달생물학의 논거는 이를 보강한다. Hélène Coqueugniot u. a.: «Early brain growth in Homo erectus and implications for cognitive ability», Nature 431 (2004), S. 299~302, Hillard Kaplan u. a.: «A Theory of Human Life History Evolution: Diet, Intelligence, and Longevity», Evolutionary Anthropology 9 (2000), S. 156~185, und Bernard Chapais: «The Evolutionary History of Pair-Bonding and Parental Collaboration», in: Catherine A. Salomon, Todd K. Shackleford (Hrsg.): The Oxford Handbook of Evolutionary Family Psychology, Oxford 2011, S. 33~50.

7   Ken Kraaijeveld u. a.: «Extra-pair paternity does not result in differential sexual selection in the mutually ornamented black swan (Cygnus atratus)», Molecular Ecology 13 (2004), S. 1625~1633; Robin I. M. Dunbar: «Your Cheatin'Heart», New Scientist 160 (1998), S. 29~32; Chapais, «Pair-Bonding», S. 36 f. Bei Douglas E. Gladstone: «Promiscuity in Monogamous Colonial Birds», American Naturalist 114 (1979), S. 545~557. 마지막 책에서 짝짓기 모델들의 에너지 결산에 대해 나올 수 있는 모든 질문에 대해 특히 깊이 생각한 서술을 찾아볼 수 있다.

8   George Peter Murdock: Atlas of World Cultures, Pittsburgh 1981; John Hartung:
«On Natural Selection and the Inheritance of Wealth», Current Anthropology 17
(1976), S. 607~622; John Knodel u. a.: «An evolutionary perspective on Thai sexual
attitudes», Journal of Sex Research 34 (1997), S. 292~303.

9   Bobbi S. Low: «Marriage Systems and Pathogen Stress in Human Societies»,
American Zoologist 30 (1990), S. 325~339.

10 Robert Wright: The moral animal: The new science of evolutionary psychology,
New York 1994, S. 97; Richard D. Alexander: Darwinism and Human Affairs, Seattle
1979; Satoshi Kanazawa, Mary C. Still: «Why Monogamy?», Social Forces 78 (1999), S.
25~50.

11 Chris T. Bauch, Richard McElreath: «Disease Dynamics and costly punishment
can foster socially imposed monogamy», Nature Communications 7 (2016), S. 1~9;
Stephen K. Sanderson: «Explaining monogamy and polygyny in human societies:
Comment on Kanazawa and Still», Social Forces 80 (2001), S. 329~336.

12 Kevin MacDonald: «The Establishment and Maintenance of Socially Imposed
Monogamy», Politics and the Life Sciences 14 (1995), S. 3~23 (hier 6). Walter Scheidel:
«A peculiar institution? Greco-roman monogamy in global context», History of
Family 14 (2009), S. 280~291 (hier 287 f.).

13 Vgl. Joseph Henrich u. a.: «The puzzle of monogamous marriage», Philosophical
Transactions of the Royal Society B 367 (2012), S. 657~669, und exemplarisch für
viele die Studie von Robert J. Sampson u. a.: «Does marriage reduce crime? A
counterfactual approach to within-individual causal effects», Criminology 44 (2006),
S. 465~509. Der römische Censor bei Bernhard Rathmayr: Geschichte der Liebe.
Wandlungen der Geschlechterbeziehungen in der abendländischen Kultur, München
2016, S. 201.

14 Paul Veyne: «Ehe», in: Philippe Ariès u. a.: Geschichte des privaten Lebens: Vom
Römischen Imperium zum Byzantinischen Reich, Frankfurt am Main 1989, S. 50.

15 Laura Betzig: «Roman Monogamy», Ethology and Sociobiology 13 (1992), S.
351~383; David Cohen: «The Augustan law on adultery: the social and cultural
context», in: David Kertzer, Richard Saller (Hrsg.): The Family in Italy from Antiquity
to the Present, Yale 1991, S. 109~126; Jane F. Gardner: Women in Roman Law and
Society, London 1986, S. 129 f.

16 Peter Brown: «Spätantike», in: Philippe Ariès, Georges Duby (Hrsg.): Geschichte des
privaten Lebens, Band 1, Frankfurt am Main 1989, S. 229~298 (hier 285 ff.).

17 Niklas Luhmann: Liebe als Passion. Zur Codierung von Intimität, Frankfurt am
Main 1982.

18 마지막 두 단락에서 나의 기고문 «Du sollst es sein! Warum wir paarweise lieben»의 표
현들을 이용했다. 이는 «Frankfurter Allgemeinen Sonntagszeitung» 2010년 11월 14일
자 (S. 77)에 발표된 것.

참고문헌

Tzvi Abusch: «The Development and Meaning of the Epic of Gilgamesh: An Interpretive Essay», Journal of the American Oriental Society 121 (2001), S. 614~622.

Ders.: «Ishtar's Proposal and Gilgamesh's Refusal: An Interpretation of the ⟨Gilgamesh Epic⟩, Tablet 6, Lines 1~79», History of Religions 26 (1986), S. 143~187.

Robert McCormick Adams: The Evolution of Urban Society, Chicago 1966.

Ders.: Heartland of the Cities. Survey of Ancient Settlement and Land Use on the Central Floodplain of the Euphrates, Chicago 1981.

James M. Adovasio, Olga Soffer: The Invisible Sex. Uncovering the True Roles of Women in Prehistory, London 2009.

Per E. Ahlberg, Andrew Milner: «The origin and early diversification of tetrapods», Nature 368 (1994), S. 507~514.

Leslie C. Aiello, Robin I. M. Dunbar: «Neocortex Size, Group Size, and the Evolution of Language», Current Anthropology 34 (1993), S. 184~193.

Leslie C. Aiello, Robin I. M. Dunbar: «Neocortex Size, Group Size, and the Evolution of Language», Current Anthropology 34 (1993), S. 184~193.

Leslie C. Aiello, Peter Wheeler: «Brains and Guts in Human and Primate Evolution: The Expensive Organ Hypothesis», Current Anthropology 36 (1994), S. 199~221.

Aischylos: Der gefesselte Prometheus, in: Aischylos: Werke, übersetzt von Johann Gustav Droysen, Berlin 1842.

Richard D. Alexander: Darwinism and Human Affairs, Seattle 1979.

Guillermo Algaze: Ancient Mesopotamia at the dawn of civilization. The evolution of an urban landscape, Chicago 2008.

Ders.: The Uruk World System. The Dynamics of Expansion of Early Mesopotamian Civilization, Chicago 1993.

Nira Alperson-Afil: «Continual Fire Making by Hominins at Gesher Benot Ya'aqov, Israel», Quarternary Science Reviews 27 (2008), S. 1733~1799.

Paul Alsberg: «Der Ausbruch aus dem Gefängnis. Zu den Entstehungsbedingungen des Menschen», Gießen 1975, S. 72 ff. (=«Das Menschheitsrätsel», Leipzig 1922).

Michael A. Arbib u. a.: «Primate Vocalization, Gesture, and the Evolution of Human Language», Current Anthropology 49 (2008), S. 1053~1076.

Aristoteles: Politik, übersetzt von Eugen Rolfes, Leipzig 1912.

Jacques Arnould: L'abbe Breuil. Le pape de la prehistoire, Tours 2011.

Juan Luis Arsuaga, Ignacio Martinez: The Chosen Species. The Long March of Human Evolution, Oxford 2006. Julia Assante: «The kar.kid (harimtu): Prostitute or Single Woman?», Ugarit Forschungen 30 (1998), S. 5~97.

Jan Assmann: «Zur Verschriftlichung rechtlicher und sozialer Normen in Ägypten», in: Hans-Joachim Gehrke (Hrsg.), Rechtskodifizierung und soziale Normen im interkulturellen Vergleich, Tübingen 1994, S. 61~85.

Sonya Atalay, Christine A. Hastorf: «Food Meals, and Daily Activities: Food Habitus at Neolithic Çatalhöyuk», American Antiquity 71 (2006), S. 283~319.

Michail Bachtin: Formen der Zeit im Roman. Untersuchungen zur historischen Poetik, Frankfurt am Main 1989.

Otto Baensch: «Kunst und Gefühl», Logos 12 (1923/24), S. 1~28.

Paul G. Bahn, Jean Vertut: Journey through the Ice Ages, Los Angeles 1997.

John Baines: «The earliest Egyptian writing: development, context, purpose», in: Stephen Houston (Hrsg.): The First Writing. Script Invention as History and Process, Cambridge 2011, S. 150~189.

Ders., Norman Yoffee: «Order, Legitimacy, and Wealth in Ancient Egypt and Mesopotamia», in: Gary M. Feinman, Joyce Marcus (Hrsg.): Archaic States, Santa Fé 1998, S. 199~260.

Michael Balter: «Early Stonehenge pilgrims came from afar, with cattle in tow», Science 320 (2008), S. 1704 f.

Edward B. Banning: «So Fair a House. Göbekli Tepe and The Identification of Temples in the Pre-Pottery Neolithic of the Near East», Current Anthropology 52 (2011), S. 691~660.

Ofer Bar-Yosef: «Climatic Fluctuations and Early Farming in West and East Asia», Current Anthropology 52/S4 (2011), S. 175~193.

Ders.: «The Natufian culture in the Levant, threshold to the origins of agriculture », Evolutionary Anthropology 6 (1998), S. 159~177.

Ders.: «The Walls of Jericho: An Alternative Interpretation», Current Anthropology 27 (1986), S. 157~162.

Anne Baring, Jules Cashford: The Myth of the Goddess: Evolution of an Image, London 1991.

Graeme Barker: The Agricultural Revolution in Prehistory. Why Did Foragers become Farmers?, Oxford 2006.

Georges Bataille: Lascaux oder Die Geburt der Kunst, Stuttgart 1983.

Angus J. Bateman: «Intra-sexual selection in Drosophila», Heredity 2 (1948), S. 349~368.

Chris T. Bauch, Richard McElreath: «Disease Dynamics and costly punishment can foster socially imposed monogamy», Nature Communications 7 (2016), S. 1~9.

Martha Warren Beckwith (Hrsg.): Kepelino's Traditions of Hawaii, Honolulu 1932.

Robert G. Bednarik: «The 〈australopithecine〉 cobble from Makapansgat, South Africa», South African Archaeological Bulletin 53 (1998), S. 4~8.

Ders.: «Paleolithic Love Goddesses of Feminism», Anthropos 91 (1996), S. 183~190.

Ders.: «The Significance of the Earliest Beades», Advances in Anthropology 5 (2015), S. 51~66.

David R. Begun: «The Earliest Hominis~Is Less More?», Science 303 (2004), S. 1478~1480.

Anna Belfer-Cohen, A. Nigel Goring-Morris: «Becoming Farmers: The Inside Story», Current Anthropology 52/S4 (2011), S. 209~220.

Anna Belfer-Cohen, A. Nigel Goring-Morris: «Recent Developments in Near Eastern Neolithic Research», Paléorient 28 (2002), S. 143~148.

Randy V. Bellomo: «Methods of determining early hominid behavioral activities associated with the controlled use of fire at FxJj 20 Main, Koobi Fora, Kenya», Journal of Human Evolution 27 (1994), S. 173~195.

Ruth Benedict: «Religion», in: Franz Boas (Hrsg.): General Anthropology, Boston 1938, S. 627~665.

Theodor Benfey: Geschichte der Sprachwissenschaft und orientalischen Philologie in Deutschland seit dem Anfange des 19. Jahrhunderts mit einem Rückblick auf fruhere Zeiten, Munchen 1869.

John Bennet: «The Structure of the Linear B Administration at Knossos», American Journal of Archaeology 89 (1985), S. 231~249.

Peter M. Bennett, Ian P. F. Owens: Evolutionary Ecology of Birds. Life Histories, Mating Systems, and Extinction, Oxford 2002.

Laura Berk: «Childrens private speech: An overview of theory and the status of research», in: Rafael M. Diaz, Laura Berk: Private Speech. From social interaction to self-regulation, Hillsdale 1992, S. 17~53.

Francesco Berna u. a.: «Microstratigraphic evidence of in situ fire in the Acheulean strata of Wonderwerk Cave, Northern Cape province, South Africa», PNAS (2012), S. 1215~1220.

Robert Bettinger u. a.: «Constraints on the Development of Agriculture», Current Anthropology 50 (2009), S. 627~631.

Laura Betzig: «Roman Monogamy», Ethology and Sociobiology 13 (1992), S. 351~383.

Derek Bickerton: Adam's Tongue. How Humans Made Language, How Language Made Humans, New York 2009.

Ders.: «How protolanguage became language», in: Chris Knight u. a.: The Evolutionary

Emergence of Language: Social Functions and the Origins of Linguistic Form, Cambridge 2000, S. 264~284.

Ders.: Language and Species, Chicago 1990.

M. E. Birkhead: «The social behavior of the dunnock, Prunella Modularis», Ibis 123 (1981), S. 75~84.

Stephen L. Black, Alston V. Thoms: «Hunter-Gatherer Earth Ovens in the Archaeological Record: Fundamental Concepts», American Antiquity 79 (2014), S. 204~226.

Richard Blanton: «The Origins of Monte Albán», in: Charles E. Cleland (Hrsg.): Cultural Change and Continuity, New York 1976, S. 223~232.

Ders. u. a.: «Regional Evolution in the Valley of Oaxaca, Mexiko», Journal of Field Archaeology 6 (1979), S. 370~390.

Hans Blumenberg: Beschreibung des Menschen, Frankfurt am Main 2006.

Ders.: Hohlenausgänge, Frankfurt am Main 1989.

William G. Boltz: «The Invention of Writing in China», Oriens Extremus 42 (2000/2001), S. 1~17.

Kristen Borré: «Seal Blood, Inuit Blood, and Diet: A Biocultural Model of Physiology and Cultural Identity», Medical Anthropological Quarterly N. S. 5 (1991), S. 48~62.

James Boswell: The Journal of a Tour to the Hebrides with Samuel Johnson LL. D., London 61813 (= Tagebuch einer Reise nach den Hebridischen Inseln mit Doctor Samuel Johnson, Lübeck 1787).

Jean Bottéro: Mesopotamia. Writing, Reasoning, and the Gods, Chicago 1992 (= Mesopotamie. L'écriture, la raison et des dieux, Paris 1992).

Abdeljabil Bouzouggar u. a.: «82 000-Year-Old Shell Beads from North Africa and Implications for the Origins of Modern Human Behavior», PNAS 104 (2007), S. 9964~9969.

James M. Bowler: «Willandra Lakes revisited. Environmental framework for human occupation», Archaeology in Oceania 33 (1998), S. 120~155.

Brian Boyd: «Houses and Hearths, Pits and Burials: Natufian Mortuary Practices at Mallaha (Eynan), Upper Jordan Valley», in: Stuart Campbell, Anthony Green (Hrsg.): The archaeology of death in the ancient Near East, Oxford 1995, S. 17~23.

Ders.: «On ⟨sedentism⟩ in the later Epipaleolithic (Natufian) Levant», World Archaeology 38 (2006), S. 164~178.

Carl B. Boyer: «Zero: The Symbol, the Concept, the Number», National Mathematics Magazine 18 (1944), S. 323~330.

Charles Loring Brace: «Biocultural Interaction and the Mosaic Evolution in the Emergence of ⟨Modern⟩ Morphology», American Anthropologist 97 (1995), S. 711~721.

Ders., Paul E. Mahler: «Post-Pleistocene Changes in the Human Dentition», American Journal of Physical Anthropology 34 (1971), S. 191~203.

Ders., Shelley L. Smith, Kevin D. Hunt: «What Big Teeth You Had Grandma! Human

Tooth Size, Past and Present», in: Marc A. Kelley, Clark Spencer Larsen (Hrsg.): Advances in Dental Anthropology, New York 1991, S. 33~57.

Brahmegupta and Bhascara: Algebra with Arithmetic and Mensuration, London 1817.

Robert J. Braidwood u. a.: «Did Man Once Live by Beer Alone?», American Anthropologist 55 (1953), S. 515~526.

Charles Kimberlin Brain: «The Importance of Predation to the Course of Human and Other Animal Evolution», South African Archaeological Bulletin 50 (1995), S. 93~97.

Stefan Breuer: «Die archaische Stadt», Die Alte Stadt 25 (1998), S. 105~120.

Ders.: Der charismatische Staat. Ursprunge und Fruhformen staatlicher Herrschaft, Darmstadt 2014.

Peter Brown: «Spätantike», in: Philippe Ariès, Georges Duby (Hrsg.): Geschichte des privaten Lebens, Band 1, Frankfurt am Main 1989, S. 229~298.

Steven Brown u. a.: «The neural basis of human dance», Cerebral Cortex 16 (2006), S. 1157~1167.

Terence A. Brown u. a.: «The complex origins of domesticated crops in the Fertile Crescent», Trends in Ecology and Evolution 24 (2008), S. 103~109.

Michel Brunet u. a.: «A new hominid from the Upper Miocene of Chad, Central Africa», Nature 418 (2002), S. 145~151.

William Buckland: Reliquiae Diluvianae or Observations on the Organic Remains Contained in Caves, Fissures, and Diluvial Gravel and on other Geological Phenomena, Attesting the Action of an Universal Deluge, London 1824.

Ders.: Vindiciae Geologicae or The Connexion of Geology with Religion Explained, Oxford 1820 (= Geologie und Mineralogie in Beziehung zur naturlichen Theologie, Band 1: Text, Neufchatel u. a. 1839).

Karl Bücher: Arbeit und Rhythmus, Leipzig 31902.

Richard W. Bulliet: The Wheel. Inventions & Reinventions, New York 2016.

Bundesministerium des Innern (Hrsg.): Bericht zur Polizeilichen Kriminalstatistik 2016, Berlin 2017.

Henry T. Bunn: «Meat made us human», in: Peter S. Ungar (Hrsg.), Evolution of the Human Diet. The Known, the Unknown, and the Unknowable, Oxford 2007, S. 191~211.

Jacob Burckhardt: Griechische Kulturgeschichte III.2, Gesammelte Werke, Band 6, Darmstadt 1956.

Thomas Burgon: «An inquiry into the motives which influenced the ancients, in their choice of the various representations which we find stamped on their money», Numismatic Journal 1 (1836/37), S. 97~131.

Walter Burkert: Die orientalisierende Epoche in der griechischen Religion und Literatur, Heidelberg 1984.

James Burnett: Of the Origin and Progress of Language, Vol. 1, Edinburgh 1773 (= Des Lord Monboddo Werk von dem Ursprunge und Fortgange der Sprache, Erster Theil. Übersetzt von

Christian August Schmid, Riga 1784).

Brian F. Byrd, Christopher M. Monahan: «Death, Mortuary Ritual, and Natufian Social Structure», Journal of Anthropological Archaeology 14 (1995), S. 251~287.

John Cage: «Experimental Music», in: ders.: Silence. Lectures and Writings, Middletown 1961, S. 7~12.

Chester R. Cain: «Implications of the Marked Artifacts of the Middle Stone Age of Africa», Current Anthropology 47 (2006), S. 675~681.

Robert Capman: «The Years After~Megaliths, Mortuary Practices, and the Territorial Model», in: Lane Andersen Beck (Hrsg.), Regional Approaches to Mortuary Analysis, New York 1995, S. 29~51.

Joanne Carando: «Hawaiian Royal Incest. A Study in the Sacrificial Origin of Monarchy», Transatlantica 1 (2002), S. 1~14.

Rachel N. Carmody u. a.: «Energetic consequences of thermal and nonthermal food processing», PNAS 108 (2011), S. 19 199~19 203.

Robert L. Carneiro: «The Chiefdom: Precursor of the State», in: Grant D. Jones,

Robert Kautz (Hrsg.): The Transition to Statehood in the New World, Cambridge 1981, S. 37~79.

Ders.: «On the relationship between size of population and complexity of social organization», Southwestern Journal of Anthropology 23 (1967), S. 234~243.

Ders.: «A Theory of the Origin of the State», Science 169 (1970), S. 733~738.

Rhys Carpenter: «The Antiquity of the Greek Alphabet», American Journal of Archaeology 37 (1933), S. 8~29.

Matt Cartmill: «Four legs good, two legs bad: Man's place (if any) in nature», Natural History 92 (1983), S. 64~79.

Ders.: «Hunting and Humanity in Western Thought», Social Research 62 (1995), S. 773~786.

Ders., Fred H. Smith: The Human Lineage, Hoboken 2009.

Susana Carvalho u. a.: «Chimpanzee carrying behavior and the origins of human bipedality», Current Biology Vol. 22 No. 6 (2012), S. 180 f.

Clive K. Catchpole, Peter J. B. Slater: Bird Song. Biological Themes and Variations, Cambridge 22008.

Jacques Cauvin: The Birth of the Gods and the Origins of Agriculture, Cambridge 2007.

John Chadwick: The Decipherment of Linear B, Cambridge 21967.

Bernard Chapais: «The Evolutionary History of Pair-Bonding and Parental Collaboration», in: Catherine A. Salomon, Todd K. Shackleford (Hrsg.): The Oxford Handbook of Evolutionary Family Psychology, Oxford 2011, S. 33~50.

Anne Chapman: «Barter as a Universal Mode of Exchange», L'Homme 20 (1980), S. 33~83.

Dominique Charpin: Writing, Law, and Kingship in Old Babylonian Mesopotamia, Chicago 2010.

V. Gordon Childe: Man Makes Himself, London 1936 (= Der Mensch schafft sich selbst,

Dresden 1959).

Ders.: The Most Ancient East. The Oriental Prelude to European Pre-History, London 1928.

Ders.: «The Urban Revolution», The Town Planning Review 21 (1950), S. 3~17.

Jacob Chinitz: «An Eye for an Eye~An Old Canard», Jewish Quarterly Review 23 (1995), S. 79~84.

Brady Clark: «Scavenging, the stag hunt, and the evolution of language», Journal of Linguistics 47 (2011), S. 447~480.

Jean Clottes: World Rock Art, Los Angeles 2002.

David Joel Cohen: «The Augustan law on adultery: the social and cultural context», in: David Kertzer, Richard Saller (Hrsg.): The Family in Italy from Antiquity to the Present, Yale 1991, S. 109~126.

Ders.: «The Beginnings of Agriculture in China. A Multiregional View», Current Anthropology 52/S4 (2011), S. 273~293.

Emma E. A. Cohen u. a.: «Rowers'high: behavioural synchrony is correlated with elevated pain thresholds», Biology Letters 6 (2010), S. 106~108.

Mark Cohen: The Food Crisis in Prehistory. Overpopulation and the Origins of Agriculture, New Haven 1977.

Elisabeth Colson: «Places of Power and Shrines of the Land», Paideuma 43 (1997), S. 47~57.

Robert M. Cook: «Speculations on the Origins of Coinage», Historia 7 (1958), S. 257~262.

Jerrold S. Cooper: «The origin of the cuneiform writing system», in: Stephen

Houston (Hrsg.): The First Writing. Script Invention as History and Process, Cambridge 2011, S. 71~99.

Daniel de Coppet: «··· Land Owns People», in: Robert H. Barnes u. a. (Hrsg.): Contexts and level. Anthropological essays on hierarchy, Oxford 1985, S. 78~90.

Hélène Coqueugniot u. a.: «Early brain growth in Homo erectus and implications for cognitive ability», Nature 431 (2004), S. 299~302.

Inge Cordes: «Melodic contours as a connecting link between primate communication and human singing», in: Reinhard Kopiez u. a. (Hrsg.): Proceedings of the 5th Triennial ESCOM Conference, Hannover 2003, S. 349~352.

Ursula Moser Cowgill: «Death in Perodicticus», Primates 13 (1972), S. 251~256.

Harriet Crawford: Sumer and the Sumerians, Cambridge 2004.

Thomas Crump: The phenomenon of money, London 1981.

Gergely Csibra, György Gergely: «Natural pedagogy», Trends in Cognitive Science 13 (2009), S. 148~153.

Dies.: «Sylvia's Recipe: The Role of Imitation and Pedagogy in the Transmission of Cultural Knowledge», in: Nicholas J. Enfield, Stephen C. Levinson (Hrsg.): Roots of Human Sociality. Culture, Cognition and Interaction, Oxford 2006, S. 229~255.

Stephanie Dalley: Myths from Mesopotamia. Creation, the Flood, Gilgamesh, and Others, Oxford 2008.

Peter Damerow: «The Material Culture of Calculation. A Conceptual Framework for an Historical Epistemology of the Concept of Number», MPI für Wissenschaftsgeschichte, Preprint 117 (1999), S. 39.

Ders.: «The Origins of Writing as a Problem of Historical Epistemology», MPI für Wissenschaftsgeschichte, Preprint 114 (1999), S. 2.

Ders., Robert K. Englund, Hans Nissen: «The First Representations of Numbers and the Development of the Number Concept», in: Peter Damerow: Abstraction and Representation. Essays on the Cultural Evolution of Thinking, Dordrecht 1996, S. 275~297.

Raymond A. Dart: «Australopithecus africanus: The Man-Ape of South Africa», Nature, Februar 1925, S. 195~199.

Ders.: «The predatory transition from ape to man», International Anthropological and Linguistic Review Vol. 1 No. 4 (1953), S. 201~213.

Charles Darwin: The descent of man, and selection in relation to sex, London 1871 (= Die Abstammung des Menschen und die geschlechtliche Zuchtwahl, Stuttgart 1871).

Bibhutibhusan Datta: «Early literary evidence of the use of zero in India», American Mathematical Monthly 33 (1926), S. 449~454.

Michel Dauvois: «Son et Musique Paleolithiques», Les Dossiers d'Archéologie 142 (1989), S. 2~11.

Nicholas B. Davies, A. Lundberg: «Food Distribution and a Variable Mating System in the Dunnock, Prunella Modularis», Journal of Animal Ecology 53 (1984), S. 895~912.

Terrence Deacon: The Symbolic Species, New York 1997.

John DeFrancis: Visible Speech. The Diverse Oneness of Writing Systems, Honolulu 1989.

David DeGusta u. a.: «Hypoglossal canal size and hominid speech», PNAS 96 (1999), S. 1800~1804.

Jean-Louis Dessalles: Why we talk. The evolutionary origins of language, Oxford 2007.

Marcel Detienne, Jean-Pierre Vernant: The Cuisine of Sacrifice Among the Greeks, Chicago 1989 (= La cuisine du sacrifice en pays grec, Paris 1979).

Katherine A. Dettwyler: «Can paleopathology provide evidence for ⟨compassion⟩?», American Journal of Physical Anthropology 84 (1991), S. 375~384.

Jared Diamond: «Evolution, consequences and future of plant and animal domestication», Nature 418 (2002), S. 700~707.

D. Bruce Dickson: The Dawn of Belief: Religion in the Upper Paleolithic of Southwestern Europe, Tucson 1990.

Keith Dickson: «Looking at the Other in ⟨Gilgamesh⟩», Journal of the American Oriental Society 127 (2007), S. 171~182.

Albrecht Dieterich: Mutter Erde. Ein Versuch uber Volksreligion, Leipzig 1905.

Michael Dietler: «Alcohol: Anthropological / Archaeological Perspectives», Annual Review of Anthropology 35 (2006), S. 229~249.

Oliver Dietrich u. a.: «The role of cult and feasting in the emergence of Neolithic communities. New evidence from Gobekli Tepe, south-eastern Turkey», Antiquity 86 (2012), S. 674~695.

Ellen Dissanayake: «Antecedents of the Temporal Arts in Early Mother-Infant Interaction», in: Nils Wallin u. a. (Hrsg.): The Origins of Music, Cambridge Mass. 2000, S. 389~410.

Robert M. W. Dixon: The Languages of Australia, Cambridge 1980, S. 107 f. Merlin Donald: The Origin of the Modern Mind. Three Stages in the Evolution of Culture and Cognition, Cambridge Mass. 1991.

Carlos A. Driscoll u. a.: «From wild animals to domestic pets, an evolutionary view of domestication», PNAS 106 (2009), S. 9971~9978.

Pierre Duhard: «Upper Paleolithic figures as a reflection of human morphology and social organization», Antiquity 67 (1993), S. 83~91.

Robin I. M. Dunbar: «Co-Evolution of Neocortex Size, Group Size and Language in Humans», Behavioral and Brain Sciences 16 (1993), S. 681~735.

Ders.: Grooming, Gossip and the Evolution of Language, London 1996.

Ders.: «How conversations around campfires came to be», PNAS 111 (2014), S. 14013 f.

Ders.: «Your Cheatin'Heart», New Scientist 160 (1998), S. 29~32.

Émile Durkheim: Die elementaren Formen des religiösen Lebens, Frankfurt am Main 1981.

Peter Dwyer: «The Price of Protein: Five Hundred Hours of Hunting in the New Guinea Highlands», Oceania 44 (1974), S. 278~293.

Timothy K. Earle: «Chiefdoms in Archaeological and Ethnohistorical Perspective», Annual Review of Anthropology 16 (1987), S. 279~308.

Ders.: «Economic and Social Organization of A Complex Chiefdom: The Halelea District, Kaua'i, Hawaii», Anthropological Papers of the Museum of Anthropology 63, Ann Arbor 1978.

Ders.: «The Evolution of Chiefdoms», Current Anthropology 30 (1989), S. 84~88.

Erich Ebeling: Keilschrifttexte aus Assur religiösen Inhalts I, Leipzig 1915.

Gabriele Elsen-Novák, Mirko Novák: «Der 〈König der Gerechtigkeit〉. Zur Ikonologie und Teleologie des 〈Codex Hammurapi〉», Baghdader Mitteilungen 37 (2006), S. 131~155.

Carol R. Ember: «Myths about Hunter-Gatherers», Ethnology 17 (1978), S. 439~448.

Stephen T. Emling, Lewis W. Oring: «Ecology, Sexual Selection, and the Evolution of Mating Systems», Science 197 (1977), S. 215~223.

Wolfgang Enard u. a.: «Molecular evolution of FOXP2, a gene involved in speech and language», Nature 418 (2002), S. 869~872.

Karen L. Endicott: «Gender relations in hunter-gatherer societies», in: Richard B. Lee, Richard Daly (Hrsg.): The Cambridge Encyclopedia of Hunters and Gatherers, Cambridge 1999, S. 411~418.

Enmerkar and the Lord of Aratta, The Electronic Text Corpus of Sumerian Literature, Oxford, http://etcsl.orinst.ox.ac.uk.

Magnus Enquist, Olof Leimar: «The evolution of cooperation in mobile organisms», Animal Behaviour 45 (1993), S. 747~757.

Dag Eriksson, Lars Wallin: «Male bird song attracts females~a field experiment», Behavioral Ecology and Sociobiology 19 (1986), S. 297~299.

Francesco D'Errico u. a.: «Archaeological Evidence for the Emergence of Language, Symbolism, and Music. An Alternative Multidisciplinary Perspective», Journal of World Prehistory Vol. 17, No. 1 (2003), S. 1~70.

Ders.: «Paleolithic Lunar Calendars: A Case of Wishful Thinking?», Current Anthropology 30 (1989), S. 117~118.

Ders., Marian Vanhaeren: «Upper Paleolithic Mortuary Practices: Reflections of Ethnic Affiliation, Social Complexity, and Cultural Turnover», in: Colin Renfrew u. a.: Death Rituals and Social Order in the Ancient World: «Death Shall Haven No Dominion», Cambridge 2016, S. 45~61.

Edward E. Evans-Pritchard: Theorien über primitive Religionen, Frankfurt am Main 1981.

Dean Falk: Finding Our Tongue. Mothers, Infants and the Origins of Language, New York 2009.

Dies., Glenn Conroy: «The cranial venous system in Australopithecus afarensis», Nature 306 (1983), S. 779~781.

Mamoun Fansa: Rad und Wagen. Der Ursprung einer Innovation. Wagen im Vorderen Orient und in Europa, Oldenburg 2004.

Gunnar Fant: Acoustic Theory of Speech Production, Den Haag 1960.

Anne Fernald: «Human Maternal Vocalizations to Infants as Biologically Relevant Signals: An Evolutionary Perspective», in: Jerome H. Barkow u. a. (Hrsg.): The Adapted Mind. Evolutionary Psychology and Generation of Culture, New York 1992, S. 391~428.

Dies.: «Intonation and communicative intent in mothers'speech to infants: Is melody the message?», Child Development 60 (1989), S. 1497~1510.

Ludwig Feuerbach: «Die Naturwissenschaft und die Revolution» (1850), in: ders.: Gesammelte Werke, Band 5, Berlin 1989, S. 347~368.

Israel Finkelstein, Neil A. Silberman: Keine Posaunen vor Jericho. Die archäologische Wahrheit über die Bibel, München 2006.

Jacob J. Finkelstein: «The Laws of Ur-Nammu», Journal of Cuneiform Studies 22 (1968/69), S. 66~82.

Moses I. Finley: Die antike Wirtschaft, München 1980.

Raymond Firth: «The analysis of mana: an empirical approach», Journal of the Polynesian Society 49 (1940), S. 483~510.

Henry George Fischer: «The Origin of Egyptian Hieroglyphs», in: Wayne M. Senner (Hrsg.): The Origins of Writing, Lincoln 1989, S. 59~76.

W. Tecumseh Fitch: «Dance, Music, Meter and Groove: A Forgotten Partnership», Frontiers in Human Neuroscience 10 (2016), Artikel 64.

Ders.: The Evolution of Language, Cambridge 2010.

Ders.: «The evolution of speech: a comparative review», Trends in Cognitive Science 4 (2000), S. 258~267.

Ders.: «Kin Selection and 〈Mother Tongues〉: A Neglected Component in Language Evolution», in: D. Kimbrough Oller, Ulrike Griebel (Hrsg.): Evolution of Communication Systems. A Comparative Approach, Cambridge Mass. 2004, S. 275~296.

Ders., David Reby: «The descended larynx is not uniquely human», Proceedings of the Royal Society London B 268 (2001), S. 1669~1675.

Keith V. Flannery: «Archaeological systems theory and early Mesoamerica», in: Betty Jane Meggers (Hrsg.): Anthropological Archaeology in the Americas, Washington 1968, S. 67~87.

Ders.: «The Cultural Evolution of Civilizations», Annual Review of Ecology and Systematics 3 (1972), S. 399~426.

Marie Theres Fögen: Romische Rechtsgeschichten. Über Ursprung und Evolution eines sozialen Systems, Gottingen 2002.

Robert Foley, Clive Gamble: «The ecology of social transitions in human evolution», Philosophical Transactions of the Royal Society B 364 (2009), S. 3267~3279.

Robert Foley, Marta M. Lahr: «Mode 3 technologies and the evolution of modern humans», Cambridge Archaeological Journal 7 (1997), S. 3~36.

Vincenzo Formicola: «From Sunghir Children to the Romito Dwarf. Aspects of Upper Paleolithic Funerary Landscape», Current Anthropology 48 (2007), S. 446~453.

Michael C. Frank u. a.: «Number as a cognitive technology: Evidence from Pirahãlanguage and cognition», Cognition 108 (2008), S. 819~824.

David W. Frayer u. a.: «Dwarfism in an adolescent from the Italian later Upper Paleolithic», Nature 330 (1987), S. 60~62.

Ders., Chris Nicolay: «Fossil Evidence for the Origins of Speech Sounds», in: Nils Wallin u. a. (Hrsg.): The Origins of Music, Cambridge Mass. 2000, S. 217~234.

Ndemazeh Arnold Fuamenya u. a.: «Noisy but Effective: Crying Across the First 3 Months of Life», Journal of Voice 29 (2015), S. 281~286.

Drew Fudenberg, David K. Levine, «Superstition and Rational Learning», American Economic Review 131 (2006), S. 251~262.

Dorian Q. Fuller u. a.: «Domestication as innovation: the entanglement of techniques, technology and chance in the domestication of cereal crops», World Archaeology 42 (2010), S. 13~28.

Ders. u. a.: «Presumed domestication? Evidence for wild rice cultivation and domestication in the fifth millennium BC of the Lower Yangtze region», Antiquity 81 (2007), S.

316~331.

Ders., Lin Qin: «Water management and labor in the origins and dispersal of Asian rice», World Archaeology 41 (2009), S. 88~111.

Richard C. C. Fynes: «Plant Souls in Jainism and Manichaeism. The Case for Cultural Transmission», East and West 46 (1996), S. 21~44.

Jane F. Gardner: Women in Roman Law and Society, London 1986.

Thomas Geissmann: «Duet Songs of the Siamang, Hylobates Syndactylus: II. Testing the Pair-Bonding Hypothesis during a Partner Exchange», Behaviour 136 (1999), S. 1005~1039.

Ders.: «Gibbon Songs and Human Music», in: Nils Wallin u. a. (Hrsg.): The Origins of Music, Cambridge Mass. 2000, S. 103~123.

Ignace J. Gelb: Von der Keilschrift zum Alphabet. Grundlagen einer Schriftwissenschaft, Stuttgart 1958.

P. Rochel Gelman, Brian Butterworth: «Number and language: How are they related?», Trends in Cognitive Science 9 (2005), S. 6~10.

P. Rochel Gelman, Charles R. Gallistel: The Child's Understanding of Number, Cambridge Mass. 1978.

Louis Gernet: Anthropologie de la Grece antique, Paris 1968.

Das Gilgamesch-Epos. Neu ubersetzt und kommentiert von Stefan M. Maul, Munchen 2012.

James F. Gilooly, Alexander G. Ophir: «The energetic basis of acoustic communication», Proceedings: Biological Sciences 277 (2010), S. 1325~1331.

Douglas E. Gladstone: «Promiscuity in Monogamous Colonial Birds», American Naturalist 114 (1979), S. 545~557.

Max Gluckman: «Gossip and scandal», Current Anthropology 4 (1963), S. 307~316.

Maurizio Covaz Gnerre: «Some Notes on Quantification and Numerals in an Amazon Indian Language», in: Michael P. Gloss (Hrsg.): Native American Mathematics, Austin 1986, S. 71~91.

Erving Goffman: Interaction Ritual. Essays on Face-to-Face-Behavior, Garden City 1967.

Anne W. Goldizen: «Social monogamy and its variations in callitrichids: do these relate to the costs of infant care?», in: Ulrich H. Reichard, Christophe Boesch (Hrsg.): Monogamy. Mating Strategies and Partnerships in Birds, Humans and Other Mammals, Cambridge 2003, S. 232~247.

Irving Goldman: Ancient Polynesian Society, Chicago 1070, S. 430 ff.

Jack Goody: The Interface between the Written and the Oral, Cambridge 1987.

Ders.: Die Logik der Schrift und die Organisation der Gesellschaft, Frankfurt am Main 1990.

Peter Gordon: «Numerical Cognition Without Words: Evidence from Amazonia», Science 306 (2004), S. 496~499.

Naama Goren-Inbar u. a.: «Evidence of Hominin Control of Fire at Gesher Benot Ya'aqov, Israel», Science 304 (2004), S. 725~727.

A. Nigel Goring-Morris, Anna Belfer-Cohen: «Neolithization Process in the Levant: The Outer Envelope», Current Anthropology 52/4 (2011), S. 195~208.

Patricia Adair Gowaty u. a.: «No evidence of sexual selection in a repetition of Bateman's classic study of Drosophila melanogaster», PNAS 109 (2012), S. 11 740~11 745.

David Graeber: Schulden. Die ersten 5000 Jahre, Stuttgart 2012.

James Gray: How Animals Move, Cambridge 1953.

Philip Grierson: «The Origins of Money», Research in Economic Anthropology 1 (1978), S. 1~35.

Paul van der Grijp: Manifestations of Mana. Political Power and Divine Inspiration in Polynesia, Münster 2014.

Jon Grinnell, Karen McComb: «Maternal grouping as a defence against infanticide by males: evidence from field playback experiments on African lions», Behavioral Ecology 7 (1996), S. 55~59.

Michael Gurven, Kim Hill: «Why Do Men Hunt? A Reevaluation of 〈Man the Hunter〉 and the Sexual Division of Labor», Current Anthropology 50 (2009), S. 51~62.

Marcel Gyger, Peter Marler: «Food calling in the domestic fowl (Gallus gallus): The role of external referents and deception», Animal Behaviour 36 (1988), S. 358~365.

Richard Haase: «Schankwirtinnen in Babylon: Zu §108 des Codex Hammurapi», Die Welt des Orients 37 (2007), S. 31~35.

Edward H. Hagen, Gregory A. Bryant: «Music and Dance as a Coalition Signaling System», Human Nature 14 (2003), S. 21~51.

Hans Peter Hahn u. a.: «How Many Things Does Man Need? Material Possessions and Consumption in Three West African Villages (Hausa, Kasena and Tuareg) Compared to German Students», in: ders. (Hrsg.): Consumption in Africa. Anthropological Approaches, Münster 2008, S. 173~200.

Joachim Hahn: Kraft und Aggression. Die Botschaft der Eiszeitkunst im Aurignacien Süddeutschlands?, Tübingen 1986.

Michelle L. Hall: «The function of duetting in magpie-larks: Conflict, cooperation, or commitment?», Animal Behaviour 60 (2000), S. 667~677.

Dies.: «A review of vocal duetting in birds», Advances in the Study of Behavior 40 (2009), S. 67~121.

John Halverson: «Art for Arts Sake in the Palaeolithic», Current Anthropology 28 (1987), S. 63~72.

William D. Hamilton: «The evolution of altruistic behavior», American Naturalist 97 (1963), S. 354~356.

William E. H. Harcourt-Smith: «The Origins of Bipedal Locomotion», in: Wilfried Henke, Ian Tattersall (Hrsg.): Handbook of Paleoanthropology, Berlin 2013, S. 1483~1518.

Karen Hardy u. a.: «The Importance of Dietary Carbohydrate in Human Evolution», The Quarterly Review of Biology 90 (2015), S. 251~268.

Jack R. Harlan: «A wild wheat harvest in Turkey», Archaeology 20 (1967), S. 197~201.

Donna Hart, Robert W. Sussmann: Man the Hunted. Primates, Predators, and Human Evolution, Boulder 2008.

John Hartung: «On Natural Selection and the Inheritance of Wealth», Current Anthropology 17 (1976), S. 607~622.

Christine A. Hastorf: «Rio Balsas most likely region for maize domestication», PNAS 106 (2009), S. 4957 f.

Kristen Hawkes: «Sharing and collective action», in: Eric Alden Smith, Bruce Winterhalder (Hrsg.): Evolutionary ecology and human behavior, New York 1992, S. 269~300.

Dies. u. a.: «Hadza meat sharing», Evolution and Human Behavior 22 (2001), S.113~142.

Brian Hayden, Suzanne Villeneuve: «A Century of Feasting Studies», Annual Review of Anthropology 40 (2011), S. 433~449.

Joseph Henrich u. a.: «The puzzle of monogamous marriage», Philosophical Transactions of the Royal Society B 367 (2012), S. 657~669.

Amanda G. Henry u. a.: «Microfossils in calculus demonstrate consumption of plants and cooked foods in Neanderthal diets (Shanindar II, Iraq; Spy I and II, Belgium)», PNAS 108 (2011), S. 486~491.

Christopher S. Henshilwood: «Emergence of Human Behavior: Middle Stone Age Engravings from South Africa», Science 295 (2002), S. 1278~1280.

Ders. u. a.: «Middle Stone Age Shell Beads from South Africa», Science 304 (2004), S. 404.

Johann Gottfried von Herder: Ideen zur Philosophie der Geschichte der Menschheit, Riga 1784.

Herodot's von HalikarnaßGeschichte, übersetzt von Adolf Schöll, Drittes Bändchen, Drittes Buch, Stuttgart 1828.

Matthias Herrgen: Wissenschaftstheoretische Analysen der Anthropologie im biotechnologischen Zeitalter, Hamburg 2008.

Gordon W. Hewes: «A history of the study of language origins and the gestural primacy hypothesis», in: Andrew Lock, Charles R. Peters (Hrsg.): Handbook of Human Symbolic Evolution, Oxford 1996, S. 571~595.

Ders.: «Primate Communication and the Gestural Origin of Language», Current Anthropology 14 (1973), S. 5~24.

Thomas Higham u. a.: «Testing models for the beginnings of the Augnacien and the advent of art and music: the radiocarbon chronology of Geißenklösterle», Journal of Human Evolution 30 (2012), S. 1~13.

Karen Hiiemae, Jeffrey B. Palmer: «Tongue and hyoid movements in feeding and speech», Journal of Oral Rehabilitation 29 (2002), S. 880 f.

Gordon C. Hillman, M. Stuart Davies: «Measured domestication rates in wheats and barley under primitive cultivation and their archaeological implications», Journal of World Prehistory 4 (1990), S. 157~222.

Arthur M. Hocart: «Mana», Man 14 (1914), S. 97~101.

Charles F. Hockett: «The origin of speech», Scientific American 203 (1960), S. 89~96.

Ders., Robert Ascher: «The Human Revolution», Current Anthropology (1964), S. 135~168.

Ralph L. Holloway Jr.: «Tools and Teeth: Some Speculations regarding Canine Reduction», American Anthropologist 69 (1967), S. 63~67.

Robert J. Hommon: The Ancient Hawaiian State. Origins of a Political Society, Oxford 2013.

William J. E. Hoppit u. a.: «Lessons from animal teaching», Trends in Ecology & Evolution 23 (2008), S. 486~493.

Stephen D. Houston: «Writing in early Mesopotamia», in: ders. (Hrsg.): The First Writing. Script Invention as History and Process, Cambridge 2011, S. 274~309.

Ders. u. a.: «Last Writing: Script Obsolescence in Egypt, Mesopotamia, and Mesoamerica», Comparative Studies in Society and History 45 (2003), S. 430~479.

Erella Hovers u. a.: «An Early Case of Color Symbolism: Ochre Use by Modern Humans in Qafzeh Cave», Current Anthropology 44 (2003), S. 491~511.

Henri Hubert, Marcel Mauss: «Entwurf einer allgemeinen Theorie der Magie» (1902/03), in: Marcel Mauss: Soziologie und Anthropologie, Frankfurt am Main 1989, S. 43~179.

David Hume: Dialogues Concerning Natural Religion, London 1779 (= Dialoge über natürliche Religion, Hamburg 71993).

Caroline Humphrey: «Barter and Economic Disintegration», Man 20 (1985), S. 48~72.

Kevin D. Hunt: «Bipedalism», in: Michael P. Muehlenbein (Hrsg.): Basics in Human Evolution, Amsterdam u. a. 2015, S. 103~112.

Ders.: «The evolution of human bipedality: ecology and functional morphology», Journal of Human Evolution 26 (1994), S. 183~202.

Ellsworth Huntington, Sumner Webster Cushing: Principles of Human Geography, London 1922.

James Hutton: Theory of the Earth. With Proofs and Illustrations, Edinburgh 1795.

Georges Ifrah: Universalgeschichte der Zahlen, Frankfurt am Main 1991.

Glynn L. Isaac: «The food-sharing behavior of proto-human hominids», Scientific American 238 (1978), S. 90~108.

Nina G. Jablonski, George Chaplin: «The Origin of Hominid Bipedalism Re-Examined», Archaeology in Oceania 27 (1992), S. 113~119.

Thorkild Jacobsen: «Ancient Mesopotamian Religion: The Central Concerns», Proceedings of the American Philosophical Society 107 (1963), S. 473~484.

Ders.: «Primitive Democracy in Ancient Mesopotamia», Journal of Near Eastern Studies 2 (1943), S. 159~172.

Ders.: The Treasures of Darkness. A History of Mesopotamian Religion, New Haven 1976.

Georg Jellinek: Allgemeine Staatslehre (1900), Nachdruck Kronberg 1976.

Donald A. Jenni: «Evolution of polyandry in birds», American Zoologist 14 (1974), S. 129~144.

Justin Jennings u. a.: «〈Drinking Beer in a Blissful Mood〉: Alcohol Production, Operational Chains, and Feasting in the Ancient World», Current Anthropology 46 (2005), S. 275~303.

Otto Jespersen: Language. Its Nature, Development and Origin, London 1922.

William Stanley Jevons: Money and the Mechanisms of Exchange, London 1890 (= Geld und Geldverkehr, Leipzig 1876).

Gregory A. Johnson: «Organizational Structure and Scalar Stress», in: Colin Renfrew u. a. (Hrsg.): Theory and Explanation in Archaeology, New York 1982, S. 389~421.

L. Scott Johnson, William A. Searcy: «Female Attraction to Male Song in House Wrens (Troglodytes Aedon)», Behaviour 133 (1996), S. 357~366.

Clifford J. Jolly: «The seed-eaters: A new model of hominid differentiation based on a baboon analogy», Man 5 (1970), S. 5~26.

Blurton Jones: «Tolerated Theft. Suggestions about the Ecology and Evolution of Sharing, Hoarding and Scrounging», Social Science Information 29 (1987), S. 189~196.

Frederic Wood Jones: Arboreal Man, London 1916.

Ders.: The Ancestry of Man, Brisbane 1923.

Irene J. F. de Jong, RenéNunlist: «From bird's eye view to close-up. The standpoint of the narrator in the Homeric epics», in: Anton Bierl u. a. (Hrsg.): Antike Literatur in neuer Deutung, München 2004, S. 63~83.

William L. Jungers u. a.: «Hypoglossal canal size in living hominoids and the evolution of human speech», Human Biology 75 (2003), S. 473~484.

Sibylle Kästner: Jagende Sammlerinnen und sammelnde Jägerinnen. Wie australische Aborigines-Frauen Tiere erbeuten, Münster 2012.

Samuel Manaiakalani Kamakau: Ruling Chiefs of Hawaii, Honolulu 1992.

Frank Kammerzell: «Defining Non-Textual Marking Systems, Writing, and Other Systems of Graphic Information Processing», in: Petra Andrassy u. a.: Non-Textual Marking Systems, Writing and Pseudo-Script from Prehistory to Modern Times (Lingua Aegyptia Studia Monographica 8), Göttingen 2009, S. 277~308.

Satoshi Kanazawa, Mary C. Still: «Why Monogamy?», Social Forces 78 (1999), S. 25~50.

Hillard Kaplan u. a.: «A Theory of Human Life History Evolution: Diet, Intelligence, and Longevity», Evolutionary Anthropology 9 (2000), S. 156~185.

Ernst Kapp: Grundlinien einer Philosophie der Technik. Zur Entstehungsgeschichte der Cultur aus neuen Gesichtspunkten, Braunschweig 1877.

Stefan Karwiese: «The Artemisium Coin Hoard and the First Coins of Ephesus», Revue Belge de Numismatique et de Sigillographie 137 (1991), S. 1~28.

Dina Katz: «Gilgamesh and Akka: Was Uruk Ruled by Two Assemblies», Revue d'Assyrologie

81 (1987), S. 105~114.

Jürgen Kaube: «Du sollst es sein! Warum wir paarweise lieben», in: «Frankfurter Allgemeine Sonntagszeitung» (14. November 2010), S. 77.

Richard F. Kay u. a.: «The hypoglossal canal and the origin of human vocal behavior», PNAS 95 (1998), S. 5417~5419.

David N. Keightley: «Art, Ancestors, and the Origins of Writing in China», Representations 56 (1996), S. 68~95.

Ders.: «The Origins of Writing in China: Scripts and Cultural Contexts», in: Wayne M. Senner (Hrsg.): The Origins of Writing, Lincoln 1989, S. 171~202.

Olivier Keller: «Les fables d'Ishango, ou l'irrésistible tentation de la mathématique-fiction», in: www.academia.edu.

Henry S. Kim: «Archaic Coinage as Evidence for the Use of Money», in: Andrew Meadows, Kirsty Shipton (Hrsg.): Money and its Uses in the Ancient Greek World, Oxford 2001, S. 7~13.

Claus Joachim Kind u. a.: «The Smile of the Lion Man. Recent Excavations in Stadel Cave and the Restoration of the Famous Upper Paleolithic Figurine», Quartar 61 (2014), S. 129~145.

Jonathan Kingdon: Lowly Origin. Where, When, and Why Our Ancestors First Stood up, Princeton 2003.

Rudyard Kipling: «Wie das Alphabet entstand», in: ders.: Genau-so-Geschichten, Zürich 2001, S. 121~137.

Patrick V. Kirch, Marshall Sahlins (Hrsg.): Anahulu. The Anthropology of History in the Kingdom of Hawai'i, Chicago 1992.

Adolf Kirchhoff: Studien zur Geschichte des griechischen Alphabets, Berlin 1867.

John Knodel u. a.: «An evolutionary perspective on Thai sexual attitudes», Journal of Sex Research 34 (1997), S. 292~303.

Yuri N. Knorozov: «The Problem of the Study of the Maya Hieroglyphic Writing», American Antiquity 23 (1958), S. 284~291.

Wolfgang Köhler: Intelligenzprufungen an Menschenaffen, Berlin 1921.

Michael J. Kolb, Boyd Dixon: «Landscapes of War: Rules and Conventions of Conflict in Ancient Hawai'i (and elsewhere)», American Antiquity 67 (2002), S. 514~534.

Jan Kolen: «Hominids without homes: on the nature of Middle Paleolithic settlement in Europe», in: Wil Roebroeks, Clive Gamble (Hrsg.): The Middle Paleolithic Occupation of Europe, Leiden 1999, S. 139~175.

Paul Koschaker: Rechtsvergleichende Studien zur Gesetzgebung Hammurapis Königs von Babylon, Leipzig 1917.

Reinhart Koselleck: «Staat und Souveranität», in: ders. (Hrsg.): Geschichtliche Grundbegriffe. Historisches Lexikon zur politisch-sozialen Sprache in Deutschland, Band 6, Stuttgart 1990, S. 2.

Ken Kraaijeveld u. a.: «Extra-pair paternity does not result in differential sexual selection in the mutually ornamented black swan (Cygnus atratus)», Molecular Ecology 13 (2004), S. 1625~1633.

Colin M. Kraay: «Hoards, Small Change and the Origin of Coinage», Journal of Hellenic Studies 84 (1964), S. 76~91.

Fritz R. Kraus: «Ein zentrales Problem des altmesopotamischen Rechts: Was ist der Codex Hammurabi?», Genava 8 (1960), S. 283~296.

Johannes Krause u. a.: «The derived FOXP2 variant of modern humans was shared with Neandertals», Current Biology 17 (2007), S. 1908~1912.

John R. Krebs: «The significance of song repertoires: The Beau Geste hypothesis», Animal Behaviour 25 (1977), S. 475~478.

Donald E. Kroodsma, Linda D. Parker: «Vocal virtuosity in the brown trasher», Auk 94 (1977), S. 783~785.

Ian Kuijt: «What Do We Really Know about Food Storage, Surplus, and Feasting in Preagricultural Communities?», Current Anthropology 50 (2009), S. 641~644.

Ders., Bill Finlayson: «Evidence for food storage and predomestication granaries 11,000 years ago in the Jordan Valley», PNAS Vol. 106 No. 27 (2009), S. 10 966~10 970.

Drago Kunej, Ivan Turk: «New Perspectives on the Beginning of Music: Archeological and Musicological Analysis of a Middle Paleolithic Bone ⟨Flute⟩», in: Nils Wallin u. a. (Hrsg.): The Origins of Music, Cambridge Mass. 2000, S. 235~268.

Robert Lach: Studien zur Entwicklungsgeschichte der ornamentalen Melpoëi. Beitrage zur Geschichte der Melodie, Leipzig 1913.

Kevin Laland u. a.: «The evolution of dance», Current Biology 26 (2016), S. 5~9.

Wilfred G. Lambert: «Ancient Mesopotamian Gods. Superstition, Philosophy, Theology», Revue de l'histoire des religions 207 (1990), S. 115~130.

Annette Laming-Emperaire: Lascaux. Paintings and Engravings, Harmondsworth 1959.

Martin Lang: «Zum Begriff von menschlicher und göttlicher Gerechtigkeit in den Prologen der altorientalischen Codices», in: Heinz Barta u. a. (Hrsg.): Recht und Religion. Menschliche und göttliche Gerechtigkeitsvorstellungen in den antiken Welten, Wiesbaden 2008, S. 49~72.

Joachim Latacz: «Zur modernen Erzahlforschung in der Homer-Interpretation», Theologische Zeitschrift 61 (2005), S. 92~111.

Bernhard Laum: Heiliges Geld, Tubingen 1924.

Henry C. Lea: Superstition and Force: Essays on the Wager of Law, the Wager of Battle, the Ordeal, Torture (1866), Philadelphia 31878.

Carl-Friedrich Lehmann-Haupt: «Gewichte», in: Pauly-Wissowa-Kroll: Realencyklopadie des klassischen Altertums, Suppl. III, Stuttgart 1918, S. 592~598.

Gwendolyn Leick: Mesopotamia. The Invention of the City, London 2001.

Stephen Lekson: The Chaco Meridian: Centers of Political Power in Ancient Southwest,

Walnut Creek 1999.

Niels Peter Lemche: «Justice in Western Asia in Antiquity, or: Why No Laws Were Needed», Chicago-Kent Law Review 70 (1995), S. 1695~1716.

Jennifer A. Leonard u. a.: «Ancient DNA Evidence for Old World Origin of New World Dogs», Science 298 (2002), S. 1613~1616.

William R. Leonard u. a.: «Energetic Models of Human Nutritional Evolution», in: Peter S. Ungar (Hrsg.): Evolution of the Human Diet. The Know, the Unknown and the Unknowable, Oxford 2007, S. 344 ff.

Ders., Marcia L. Robertson: «Comparative primate energetics and hominid evolution», American Journal of Physical Anthropology 102 (1997), S. 265~281.

Gerda Lerner: «The Origin of Prostitution in Ancient Mesopotamia», Signs 11 (1986), S. 236~254.

AndréLeroi-Gourhan: The art of prehistoric man in western Europe, London 1968.

Ders.: Hand und Wort. Die Evolution von Technik, Sprache und Kunst, Frankfurt am Main 1984.

Simcha Lev-Yadun u. a.: «The Cradle of Agriculture», Science 288 (2002), S. 1602 f.

Willem J. M. Levelt: «Accessing words in speech production: Stages, processes and representations», Cognition 42 (1992), S. 1~22.

Claude Levi-Strauss: Totemism, Boston 1963 (= Le Totémisme aujourd'hui, Paris 1962; Das Ende des Totemismus, Frankfurt am Main 1965).

Ted C. Lewellen: Political Anthropology. An Introduction, London 2003.

Philip Lieberman u. a.: «Vocal tract limitations on the vowel repertoires of rhesus monkeys and other nonhuman primates», Science 164 (1969), S. 1185~1187.

Ders., Edmund S. Crelin: «On the Speech of the Neanderthal Man», Linguistic Inquiry 11 (1971), S. 203~222.

Floyd G. Lounsbury: «The Ancient Writing of Middle America», in: Wayne M. Senner (Hrsg.): The Origins of Writing, Lincoln 1989, S. 203~237.

C. Owen Lovejoy: «Evolution of Human Walking», Scientific American, November 1988, S. 118~125.

Ders.: «The Origin of Man», Science 211 (1981), S. 341~350.

Ders.: «Reexamining Human Origins in the Light of Ardipithecus ramidus», Science 326/5949 (2009), S. 74~74e8.

Bobbi S. Low: «Marriage Systems and Pathogen Stress in Human Societies», American Zoologist 30 (1990), S. 325~339.

John Lubbock: Pre-Historic Times, as Illustrated by Ancient Remains, and the Manners and Customs of Modern Savage, London 1865 (= Die vorgeschichtliche Zeit erlautert durch die Überreste des Alterthums und die Sitten und Gebräuche der jetzigen Wilden, 2 Bände, Jena 1874).

Johann Peter Ludewig: Historia sine parente. De causis fabularum circa origines, Halle an der Saale 1693.

Niklas Luhmann: Liebe als Passion. Zur Codierung von Intimität, Frankfurt am Main 1982.

Ders.: Die Politik der Gesellschaft. Hrsg. von AndréKieserling, Frankfurt am Main 2002.

Ders.: Rechtssoziologie, Opladen 1987.

Ders.: Die Religion der Gesellschaft. Hrsg. von AndréKieserling, Frankfurt am Main 2000.

Ders.: Soziale Systeme. Grundrißeiner allgemeinen Theorie, Frankfurt am Main 1985.

Ders.: «Wie ist soziale Ordnung möglich?», in: ders.: Gesellschaftsstruktur und Semantik. Studien zur Wissenssoziologie der modernen Gesellschaft, Band 2, Frankfurt am Main 1981, S. 195~285.

Dieter Lukas, Tim H. Clutton-Brock: «The evolution of social monogamy in mammals», Science 341 (2013), S. 526~530.

Sabine MacCormack: Religion in the Andes. Vision and Imagination in Early Colonial Peru, Princeton 1991.

Kevin MacDonald: «The Establishment and Maintenance of Socially Imposed Monogamy», Politics and the Life Sciences 14 (1995), S. 3~23.

Ann M. MacLarnon, Gwen P. Hewitt: «The evolution of human speech: the role of enhanced breathing control», American Journal of Physical Anthropology 109 (1999), S. 341~363.

Peter F. MacNeilage: «The Frame / Content Theory of Evolution of Speech Production», Behavioral and Brain Sciences 21 (1998), S. 499~546.

Ders.: The Origin of Speech, Oxford 2008.

Lambros Malafouris: «Grasping the concept of number: How did the sapient mind move beyond approximation?», in: Iain Morley, Colin Renfrew (Hrsg.): The Archaeology of Measurement, Cambridge 2010, S. 35~42.

Bronisław Malinowski: «Das Problem der Bedeutung in primitiven Sprachen», in: Charles Kay Ogden, Ivor Armstrong Richards (Hrsg.): Die Bedeutung der Bedeutung, Frankfurt am Main 1974.

David Malo: Hawaiian Antiquities (Moolelo Hawaii), Honolulu 1898.

Michael Malpass: Daily Life in the Inca Empire, Westport 2009.

Salwa A. Maksoud u. a.: «Beer from the early dynasties (3500~3400 cal B. C.) of Upper Egypt, detected by archaeochemical methods», Vegetation History and Archaeobotany 3 (1994), S. 219~224.

Charles Chrétien Henry Marc: Die Geisteskrankheiten in Beziehung zur Rechtspflege, Berlin 1843.

Joyce Marcus: «The Origins of Mesoamerican Writing», Annual Review of Anthropology 1976, S. 35~67.

Robert Ranulph Marett: The Threshold of Religion, London 1914.

Alexander Marshack: «A Middle Paleolithic Symbolic Composition From the Golan Heights: The Earliest Known Depictive Image», Current Anthropology 37 (1996), S. 357~365.

Ders.: The Roots of Civilization. The Cognitive Beginning of Man's First Art, Symbol and Notation, New York 1972.

Thomas R. Martin: «Why Did the Greek Polis Originally Need Coins?», Historia 45 (1996), S. 257~283.

Mark A. Maslin u. a.: «East African climate pulses and early human evolution», Quarterly Science Reviews 101 (2014), S. 1~17.

Jeffrey Mousaieff Masson, Susan McCarthy: When Elephants Weep: The Emotional Lives of Animals, Chicago 1996.

Stefan M. Maul: «⟨Auf meinen Rechtsfall werde doch aufmerksam!⟩ Wie sich die Babylonier und Assyrer vor Unheil schützten, das sich durch Vorzeichen angekündigt hatte», Mitteilungen der Deutschen Orient-Gesellschaft zu Berlin 124 (1992), S. 131~142.

Fabienne May: Les Sépultures Préhistoriques, Paris 1986.

John S. Mbiti: Concepts of God in Africa, London 1970.

Sally McBrearty, Alison S. Brooks: «The revolution that wasn't: a new interpretation of the origin of modern human behavior», Journal of Human Evolution 39 (2000), S. 453~563.

Joy McCorriston, Frank Hole: «The Ecology of Seasonal Stress and the Origins of Agriculture in the Near East», American Anthropologist 93 (1991), S. 46~69.

Le Roy McDermott: «Self-Representation in Upper Paleolithic Female Figurines», Current Anthropology 37 (1996), S. 227~275.

Patrick Edward McGovern: Uncorking the Past: The Quest for Wine, Beer, and Other Alcoholic Beverages, Berkeley 2009.

Ders. u. a.: «Fermented beverages of pre- and proto-historic China», PNAS 101 (2004), S. 17593~17598.

Adrien Meguerditchian u. a.: «From gesture to language: Ontogenetic and phylogenetic perspectives on gestural communication and its cerebral lateralization», in: Anne Vilain u. a. (Hrsg.): Primate Communication and Human Language. Vocalisation, gestures, imitation and deixis in humans and non-humans, Amsterdam 2011, S. 91~120.

James Mellaart: The Neolithic of the Near East, New York 1975.

Carl Menger: «On the Origin of Money», Economic Journal 2 (1892), S. 239~255.

Karl Menninger: Number Words and Number Symbols. A Cultural History of Numbers, New York 1992.

Winfried Menninghaus: Wozu Kunst? Ästhetik nach Darwin, Berlin 2011.

Peter Metcalf, Richard Huntington: Celebrations of Death, Cambridge 1993.

Rudolph H. Michel u. a.: «The First Wine & Beer. Chemical Detection of Ancient Fermented Beverages», Analytical Chemistry 65 (1993), S. 408~413.

Marc Van De Mieroop: «Hammurabi's self-presentation», Orientalia 80 (2011), S. 305~338.

Ders.: The Ancient Mesopotamian City, Oxford 1999.

Ders.: A History of the Ancient Near East, ca. 3000~323 BC, London 32015.

John Stuart Mill: A System of Logic, Ratiocinative and Inductive, Being a Connected View of the Principles of Evidence, and the Methods of Investigation, Vol. I, London 1843 (= System der deductiven und inductiven Logik. Eine Darlegung der Grundsätze der Beweislehre und der Methoden der wissenschaftlichen Forschung, 1. Band, Leipzig 1872).

Geoffrey Miller: «Evolution of Human Music through Sexual Selection», in: Nils Wallin u. a. (Hrsg.): The Origins of Music, Cambridge Mass. 2000, S. 329~360.

Naomi F. Miller: «Sweeter than wine? The use of the grape in early western Asia», Antiquity 82 (2000), S. 937~946.

Alfred Mitchell-Innes: «What is Money?», The Banking Journal, May 1913, S. 377~408.

Steven Mithen: «On Early Paleolithic 〈Concept-Mediated Marks〉, Mental Modularity, and the Origins of Art», Current Anthropology 37 (1996), S. 666~670.

Ders.: The Singing Neanderthals. The Origins of Music, Language, Mind, and Body, Cambridge Mass. 2006.

Hans-Jürgen Möller u. a.: Psychiatrie & Psychotherapie, Berlin 2003.

Theodor Mommsen: Römische Geschichte. Erster Band, Berlin 1856.

Darcy F. Morey: «The Early Evolution of the Domestic Dog», American Scientist 82 (1994), S. 336~347.

Iain Morley: The Evolutionary Origins and Archaeology of Music, Diss. Cambridge 2003.

Ian Morris: «The Use and Abuse of Homer», Classical Antiquity 5 (1986), S. 81~138.

Rachel Morrison, Diana Reiss: «Whisper-like behavior in a non-human primate», Zoo Biology 32 (2013), S. 626~631.

D. James Mountjoy, Robert E. Lemon: «Song as an Attractant for Male and Female European Starlings, and the Influence of Song Complexity on Their Response», Behavioral Ecology and Sociobiology 28 (191), S. 97~100.

Johannes Müller: Über die Compensation der physischen Kräfte am menschlichen Stimmorgan, Berlin 1839.

Max Müller: Natural Religion, London 1889 (= Natürliche Religion, Leipzig 1890).

Lewis Mumford: The City in History, London 1961.

Natalie D. Munro: «Zooarchaeological measures of hunting pressure and occupation intensity in the Natufian», Current Anthropology 45/S5 (2004), S. 5~34.

George Peter Murdock: Atlas of World Cultures, Pittsburgh 1981.

Siegfried Nadel, Theodore Baker: «The Origins of Music», Musical Quarterly 16 (1930), S. 531~546.

Takayuki Nakata, Sandra E. Trehub: «Infants'responsiveness to maternal speech and singing», Infant Behavior & Development 27 (2004), S. 455~464.

Sarah M. Nelson: «Diversity of the Upper Paleolithic 〈Venus〉 Figurines and Archaeological Mythology», Archaeological Papers of the American Anthropological Association 2 (1990), S. 11~22.

Mark Nesbitt: «When and where did domesticated cereals first occur in southwest Asia?», in: RenéT. J. Cappers, Sytze Bottema (Hrsg.): The Dawn of Farming in the Near East, Berlin 2002, S. 113~132.

Bruno Nettl u. a. (Hrsg.): Excursions in World Music, Englewood Cliffs 1992.

Barthold Georg Niebuhr: Römische Geschichte, Berlin 1853.

Hans J. Nissen: Geschichte Alt-Vorderasiens, München 1999.

Ders.: Grundzüge einer Geschichte der Fruhzeit des Vorderen Orients, Darmstadt 1983.

Ders. u. a.: Informationsverarbeitung vor 5000 Jahren. Frühe Schrift und Techniken der Wirtschaftsverwaltung im alten Vorderen Orient, Hildesheim 2004.

Ders., Peter Heine: From Mesopotamia to Iraq, Chicago 2009.

Arthur O'Sullivan: «The First Cities», in: Richard J. Arnott, Daniel P. McMillen (Hrsg.): A Companion to Urban Economics, London 2006, S. 42.

Kerstin Oberweger, Franz Goller: «The metabolic cost of birdsong production», Journal of Experimental Biology 204 (2001), S. 3379~3388.

Gananath Obeyesekere: The Apotheosis of Captain Cook, Princeton 1992.

John J. Ohala: «An Ethnological Perspective on Common-Cross-Language Utilization of Fundamental Frequency of Voice», Phonetica 41 (1984), S. 1~16.

Christopher Opie u. a.: «Male infanticide leads to social monogamy in primates», PNAS 110 (2013), S. 13 328~13 332.

Chris Organ u. a.: «Phylogenetic rate shifts in feeding time during the evolution of Homo», PNAS 108 (2011), S. 14555~14559.

Gordon H. Orians: «On the Evolution of Mating Systems in Birds and Mammals», The American Naturalist 103 (1969), S. 589~603.

Jörg Orschiedt: «Secondary burial in the Magdalenian: The Brillenhohle (Blaubeuren, Southwest Germany)», Paléo 14 (2002), S. 241~256.

JoséOrtega y Gasset: Über die Jagd, Reinbek 1957.

Robin Osborne: Greece in the Making. 1200~479 BC, London 1996.

Robert Paine: «What is gossip about? An alternative hypotheses», Man 2 (1967), S. 278~285.

Friedrich Palmer: «Die Entstehung von Birkenpech in einer Feuerstelle unter paläolithischen Bedingungen», Mitteilungen der Gesellschaft für Urgeschichte 16 (2007), S. 75~83.

John Parkington: «Symbolism in Paleolithic Cave Art», South African Archaeological Bulletin 24 (1969), S. 3~13.

Milman Parry: L'Epithète traditionelle dans Homère. Essai sur un problème du style Homérique, Paris 1928.

Hermann Parzinger: Die Kinder des Prometheus. Eine Geschichte der Menschheit vor der Erfindung der Schrift, München 2014.

Otto Patzelt: Triumph des Rades, Berlin 1979.

Charles Sanders Peirce: «Logic as semiotic: The theory of signs» (1897), in: Justus Buchler (Hrsg.): Philosophical Writings of Peirce, New York 1955, S. 98~119.

Ders.: «New Elements (Kaina Stocheia)», in: Nathan Houser, Christian Kloesel (Hrsg.):

The Essential Peirce. Selected Philosophical Writings, Band 2, Bloomington 1998, S. 300~324.

Nicolas Peterson: «Demand sharing: Reciprocity and the Pressure for Generosity among Foragers», American Anthropologist 95 (1993), S. 860~874.

Paul Pettitt: The Palaeolithic Origins of Human Burial, Oxford 2011.

Jessica Phillips-Silver, Laurel J. Trainor: «Feeling the beat: movement influences infant rhythm perception», Science 308 (2005), S. 1430.

Pierre Pica u. a.: «Exact and Approximate Arithmetic in an Amazonian Indigene Group», Science 306 (2004), S. 499~503.

Alexander K. Piel, Fiona A. Stewart: «Non-Human Animal Responses toward the Dead and Death: A Comparative Approach to Understanding the Evolution of Human Mortuary Practices», in: Colin Renfrew u. a.: Death Rituals and Social Order in the Ancient World: «Death Shall Have No Dominion», Cambridge 2016, S. 15~26.

Stuart Piggott: The Earliest Wheeled Transport. From the Atlantic Coast to the Caspian Sea, Ithaca 1983.

Dolores R. Piperno: «The Origins of Plant Cultivation and Domestication in the New World Tropics: Patterns, Process, and New Developments», Current Anthropology 52/S4 (2011), S. 453~470.

Claire C. Porter, Frank W. Marlowe: «How marginal are forager habitats?», Journal of Archaeological Science 34 (2007), S. 59~68.

Gregory L. Possehl: The Indus Civilization. A Contemporary Perspective, Walnut Creek 2002.

Ders.: «Sociocultural complexity without the state: the Indus civilization», in: Gary M. Feinman, Joyce Marcus (Hrsg.): Archaic States, Santa Fé 1998, S. 261~292.

Richard Potts: «Environmental hypotheses of Pliocene human evolution», in: RenéBobe u. a. (Hrsg.): Hominin Environments in East African Pliocene. An Assessment of the Faunal Evidence, Berlin 2007, S. 25~47.

Daniel J. Povinelli, Daniela K. O'Neill: «Do chimpanzees use their gestures to instruct each other?», in: Simon Baron-Cohen u. a. (Hrsg.): Understanding Other Minds: Perspectives from Developmental Neuroscience, Oxford 2000, S. 459~487.

Ders. u. a.: «Toward a Science of Other Minds: Escaping the Argument by Analogy», Cognitive Science 24 (2000), S. 509~541.

Barry B. Powell: Homer and the Origin of the Greek Alphabet, Cambridge 1991.

Ders.: «Why Was the Greek Alphabet Invented? The Epigraphic Evidence», Classical Antiquity 8 (1989), S. 321~350.

Camille Power: «Old wives'tales: the gossip hypothesis and the reliability of cheap signals», in: James R. Hurford u. a. (Hrsg.): Approaches to the Evolution of Language. Social and Cognitive Bases, Cambridge 1998, S. 111~129.

Wolfgang Preiser: «Zur rechtlichen Natur der altorientalischen Gesetze», in: Paul

Bockelmann u. a. (Hrsg.): Festschrift Karl Engisch, Frankfurt am Main 1969, S. 17~36.

Jeffrey Quilter, Michele L. Koons: «The Fall of the Moche: A Critique of Claims for South America's First State», Latin American Antiquity 23 (2012), S. 127~143.

Richard A. Radford: «The Economic Organisation of a P.O.W. Camp», Economica 12 (1945), S. 189~201.

Karen Radner: «Kubaba und die Fische. Bemerkungen zur Herrscherin von Karkemish», in: Robert Rollinger (Hrsg.): Von Sumer bis Homer. Festschrift für Manfred Schretterer, Münster 2005, S. 543~556.

David Raichlen u. a.: «Laetoli footprints preserve earliest direct evidence of human-like bipedal biomechanics», PLoS ONE 5 (2010), S. 1~6.

Rainer Rath: «Zur Legitimation und Einbettung von Erzählungen in Alltagsdialoge», in: Peter Schröder, Hugo Steger (Hrsg.): Dialogforschung, Düsseldorf 1981, S. 265~286.

Bernhard Rathmayr: Geschichte der Liebe. Wandlungen der Geschlechterbeziehungen in der abendländischen Kultur, München 2016.

Andrea Ravignani u. a.: «Chorusing, synchrony, and the evolutionary functions of rhythm», Frontiers in Psychology 5 (2014), Artikel 1118.

Richard W. Redding: «A general explanation of subsistence change: From hunting and gathering to food production», Journal of Anthropological Archaeology 7 (1988), S. 56~97.

Sitta von Reden: Money in Classical Antiquity, Cambridge 2010.

Dies.: «Money, Law, and Exchange: Coinage in the Greek Polis», Journal of Hellenic Studies 117 (1997), S. 154~176.

Dies.: «Re-evaluating Gernet: Value and Greek Myth», in: Richard Buxton (Hrsg.), From Myth to Reason?, Oxford 1999, S. 51~70.

Ulrich H. Reichard: «Monogamy: Past and Present», in: ders., Christophe Boesch (Hrsg.): Monogamy. Mating Strategies and Partnerships in Birds, Humans and Other Mammals, Cambridge 2003, S. 3~25.

Colin Renfrew: «Megaliths, Territories and Populations», in: Sigfried J. De Laet (Hrsg.), Acculturation and Continuity in Atlantic Europe, Brügge 1973, S. 198~220.

Ders.: «Production and Consumption in a Sacred Economy: The Material Correlates of High Devotional Expression at Chaco Canyon», American Antiquity 66 (2001), S. 14~25.

Johannes Renger: «Hammurapis Stele 〈König der Gerechtigkeit〉: Zur Frage von Recht und Gesetz in der altbabylonischen Welt», Die Welt des Orients 8 (1976), S. 228~235.

Ders.: «Noch einmal: Was war der 〈Kodex〉 Hammurapi~ein erlassenes Gesetz oder ein Rechtsbuch?», in: Hans-Joachim Gehrke (Hrsg.): Rechtskodifizierung und soziale Normen im interkulturellen Vergleich, Tübingen 1994, S. 27~59.

Ders.: «Wrongdoings and Its Sanctions: On 〈Criminal〉 and 〈Civil Law〉 in the Old Babylonian Period», Journal of the Economic and Social History of the Orient 20 (1977),

S. 65~77.

Philip L. Reno u. a.: «Sexual dimorphism in Australopithecus afarensis was similar to that of modern humans», PNAS 100 (2003), S. 9404~9409.

Patricia C. Rice: «Prehistoric Venuses: Symbols of Motherhood or Womanhood», Journal of Anthropological Research 37 (1981), S. 402~414.

Brian G. Richmond, William L. Jungers: «Orrorin tugenensis Femoral Morphology and the Evolution of Hominin Bipedalism», Science 319 (2008), S. 1599~1601.

William Ridgeway: The origin of metallic currency and weight standards, Cambridge 1892.

Julien Riel-Salvatore, Claudine Gravel-Miguel: «Upper Paleolithic Mortuary Practices in Eurasia. A Critical Look at the Burial Record», in: Sarah Tarlow, Liv Nilsson Stutz (Hrsg.): The Oxford Handbook of the Archaeology of Death and Burial, Oxford 2013, S. 303~346.

Gerhard Ries: «Der Erlass von Schulden im Alten Orient als obrigkeitliche Maßnahme zur Wirtschafts- und Sozialpolitik», in: Kaja Harter-Uibopuu, Fritz Mitthof (Hrsg.): Vergeben und Vergessen. Amnestie in der Antike, Wien 2013, S. 3~16.

Eleanor Robson: Mathematics in Ancient Iraq: A Social History, Princeton 2008.

Wil Roebroecks, Paola Villa: «On the earliest evidence for habitual use of fire in Europe», PNAS 108 (2011), S. 5209~5214.

Karen R. Rosenberg, Wenda R. Trevathan: «Bipedalism and human birth: The obstetrical dilemma revisited», Evolutionary Anthropology 4 (1996), S. 161~168.

Dies.: «Birth, obstetrics and human evolution», International Journal of Obstetrics & Gynaecology 109 (2002), S. 1199~1206.

Michael Rosenberg: «Cheating at Musical Chairs: Territoriality and Sedentism in an Evolutionary Context», Current Anthropology 39 (1998), S. 653~664.

Matt J. Rossano: «Making Friends, Making Tools, and Making Symbols», Current Anthropology 51 S1 (2010), S. 89~98.

H. Ling Roth, «On the Origins of Agriculture», The Journal of the Anthropological Institute of Great Britain and Ireland 16 (1887), S. 102~136.

Martha T. Roth: «Hammurabi's Wronged Man», Journal of the American Oriental Society 122 (2002) S. 38~45.

Veerle Rots, Philip van Peer: «Early evidence of complexity in lithic economy: core-ax production, hafting and use at Late Middle Pleistocene site 8-B-11, Sai Islands (Sudan)», Journal of Archaeological Science 33 (2006), S. 360~371.

Jeffrey Rounds: «Dynastic Succession and the Centralization of Power in Tenochtitlan», in: George A. Collier u. a. (Hrsg.): The Inka and Aztec States 1400~1800, New York 1982, S. 63~89.

Jean-Jacques Rousseau: «Diskurs über den Ursprung der Ungleichheit unter den Menschen», in: ders.: Sozialphilosophische und Politische Schriften, München 1981, S. 59~161.

Eberhard Ruschenbusch: «Die Zwölftafeln und die römische Gesandtschaft nach Athen», Historia 12 (1963), S. 250~253.

Aidan Ruth u. a.: «Locomotor pattern fails to predict foramen magnum angle in rodents, strepsirrhine primates, and marsupials», Journal of Human Evolution 94 (2016), S. 45~52.

Marshall D. Sahlins: Islands of History, Chicago 1985.

Ders.: «Poor man, rich man, big-man, chief: political types in Melanesia and Polynesia», Comparative Studies in Society and History 5 (1963), S. 285~303.

Ders.: Stone Age Economics, New York 1972.

Robert J. Sampson u. a.: «Does marriage reduce crime? A counterfactual approach to within-individual causal effects», Criminology 44 (2006), S. 465~509.

Stephen K. Sanderson: «Explaining monogamy and polygyny in human societies: Comment on Kanazawa and Still», Social Forces 80 (2001), S. 329~336.

Robert S. Santley: «Disembedded capitals reconsidered», American Antiquity 45 (1980), S. 132~145.

Jack M. Sasson: «King Hammurabi of Babylon», in: ders. (Hrsg.): Civilizations of the Near East 2, S. 901~915.

Ken Sayers, C. Owen Lovejoy: «Blood Bulbs, and Bunodonts: On Evolutionary Ecology and the Diets of Ardipithecus, Australopithecus, and Early Homo», Quarterly Review of Biology 89 (2014), S. 319~357.

Chris Scarre: «Monumentality», in: Timothy Insoll (Hrsg.): The Oxford Handbook of the Archaeology of Ritual & Religion, Oxford 2011, S. 9~23.

David M. Schaps: «The Invention of Coinage in Lydia, in India, and in China», Vortrag auf dem XIV. International Economic History Congress, Helsinki 2006, www.helsinki.fi/iehc2006/papers1/Schaps.pdf.

Walter Scheidel: «A peculiar institution? Greco-roman monogamy in global context», History of Family 14 (2009), S. 280~291.

Hans Scheyhing: «Babylonisch-assyrische Krankheitstheorie: Korrelationen zwischen medizinischen Diagnosen und therapeutischen Konzepten», Die Welt des Orients 41 (2011), S. 79~117.

Friedrich Schiller, Musen-Almanach fur das Jahr 1797, Tübingen 1797.

Denise Schmandt-Besserat: Before Writing, Vol. 1: From Counting to Cuneiform, Austin 1992.

Dies.: «The token system of the ancient Near East: Its role in counting, writing, the economy and cognition», in: Iain Morley, Colin Renfrew (Hrsg.): The Archaeology of Measurement, Cambridge 2010, S. 27~34 und S. 186 ff.

Dies.: «Tokens as Precursors to Writing», in: Elena L. Gregorenko u. a. (Hrsg.): Writing. A Mosaic of New Perspectives, New York 2012, S. 3~10.

Dies.: How Writing Came About, Austin 1996.

Klaus Schmidt: «Boars, Ducks, and Foxes~the Urfa Project 99», Neo-Lithics 3 (1999), S. 12~15.

Ders.: «⟨Ritual Centers⟩ and the Neolithisation of Upper Mesopotamia», Neo-Lithics 2/05 (2005), S. 13~21.

Ders.: «Zuerst kam der Tempel, dann die Stadt: vorläufiger Bericht zu den Grabungen am Göbekli Tepe und Gürcutepe», Istanbuler Mitteilungen 50 (2000), S. 5~41.

Margaret J. Schoeninger: «Reconstructing Early Hominis Diets: Evaluating Tooth Chemistry and Macronutrient Composition», in: Peter S. Ungar (Hrsg.), Evolution of the Human Diet. The Known, the Unknown, and the Unknowable, Oxford 2007, S. 150~162.

Ilse Schoep: «The Origins of Writing and Administration on Crete», Oxford Journal of Archaeology 18 (1999), S. 265~276.

Friedemann Schrenck: Die Fruhzeit des Menschen. Der Weg zum Homo sapiens, München 2008.

Klaus Schriewer: «Deutsche Altersmigranten in Spanien im späten 20. Jahrhundert», in: Klaus Bade u. a. (Hrsg.), Enzyklopädie Migration in Europa. Vom 17. Jahrhundert bis zur Gegenwart, Paderborn 2007, S. 511~513.

Paula Marie Theresa Scothern: The Music~Archaeology of the Paleolithic within its Cultural Setting, Ph. D. Thesis, Cambridge 1992.

Richard Seaford: Money and the Early Greek Mind. Homer, Philosophy, Tragedy, Cambridge 2004.

Rebecca Sear, Ruth Mace: «Who keeps children alive? A review of the effects of kin on child survival», Evolution and Human Behavior 29 (2008), S. 1~18.

William A. Searcy, Eliot A. Brenowitz: «Sexual differences in species recognition of avian song», Nature 332 (1988), S. 152~154.

Charles Seife: Zero. The Biography of a Dangerous Idea, New York 2000.

Elman R. Service: Origins of the State and Civilization. The Process of Cultural Evolution, New York 1975.

Ders.: Primitive Social Organization, New York 1962.

Robert M. Seyfarth u. a.: «Monkey Responses to Three Different Alarm Calls: Evidence of Predator Classification and Semantic Communication», Science 210 (1980), S. 801~803.

Kevin Sharpe, Leslie van Gelder: «Evidence for Cave Marking by Paleolithic Children», Antiquity 80 (2006), S. 937~947.

Edward L. Shaughnessy. «The Beginnings of Writing in China», in: Christopher Woods u. a. (Hrsg.): Visible Language. Inventions of Writing in the Ancient Middle East and Beyond, Chicago 2015, S. 215~224.

Pat Shipman: «Scavenging or Hunting in Early Hominids: Theoretical Framework and Test», American Anthropologist N. S. 88 (1986), S. 27~43.

Bradd Shore: «Mana and Tapu», in: ders.: Developments in Polynesian Ethnography,

Honolulu 1989, S. 137~173

Stephen M. Shuster: «Sexual Selection and Mating Systems», PNAS 106 S1 (2009), S. 10 009~10 016.

Georg Simmel: Soziologie. Untersuchung uber die Formen der Vergesellschaftung, Berlin 1908.

Ders.: «Soziologie der Mahlzeit» (1910), in: ders.: Aufsätze und Abhandlungen 1909~1918, Band 1, Gesamtausgabe Band 12, Frankfurt am Main 2001, S. 140~147.

Alan H. Simmons: The Neolithic Revolution in the Near East. Transforming the Human Landscape, Tucson 2010.

Peter J. B. Slater: «Birdsong Repertoires: Their Origin and Uses», in: Nils Wallin u. a. (Hrsg.): The Origins of Music, Cambridge Mass. 2000, S. 49~63.

Ders.: «Chaffinch Song Repertoires: Observations, Experiments and a Discussion of their Significance», Zeitschrift für Tierpsychologie 56 (1981), S. 1~24.

John Smalley, Michael Blake: «Sweet Beginnings: Stalk Sugar and the Domestication of Maize», Current Anthropology 44 (2003), S. 675~703.

Johan de Smedt, Helen de Cruz: «A Cognitive Approach to the Earliest Art», Journal of Aesthetics and Art Criticism 69 (2011), S. 379~389.

Michael E. Smith: «Ancient Cities», in: Ray Hutchinson (Hrsg.): The Encyclopedia of Urban Studies, London 2009, S. 24~28.

Brian Snyder, Patricia Adair Gowaty: «A Reappraisal of Bateman's Classic Study of Intrasexual Selection», Evolution 61 (2007), S. 2457~2468.

Masayo Soma, LászlóZsolt Garamszegi: «Rethinking birdsong evolution: meta-analysis of the relationship between song complexity and reproductive success», Behavioral Ecology 22 (2011), S. 363~371.

Fitzroy Somerset, Lord Raglan: The temple and the house, New York 1964.

Marianne Sommer: Bones and Ochre. The Curious Afterlife of the Red Lady of Paviland, Cambridge Mass. 2008.

Charles S. Spencer: «On the tempo and mode of state formation: Neoevolutionism reconsidered», Journal of Anthropological Archaeology 9 (1990), S. 1~30.

Herbert Spencer: «On the Origin and Function of Music» (1857), in: ders.: Essays. Scientific, Political & Speculative, Vol. II, London 1891.

Dan Sperber: «An evolutionary perspective on testimony and argumentation», Philosophical Topics 29 (2001), S. 401~413.

John D. Speth: «Boiling vs. Roasting in the Paleolithic: Broadening the 〈Broadening Food Spectrum〉», Journal of the Israel Prehistoric Society 40 (2010), S. 63~83.

Ders.: «Were our ancestors hunters or scavengers?», in: Peter N. Peregrine u. a. (Hrsg.): Archaeology. Original Readings in Method and Practice, Upper Saddle River 2002, S. 1~23.

Ders.: «When Did Humans Learn to Boil?», PaleoAnthropology Jg. 13 (2015), S. 54~67.

Matt Sponheimer, Julia Lee-Thorpe: «Isotopic Evidence for the Diet of an Early Hominid, Australopithecus africanus», Science 283 (1999), S. 368~370.

Matthew Spriggs: «The Hawaiian transformation of Ancestral Polynesian Society: Conceptualizing chiefly states», in: John Gledhill u. a. (Hrsg.): State and Society: The Emergence and Development of Social Hierarchy and Political Centralization, London 1988.

James H. Stam: Inquiries into the Origin of Language. The Fate of a Question, New York 1976.

Craig Stanford: Upright. The Evolutionary Key to Becoming Human, Boston 2003.

Andréas Stauder: «The Earliest Egyptian Writing», in: Christopher Woods u. a. (Hrsg.): Visible Language. Inventions of Writing in the Ancient Middle East and Beyond, Chicago 2015, S. 137~148.

Michael Steinberg: «The Twelve Tables and Their Origins: An Eighteenth-Century Debate», Journal of the History of Ideas 43 (1982), S. 379~396.

Anthony Stevens: «Animals in Paleolithic Cave Art: Leroi-Gourhan's Hypothesis», Antiquity 49 (1975), S. 54~57.

Theodor G. H. Strehlow: Aranda Phonetics and Grammar, Sidney 1944.

Chris B. Stringer u. a. (Hrsg.): Neanderthals on the Edge, Oxford 2000.

Thomas T. Struhsaker: «Auditory communication among vervet monkeys (Cercopithecus aethiops)», in: Stuart A. Altmann (Hrsg.): Social Communication Among Primates, Chicago 1967, S. 281~324.

Carl Stumpf: Die Anfange der Musik, Leipzig 1911.

Philip Sullivan, Kate Rickers: «The effect of behavioral synchrony in groups of teammates and strangers», International Journal of Sport and Exercise Psychology 11 (2013), S. 1~6.

Randall Susman u. a.: «Locomotor adaptation in the Hadar hominids», in: Eric Delson (Hrsg.): Ancestors: The Hard Evidence, New York 1985, S. 184~192.

Robert W. Sussman: «The Myth of Man the Hunter / Man the Killer and the Evolution of Human Morality», Zygon 34 (1999), S. 453~471.

Gen Suwa u. a.: «Paleobiological Implications of the Ardipithecus ramidus Dentition», Science 326 (2009), S. 69~99.

Nancy Tanner, Adrienne Zihlman: «Women in Evolution. Part 1: Innovation and Selection in Human Origins», Signs 1 (1976), S. 585~608.

Sarah Tarlow: «Emotion in Archaeology», Current Anthropology 41 (2000), S. 713~746.

Bronwyn Tarr u. a.: «Silent disco: dancing in synchrony leads to elevated pain thresholds and social closeness», Evolution and Human Behavior 37 (2016), S. 343~349.

Dies., Jacques Launay, Robin I. M. Dunbar: «Music and social bonding: ⟨self/other⟩ merging and neurohormonal mechanisms», Frontiers in Psychology 5 (2014), S. 1~10.

Ian Tattersall: «The dual origin of modern humanity», Collegium Anthropologicum 28/

Supp. 2 (2004), S. 77~85.

Mark F. Teaford, Peter S. Ungar: «Diet and the evolution of the earliest human ancestors», PNAS 97 (2000), S. 13 506~13 511.

Gunter Tembrock: Tierstimmenforschung. Eine Einfuhrung in die Bioakustik, Wittenberg 1977.

Sven-Tage Teodorsson: «Eastern Literacy, Greek Alphabet, and Homer», Mnemosyne 59 (2006), S. 161~187.

J. Eric S. Thompson: Maya Hieroglyphic Writing: An Introduction, Washington D. C. 1971.

Richard Thurnwald: Die menschliche Gesellschaft in ihren ethnosoziologischen Grundlagen, Band 5, Berlin 1934.

Leo Tolstoi: Die Kreutzersonate, Berlin 2011.

Michael Tomasello: Die Ursprunge der menschlichen Kommunikation, Frankfurt am Main 2009.

Ders.: «Why Don't Apes Point?», in: Nicholas J. Enfield, Stephen C. Levinson (Hrsg.): Roots of Human Sociality, Culture, Cognition and Interaction, Oxford 2006, S. 506~524.

Matt Tomlinson, Ty P. Kawika Tengan (Hrsg.): New mana. Transformations of a classic concept in Polynesian languages and cultures, Acton 2016.

Sandra E. Trehub u. a.: «Cross-cultural perspectives on music and musicality», Philosophical Transactions of the Royal Society B 370 (2014), S. 1~9.

Dies. u. a.: «Musical affect regulation in infancy», Annals of the New York Academy of Sciences 1337 (2015), S. 186~192.

Bruce G. Trigger: Understanding early civilizations. A comparative study, Cambridge 2003.

Erik Trinkaus, M. R. Zimmerman: «Trauma among the Shanidar Neanderthals», American Journal of Physical Anthropology 57 (1982), S. 61~76.

Robert L. Trivers: «Parental Investment and Sexual Selection», in: Bernard Campbell (Hrsg.): Sexual Selection and The Descent of Man 1871~1971, Chicago 1972, S. 136~172.

Eitan Tschernov, Francois F. Valla: «Two New Dogs, and Other Natufian Dogs, from the Southern Levant», Journal of Archaeological Science 24 (1997), S. 65~95.

Katheryn C. Twiss, Nerissa Russell: «Taking the Bull By The Horns: Ideology, Masculinity, And Cattle Horns at Katheryn Çatalhöyük (Turkey)», Paléorient 35 (2009), S. 19~32.

Edward Burnett Tylor: Primitive Culture. Researches into the Development of Mythology, Philosophy, Religion, Language, Art and Custom, Vol. 1, New York 1874 (= Die Anfänge der Cultur. Untersuchungen über die Entwicklung der Mythologie, Philosophie, Religion, Kunst und Sitte, Nachdruck, Hildesheim 2005).

Peter S. Ungar: «Dental Evidence for the Reconstruction of Diet in African Early Homo», Current Anthropology 53 (2012), S. 318~329.

Ders.: Evolution of the Human Diet. The Known, the Unknown, and the Unknowable, Oxford 2007.

Hermann Usener: Götternamen. Versuch einer Lehre von der religiösen Begriffsbildung,

Bonn 1896.

Valerio Valeri: «Le fonctionnement du système des rangs àHawaii», L'homme 12 (1969), S. 29~66.

Ders.: Kingship and Sacrifice: Ritual and Society in Ancient Hawaii, Chicago 1985.

Paul Valéry: Eupalinos oder Der Architekt, in: ders.: Werke, Band 2: Dialoge und Theater, Frankfurt am Main 1990.

Marian Vanhaeren, Francesco D'Errico: «The Body Ornaments Associated with the Burial», in: Joao Zilhao, Erik Trinkaus (Hrsg.): Portrait of the Artist as a Child. The Gravettian Human Skeleton from the Abrigo do Lagar Velho and its Archaeological Context, Lissabon 2002, S. 177 ff.

Marc Verhoeven: «Ritual and Ideology in the Pre-Pottery Neolithic B of the Levant and Southeast Anatolia», Cambridge Archaeological Journal 12 (2002), S. 233~258.

Pierre M. Vermeersch u. a.: «A Middle Paleolithic burial of a modern human at Taramsa Hill, Egypt», Antiquity 72 (1998), S. 475~484.

Paul Veyne: «Ehe», in: Philippe Ariès u. a.: Geschichte des privaten Lebens: Vom Römischen Imperium zum Byzantinischen Reich, Frankfurt am Main 1989, S. 50.

Elaine N. Videan, W. C. McGrew: «Bipedality in Chimpanzee (Pan troglodytes) and Bonobo (Pan paniscus): Testing Hypotheses on the Evolution of Bipedalism», American Journal of Physical Anthropology 118 (2002), S. 184~190.

Paola Villa u. a.: «A Milk and Ochre Paint Mixture Used 49 000 Years Ago at Sibudu, South Africa», PLoS 10 (2015), S. 1~12.

Anne S. Vincent: «Plant foods in savanna environments: A preliminary report of tubers eaten by the Hadza of northern Tanzania», World Archaeology 17 (1984), S. 131~148.

Patrick Vinton Kirch: How Chiefs Became Kings. Divine Kingship and the Rise of Archaic States in Ancient Hawai'i, Berkeley 2010.

Lyn Wadley u. a.: «Implications for complex cognition from the hafting of tools with compound adhesives in the Middle Stone Age, South Africa», PNAS 106 (2009), S. 9590~9594.

Alan Walker: «Dietary Hypotheses and Human Evolution», Philosophical Transactions of the Royal Society of London B 292 (1981), S. 57~64.

Christine E. Wall, Kathleen K. Smith: «Ingestion in Mammals», in: N. P. Group (Hrsg.): Encyclopedia of Life Sciences, New York 2001, S. 6.

Robert A. Wallace: «The Origin of Electrum Coinage», American Journal of Archaeology 91 (1987), S. 385~397.

Nils Wallin u. a. (Hrsg.): The Origins of Music, Cambridge Mass. 2000.

Arnold Walther: Das altbabylonische Gerichtswesen, Leipzig 1917.

Carol V. Ward u. a.: «Morphology of Australopithecus anamensis from Kanapoi and Allia Bay, Kenia», Journal of Human Evolution 41 (2001), S. 255~268.

Sherwood L. Washburn: «On Holloway's Tools and Teeth», American Anthropologist 70

(1968), S. 97~101.

Ders.: «Tools and human evolution», Scientific American 203 (1960), S. 62~75.

Ders., Chet Lancaster: «The Evolution of Hunting», in: Richard B. Lee, Irven DeVore (Hrsg.): Man the Hunter, Chicago 1968, S. 293~303.

Trevor Watkins: «Building houses, framing concepts, constructing worlds», Paléorient 30 (2004), S. 5~23.

Ehud Weiss u. a.: «Autonomous Cultivation Before Domestication», Science 312 (2006), S. 1608~1610.

Kathleen Wermke, Werner Mende: «Musical elements in human infants'cries: In the beginning is the melody», Musicae Scientiae 13 (2009), S. 151~175.

Raymond Westbrook: «The character of ancient near eastern law», in: ders. (Hrsg.): A History of Ancient Near Eastern Law, Band 1, Leiden 2003, S. 1~90.

Ders.: «Cuneiform Law Codes and the Origins of Legislation», in: ders.: Law from the Tigris to the Tiber, Vol. 1, Winona Lake 2009, S. 73~95.

Ders.: «Slave and Master in Ancient Near Eastern Law», Chicago-Kent Law Review 70 (1995), S. 1631.

Ders.: Studies in Biblical and Cuneiform Law, Paris 1988.

Paul Wheatley: The Pivot of the Four Quarters. A Preliminary Enquiry into the Origins and Character of the Ancient Chinese City, Chicago 1971.

Randall White: «Beyond Art: Toward an Understanding of the Origin of Material Representation in Europe», Annual Review of Anthropology 21 (1992), S. 537~564.

Ders.: «Une nouvelle statuette phallo-féminine paléolithique: la ⟨Vénus de Milandes⟩ (commune de Castelnaud-la-Chapelle, Dordogne)», Paléo 14 (2002), S. 177~198.

Ders.: «The Women of Brassempouy. A Century of Research and Interpretation», Journal of Archaeological Method and Theory 13 (2006), S. 251~304.

Tim D. White u. a.: «Ardipithecus ramidus and the Paleobiology of Early Hominids», Science 326 (2009), S. 64~86.

Helene Whittaker: «The Function and the Meaning of Writing in the Prehistorian Aegean: Some reflections on the social and symbolic significance of writing from a material perspective», in: Kathryn E. Piquette, Ruth D. Whitehouse (Hrsg.): Writing as Material Practice: Substance, surface and medium, London 2013, S. 105~121.

Andreas Willi: «Zur Vermittlung der Alphabetschrift nach Griechenland», Museum Helveticum 62 (2005), S. 162~171.

David Sloan Wilson: «Hunting, Sharing, and Multilevel Selection: The Tolerated-Theft Model Revisited», Current Anthropology 39 (1998), S. 73~97.

Peter J. Wilson: The Domestication of the Human Species, New Haven 1988.

Louis Wirth: «Urbanism as a way of life», American Journal of Sociology 44(1938), S. 1~24.

James F. Wittenberger, Ronald L. Tilson: «The evolution of monogamy: hypothesis and evidence», Annual Review of Ecology and Systematics 11 (1980), S. 197~232.

H. Martin Wobst: «Boundary Conditions for Paleolithic Social Systems: A Simulation Approach», American Antiquity 39 (1974), S. 147~178.

Giday Wolde Gabriel u. a.: «Geology and Paleontology of the Late Miocene Middle Awash valley, Afar rift, Ethiopia», Nature 412 (2000), S. 175~178.

Milford Wolpoff u. a.: «Sahelanthropus or Sahelpithecus?», Nature 419 (2002), S. 581 f.

Bernard Wood, Terry Harrison: «The evolutionary context of the first hominins», Nature 470 (2011), S. 347~352.

James Woodburn: «Sharing is not a form of exchange: an analysis of property sharing in immediate return hunter-gatherer societies», in: Chris M. Hann (Hrsg.): Property relations: renewing the anthropological tradition, Cambridge 1998, S. 48~63.

Richard D. Wragham: Catching fire. How cooking made us human, New York 2011.

Ders. u. a.: «The Raw and the Stolen: Cooking and the Ecology of Human Origin», Current Anthropology 40 (1999), S. 567~594.

Henry T. Wright: «Prestate Political Formations», in: Timothy Earle (Hrsg.): On the Evolution of Complex Societies: Essays in Honor of Harry Hoijer, Malibu 1984, S. 41~78.

Ders.: «Recent Research on the Origin of State», Annual Review of Anthropology 6 (1977), S. 379~397.

Ders., Gregory A. Johnson: «Population, Exchange, and Early State Formation in Southwestern Iran», American Anthropologist 77 (1975), S. 267~289.

Joshua Wright: «Landownership and Landscape Belief», in: Sarah Tarlow, Liv Nilsson Stutz (Hrsg.): The Oxford Handbook of the Archaeology of Death and Burial, Oxford 2013, S. 405~419.

Katherine I. Wright: «The Social Origins of Cooking an Dining in Early Villages of Western Asia», Proceedings of the Prehistoric Society 66 (2000), S. 89~121.

Robert Wright: The moral animal: The new science of evolutionary psychology, New York 1994.

Thomas Wynn: «Hafted spears and the archaeology of mind», PNAS 106 (2009), S. 9544 f.

Xenophon: Oekonomikus oder Von der Haushaltungskunst, Stuttgart 1866.

John E. Yellen: Archaeological Approaches to the Present: Models for Reconstructing the Past, New York 1977.

Norman Yoffee: Myths of the Archaic State. Evolution of the Earliest Cities, States, and Civilizations, Cambridge 2005.

Ders.: «Political Economy in Early Mesopotamian States», Annual Review of Anthropology 24 (1995), S. 281~311.

Amotz Zahavi: «Mate Selection~A Selection for Handicap», Journal of Theoretical Biology 53 (1975), S. 205~214.

Helmut Zedelmaier: Der Anfang der Geschichte. Studien zur Ursprungsdebatte im 18. Jahrhundert, Hamburg 2003.

Melinda A. Zeder: «Domestication and early agriculture in the Mediterranean Basin:
    Origins, diffusion, and impact», PNAS 105 (2008), S. 11 597~11 604.

Dies.: «Religion and the Revolution. The Legacy of Jacques Cauvin», Paléorient 37 (2011), S.
    39~60.

Chen-Bo Zhong, Sanford E. DeVoe: «You Are How You Eat: Fast Food and Impatience»,
    Psychological Science 21 (2010), S. 619~622.

감사의
말

문명의 업적들의 시작에 관심을 가진 사람은, 관련 분야 바깥에서는 거의 아무도 모르는 학자들의 글을 오랜 기간에 걸쳐 지속적으로 따라가게 마련이다. 이들 학자들은 연구에서의 인내심, 논거에 대한 고집, 인지적 상상력이라는 면에서 매우 비범한 사람들이다. 그들이 깨달은 많은 내용, 아마 거의 대부분의 내용이 언젠가는 그들 자신도 그랬던 것처럼 다른 사람에 의해 논박되고 정비되겠지만, 그리 쉽지는 않을 것이다. 이 책은 온전히 이런 학자들과 그들의 저술에 힘입었다. 프랑크푸르트 막스 플랑크 법역사 연구소와 연구소장 토마스 두베Thomas Duve는 내게 연구소 도서관 문을 활짝 열어주었다. 앙드레 키제를링André Kieserling과 에른스트 오토 워커Ernst Otto Walker는 내가 필요로 할 때 도움을 주었다. 군나르 슈미트Gunnar Schmidt는 많은 인내심을 갖고 원고 전체를 꼼꼼히 검토해주었다.